东吴
100年

握中悬璧 ◎ 著

新世界出版社
NEW WORLD PRESS

图书在版编目（CIP）数据

东吴100年 / 握中悬璧著. -- 北京：新世界出版社，
2024.5
ISBN 978-7-5104-7934-2

Ⅰ.①东… Ⅱ.①握… Ⅲ.①中国历史—吴国（222-
280）—通俗读物 Ⅳ.① K236.309

中国国家版本馆CIP数据核字（2024）第 076712 号

东吴100年

作　　者：握中悬璧
责任编辑：范禄荣
责任校对：宣　慧　张杰楠
责任印制：王宝根
出　　版：新世界出版社
网　　址：http://www.nwp.com.cn
社　　址：北京西城区百万庄大街 24 号（100037）
发 行 部：(010)6899 5968（电话）　(010)6899 0635（电话）
总 编 室：(010)6899 5424（电话）　(010)6832 6679（传真）
版 权 部：+8610 6899 6306（电话）　nwpcd@sina.com（电邮）
印　　刷：嘉业印刷（天津）有限公司
经　　销：新华书店
开　　本：710mm×1000mm　1/16　尺寸：170mm×240mm
字　　数：470 千字　　　　　　印张：30
版　　次：2024 年 5 月第 1 版　　2024 年 5 月第 1 次印刷
书　　号：ISBN 978-7-5104-7934-2
定　　价：85.00 元

胜败兵家事不期，包羞忍耻是男儿。

江东子弟多才俊，卷土重来未可知。

　　杜牧这首名传千古的《题乌江亭》令人回味无穷，每当读起，心中便会燃起蓬勃的斗志。不过，诗中所提到的江东是哪里呢，难道是乌江以东吗？

　　其实，江东是中国古代一个特定的地理概念，虽然今天这个地理名词已经极少被提起了，但它在历史上却有着特殊的含义。大体来看，万里长江呈东西走向，但当长江流经芜湖市时，却突然向北转了一个接近直角的弯，之后一直到南京的河道几乎都呈南北走向。正因如此，古人将自芜湖以下的长江南岸地区称作江东，又因古人以东为左，也叫江左。

　　古代的江东有着辉煌的历史。春秋时期，位于江东的吴、越两国先后建立了霸权，名噪一时。而到了秦末，八千江东子弟跟随项梁、项羽叔侄南征北讨，在历史上留下了绚烂的一笔。然而，江东这两次短暂的崛起只不过是昙花一现，归根结底是因为当时江东地区尚未开发，实力比较薄弱。

　　在古代，衡量一个国家或地区实力的重要指标之一，就是人口的多寡。这一点，当时的江东还远远无法和中原相比，直到西汉时期还是如此。这也导致在新莽末年的动乱中，江东地区甚至没出现什么强有力的割据势力，光武帝刘秀手下的傅俊只带了不多的兵马随便转了一圈，就让江东俯首称臣。

但是，从东汉开始，江东地区开始逐步被开发，比如汉章帝和汉顺帝时期，朝廷在江东兴建了大量水利工程，为后来人口的大规模增长奠定了基础。在一百多年内，扬州的人口增长了30%以上，经济也越来越发达。在汉末中原陷入混乱的时候，江东已经初步具备了割据一方的实力。正是在这样的天赐机缘下，江东地区诞生了第一个稳定的地方政权——东吴。

东吴政权在中国历史上有着里程碑式的意义。在东吴统治期间，江东得到了更快速的发展，东吴的实力也达到了曹魏的一半左右，为后来东晋、南朝在南方的延续打下了基础。历史上，江南的开发始于东汉，至隋唐达到高峰。随着三次衣冠南渡，南北形势发生了逆转，到了元明时期，我国经济重心和文化重心彻底完成了南移，南方的综合实力已经反超北方，而江东地区始终是长江以南的核心地带。直到今天，在我国长三角、珠三角和京津冀这三大城市群中，长三角无论是人口还是GDP都有压倒性的优势。

或许有人会说，春秋时期的吴政权才是历史上第一个吴国，它的建国时间比三国时的东吴要早一千多年，所以这个国家应该更有资格代表"吴"这个地理概念。然而，春秋时期的吴国并不是同期在江东的唯一政权，南面的越国与其相伴并最终吞并了吴国。因此，至少在东吴立国以前，人们更倾向于用"吴越"来指代江东地区。这样一来，能够真正代表江东的"吴"就只有三国时期的东吴了。

时过境迁，三国纷争早已成为历史，只有东吴把自己的影响力延续到了今天。事实上，东吴是一个相当具有开拓进取精神的政权，而这往往是人们所忽视的。提起诸葛亮的六出祁山和姜维的九伐中原，那自然是如雷贯耳，让人称赞不已。提起东吴北伐，却往往会让人联想到孙权那些虎头蛇尾的军事行动，成为人们的笑柄。其实，这并不是客观认识，因为东吴才是抗魏联盟中的主力。论起作战意志和实际贡献，它并不逊色于蜀汉。历史上的东吴人才辈出，战绩也非常辉煌。东吴征服山越（汉末隋唐时分布于今苏、浙、皖、赣、闽、粤等省部分山区越人的通称），平定交州（辖广东、广西的大部和越南横山——班杜一线以北诸省），远征夷洲（今台湾），为华夏文明开疆拓土，这些功绩不可磨灭。

可正是这样一个影响深远、贡献巨大又有开拓进取精神的政权，却没有得到客观公正的评价，这是非常令人遗憾的。东吴立国五十余载，在三国中国祚最长，若从孙坚创业论起，则跨越近百年，与最广义的三国时代相齐。同时，东吴始终尽力将其影响力深入中原，深度参与了三国期间绝大多数重大事件，并不甘于只做一个偏安一隅的小朝廷。

因此，可以说熟悉了东吴的历史，就能基本了解整个三国的脉络。而若想熟悉东吴的历史，便不能不了解孙权。他少年继位，统治江东五十余年，这期间东吴经历了从弱小到壮大、从辉煌到衰落，东吴政权的兴亡是和孙权深度绑定的。孙权是个颇为复杂的历史人物，他可以对部下忘过记功，宽宏大量，也能对自己的亲生骨肉残忍冷酷；他可以对贤臣名士从善如流，也能对功勋老臣翻脸无情。而孙权身上体现出的诸多矛盾性，正是剖析东吴政权本质的关键所在。

然而，现在市场上的三国类通俗读物，关于东吴及孙权的作品不多，我希望能弥补这一空缺，让大家了解一个真实的东吴。

握中悬璧

2022年3月于天津

目录

04

第一部分
孙氏崛起

01　江东孙氏

谁道江南少将才，明星夜夜照文台。

欲诛董卓安天下，为首长沙太守来。

罗贯中这首小诗生动形象地刻画出孙坚（字文台）勇武善战、忠心报国的形象。

吴郡孙氏统治江东近百年，其奠基人孙坚自然功不可没，这位以勇略著称的名将长期活跃在汉末群雄争霸的舞台上。不过，若说起孙坚的出身家世，却是异常神秘，历来众说纷纭。

在魏蜀吴三国的创始人中，刘备的家系算是最清楚的了；曹操的出身虽然模糊了一些，但至少知道他父亲是谁，也知道他继承的是哪家的香火；可到了孙坚这里，《三国志》中的介绍却极为简略，除了介绍他的故乡在吴郡（东汉时将原会稽郡的钱塘江以西部分分设吴郡，治所在吴县，即今苏州市姑苏区）富春（今浙江省杭州市富阳区）以外，关于他的父祖姓甚名谁，则一概未予记载，只说他"盖孙武之后"。

这个"盖"字很值得玩味。如果是确确实实的事情，完全没必要写得这么含糊，比如刘备的身世，陈寿就非常肯定，如若不然，应该会写成"盖中山靖王胜之后"吧。其实这跟介绍曹操身世时的写法类似，先说曹操的祖父曹腾是曹参之后，再说曹操的父亲、曹腾的养子曹嵩来历不明。这是一种史家笔法，虽然不会明确说，但实际想表达的意思非常明显。

为什么要这么写呢？如果真的不清楚，不说也无妨，比如魏明帝曹叡的养子、曹魏第三任皇帝曹芳的身世，陈寿就明确表示"莫有知其所由来者"。其实原因倒也不复杂，因为陈寿作《三国志》是有参考资料的，韦昭主编的《吴书》就是其中主要的一部。《吴书》是东吴的官方史书，今已亡佚。既然是官方史书，给统治者找个显赫的人物当祖先就不是什么新鲜事了。孙武的人生后半段确实生活在吴国，死后也是葬于吴郡吴县，离孙坚家族的故乡吴郡富春不远，这样附会一下，倒也不是说不通。

不过，《新唐书》的宰相世系倒是明确列出了孙武的家系，认为孙武之子孙明就是富春孙氏的始祖，大名鼎鼎的孙膑也出自这一系。可是关于孙武的家系历来都很模糊，连汉朝的司马迁都搞不清孙武和孙膑的具体关系，而《新唐书》的修撰者——隔了1500多年的宋朝史学家却弄得这么清楚，不是很奇怪吗？总之，江东孙氏为孙武之后一说，大概率是无稽之谈。

孙氏家族的详细世系难以查明，那么他们属于什么阶层呢？关于这一点，学界依旧莫衷一是。

在汉末三国时期，家族大概有两种类型，一种是世代为官的豪族，另一种是在仕途上没那么显赫的寒族。这里要注意，寒族的寒并非贫寒的意思，而是和豪门相比显得寒酸而已。比如曹操，他的家族不可谓没有权势，但缺乏底蕴，因此无法被视为豪族。而真正出身低微的人连寒族都算不上，只能叫单家。所谓单家，就是独门独户，形不成大家族，所以也就称不上寒族了。

以上这些观点出自陈寅恪先生，他的说法大体没什么问题，但是具体到了江东孙氏这里，他认为孙氏也是豪族，只不过因为没有家传儒学经典，反而以勇武见长，所以被视为次等士族。他的根据就是《吴书》提到的"坚世仕吴"，这则史料是说孙坚家族世代在吴郡做官，但真的是这样吗？

我认为这一说法是值得商榷的，先不说《吴书》本身的立场问题，单凭《三国志》没有采纳这条信息就能看出一些端倪了。孙武是不是孙氏的先祖，这个由于年代过于久远而无法考证，于是陈寿就用个大概的说法，姑且算是采信了。但作为同时代的人，孙坚祖上几代人的身份还是比较容易查清楚的，陈寿很可能是可以确认孙氏并非世代为官，因此才将这条记录忽略的。

这一点也可以从陈寿对孙坚的评价中得到佐证，因为他说孙坚是"孤微发迹"。所谓"孤微"，自然是指出身寒微；而"发迹"一词，本身也有由贱入贵之意。如《史记·太史公自序》有记载，"秦失其政，而陈涉发迹"，说明孙坚的家世和陈胜并无本质区别。结合孙坚的仕途也可以得知这一点，因为他最开始做的是县吏。如果孙氏世代做官的话，怎么能让孙坚去做吏呢？他应该通过举孝廉直接做官才对。

这里举个例子，三国时代的王昶和王基，虽然他们都姓王，而且最后的官职、地位也相近，但由于出身不同，二人的仕途轨迹也大不相同。出身太原王氏的王昶起步就是太子文学，是未来曹丕面前的红人，而出身不好的王基只能从小吏做起，两者可以说是天差地别，而孙坚也不会比王基强过太多。至于《吴书》中孙氏世代为官这一说法，结合后面孙坚出生之前那些玄之又玄的异象，基本可以不予采信，这是官方史书的常用写法。

况且，根据孙坚夫人的一些史料，也能对他的出身进行一番佐证。孙坚的夫人吴氏父母早亡，和弟弟一起生活，她并非出自什么显赫的大家族，但即使是吴氏所在的这样一个很普通的家庭，也看不上孙坚。当时，孙坚听说钱塘吴氏貌美，想来提亲，但吴家人认为孙坚轻佻狡诈，都想拒绝他。轻佻即无礼，如果是世代为官的大家族，肯定会重视教育，那么孙坚就没道理会得到这种评价。

孙坚得知此事后，感觉受到了莫大的侮辱，于是怀恨在心。这时吴氏对亲戚说："何爱一女以取祸乎？如有不遇，命也。"意思是："为了我一个女子招致祸端不值得，干脆从了吧。如果我的婚姻失败，那也是我的命。"很显然，吴氏怕了，她不想连累家人。孙坚可是十七岁就能提刀杀人的，得罪了这种煞星，谁知道他会做出什么事来？因此，可以说吴氏就是孙坚半抢半娶才得手的，这种行事风格，像出身官宦家庭的人吗？

孙坚出身如此低微，举孝廉这条路很难走得通，所以只能选择建立武勋一途，他后续的一系列发展都与此有因果关系。不过，孙氏一族其实对自己低微的出身还是很介意的，除了修史一事之外，他们还通过各种途径来回避这一点。《宋书·五行志四》记载，"又终吴世，不上祖宗之号"，意思是终东吴一世，他们都没有给祖宗立庙，这不就是在刻意隐瞒吗？正因为如此，《吴书》才会用"世仕吴"这样含糊的字眼来掩饰。

其实，要想如实记载也是可以的，因为孙坚的家世并非秘密，只不过《吴书》的几个编撰者不敢写出来罢了。孙坚的真实出身异常寒微，别说不是官宦家族，连殷实人家都算不上。《宋书·符瑞志上》记载："孙坚之祖名钟，家在吴郡富春，独与母居。性至孝，遭岁荒，以种瓜为业。"由此可知，孙坚的祖父孙钟只是个种瓜的农民。东吴史书不敢说的内容，到了南北朝终于被揭露出来了。想想也是，这个出身实在是不便弄得人尽皆知，陈寿说孙坚"孤微发迹"真是太贴切了。这下真相大白了，孙坚是真正从底层杀出来的，论起家世来比刘备还差。

总的来说，魏蜀吴三国的统治家族，虽然最初的地位权势有所不同，但归根结底都是一类人，他们并不是什么世家大族。即便是出身最好的曹操，也会被视为"赘阉遗丑"。然而，最终取得成功的也是这三个家族，而不是袁绍、袁术、刘表等，这其实很能说明乱世是寒门崛起的机会。孙坚这个瓜农的后代不甘平凡，虽然出身低微，却不坠青云之志，最终建立了一番功业，这种励志的经历还是非常值得佩服的。

02　孙坚发迹

孙坚作为底层人物，能够在乱世中崛起，和他自身的高素质是分不开的。据《吴书》记载，孙坚"容貌不凡，性阔达，好奇节"。他不仅容貌不凡，而且心胸宽广豁达，还有着奇特的节操，具备非常强大的人格魅力。

　　也正是孙坚的这个特点，才让他在先天条件不足的情况下，于家乡之外成就了一番事业。而后来孙氏的两代领袖孙策和孙权也都有着类似的人格魅力，可以说是"有乃父遗风"了。不过，虽然优点明显，他也只能从小吏做起。从小时候起，孙坚就明白一个道理：自己这种人若想出人头地，就得立下战功。

　　孙坚十七岁那年，有一次和父亲乘船去钱塘（今浙江省杭州市一带），看见海贼胡玉一伙从附近的匏里上岸，抢夺商人财物。机会来了！想从吏的行列中脱颖而出就需要有恩主赏识，最好的办法就是闯出名声，这群海贼正是最好的垫脚石。

　　于是，孙坚跟身旁的父亲说："此贼可击，请讨之。"结果他不出意外地遭到了父亲的反对，一个十七岁的少年，去挑战一群杀人越货的匪徒，这不是自寻死路吗？父亲回答道："非尔所图也。"对此，孙坚有不同的看法——父亲的一番好意没错，但他的出身、眼界不高，他的意见也是有局限性的。

　　孙坚决定为前途拼搏一次。说干就干，孙坚手提尖刀，单枪匹马地上了岸，但他却不是一味蛮干，而是用了计策。他做出指挥部属包围过来的样子，结果真把海贼给吓住了，海贼以为官兵来围剿，立刻望风逃散。见贼寇狼狈逃窜，孙坚趁势追杀过去并斩首一人，最终凯旋。

　　十七岁的少年孙坚有勇有谋，杀贼除害，这下他彻底名声大噪，当地官府任命他做假尉。假，是指代替、代理；尉，就是县尉——县令手下负责治安的小官，虽然是官员中的最底层，但至少脱离了吏这个阶层。不过，孙坚只是个假尉，也就是临时的县尉，还没有正式的编制。尽管如此，孙坚也算半只脚踏进官场了，以后可以拥有更广泛的人脉，对他的前途大有好处。

　　很快，新的机会就来了。第二年，当地发生了一场大规模的叛乱，孙坚大显身手的时候到了。汉灵帝熹平元年（172年）十一月，会稽人许昭（又名许昌）自称大将军、阳明皇帝，又封其父许生为越王，再加上其子许韶，祖孙三人煽动了数万人马，在会稽郡句章（今浙江省宁波市江北区城山渡）起兵叛乱。

　　这场叛乱声势浩大，单靠会稽一郡之力无法平定，会稽太守尹端也因剿匪不力被朝廷革职，险些丢了性命。为了迅速平乱，朝廷任臧旻（mín）为扬州刺史，统一指挥临近的会稽、丹阳和吴郡，集合三郡之力平叛。

这是孙坚第一次正式踏上战场，不过吴郡的地方官府还是没给他正式编制，而是让他以一个临时设立的郡司马的身份统兵。就这样，孙坚招募了千余名乡勇，加入了臧旻的队伍。扬州刺史臧旻是臧洪之父，是汉末一位很有能力的官员，扬州刺史之后又任匈奴中郎将、太原太守等职。臧旻是个实干派，孙坚的优异表现他都看在眼里。

苦战三年后，许氏之乱终于被平定了，臧旻上奏孙坚之功，朝廷任命孙坚为盐渎（dú，今江苏省盐城市）县丞，这也是他第一个正式的官职。之后十年里，孙坚又历任盱眙（今属江苏）县丞和下邳（今江苏省睢宁县古邳镇）县丞。在此期间，他充分展示了自己的人格魅力。西晋虞溥所作的《江表传》记载："坚历佐三县，所在有称，吏民亲附。乡里知旧，好事少年，往来者常数百人，坚接抚待养，有若子弟焉。"无论是乡里的名宿，还是有志青年，孙坚对他们都像对子弟亲友一样，孙坚在群众中赢得了极高的声誉。

这十年，孙坚虽然在仕途上没有什么进展，始终徘徊在官场底层，但却通过自己的努力得到了一笔巨大的财富——人望。盐渎、盱眙和下邳三县都在江北淮泗一带，孙坚在这里积累了最初的创业班底，而之后的孙策也同样在这里起步，最终在此基础上形成了足以影响东吴政局的淮泗集团。

如果是太平盛世，孙坚凭着剿匪之功慢慢熬资历，或许最终做到太守就是极限了。不过，孙坚这样的人注定就是为乱世而生的，汉末的大乱为他打开了机会的大门。汉灵帝中平元年（184年），黄巾之乱爆发，真正的考验来了。这一年，孙坚三十岁。

朝廷火速调集军队镇压，右中郎将朱儁（jùn）征召孙坚随军作战，并表其为佐军司马。之前那些被孙坚深深折服的乡里少年都愿意随他从军，此外又招募了一些商旅和淮泗精兵，共计千余人。临行前，孙坚将自己的家眷留在寿春（今安徽省寿县），其中就包括年仅十岁的孙策。恐怕孙坚当时还想不到，这个孩子将来建立的功业要远超自己。

孙坚率领这支人马踏上了讨伐黄巾军的征程，他在朱儁麾下作战极其勇猛，连战连捷。但这同时也暴露了孙坚的一大问题，那就是他太热衷于带头冲锋了。身为主将，身先士卒确实有激励士气的一面，但这也是一把双刃剑，会让自身陷入极大的危险。

在汝南郡西华县（今属河南）的一次战斗中，孙坚由于过于深入，受伤堕马，和军队失散了，他只好藏在草丛里。幸亏他的战马跑回军营，高声嘶鸣，士卒们跟着马找过去，才在草丛中发现了孙坚。他回营休养了十几天后，又重返战场了。这一次，孙坚的运气很好，捡回了一条命，但他能一直有这么好的运气吗？这个问题恐怕他从来没有想过，很快他就将这次的预警忘在脑后了。

随着官军连连获胜，黄巾军在豫州已经支撑不住了，逐渐撤往荆州南阳郡。几个月后，在宛城（今河南省南阳市宛城区）一战中，孙坚又立下了先登之大功，晋升为别部司马。这个别部司马和之前的佐军司马相比，独立性更强，可以掌管的部曲数量也更灵活，相当于实权更大了。不过相比起来，更大的收获是在这期间，孙坚的部队先后有韩当、黄盖、程普、朱治等名将加盟，再加上妻舅吴景，形成了一个颇具实力的小集团。

收复宛城后，黄巾军的主力基本覆灭。但此时正值汉灵帝末年，东汉王朝已经风雨飘摇，除了中原爆发了黄巾之乱以外，凉州（今甘肃、宁夏及陕西、青海、内蒙古的部分地区）也爆发了大乱。这场动乱是汉朝在凉州的力量无法应付的。汉灵帝中平二年（185年）三月，叛军杀入关中。西汉的皇陵受到严重威胁，朝廷大震，令左车骑将军、冀州牧皇甫嵩前去平乱。

皇甫嵩虽然是平定黄巾之乱的功臣，但他太过耿直，之前得罪了宦官赵忠和张让，偏偏这两人又都是汉灵帝面前的红人，随后皇甫嵩因久战无功遭二人弹劾，被贬官，朝廷让车骑将军张温接替他。

张温没什么军事经验，他的副手袁滂也是半斤八两，这两人的指挥水平远不如前任皇甫嵩。故而，张温想找个专业人士做参谋，结果一下就想到了孙坚。当初，朱儁攻打黄巾军占据的宛城，三个月都没攻下来，有人提议换将，是张温力保，汉灵帝才同意再给朱儁一点时间。在此期间，张温肯定密切关注着宛城战局，毕竟他在皇上面前作保，一旦战局不利，他也有连带责任。幸好朱儁不负众望打下了宛城，而在此战中表现极其亮眼的孙坚，自然引起了张温的注意。

这次张温亲自挂帅，表孙坚为参军，一同出征关中。于是，就在长安，孙坚遇到了他一生中最大的对手。

03　孙董结怨

汉灵帝中平二年（185年）八月，平叛大军正式出发。

东汉朝廷为了平定这次凉州之乱下了很大的决心，一共从各州郡调集了十几万大军。形势虽然暂时稳住了，但是单凭张温的能力并不足以破敌，打仗还是得靠专业人士才行。目前，张温手下就有三个这样的人。

第一个人就是孙坚，他是张温特意要来的人，并给了他参军一职。参军一职听起来像个参谋，但实际上拥有不小的实权。比如，下辩之战中的曹休和街亭之战中的马谡都任参军，拥有实际的兵权。因此，张温是想把孙坚培养成自己的班底的。

第二个人是陶谦，他之前跟随张温的前任皇甫嵩作战，也打过胜仗。当皇甫嵩遭诬告被免职后，张温想拉拢陶谦，也表他为参军。不过，历史上的陶谦并非《三国演义》中那样的忠厚长者，而是一个很有脾气、很有性格的人。

张温最初由曹操的祖父曹腾举荐，也就是说他走的是宦官的路线，而且他还曾花大价钱买过官。有了这些黑历史，性格刚直的陶谦自然对其很是鄙夷，对这个长官一点面子都不给。这样一来，陶谦就不可能为张温所用了。

陶谦的轻蔑态度，有一个人看在眼里，那就是张温手下的第三个人——董卓。董卓和陶谦一样，之前也在皇甫嵩手下作战，这么多年他四处征战，建立功勋，还是有些真才实学的。董卓也对张温很轻视，当张温召他前来的时候，他磨磨蹭蹭了很久才来，言语上也颇有不恭。

因此，张温手下有才干的人虽然不少，但实际上可以为他所用的只有孙坚一个。董卓的态度让在场的孙坚感觉到报答恩主的时候到了。其实，孙坚也不一定多看得起张温，但他清楚自己没有根基，想更进一步就必须有人提携。如今，张温在军中威望不足，此时雪中送炭的话，日后想必有所回报。于是，孙坚悄悄出了个大胆的主意，他建议张温以董卓误期为由将其斩首。

张温没想到孙坚居然这么狠，一时接受不了这个方案，回答道："卓素著威名于陇蜀之间，今日杀之，西行无依。"意思是，董卓素有威名于西陲，与叛军作战还要仰仗他。

孙坚没放弃，又劝道："明公亲率王兵，威震天下，何赖于卓？观卓所言，不假明公，轻上无礼，一罪也。（边）章、（韩）遂跋扈经年，当以时进讨，而卓云未可，沮军疑众，二罪也。卓受任无功，应召稽留，而轩昂自高，三罪也。古之名将，仗钺（yuè）临众，未有不断斩以示威者也，是以穰（ráng）苴（jū）斩庄贾，魏绛戮杨干。今明公垂意于卓，不即加诛，亏损威刑，于是在矣。"大意就是：您统率王师，威震天下，根本不需要董卓，此人不听军令，动摇军心，又狂妄自大，正好杀了他立威。

孙坚想表达的主要有三点：第一，我们不是非要依仗董卓不可；第二，以军法杀他，有理有据；第三，干掉董卓是以儆效尤。

董卓只是名义上归张温统属，从他的驻地和张温不在一处即可看出他有自己的部属，有一定独立性。张温初来乍到，素无功勋，在军中完全没有威信，除掉董卓，不仅可以兼并他的军队，让全军统一由自己指挥，还能达到立威的目的，可以说是一举两得。

当然，孙坚也并非完全一心为张温谋划，他也有自己的私心。董卓作为同僚，某种意义上是孙坚的竞争对手，干掉董卓，孙坚的地位自然就水涨船高了。

然而，张温不忍心因为小事杀人，不仅如此，他还把孙坚劝走了，理由是怕董卓起疑心。张温还是太胆怯了，要知道慈不掌兵，就算担心杀人会被弹劾，那也有折中的办法。比如，可以立即找个罪名把董卓监禁起来，然后迅速吞并他的军队，就像后来钟会灭蜀时对付诸葛绪那样。

张温错失了这次机会，继续让董卓统兵。他不知道的是，自己的仁慈不会得到董卓的感激，数年后他将为此付出生命的代价，这是后话。

很快，大军从长安开拔。为了保护长安周边汉室历代先皇的陵寝，张温屯兵于长安以西的美阳（今陕西省武功县一带），目的是将西凉叛军阻挡在关中平原西部。此时，叛军也进兵此地，双方展开对峙。

再说这支西凉叛军，内部成分比较复杂。最初参与叛乱的是凉州的羌胡盗贼，后来又加入了一支叫湟中义从的武装。湟中义从是东汉诸多义从中的一支。义从，都是由少数民族士兵组成的，只不过归附了汉朝，比如湟中义从的主体就是月氏胡人。

叛军统帅北宫伯玉、李文侯等人比较有自知之明，清楚单靠自己成不了事，就胁迫当地较有名望的新安县令边章和凉州从事韩遂，让他们主事。因此，西凉叛军就是一个下层胡汉合流但上层领导权在汉人手中的团伙。

双方开战后，官军初战不利，这或许就是张温未能完成内部整合所导致的。然而，这时候运气站在了张温这边，到了十一月，一天夜里突然有一颗流星落入了西凉军的兵营。韩遂等人认为此事不吉，准备撤回凉州，而董卓抓住了这个机会。

第二天，董卓趁着叛军战意低迷，与右扶风鲍鸿大举进攻，斩首数千，大获全胜。西凉军则一路向西，退往金城郡榆中（一说位于今甘肃省兰州市西北一带）。这是董卓一次自作主张的军事行动，虽然打赢了，但这明显表现出他并没把张温放在眼里。

仗肯定是要打下去的，接下来就是乘胜追击了。不过，张温也意识到后面不能继续放任董卓了，必须把他边缘化，否则自己的威信何在？于是，张温没有让董卓继续留在主战场，而是让他去打无关紧要的先零羌。至于主要的作战任务，张温交给了周慎。

这个周慎，事迹不详，很可能是张温的亲信，但张温高估了他的能力，最后弄巧成拙，反而成就了董卓的名声。周慎带着三万人马出发了，孙坚随他一同前往战场。这时孙坚提出，叛军人多，但榆中城粮草不足，自请带一万人先切断敌军粮道，这样一来敌军必然困乏，等张温大军一至，则大事可成。如果没有张温大军紧随其后，孙坚这个深入敌后的方案确实有些危险，但两部人马配合作战，那就万无一失了，叛军除了撤出榆中没有其他选择，否则就会被前后夹击。然而，周慎立功心切，非要围攻榆中城，结果酿成了大祸。

黄河在向东流经金城郡后，河道开始收窄，形成了一个叫作葵园峡的峡谷。后来，明朝肃王朱楧（yǎng）从江南转封过来，在此地种植桑，之后这里便称为桑园峡。葵园峡既险峻又狭窄，还是官军的补给线必经之地。周慎虽然名字为"慎"，但一点也不慎重，这么重要的地方居然被西凉军截断了。周慎一看大事不妙，丢掉了全部辎重而仓皇撤退，本来战局形势一片大好，结果就这么功败垂成了。

另一边，进攻先零羌的董卓那一路人马却全身而退，成了唯一没有损失的部队。战后，董卓因功拜前将军，封斄（lí）乡侯，授并州牧，成了最大的赢家。而张温作为总指挥虽然先胜后败，但毕竟把叛军赶出了关中，故而受封太尉。孙坚在这场战争中没能得到任何表现的机会，反而还跟着周慎吃了个败仗，他很是沮丧。这并不是孙坚的错，要怪只能怪他位卑言轻吧，有能力却没权力，一切都是空谈。

这是孙坚和董卓的第一次交手，从董卓的行为来看，此人有实力、有野心，以后肯定是一个潜在的威胁，这一点是错不了的。目前的孙坚还未成长为与董卓同一级别的对手，他必须继续提升自己，如果今后再度交锋的话，才有可能扳回一局。

其实这一次孙坚也不是一无所获，或许是张温对他心中有愧，想补偿他，又或许是想继续拉拢他，总之，孙坚不仅没有因战败被贬官，反而还得到一个议郎的职位。议郎并不是什么实职，只是个没有定员的虚职，但它的意义很重大，为孙坚继续晋升做了铺垫。也就是说，议郎就类似于一个临时性的储备干部，将来是会高升的。

在东汉时期，如果被拜为议郎，那之后要么是加速晋升，要么是之前被贬官的人要起复了。比如，曹操早年受牵连遭免职后，就是通过拜为议郎而起复的，之后直接升至骑都尉。孙坚也不例外，很快就被晋升为长沙太守。

当然，他是带着任务去的。当时，荆州南部很不太平，盗贼蜂起，孙坚此去是继续做平叛这个老本行。孙坚果然不负众望，还超额完成了任务，不仅消灭了治下的长沙郡盗贼区星，还跨境平定了零陵郡和桂阳郡的盗贼观鹄、周朝、郭石、苏马等，三郡彻底恢复了秩序。

这时，庐江太守陆康的从子任宜春县长，被贼兵所攻，派人向孙坚求救。听闻此事后，主簿劝孙坚不要越界征讨。其实，主簿说得不无道理，之前孙坚算是跨郡征讨，但至少在荆州范围内，而这次要跨州，手确实伸得有点长了，毕竟扬州刺史和豫章太守还没有发话。不过，孙坚却答道："太守无文德，以征伐为功，越界攻讨，以全异国。以此获罪，何愧海内乎？"说罢他整顿兵马，起兵驰援，结果大军未到，贼兵就闻风而散。

孙坚不惧获罪，只求无愧于天下，真乃一代忠臣良将。为了表彰孙坚的功劳，朝廷封他为乌程侯。巧的是，后来吴末帝孙皓也被其前任吴景帝孙休封为乌程侯。这便是所谓的吴以乌程侯始，以乌程侯终，历史就是这么玄妙。

就这样，孙坚经历了十几年的奋斗，终于打通了走上群雄争霸这一舞台的道路。然而，当初的老对手董卓也更进一步，如今他已经成为这个国家实际上的掌控者。随着中平六年（189年）这场巨大风暴的涌起，波澜壮阔的汉末纷争拉开了序幕，而孙坚也将迎来这场宿命的对决。

04 荆州火并

汉灵帝于中平六年（189年）四月去世，汉少帝刘辩即位。秋，董卓进京。此后，他擅自废立，滥杀无辜，把朝廷弄得乌烟瘴气。

在废立这件事上，袁绍和董卓发生了冲突，结果他一路跑到冀州去了。后来，董卓为了安抚他，给他封了个渤海太守了事。这件事刺激到了袁绍的异母兄弟袁术，在董卓废帝期间，他没有像袁绍那样轻举妄动，而是默不作声，这就给董卓一个错觉，认为他似乎是可以争取的。

董卓进京后，并非只倒行逆施，为了得到士大夫阶层的支持，他还费了一番功夫，比如任命了一批较有名望的人出仕州郡，想以此获得地方上的支持。当然，这批人后来几乎都背叛了他，这是后话。对于袁术，董卓也想拉拢，封他为后将军。袁术虽然与袁绍不和，但也不想和董卓搅在一起，他已经看出此人成不了事，也打算出逃。

那么究竟去哪里呢？回到家乡汝南郡是不行的，因为在汉代，朝廷为了避免结党营私，一般不允许官员在家乡做官。找来找去，袁术盯上了南阳郡。袁术选择南阳有两大原因。首先，南阳实力强大，人口众多，一个郡的力量甚至可以媲美其他地区的一个州；其次，这里紧挨着他的故乡汝南郡，可以比较方便地得到家族支援。很快，袁术就跑到了南阳郡最北面的鲁阳（今河南省鲁山县），静等局势变化。事实上，他根本不用等多久。

汉献帝初平元年（190年）正月，关东诸侯纷纷起兵讨伐董卓，正式拉开了汉末大乱的序幕。

身在长沙的孙坚闻讯，感慨不已："张公昔从吾言，朝廷今无此难也。"不过，现在想这些已经没有意义了，他必须尽快行动起来。

然而，目前有一个问题，那就是关东诸侯几乎都来自北方，他们的集结地，无论是司隶的河内郡还是兖州东郡的酸枣（今河南省延津县），都距离长沙郡很远。也就是说，孙坚很难和其他诸侯合兵一处。为了进取中原，孙坚只有一条路可走，那就是一路北上，经过南郡和南阳郡，最后直逼洛阳。可是这条路并不好走，在南郡，他将遇到对手——荆州刺史王睿。

之前孙坚讨伐零陵和桂阳的盗贼时，王睿也一同出兵作战。但在作战期间，他因孙坚出身行伍而对其颇为轻蔑，反而引起了孙坚的憎恨。王睿作为荆州刺史，没能处理好与下属的关系，确实有很大的失职。然而，和他交恶的不止孙坚一个人，这第二个人最终导致王睿丢掉性命。

东汉时期，荆州的州治所既不是江陵也不是襄阳，而是武陵郡的汉寿（今湖南省常德市东北），王睿作为荆州刺史便驻于此，结果却和武陵太守曹寅发生冲突，很快这二人就势同水火。王睿对曹寅恨之入骨，将治所北迁至南郡的江陵（今属湖北省荆州市），扬言非杀了曹寅不可。当时，王睿准备起兵讨伐董卓，这让曹寅异常恐惧，谁知道他是不是真的去打董卓，万一是来杀自己的呢？

曹寅决定不能坐以待毙，而这时孙坚正好起兵北上，曹寅想到一个绝妙的办法。当时，案行使者（东汉时临时奉诏办事人员）光禄大夫温毅正奉旨在荆州办事，曹寅假借他的名义作了一篇檄文，其中细数王睿之罪，并将其交给孙坚，让他将王睿斩首正法，结果孙坚一口答应下来。

那么，孙坚是否知道这篇檄文是假的呢？他当然知道。如果檄文是真的，为何温毅不亲自来找他，反而要通过曹寅转交呢？况且曹寅和王睿素有仇恨，曹寅也有动机这么做。

可是问题又来了，孙坚为何心甘情愿被曹寅当刀使呢？因为他看上王睿的军队和钱粮了。当时的孙坚想在短时间内扩充实力，王睿就是最好的开刀对象。何况，此人还对自己颇为轻视，杀了他完全没有心理负担。

孙坚并非蛮干，就和当年他杀海贼时一样，是讲究策略的。

孙坚的部曲来到江陵的荆州刺史府前。王睿闻知有军队来，连忙登楼观望，并派人询问他们的意图。外面的士兵恭恭敬敬地回答："刺史大人容禀，我等长期在外作战，劳苦不堪，所得的军饷连衣服都做不起啊。这次前来，不过是想请您开恩，再讨些赏赐。"

听到这里，王睿松了口气，还好不是兵变。既然如此，就暂且答应他们吧，先把这事压下去再说。于是，王睿痛快地答道："本官身为刺史，绝不吝惜赏赐。"说罢便下令打开府库，让士兵自己去看有何所需。

这时，王睿突然看到队伍中有一人，那不是孙坚吗，他怎么来了？王睿大惊失色道："孙府君（府君为对太守的尊称），你为何会在此？不是士卒求赏赐吗？"

其实，这是孙坚早就安排好的，他等的就是这一刻，可以兵不血刃直接拿下王睿。看王睿还没醒悟过来，孙坚冷笑道："案行使者温公作檄文细数汝罪，论罪当死。"

王睿早已没有了昔日一州之长的威风，闻言不禁战栗起来，语无伦次地问："我有何罪？"孙坚冷冷地说："我亦不知。"之后，便不再多言。

看着孙坚的部曲已经将自己重重包围，王睿万念俱灰，自忖必死无疑，为免遭羞辱，遂吞金自尽。逼死王睿后，孙坚兼并了他的人马，这下他实力剧增，拥兵数万。但结局真的是这么皆大欢喜吗？

王睿的身份可不光是荆州刺史，他还出身于琅玡王氏，后来的西晋太保、典故"卧冰求鲤"的主角王祥就是他的侄儿。虽说东汉末年琅玡王氏尚不如太原王氏，也没有什么高官，但毕竟也是有几百年历史的世家大族，背后隐藏的实力不是孙坚这种出身底层的人所能了解的。这样的世家大族都有庞大的人情关系网，更何况他们的家族名士辈出，能形成极大的舆论力量，孙坚虽然一时得利，但名声彻底毁了。

当孙坚带着几万大军继续北上，进入南阳时，袁术清楚自己的机会到了。现在，孙坚的名声彻底坏了，而袁术是在世家大族里很有名望的人，只有他才能让孙坚洗刷之前的恶名，而这也是孙坚所需。

袁术虽然有名声，但毕竟实力不足，孙坚这几万人马对他来说就是雪中送炭。对孙坚来说，几万大军要消耗大量粮草，以他的恶名，除非硬抢，否则没有谁愿意资助他，这就要靠袁术了。也就是说，袁术和孙坚两个人各取所需，孙坚需要袁术的名望和人脉为他筹粮，稳定后方；而袁术需要孙坚的战力为他攻城拔寨。当然，尽管二人算合作关系，但在名义上，孙坚还是要听命于袁术。

于是，两人一拍即合，袁术表孙坚为假中郎将，算作见面礼。《献帝春秋》记载："袁术表坚假中郎将。坚到南阳，移檄太守请军粮。"说明这两人虽未相见，但是袁术表达了诚意，双方达成了协议，他们早就开始秘密联络了。

明明孙坚实力更强，为何却以袁术为主呢？其实，当时的太守、刺史们很可能没有意识到汉朝已经名存实亡了，他们最初或许还是抱着匡扶社稷的想法起兵的，只不过实际作战的时候都倾向于保存实力。具体到孙坚来说，他应该没有把自己视为割据势力的领袖，而仍然把自己当作一个汉臣。这样一来，手下的兵力对他来说是晋升的资本而不是割据争霸的资本，而要达到这个目的，非得袁术帮助不可。正是出于这种心态，孙坚才心甘情愿地为袁术所驱使，成为袁术手中的一把尖刀。

这把尖刀刺向的第一个人就是南阳太守张咨。袁术早就觊觎富庶的南阳了，张咨自然就成了他的眼中钉。张咨是之前董卓任命的官员，他刚听说孙坚来南阳的时候，居然还"晏然自若"，表现出一副完全不在乎的样子，殊不知他已经大祸临头。

孙坚制定了连环计以除掉张咨。他先给张咨发了一份征粮的公文。张咨收到以后，问身边的主簿如何应对，主簿说："孙坚是长沙太守，我们没义务给他提供兵粮。"张咨深以为然，于是对孙坚的要求不予理会。孙坚早就料到会这样，也根本没指望张咨会答应，而是准备以此为借口发难。

之后，孙坚送了牛和美酒给张咨。张咨一看，只好设宴答谢，结果这场宴会就变成了鸿门宴。宴席上酒过三巡，长沙主簿忽然走进来禀报："前有文书传给张太守，但至今道路尚未修整，军饷尚未备足，请让属下将他逮捕审讯。"

张咨闻言大惊，起身拔腿要跑，但外面的士兵已一拥而入，将他围了起来。王睿不久前才被杀，莫非自己也要步他的后尘了？张咨对此无法理解，因为他没有像王睿一样得罪过孙坚，对方何必要把事做绝呢？

张咨想不到的是，他真正的致祸之因在于他的南阳太守的身份，只要他活着，袁术就不可能名正言顺地占据南阳，所以他必须死，而借口孙坚已经安排好了——最初征粮一事就是给他挖的陷阱。最终，张咨被不由分说地推出去斩首，成了王睿之后又一个牺牲品。

这就是孙坚杀死张咨的全过程。而《吴历》给出另一种说法：张咨开始同样不理会孙坚，但孙坚装病把张咨骗过来杀了。虽然过程有些差异，但都确定了一点，即孙坚擅自杀人。

从这时起，孙坚无论要什么，都没人敢说一个不字。将南阳郡的钱粮洗劫一空后，孙坚率兵前往鲁阳与袁术会合。

南阳这个天下第一郡终于到手了，袁术大喜过望，于是上表封孙坚为破虏将军，领豫州刺史，算是投桃报李了。当然这个豫州刺史是虚领，毕竟袁术自己还没当上州刺史呢，况且还有个朝廷任命的正牌豫州刺史孔伷（zhòu）。

现在进攻董卓的路线已经基本打通了，可接下来袁术和孙坚却足足大半年按兵不动，这又是为什么呢？

主要有三个原因：首先，董卓一把火将洛阳烧了，然后迁都长安，洛阳变成了一片白地，孙坚暂时失去了进攻的目标；其次，袁术和孙坚需要时间稳定后方，当时荆州刚经过动乱，盗贼众多，需要慢慢消化；最后，拿下南阳还不能算彻底打通进攻洛阳的道路，去洛阳还得先经过豫州颍川郡（主体部分在今河南省禹州市境内），因此要一步步稳扎稳打，先在颍川郡站稳脚跟再说。正因为有这些因素存在，双方暂时没有交锋。

荆州发生重大变故的消息传遍天下，这让董卓非常头疼，毕竟袁术和孙坚都是挑明了要与他为敌的。现在他们只控制了南阳和南郡，要是让他们把整个荆州吞下，可就麻烦了。思来想去，董卓想出一个主意。

既然孙坚把朝廷的荆州刺史杀掉了，那再任命一个，即使新的刺史不能成气候，至少也能在一定程度上拖住孙坚的脚步。在这样的背景下，刘表粉墨登场，而袁术和孙坚费尽心血，最终还是给他做了嫁衣。

刘表是汉室宗亲，也是个名士，以他的名望，当个州刺史倒是不成问题，但南下荆州的必经之路——鲁阳被袁术和孙坚占住了，刘表一行人根本没法赴任。不过，刘表艺高人胆大，既然人多了过不去，干脆就一个人去，他就这么单枪匹马溜了过去，进入襄阳南面的宜城（今属湖北）。刘表在荆州得到当地大族的认可，在他们的支持下，先后平定了众多盗贼的叛乱，将荆州南部六郡收入囊中。几乎空手套白狼得了荆州的刘表，接下来却做了保守的选择。

刘表上表让袁术为南阳太守，同时将荆州治所从江陵北移到襄阳，在此驻扎重兵，静观天下之变。刘表这个操作有几个含义：首先，明确承认南阳是袁术的地盘，自己不会染指；其次，以襄阳为防御重点，告诉对方我早有准备；最后，表明自己会在袁术和董卓之间保持中立。刘表这个做法既表现出相当的善意，又亮出"肌肉"，做得非常漂亮。袁术无话可说，只能吃这个哑巴亏，双方至此进入和睦期。

然而，孙坚和董卓这对宿命之敌的交锋却不远了，五年前的恩怨情仇还将继续，这场如闹剧一般的群雄讨董之战，终将变成孙坚这头江东猛虎的个人表演。

05　阳人之战

当初，董卓焚毁洛阳，迁都长安，但他本人没跟着天子车驾西行，而是留在洛阳坐镇。

讨伐董卓的诸侯联军并非如《三国演义》描写的那样聚在一起会盟，而是分为五个部分。

第一部分是河北军，由袁绍和王匡组成，驻扎在河内郡（治所在今河南省
陟县）。

第二部分是兖州军，由张邈、刘岱、桥瑁（mào）、袁遗、鲍信和张超组
成，驻扎在酸枣，当然曹操也算其中一员。

第三部分是荆州军，由袁术、孙坚组成，驻扎在鲁阳。

第四部分是豫州军，只有孔伷一个人，驻扎在颍川。

第五部分是后勤部队，由韩馥负责，不在前线作战，在后方邺城督办粮草。

这五路人马声势浩大，对洛阳形成了巨大的半包围态势。其中，酸枣的兖州
军看起来实力最强，但这路军队是最先崩溃的，这让董卓压力大减。剩下的几路
人马中，孔伷没什么存在感，能对董卓产生威胁的基本上只剩袁绍和袁术了。

汉献帝初平元年（190年）冬天，董卓先下手为强，发兵数万进攻鲁阳。这
次突然袭击险些让孙坚吃了大亏。

当时，孙坚的粮草还没筹备完毕，准备派长史公仇称带兵去催收军粮。董卓
大军来攻的时候，孙坚正在鲁阳城东门外集合官属，大办酒宴，给公仇称送行。
孙坚看董军先头军队只有几十名轻骑兵，便一点都不慌张，他一边饮酒谈笑，一
边整顿秩序，做出气定神闲的样子，不许部属轻举妄动。等董军后续到达的骑兵
逐渐增多，孙坚才慢慢起身，率领大家入城。董军见孙坚军容严整，毫无可乘之
机，只好无功而返。

这次能够化险为夷，充分体现了孙坚的胆略。不过，和董卓的这次交锋让孙
坚产生了一个错觉——董卓不过如此，这种轻敌的心理很快让他得到教训。

接下来，孙坚没有立刻发起进攻，而是在豫州征兵。当时，孔伷是正牌的豫
州刺史，为何能放任孙坚在他的地盘肆意妄为呢？孔伷参与会盟后就脱离了大部
队，单独跑到颍川去了，再往后就彻底消失在史书中了。

或许他应该是死了。如果孔伷未死，那其所辖的豫州后来如何为袁术所占，
史书应该有个交代才是，就像袁绍夺了韩馥的冀州那样。那么孔伷又是怎么死的
呢？关于这一点，只能做一个推断，他应该是在和董卓的作战中遭到沉重打击，

最后一命呜呼。这样推测是有理由的，后来曹丕在《典论》中提到："兖、豫之师战于荥阳。"这说明荥阳之战不仅有曹操和鲍信的兖州军，也有豫州军，而诸侯军中来自豫州的只有孔伷，他大概率在这场战斗中大败。

孔伷这个正牌的豫州刺史死后，孙坚这个豫州刺史就变得名正言顺了，他很快在豫州招募了一批人马，颍川太守李旻也加入了。现在一切准备工作都已就绪，对董卓的总攻开始了。

其实，诸侯联军并非都消极作战，驻于酸枣的那批兖州军除了曹操和鲍信以外确实表现极差，但是其他部分的人马还是比较积极的。

就在初平元年（190年）年底，联军对董卓发动了继荥阳之战后的第二次大规模的攻势。

这是一次两军的协同作战，北路王匡进兵河阳津（在今河南省孟津县东北），南路孙坚进入梁县（在今河南省汝州市西）以东，对洛阳形成两面夹击。面对这两支敌军，董卓也采取了分兵战术，他亲率主力对付王匡，南面的孙坚则交给之前在荥阳之战中大获全胜的徐荣。

董卓为何敢放心大胆地分兵呢？

原来，诸侯联军的南北两路人马在进攻时全打了折扣。首先看北路军，或许是因为韩馥克扣粮草，袁绍并没有参战，只有王匡单独作战。而南路军孙坚所部也人数有限，《后汉书》记载："时，长沙太守孙坚亦率豫州诸群兵讨卓。"孙坚只带了他在豫州招募的人马，主力部队荆州军被留在了鲁阳。孙坚采取这样的轻敌之举很可能是因为董卓的主力并不在南线，最后导致徐荣在荥阳之战后第二次大放异彩。

这场梁东之战可以说是两军的一次遭遇战。当时徐荣和李蒙正纵兵四处劫掠，结果在梁县一带与孙坚相遇。孙坚新招募的豫州新兵如何是西凉的百战精兵之敌？新兵一触即溃，最终孙坚只带着几十名骑兵突围而出。由于孙坚平时经常佩戴着红色头巾，这一特点让他成了明显的目标，董卓军在后面穷追不舍。紧要关头，部将祖茂接过红头巾，引开追兵，这才让孙坚安然逃脱。而祖茂也没有像在《三国演义》中那样被杀，他将追兵引到一处墓地后，把红头巾挂在烧柱上，自己藏身于草丛中。追兵过来后，看只有头巾却没有人，便撤退了，祖茂也逃过一劫。

孙坚幸运逃脱，其他人可就没这么幸运了。颍川太守李旻和豫州从事李延被董卓军俘虏后用滚油活活烫死，被俘获的士卒也全部惨遭杀害。

徐荣在洛阳南面大获全胜，董卓在洛阳北面的进展也异常顺利，几乎将王匡打得全军覆没。这样一来，诸侯联军第二次大规模攻势彻底失败。不过，这次打击对孙坚并没造成太大影响。

原来，此战过后，孙坚不退反进，继续向北，屯兵阳人（在今河南省汝州市西）。按说这一次孙坚的豫州兵损失不小，虽然他收拢了一些败兵，应很难继续进军了，但他很可能得到了袁术从鲁阳派来的援军。这支生力军的加入让孙坚很快恢复了战斗力，董卓的噩梦从此开始。

听说孙坚再次进犯，初平二年（191年）二月，董卓派大将胡轸（zhěn）领兵五千前去迎战。为何董卓不继续任用徐荣呢？这是董卓不得已而为之，他必须解决内部的派系问题。

董卓最初起家靠的是凉州的老班底，但在他进京后，集团的成分开始复杂化。首先，他兼并了何进的部众，这其实问题不大，因为这批人里除了张辽外，没什么有实力的大将。但之后董卓兼并了曾任并州刺史的丁原的势力，这下问题来了。

丁原被杀后，吕布带着丁原旧部加入董卓队伍，他所在的派系可以称为并州派，甚至张辽也可以算入此派，因为他出身并州，最早也是丁原提拔起来的，后来他加入吕布麾下就是明证。董卓为了拉拢吕布，对他异常厚待，将其封为骑都尉。这个骑都尉可不简单，不仅有两千石的高俸禄，还有统领羽林骑的权力。并州派有了吕布这个代言人，逐渐可以和凉州派分庭抗礼了。

在这期间，董卓光顾着拉拢新人，却冷落了旧人。《后汉书·董卓传》记载："卓所亲爱，并不处显职，但将校而已。"他最亲近的那些凉州老班底都没得到显耀的官位，这就在集团内部造成了裂痕。董卓的态度让凉州派感到不满，胡轸就是其中的代表。

胡轸本就是凉州将领中非常有名望之人，现在却让新来的吕布抢了风头，这让他无法忍受，因此两人的关系变得非常恶劣。虽然董卓也给了胡轸一个两千石的官职——东郡太守，但问题是兖州东郡不在董卓的控制下，这个职位根本就是虚职，和吕布所授的骑都尉没法比。

这时董卓可能也感到有些不妥了，于是换掉了非凉州出身的徐荣，打算给胡轸一个立功的机会。本来这样倒也没什么，可董卓偏偏把与胡轸不和的吕布也派了出去，结果悲剧就此开始。

这次出征，胡轸是总指挥，吕布统率骑兵。胡轸作为主将，本应想办法缓和与吕布的关系，维持军中稳定，或者干脆找个理由给吕布定罪，夺了他的兵权。但性格急躁的胡轸做了第三种选择——他扬言要斩杀一名青绶，这样才能整肃军纪。《后汉书·舆服志下》记载："九卿、中二千石、二千石青绶。"因此，青绶即佩系官印的青色丝带，指代的就是两千石以上的高官，而军中这样的人似乎除了他就是吕布了。

如此明显的敌意让吕布心生警惕，决定暗中给胡轸搞点破坏。大军行至距离阳人数十里的广成时，天色已暮，士卒已经疲惫。此时本应休整一段时间，后半夜继续行军，第二天清晨对阳人发起进攻，这也是之前董卓做出的安排。可这时，吕布等人却对胡轸说："阳人城中贼已走，当追寻之；不然失之矣。"头脑简单的胡轸立功心切，率军连夜进发。结果到阳人城下后，发现根本不是吕布说的那么回事，城中的守备十分严密，完全没有偷袭的机会。

此时全军饥渴困乏，士气低落到极点，吕布又让人散播谣言，说孙坚要出城夜袭了，结果全军狼狈逃窜。等丢盔弃甲跑出十几里，士卒却发现身后根本没有追兵，再次掉头返回，这时天也亮了。

《孙子兵法·军争》云："百里而争利，则擒三将军，劲者先，疲者后，其法十一而至。"就算是精兵，一天行进百里也会有大量士兵掉队。胡轸的部队走了多远呢？我们来算算吧。从广成到阳人就有几十里，到了阳人后又来了一次十几里的往返跑，这就接近百里了，再加上到广成之前的行军，总路程绝对超过百里了。这一趟折腾下来，铁打的人也支撑不住了，胡轸怎么可能是以逸待劳的孙坚的对手呢？

孙坚抓住战机大举进攻，胡轸惨败。吕布早已算计好了，他带的是骑兵，体力保存得比较好，撤退也快，自然是安然无恙，可董卓帐下的武将华雄就倒霉了，最后被孙坚军当场斩杀。这一战孙坚大获全胜，这也是诸侯联军起兵一年多以来的首胜，大大提升了士气。虽说董卓军的败因主要是内讧，但孙坚对战局的把握也确实值得称道。

就在孙坚一路高歌猛进的时候，后方出问题了。有人劝说袁术不要再给孙坚提供兵粮了，因为若让孙坚得了洛阳，那就是"除狼而得虎"，再也"不可复制"。其实，这种说法完全不能成立。洛阳一带早就被董卓烧了，孙坚纵使得到洛阳，那也是一座空城，难道还能以此为根基和袁术对抗吗？

但袁术偏偏就信了，断绝了军粮供应。这下孙坚没办法了，军队无粮肯定无法继续作战。他一路狂奔百余多里赶回鲁阳，对袁术说："我和董卓无冤无仇，现在和他作战，一是为了国家，二是为了给你们袁氏报血仇，现在你居然听信谗言对我起疑心？"袁术无话可说，只好答应供粮，孙坚也得以继续进攻。

董卓在战场上打不过孙坚，只能派李傕（jué）前去和谈，他想和孙坚联姻，并对孙氏族人许以高官厚禄。可是，董卓的提议遭到孙坚严词拒绝。孙坚继续北进，抵达大谷关，这里距洛阳只有九十里了。

感受到孙坚的强硬态度后，董卓不禁感慨："当年平定凉州之乱时，要是周慎听了孙坚的建议，怎么会失败呢？可见孙坚确实有过人之处啊。"长史刘艾不服，他说："孙坚虽然能出奇计，但也不如李傕、郭汜（sì）啊。听说那年他在美阳之战时，率领千余人，结果损兵折将，连印绶都丢了。"董卓回答："孙坚当时率领的多是乌合之众，算不得数。不过，这回他也成不了事。只要杀掉二袁、刘表、孙坚，天下自然会臣服于我！"

虽然董卓自信满满，但现实是残酷的。董卓亲自带兵和孙坚在刘氏皇陵一带交战，依然大败而归。这下洛阳是守不住了，董卓把吕布留在这里，自己往西跑到黾（miǎn）池（今河南省渑池县）去了。

洛阳的大门终于要被打开了，很快，孙坚击败留守的吕布，杀入洛阳城，这座被董卓祸害了近两年的大汉国都终于被光复了。

孙坚入城后，见到洛阳城那凋敝不堪的惨状，不禁潸然泪下。他下令打扫汉室宗庙，用三牲祭祀，之后又修复了被董卓挖坏的皇陵。就在这时，孙坚又有了一个意外发现。

06 玉玺之谜

孙坚收复洛阳后，一边维持秩序，一边休整部队。一天早上，突然有手下报告，洛阳城南的甄官井上方有五色之气，全军上下都很惊异，没人敢接近。孙坚闻讯赶过去，命人下井查探，结果发现了一枚玉玺。此玺四寸见方，玺纽为五龙盘绕，其中一条龙缺失一角，它正是旷世之宝——汉传国玺。

袁术素有篡汉之心，听闻玉玺在孙坚手中，便命人将孙坚的夫人吴氏绑架，胁迫孙坚交出玉玺。之后，袁术败亡，玉玺为徐璆（qiú）所得，他将玉玺交还朝廷。至此，在十常侍之乱中丢失的玉玺回到了大汉朝廷的手中。

以上这些记录，分别来自《吴书》《献帝起居注》《山阳公载记》等，看起来构成了一个完整的故事脉络，在逻辑上也能讲得通。但有一件事却有些蹊跷——《三国志》中完全没提到传国玉玺这件事。

这就有些奇怪了，成书于《三国志》之前的两部正史——《史记》《汉书》，都明确交代了传国玉玺由秦入汉的详细过程，毕竟这关系到大汉正统的问题，是很有必要说明的。《晋书》对此也极为重视，着重描写了东晋是如何从冉魏手中获得玉玺的，同时还特意声明慕容儁的玉玺是假的，足以看出此事的重要性。

然而，《三国志》却对此事避而不谈，这只能说明一个问题——陈寿自己也拿不准。陈寿治史精审而准确，没有把握宁可不写，这也是《三国志》内容过于精简的原因，他这一特点也被裴松之所认可。那么，接下来就尝试探究一下传国玉玺真正的奥秘吧。

当初，秦始皇扫灭六国后，制作了这枚玉玺。之后，刘邦入咸阳，秦王子婴请降，同时献上了皇帝玉玺，当时还不叫传国玉玺。后来，楚汉相争，项羽兵败自尽，刘邦称帝后，决定将这枚玉玺世世传授，因此命名为汉传国玺。

关于传国玉玺，还有个传说，说它来自当年楚人卞和制作的和氏璧。这种观点广泛流传，绝大多数人都信以为真，其实这大错特错。这一说法最初来源于北魏的崔浩，但他完全没有任何依据，只是随意编造出来的。

其实，传国玉玺跟和氏璧没有半点关系。《宋书·礼志五》记载："初，高祖入关，得秦始皇蓝田玉玺"，而《玉玺谱》则说"传国玺是秦始皇初定天下所刻，其玉出蓝田山"。由此可见，传国玉玺是蓝田玉所制，而和氏璧出自楚国，蓝田是秦国的领土，两者毫不相干。这是第一个误区。

后来到了西汉末年，王莽意图篡汉，派人到太皇太后王政君处索取玉玺，王政君悲愤之下将玉玺摔在地下。《三国演义》说当时玉玺被摔掉一个角，之后用黄金镶嵌修补。其实，据《玉玺谱》记载，玉玺被摔坏的是玺纽上雕刻的螭（chī）的一角，而不是玉玺本身的一角，并且也没有用黄金镶嵌，这只是《三国演义》的艺术加工罢了。这是第二个误区。

之后，玉玺先后落入王莽、刘玄、刘盆子手中，最后光武帝一统天下，得到了玉玺,自此传国玉玺继续在东汉流传。

现在弄清了传国玉玺的一些基本情况,接下来该分析它在汉末时期的流动轨迹了。

第一个问题——孙坚到底得没得到传国玉玺?

这个问题看似没什么悬念,但裴松之提出了一些质疑,主要有三点:第一,孙坚是大汉忠臣,不会干私藏玉玺这种不光彩的事;第二,《吴书》把这件事当成光荣的事,其实是在抹黑孙坚;第三,孙皓投降的时候,献上的是天子六玺而非传国玉玺,连江山都没了,要玉玺有什么用呢?玉玺反而会给自己招来灾祸,所以,东吴根本就没有传国玉玺。总之,裴松之主张孙坚没有得到传国玉玺,至于他说得是否有道理,我们一条一条地看。

首先,关于孙坚是否是忠臣,这个问题见仁见智,暂不讨论。接下来看《吴书》,《吴书》记载孙坚去世后"冢上数有光怪,云气五色,上属于天,曼延数里"。而他找到玉玺的时候,井中也有五色气,二者相互对应。其实《吴书》这样写,应该只是为东吴塑造天命而已,毕竟孙权称帝的理论依据比起曹魏有着先天的不足,这恰恰可以证明《吴书》描述的孙坚得到玉玺一事值得怀疑。最后一点裴松之的质疑最有道理,传国玉玺这个东西其实没有实际的意义,只能起到一个加成的作用。如果皇帝有玉玺在手,说明他登基名正言顺;如果没有,那他登基的合理性就有些不足,比如开创东晋的晋元帝司马睿就因没有玉玺被人讥讽为"白板天子"。但如果未能君临天下,那玉玺在手就是怀璧其罪了,这时候有还不如没有。这么看来,孙坚确实有可能背了黑锅。

但是,清代学者赵一清却对裴松之的论点提出反对,他认为袁术用孙坚夫人要挟而夺走玉玺,这是明摆着的事,因为《山阳公载记》和《后汉书》都有同样的记载,裴松之把这个事给忘了。裴松之真的忘了吗?笔者认为没有。因为袁术从孙坚处夺走玉玺的说法有逻辑上的漏洞。

这就涉及第二个问题——玉玺是怎么到袁术手中的?

虽然袁术在南阳期间就有了称帝的想法,但自打孙坚起兵,孙策就带着母亲吴夫人从寿春搬到庐江郡舒县（治所在今安徽省庐江县西南）去了，那里距离南阳上千里，袁术并不具备绑架吴夫人的条件。可是，后来玉玺确实到了袁术手中，这就很奇怪了。既然如此，会不会孙氏和袁术这宗交易的筹码并非吴夫人，而是其他呢？比如像《三国演义》描写的那样——用玉玺换了三千兵马。其实这也不太可能，理由是这个玉玺很可能是假的。

首先，我们来看，玉玺上刻着的八个字是什么。纵观各类史书，共有四种说法。

第一种：卫宏《汉旧仪》、韦昭《吴书》、纪僧真《玉玺谱》——受命于天，既寿永昌。

第二种：应劭《汉官仪》、皇甫谧《帝王世纪》——受命于天，既寿且康。

第三种：孙盛《晋阳秋》——昊天之命，皇帝寿昌。

第四种：沈约《宋书》——受天之命，皇帝寿昌。

先看第一种说法，基本来源就是卫宏一个人，《吴书》大概率也是根据他的说法写的。卫宏生活的时代最早，为光武帝时期人，而且是皇帝钦命的议郎，有可能接触到汉传国玺，他的说法应该最可靠。至于第二种说法，应劭是汉末人，皇甫谧则是魏晋人，从时代来看可信度不如卫宏，他们可能没见过玉玺，收集到的资料也有些错误。对于后两种说法，孙盛是东晋时期人，沈约是南朝梁时期人，时代差得太远，可信度就更低了。

也就是说，真正的传国玉玺上面刻的字应该是"受命于天，既寿永昌"。从这还可以知道一件事，那就是至少从东晋开始，朝廷的传国玉玺就是假的，毕竟从刻字来看和正品差异过大。

我们再看看从汉末开始，传国玉玺的流传路径，按史书记载应该为袁术、汉献帝、曹魏、西晋、前赵、后赵、冉魏、东晋，至于前燕慕容儁声称得到了玉玺则很难采信。这期间，传国玉玺只是在不同政权手中流转，而没有丢失。

那么玉玺什么时候丢失过呢？似乎只有十常侍之乱这一次，出问题的节点应该也在这里。由此可知，虽然十常侍之乱后，传国玉玺"失而复得"，但从此刻起，这个所谓的玉玺是真是假就很难说了。

那么是谁在造假呢？孙坚没有这个动机，而且时间也不太够，他于攻克洛阳后的第二年就战死了。这样一来，大概率就是袁术了，他的动机最大，时间也很充分，只不过把字刻错了。至于为什么把孙坚牵扯进来，是因为他打算让孙坚为自己背锅，这样就变成孙坚私藏玉玺而不是袁术私刻玉玺了。

关于袁术从孙坚处夺走玉玺值得怀疑的理由还有一个，《后汉书·徐璆传》注引卫宏："袁术有僭盗意，乃拘坚妻求之。术得玺，举以向肘。魏武谓之曰：'我在，不听汝乃至此。'时（徐）璆得而献之。"后来袁术战败病死，他之前挟持的大臣徐璆夺得玉玺归汉，后来玉玺落到曹操手里。

多年以后，北魏太武帝灭佛期间，从邺城被捣毁的佛像中发现两枚玉玺，刻字确实是"受命于天，既寿永昌"。但其中一枚多刻了一句"魏所受汉传国玺"，看起来像是曹丕刻上去的。这回刻字是对了，那么这两个玉玺中有真的吗？

或许这两个也是假的，如果真玺在手，何必要造假呢？就算造假，也没有把两个放一起的道理，而是要分开隐藏。多出的那句"魏所受汉传国玺"，看起来也有些画蛇添足，因为以往的史书根本没提过曹丕乱刻乱画一事。

真正的传国玉玺，大概率在中平六年（189年）汉灵帝去世后的那场动乱中就失踪了，如果不是这样的话，没道理孙坚短暂驻留洛阳能找得到，而董卓有近两年的充足时间却找不到。千百年来，众人争夺的传国玉玺其实大概率都是赝品，真品早已下落不明。

如今，全军整顿完毕，孙坚继续发兵向西，准备给董卓最后一击。然而，对一个利益联盟来说，在共同的敌人被削弱后，曾经的盟友很可能就要兵戎相见了。

07 豫州争锋

董卓在洛阳一带失败后，为防止孙坚继续西进，在河东和弘农重新设置了防线，其中以三支人马为主。首先，东中郎将董越驻黾池，作用是突前防守；中郎将段煨（wēi）驻华阴，作为后援；中郎将牛辅驻安邑，一旦孙坚攻打弘农郡，就可以随时南下威胁他的侧翼，其他各将领分兵驻守各要地。

如此严密的防线，确实足以将孙坚挡在弘农郡以东。董卓认为如此安排万无一失，就放心回长安去了。董卓在阳人之败后汲取了教训，这次他只用自己的心腹凉州派在外领兵，而并州派的吕布被调回身边做护卫。董卓的初衷是好的，这样确实可以避免凉州派和并州派再生矛盾，误了大事。不过，这个安排最后葬送了他自己，这是后话。

再看孙坚，虽然他在洛阳休整了一段时间，但若想要继续西征，在实际操作上还是有些困难的。首先，董卓虽然连连战败，但并未伤筋动骨，还具有相当的实力，况且他的防线设置得非常严密，绝非可以轻易突破。其次，就是补给问题，洛阳周边已经被烧成了一片白地，失去了作为大后方的价值，孙坚若想得到补给，就必须依靠留在南阳的袁术给予充足的后勤保障。这样，补给线就过长了，时间一久就对作战会造成很大困难。况且，之前袁术给前线断过粮，他与孙坚之间已经有隔阂，这种事今后还会不会发生，孙坚也没有把握。这么一来，仗就没法打下去了。

不过，至少已经把董卓赶出洛阳，基本目的算是达到了。孙坚走到新安以西，还没到黾池跟董越部发生接触的时候，就打算撤回根据地豫州了，打算将来驻扎在阳城。位于颍川郡的阳城就在嵩山脚下，距离洛阳也就百里左右的路程，一旦董卓卷土重来，再出兵也来得及。当然，此时孙坚这个豫州刺史算不上名副其实，因为他实际控制的地区只有颍川郡而已，周边的陈国是陈王刘宠的势力范围，而汝南郡是汝南太守徐璆的势力范围，这两处他都无法染指。

不过，孙坚还没来得及回颍川，后方就出问题了。关东诸侯势力众多，矛盾比较复杂，其中最主要的矛盾显然发生在袁氏兄弟之间。本是一家人，却成了不死不休的仇人，为了打垮对方，两人都采取了远交近攻之策。袁绍拉拢袁术背后的刘表，袁术则联合袁绍背后的公孙瓒（zàn），两大集团全面对抗的局势初步形成。

首先发难的是袁绍，他的目标正是袁术麾下的得力干将孙坚。当时，孙坚征讨董卓未归，他的大本营颍川空虚，袁绍抓住这个机会，派人袭击孙坚的后方。孙坚听说袁绍派人偷袭豫州，感慨道："关东诸侯同举义兵，全是为了挽救大汉社稷。如今破贼近在眼前，盟友间却先起冲突，究竟谁能跟我勠力同心呢？"言罢泪如雨下。由此可见，当时的孙坚似乎还没意识到，自己已经卷入二袁相争的旋涡，实际上孙坚已经成为袁术的挡箭牌。

话说回来，孙坚自称讨董大业因盟友的背叛而功败垂成，这也并非事实，本来他就是要撤回豫州的。与孙坚争夺豫州的人肯定是袁绍派来的，这个毫无争议，袁绍也给他封了个豫州刺史，摆明了就是要从孙坚这里虎口夺食。

不过，袁绍派来的这个人究竟是谁，史书中有三种不同的记载，这三个人是兄弟，分别是大哥周昕（xīn）、二哥周昂，还有三弟周喁（yú）。其中，《后汉书·袁术传》的记载："术从兄绍因坚讨卓未反，远，遣其将会稽周昕夺坚豫州。"这说明此人是周昕。《三国志·魏书·二公孙陶四张传》的记载："是时，术遣孙坚屯阳城拒卓，绍使周昂夺其处。"这说明此人是周昂。而按照《吴录》的说法，"袁绍遣会稽周喁为豫州刺史，来袭取州"，说明此人是周喁。这里要注意，有些地方会把他的名字写成周喁，这是不正确的，因为周氏三兄弟的名字应该都有一个"日"字偏旁。

这就引出了在江东孙氏创业早期，长时间和他们为敌的一个家族——会稽周氏。吴郡孙氏和会稽周氏都来自江东，本无仇怨，但由于均卷入了二袁之争，分属不同的集团，最终成了不共戴天的死敌，叫人唏嘘不已。那么奉袁绍之命进攻豫州的，究竟是周氏三兄弟中的哪一位呢？

首先看周昕，这位周昕可以说是袁绍集团的死忠，他对袁绍的另一位盟友曹操也曾大力支持，前前后后共支援了上万兵力。要知道，他支援的可是有名的精锐丹阳兵，他的投资不可谓不大，当然，其中肯定少不了袁绍的作用。这就强调了周昕的身份——丹阳太守，他至少从初平元年（190年）开始就担任这一职位，直到后来被袁术赶走。因此，他肯定没做过豫州刺史，那么《后汉书》的说法就被排除了。

再看周昂，他也是袁绍集团的人，袁绍任命他为九江太守，最后他也被袁术打败了。由此可见，周昂也不是袁绍委任的豫州刺史。

这样一来，这位豫州刺史只能是周喁了，从他后来的事迹来看，也确实只有他才符合所有条件。周喁和兄长周昕一样，都为曹操提供过兵力，不同的是他亲自带着两千人跟随曹操作战，并被任命为军师，当然这支人马很可能在荥阳之战中就被打光了。由此可见，周喁并不像两位兄长那样有明确的官职，正因为如此，他才最有可能担任这个豫州刺史。

后来，周昂在九江被袁术围攻，周喁前去营救，这也从另一个方面证明周昂不可能是这位豫州刺史。总而言之，袁绍派来和孙坚争夺豫州的大概率是周喁，关于此事，《后汉书》和《三国志》应该都有错误。

这场豫州之争，本质上是袁绍和袁术双强手下的两位代理人间的战斗，自此孙家和周家走上了彻底对抗的道路，再无和解的可能。

不过，在这场战斗的开始阶段，占优势的并不是孙坚。当初，公孙瓒派弟弟公孙越带一千骑兵前来，以结好袁术，这次袁术就派公孙越和孙坚并肩作战。在战斗中，公孙越竟中了流矢而死，这导致公孙瓒和袁绍的关系更加恶化。然而紧接着，战局就迅速逆转，孙坚很快击败了周喁。这次失败使周氏兄弟的势力被赶出了中原，这也是孙家和周家这两个死对头之间的第一次交锋，不久后两家将迎来下一次对决。

再说回二袁之争，袁绍的敌对行为令袁术怒不可遏，为了日后和袁绍在中原争锋，他必须先稳定后方才行，占据荆州六郡的刘表已经成了袁绍的盟友，因此首先要将其铲除。在这样的背景下，夹在袁绍和袁术两大集团间的孙坚身不由己，逐渐成了两强争斗的牺牲品，这为他最后的悲剧结局埋下了伏笔。

08　将星陨落

孙坚击退袁绍派来的周喁后，颍川方向的危机基本解除了。随后，他回师鲁阳，准备下一步的作战计划。这两年孙坚在河南和颍川一带作战，尤其在击退董卓的战斗中，他将手下的荆豫之师锻炼成一支精兵，成为袁术集团中的最强战力，接下来该彻底解决刘表了。

此前，袁术和刘表之所以暂时搁置了矛盾，是因为双方没有做好立刻展开对抗的准备。当时，袁术面临着董卓的威胁，而刘表初来乍到，还没在荆州站稳脚跟，因此双方形成一个暂时的平衡。不过，和平不会长久，荆州虽大，但一山不容二虎，袁术和刘表终有一战。

《后汉书》中的数据显示，袁术所占据的南阳郡人口有二百四十万左右，而东汉时期荆州总人口在六百二十八万左右，这样算来刘表名义上控制的人口有三百八十八万左右。看起来刘表的实力比袁术要强一半以上，但实际上刘表对荆州南部的控制比较薄弱，他的统治核心地带依然是南郡，因此要论真实实力，刘表很可能不如袁术。

从具体情况来看，袁术和刘表各有优势。袁术的优势在于兵力强大，孙坚麾下那支精兵是刘表很难匹敌的，但刘表也有袁术所不具备的优势——人心。

当初，刘表初来荆州，采用名士蒯（kuǎi）越之策，恩威并施，得到大多数荆州大族的支持。反观袁术一方，却实行恐怖统治，对上层，孙坚杀了荆州刺史王睿和南阳太守张咨，让当地人吓破了胆；对下层，袁术"奢淫肆欲，征敛无度",因此"百姓苦之"。此消彼长之下,荆州的人心自然倾向刘表一方。

在这样的背景下,袁术一方利在速战速决,而刘表一方利在持久。袁术和孙坚自然明白这个道理,他们的做法虽然是竭泽而渔,但短期来看是有优势的。于是,袁术立即派孙坚攻打刘表,孙坚即将迎来他的人生终战。

关于孙坚攻打刘表的具体时间,诸多史书中出现了不同的记载。这一点很有必要弄清楚,因为这涉及孙坚战死的时间,和孙氏家族的发展脉络有很大的关系。

《三国志》记载:"初平三年,术使坚征荆州,击刘表。"而《后汉书》则说:"三年春正月丁丑,大赦天下。袁术遣将孙坚攻刘表于襄阳。"两部权威的史书都把这个时间定在初平三年(192年)。而《英雄记》的记载是,"坚以初平四年正月七日死",将这件事又推迟了一年,把时间定在初平四年(193年)。至于《汉纪》和《吴历》的表述则是,"坚初平二年死",将此事提前一年到初平二年(191年)。

三个年份中,究竟哪个是正确的呢?关于这一点,裴松之曾做了一番很有说服力的推论。

在《山阳公载记》中,记录了后来孙策给汉献帝的上表,里面提到他十七岁时丧父。孙策死于建安五年(200年),时年二十六岁,这里没什么疑问,往前推算的话,他丧父的那一年应该是九年前,也就是初平二年(191年)。

《三国志集解》的作者卢弼则从另一个角度做了考证,在周瑜的传记中提到,建安三年(198年),周瑜二十四岁,而孙策和他同龄,证明九年前,孙策十七岁丧父那一年,同样也是初平二年(191年)。两相印证之下,袁术与刘表之战发生在初平二年(191年)就毫无疑问了,所以《三国志》和《后汉书》的记录都有错误。

这一年的春夏之交,董卓的势力彻底离开了河南,孙坚这时马不停蹄地掉头来攻打刘表,正好与袁术集团速战速决的思想相吻合,他没有任何理由白白浪费一年的宝贵时间，让刘表坐大。

其实，最初袁术在荆州的势力并不局限在南阳一郡，因为江夏太守刘祥也是站在他这一边的。这个刘祥是后来的蜀汉尚书令刘巴的父亲，但可惜他的水平远远无法与儿子相比。当初孙坚杀南阳太守张咨，刘祥表示支持，结果南阳人恨透了他。

刘祥为何要做这个出头鸟呢？坐山观虎斗，最后再入局岂不更好？虽然南阳人不敢反抗袁术和孙坚，但不代表他们不敢针对刘祥。于是南阳士民群起攻打刘祥，刘祥战死。从这个情况来看，他在江夏的根基似乎不太稳定。

这样一来，江夏就成了无主之地，这对刘表来说是个绝好的机会，他先让蔡瑁短暂担任了一阵江夏太守，后来又把这个职位交给了黄祖。虽然史书中没有言明黄祖的籍贯，但或许他就是江夏本地人，因为只有地头蛇才能镇得住局面。后来黄祖以江夏一郡之地对抗江东近十年，若非他在本地根基深厚，想必是难以做到的。

再说黄祖背后的力量。话说东汉时期有一位名臣叫黄香，他是二十四孝中扇枕温衾（qīn）故事的主人公，后来担任过尚书令和魏郡太守等两千石高官。黄香是江夏人，从此江夏黄氏崛起，他的后代黄琼和黄琬都做到太尉，黄祖很可能就出自江夏黄氏。

虽然汉朝有地方官员任命的回避制度，一般不允许本地人担任地方官，但到了董卓执政时期，这个政策已经非常松动了，比如，朝廷任命的辽东太守公孙度就是辽东郡本地人。刘表集团本质上是荆州豪族联盟，刘表是他们的代言人。为了拉拢这些豪族，刘表必须给他们一些好处。现在连朝廷都不那么在乎这个回避制度了，他也不再多管，故而除了黄祖的江夏太守以外，襄阳人蔡瑁也担任过南郡太守。

面对孙坚咄咄逼人的攻势，刘表派黄祖前去抵抗。黄祖和刘表是唇亡齿寒的关系，如果刘表败亡，他的结局必然凄惨，因此黄祖对抗孙坚必然是态度积极的。

由于之前没见识过孙坚的厉害，起初黄祖比较自信，他打算在沔水以北挡住孙坚。孙坚大军从南阳南下，必然沿着淯（yù）水行军，当淯水即将汇入沔水时，在樊城东北，又有一条小河向东汇入淯水，这条小河称为浊水。在淯水以西，浊水以南，两河的交汇处，有一座小山，名叫邓塞，黄祖在此设防，想阻挡孙坚的兵锋。黄祖的部署本身问题不大，他的设防地点也确实是孙坚的必经之路。然而，现实却给他当头一棒，双方战力悬殊，黄祖军一触即溃，他只好狼狈逃往沔水南岸，孙坚初战告捷。

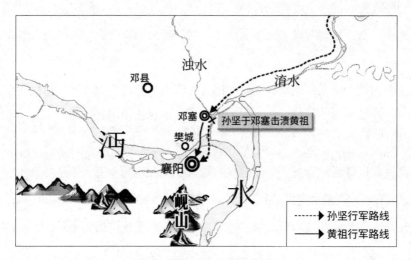

孙坚、黄祖对抗形势示意图1

或许在很多人的印象里，黄祖是一名庸才，但其实并非如此，如果他真的没什么水准，是不可能在后来抵挡江东近十年攻势的。而接下来的战斗就是展现黄祖能力的一个机会，能征善战的孙坚中了他的埋伏，最终付出了生命的代价。

黄祖兵败后进入襄阳，刘表紧闭城门死守。孙坚追过河来后，一时也拿坚固的襄阳城没什么办法。夜半时分，刘表让黄祖带兵偷偷出城。黄祖在城外随意晃了一圈就要回城，而孙坚岂肯放过他，立刻发兵来追，一场小规模交锋后，黄祖再次败退。其实，黄祖这次大概率是诈败诱敌，因为他没有回襄阳，而是跑向了襄阳城南不远处的岘山。在这里，他给孙坚准备了一份"大礼"。

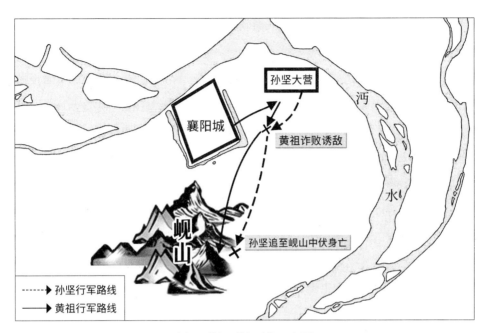

孙坚、黄祖对抗形势示意图2

孙坚的军事素质是很高的，然而他有一个致命的弱点——太喜欢亲自冲锋，而且轻敌冒进。事实上，若不是运气好，七年前讨伐黄巾军的时候，他很可能就已经死了，这一次他的好运到头了。孙坚身先士卒，领兵冲入岘山中。山中林木茂盛，再加上夜间昏暗，很容易令人产生伏兵四起的错觉，也会给人造成极强的压迫感。但黄祖就在近前，斩将立功的渴望让孙坚忘记了危险，他的老毛病又犯了。至此，孙坚丧失了最后一次全身而退的机会。

原来，林中早有黄祖埋伏的大批弓弩手，待孙坚行至一处竹林边，突然万箭齐发。孙坚猝不及防，当场毙命，时年三十七岁，一代将星就此陨落，江东孙氏的事业暂时进入一个低谷期。

到这里，孙坚的故事就结束了，作为江东百年基业的奠基人，我们还是应该给他一个公正的评价。诚然，由于出身不高，孙坚身上有种种局限性，比如过于迷信个人勇武、擅杀大臣、肆意妄为等，但这并不影响他成为东汉末年的一流名将。

要知道，在整个群雄讨董的作战期间，孙坚是唯一取得胜利的人，且还不止一次获胜，整场战争都成了他的个人表演。其余的诸侯要么一败涂地，要么连进攻的胆量都没有，袁绍这个盟主就是最明显的例子。况且，当时袁绍和袁术反迹未明，擅自废立的董卓是毫无争议的天下公敌，孙坚作为讨董急先锋，与之死战到底，绝不媾和，于公于私都非常值得称道。

或许他在细节上做得有所欠缺，但总体上瑕不掩瑜，大节不亏，比起袁绍之流，孙坚更能称得上是汉室忠臣。同时，他又给后人留下了丰厚的遗产，在治兵鲁阳期间，孙坚不仅带出一支精兵，还培养出许多出色的将领，为日后东吴立国江东打造出一个核心人才库。可以说，如果没有孙坚的奋斗，就不会有割据东南半壁江山的东吴。江东孙氏从社会底层杀出重围，在短短几十年内成就霸业，他居功至伟。

孙坚虽死，但江东孙氏不愁后继无人，很快，一颗更加璀璨的将星就要冉冉升起。

09 江都问对

孙坚之死虽然让江东孙氏暂时陷入低谷，但并不完全是坏事。这促使孙氏另一位更优秀的人才提前登上了汉末群雄争霸的舞台，他就是孙坚的长子孙策。

孙坚死后，孙策足足蛰伏了三年之久。在此期间，他没有虚度光阴，而是精心谋划，为家族的发展制订了一个长远的计划。

早先在孙坚和黄巾军以及董卓鏖战的时候，孙策年纪尚小，并没有随军，他与母亲和弟弟妹妹一起留在孙坚曾任职过的淮南一带，最初他们一家住在寿春。在这里，孙策和父亲孙坚当年一样，结交了大批豪杰，为今后的发展奠定了基础。不过，有一点孙策做得比孙坚还好，据《三国志》记载，孙策"收合士大夫，江、淮间人咸向之"，在士大夫群体中树立了良好的形象。

孙坚在这些年的发展中犯过一些错误，对自己的战略规划也不够清晰。其中固然有他自身的局限性影响，但也与他身边缺乏能为他出谋划策的有识之士有关。其实，孙坚不是没读过书的粗人，他讲话时历史典故信手拈来，还是有一定学问的。但他可能只读过史书，不懂儒学，这或许是他在荆州大开杀戒的一个原因，毕竟他跟儒学世家这个群体格格不入。

但孙策却能更进一步，对儒学也有涉猎，否则他怎么可能结交到高傲的士大夫阶层呢？不过，孙策在淮南结识的士大夫虽多，但都不及一个人——周瑜。周瑜出身的庐江周氏是淮南赫赫有名的大家族，他的高祖父周荣做到尚书令这样的高官，后来周瑜的从祖周景和从父周忠更进一步做到了太尉。虽说周瑜这一支没那么显赫，他的父亲周异只做到洛阳令，仅从官职大小来看还不如孙坚，但是周氏家族在门第上完胜孙氏。出身高贵的周瑜却没想那么多，他在年少时期和孙策结下了深厚的友谊。

当时董卓祸乱洛阳，周瑜一家搬回故乡舒县居住，在这里他听闻了孙策的名声，好奇心驱使这个少年前往寿春一睹对方的真容。结果孙策那独特的人格魅力将他牢牢吸引，两个同龄少年一见如故。为了能经常相处，周瑜劝说孙策一家也搬到舒县，并送他一所大宅院。周瑜的热情打动了孙策，很快两人就发展到升堂拜母、亲如兄弟的地步。

然而，快乐的日子并不长久，很快孙策就收到了父亲战死沙场的噩耗。当时，他的堂兄孙贲（bēn）代替孙坚统帅部曲，护送孙坚的灵柩东归。为了守孝，孙策只好暂时和周瑜分别了。不过不用急，几年后他们将联手做出一番大事业。

孙坚的灵柩被送回吴郡后，先被葬在曲阿（今江苏省丹阳市），后来又被迁往吴县（今江苏省苏州市吴中区、相城区）。按说人死讲究叶落归根，为何孙氏不把孙坚葬在故乡富春呢？原来，富春在吴郡最南端，紧挨着会稽郡，而那里正是孙氏的死对头周氏三兄弟的大本营。如果孙策要带着家人给父亲守孝，回富春的话实在有些危险，而曲阿有孙坚的女婿弘咨在，可以提供一些庇护。

之后，孙策在曲阿度过了一段平静的时光。守孝结束后，年轻的孙策一片迷茫，虽说子承父业是理所应当，可实际上并没有这么简单，他很难继承父亲的遗产。这倒不是因为堂兄孙贲和他相争，而是孙氏这支老班底已经落到了袁术手中。

当初，孙贲带着这支人马把孙坚的灵柩送到曲阿后，就面临着何去何从的问题。虽说手里有兵，但也不是可以为所欲为的。想要割据一方就得除掉当地由朝廷委派的长官，可孙贲没这个底气。之前孙坚都无法自成一系，要依附袁术来发展，孙贲就更不可能了。

这时正好机会来了，当初孙坚战死岘山后，袁术在荆州的局势愈发不利，在与刘表的竞争中落了下风。既然争不过刘表，他就掉过头来，把目标转向中原，对付袁绍的另一个盟友曹操，结果又是一场惨败。袁术没办法，为了找一片立足之地，只好一路东进，在淮南九江郡落了脚。

九江郡和吴郡近在咫尺，孙贲带着部曲又投靠了袁术。这对初来乍到的袁术来说，简直是雪中送炭，他自然乐于接受，孙氏部曲是他手下最有战斗力的部队之一，对他今后的发展大有帮助。

对于孙策来说，他可以不要父亲那乌程侯的爵位，后来把这个爵位让给弟弟孙匡时眼都不眨，但这支军队是孙氏家族的命根子，也是孙策东山再起的本钱，必须讨回来。虽然向袁术讨要是迟早的事，但必须先有个规划，否则即使讨回本家部曲却缺乏发展规划，像孙坚当初那样漫无目的，这支队伍是很难长久维系的。

而且，做大事之前，孙策得先把家人安顿好。在袁术到来后，如今扬州也开始不太平了，孙策便把目光投向江北的徐州。当时徐州尚未被曹操荼毒，还是一片远离战火的乐土，于是孙策举家北渡长江，暂住在广陵郡江都（今江苏省扬州市江都区），静待时局变化。然而，怕什么来什么，没过多久曹操就和陶谦爆发了激烈的冲突，徐州在曹军的铁蹄下变成了人间炼狱，看来江都也不是久居之地了。

再说回袁术，他在寿春又遇到了老对手，周氏三兄弟再次登场，这次是老二周昂和老三周��一起上阵。袁术明面上既不是扬州刺史也不是九江太守，所以周昂这个正牌九江太守对他来说是一大阻碍，更别说周昂还是死对头袁绍的人。因此，袁术要想名正言顺地统治扬州，非除掉周昂不可。最终，孙贲带领孙家军又立了功，在阴陵（治所在今安徽省定远县）一战中将周氏兄弟打得大败并逃回会稽，孙贲也因功被袁术表为豫州刺史。在九江彻底站稳脚跟后，袁术又把目光投向了江南的丹阳郡。

丹阳是一块宝地，丹阳兵是天下闻名的精锐，而丹阳太守正是周氏三兄弟中的大哥周昕，他前后给曹操输送了一万多精兵，袁术怎么会对这里不动心呢？这次袁术用的还是孙氏的将领，他派出了孙坚的妻舅吴景，命他为丹阳太守，对正牌的丹阳太守周昕发起挑战。

周昕坐拥主场之利，又有丹阳精兵在手，本来不处下风，但此人太过迂腐。当时吴景放出话来："百姓敢支持周昕的，杀无赦。"结果周昕不愿意祸及百姓，便把队伍解散，回故乡去了。其实，周昕若是心狠一点，完全不必理会吴景，如果他真敢滥杀无辜，到时候周昕振臂一呼，痛斥吴景的暴行，自己岂不是士气百倍？周昕说到底还是个纯粹的士人，不适合汉末乱世这个舞台。

吴景拿下丹阳郡是兴平元年（194年）的事，这让孙策发现了一个绝佳的机会。丹阳太守吴景是自己的亲舅舅，肯定信得过。到时候如果能拿回孙家部曲，再找个理由渡江南下，那就彻底鱼入大海、龙出升天，不必再受袁术的约束了。以丹阳郡为根基，再加上孙氏老兵，整编出一支精锐轻而易举，到那时横扫江东不在话下。从那时起，孙策就对孙家未来的发展有了清晰的规划。

当然，孙策毕竟是个没有经验的年轻人，拟定的战略虽然看起来非常不错，但他也没有百分之百的把握，所以在离开江都之前，他准备去见一个人，这个人就是"江东二张"之一的张纮（hóng）。张纮是广陵本地人，当时为母亲守孝在家，孙策听说他的名声后，前去拜访。

一见面，孙策就开门见山地提出自己的计划："欲从袁扬州求先君余兵，就舅氏于丹杨（即丹阳，下同），收合流散，东据吴会，报仇雪耻，为朝廷外藩。"孙策的方案分为四步走。第一，从袁术处讨回孙家部曲；第二，在丹阳整编部队，全据江东；第三，讨伐刘表报仇雪恨；第四，割据一方。

孙策的计划经过了周密的考虑，可行性相当高，如果能顺利进行，会有非常显著的成果。不过，一开始张纮没有正面回答，而是打了个太极，说："我才疏学浅，又在守丧中，实在帮不上忙啊。"但孙策又展现出强大的人格魅力，据《吴历》记载，孙策"涕泣横流，颜色不变"，张纮见他"忠壮内发，辞令慷慨"，因此"感其志言"。孙策诚恳的态度彻底打动了张纮——这个连朝廷三公征辟都不为所动的高傲士子。

于是，张纮给出一个更为宏大的方案："今君绍先侯之轨，有骁武之名，若投丹杨，收兵吴会，则荆、扬可一，仇敌可报。据长江，奋威德，诛除群秽，匡辅汉室，功业侔于桓、文，岂徒外藩而已哉？方今世乱多难，若功成事立，当与同好俱南济也。"大意是：只消灭刘表是不够的，连袁术也得一并剪除，到时候荆州和扬州全部收入囊中，再来匡扶汉室，则齐桓公、晋文公那样的霸业指日可待，怎能只想着割据一方呢？等你有所成就了，我就召集志同道合的人去追随你。

张纮这个方案几乎就是东吴最后的终极形态了，可以说他高瞻远瞩，论其格局，恐怕仅次于大战略家鲁肃，让当时尚未完全成长起来的孙策醍醐灌顶。他对张纮的话深以为然，并将其引为知己，随后将家人相托。

如今，计划已经拟订，是时候行动了。不过，若第一步不能实现，后面自然是空谈。正所谓三年不飞，飞将冲天；三年不鸣，鸣将惊人。在父亲去世后，蛰伏了三年的孙策踏上了前往寿春的旅程，这个二十岁的年轻人从此开始了一条传奇之路。

10 庐江之战

汉献帝兴平元年（194年），孙策抵达寿春。望着高大巍峨的寿春城，孙策感慨万千。当年他离开这里的时候还是个少年，这次终于轮到他大显身手了。

不过，当务之急是尽快讨回父亲当初留下的部曲，孙策一刻也不敢耽误，立即去求见袁术。见到袁术，孙策先打感情牌，他哭着对袁术说："当年先父与您结盟，共讨董卓，却不幸罹难。我忘不了您对先父的旧恩，愿继续为您效力。"其实，要说孙策是虚情假意，只为要回孙家部曲而进行表演，那倒也不尽然，从他后来的表现看，一开始他并没想和袁术决裂。一来两家之前有过合作基础，再加上目前他还比较弱小，需要袁术的庇护，这时孙策想的和当初孙坚想的一样，拥有相对独立的地位即可。

然而，袁术却找了个理由推托："丹阳郡出精兵，现在你的舅舅吴景是丹阳太守，你的堂兄孙贲是丹阳都尉，不如你去丹阳募兵吧。"其实不用袁术说，孙策也早就把丹阳定为目标了，而且孙氏内部也对此达成了共识，孙贲担任丹阳都尉这个军事长官就是明证，现在丹阳郡的军政大权已经被孙氏家族的成员掌控了，至少名义上是这样。虽说之前孙贲被袁术表为豫州刺史，比一个郡尉级别高得多，但豫州并不是孙家未来的发展方向，而且随着袁术在中原的失败，豫州大部并不在他手中，这种虚领的职务没有任何意义。这时孙贲转到丹阳郡去，不仅能得到一个实权官职，还可以把孙氏的力量合于一处，这是符合家族利益的。

由此可见，孙氏内部基本上是铁板一块的，几个重要人物如孙贲和吴景等都以家族利益为重，愿意支持孙策，没有因争权夺利而陷入内讧。此时的孙策没有任何功勋，但他能得到族人的支持，除了孙坚嫡长子的身份之外，与他强大的人格魅力分不开。

对于孙氏所表现出的凝聚力，袁术自然看在眼里。他不希望孙家在自己眼皮底下坐大，尤其是丹阳郡现在几乎完全为孙氏控制，这自然会引起他的警惕。因此，他虽然同意孙贲去丹阳，但把孙氏部曲给截留了，这相当于变相削弱孙氏，这便是袁术不愿意轻易归还孙坚旧部的原因。

孙策没有办法，虽然既定目标没有实现，但毕竟得到了去丹阳募兵的许可，只能退而求其次。不过，在临走前，他必须先把家人安顿好才行，虽然之前托付给了张纮，但那终归不是长久之计。当初打算去徐州，图的是徐州安宁，可随着曹操对徐州的屠戮，这片乐土也被战火摧毁了。下邳相笮（zé）融率部属万余人逃至广陵（今江苏省扬州市），一番烧杀掳掠后，其对广陵郡的破坏已经威胁到长江边的江都了，这里已经不算安全。

不过，孙氏和徐州牧陶谦倒有些交情，当初孙坚和陶谦一同在张温手下做参军，算是有同僚之谊。后来，孙坚还不远千里派麾下的督军校尉朱治带兵去帮陶谦征剿黄巾军余党，要知道当时孙坚尚处于和董卓的交战中，这让陶谦欠了孙氏一份大大的人情，于情于理他也该保护孙氏家眷。然而，陶谦却在巨大的打击下变得疑神疑鬼，对孙策很是忌惮，并产生了一定的敌意，两家最终反目成仇。这又是怎么回事呢？

其中有两点原因。首先是孙策已经投靠了袁术，而袁术一直觊觎徐州。当初，袁术刚到九江就自称徐州伯，赤裸裸地表达了对徐州的野心。后来，袁术看曹操一直进攻徐州，自己也想分一杯羹，为此还跟庐江太守陆康起了冲突。虽然陶谦在世时袁术并没有把进攻徐州的计划付诸行动，但他的确有这个想法，陶谦没冤枉他，这就导致陶谦把孙策视为袁术的帮凶。

至于第二点就更严重了，因为孙家在丹阳郡的发展触碰了陶谦的核心利益。陶谦本身就是丹阳人，他手下拥有一支丹阳精兵，这就是他安身立命的本钱，如果丹阳郡成了孙策的势力范围，那么以后他就无法从家乡补充兵员了。另外，陶谦还把丹阳视为自己最后的退路，据《三国志·魏书·二公孙陶四张传》："兴平元年，复东征，略定琅邪、东海诸县。谦恐，欲走归丹杨。"可见，陶谦被曹操打得一败涂地的时候，曾打算放弃徐州，逃回家乡。因此，丹阳就是陶谦的禁脔，他无法容许他人染指。

在这种情况下，将家眷从江都接走就是不得已的事了。这些年来，孙氏一直没有一块稳定的根据地，家乡吴郡富春的周边仇家众多，想来想去还是曲阿稳妥些。至于执行这一任务的人选，孙策想到了一个刚刚结识不久的新朋友——吕范。

吕范是豫州汝南人，出身平平，跟孙坚一样也是从县吏做起。不过他年纪轻轻就得到本地大族刘家小姐的青睐，就这样走上了人生巅峰。后来，豫州战乱，吕范带着家人前往寿春避难，在这里认识了同样刚来不久的孙策。和周瑜一样，他也被孙策的魅力折服了，于是将数百名门客、家丁都送给孙策指挥。为表示信任，孙策派吕范前去迎接家人。孙策一贯用人不疑，之前对张纮就是这样，只有一面之缘就敢托母献弟，而这种性格特点正是孙策的魅力所在，让这么多人抛家舍业誓死追随。

然而，吕范一出发就被敏感的陶谦盯上了，他可不认为吕范是简单地来接孙策家人的，反而认为他是袁术的密探。于是，陶谦下令各县通缉吕范，将其抓住后，严刑拷打。所幸吕范被手下门客救了出来，捡了一条命。从此，孙策对吕范更加信任，吕范与孙策族弟孙河一并成为他早期的两大心腹。

如今诸事已毕，该南下丹阳募兵了，然而孙策在汉末舞台上的首次亮相便遭到当头一棒。当时，孙策带着吕范和孙河去找舅舅吴景，刚招募了几百人，就遭到泾县地方势力祖郎的袭击。其实这也很正常，在对方的势力范围招兵，祖郎岂能无动于衷呢？

孙策吃了个大亏，只好再去找袁术。这回袁术没话说了，不给兵解决不了问题，再加上他本身也很看好孙策，便将孙坚留下的千余部曲还了回去。当然，袁术私吞了一些兵力是肯定的，孙坚当初虽然意外身亡，但他所统率的部队没有遭遇大败，不可能只剩下千余人。但袁术交给孙策的这千余人都是其中的精华，只要根基还在，孙家军的复兴就指日可待。

于是，孙策凭借这支人马再下江南，顺利击溃祖郎，报了一箭之仇。这次胜利让孙策名声大噪，当时身在寿春的太傅马日碑（dī）征辟孙策为怀义校尉，袁术手下大将桥蕤（ruí）、张勋也都对他表示钦佩。不过，这件事细想来有些不正常，因为孙策这次的战绩算不上多么惊人，按理说不该闹出这么大动静，那么只有一个解释——袁术在为他造势。

之前在荆州和兖州连战连败，让袁术认识到一个问题，那就是他手下能征善战之将太少了，自从孙坚战死后，他就没怎么打过胜仗。袁术这次发现孙策有乃父之风，自然要加以扶持，让他尽快成长起来，成为自己对外扩张的急先锋。因此，无论是被软禁起来的马日碑，还是手下将领桥蕤和张勋，他们对孙策的推崇应该都是袁术授意的。此外，袁术还公开表示："使术有子如孙郎，死复何恨！"对孙策给予了高度赞誉。后来，孙策追捕犯罪的士兵，在袁术的军营中将其当场斩首，这样有些嚣张的行为，袁术却没有怪罪，这一系列事件让孙策在军中威望大增。

然而，孙策一点也高兴不起来，因为之前袁术许诺任他为九江太守，但最后袁术还是食言了，转而把这个职位给了自己的心腹陈纪。由此也可以看出袁术只是利用孙策而已，只让他为自己冲锋陷阵，而不愿给他实权。后来为了安抚孙策，袁术对他再次许诺。

当时，袁术虽然名义上控制着扬州，但实际控制的地区基本只局限在九江一个郡，旁边的庐江太守陆康有相当的独立性，江南的丹阳郡正在开拓中，局势还不明朗，至于更远的吴郡、豫章郡和会稽郡他就更是鞭长莫及了。在这种情况下，袁术首先盯上了庐江郡。

最初，庐江并不是袁术的第一目标，他的首选方案是趁火打劫进攻被曹操打得奄奄一息的陶谦，于是他去找陆康索取兵器粮米。袁术的算盘打得很好，如果陆康不答应，正好以此为由与之开战；如果他答应了，那也无所谓，先用这批物资攻打徐州就是了，以后再找机会对付陆康也不迟——这和当初除掉南阳太守张咨是一个套路。

不过，陆康也不是蠢人，他之前和袁术见过一面，早就看出袁术居心叵测。

当初，陆康带着儿子陆绩去寿春拜会袁术，留下了名传千古的怀桔遗亲的故事。这次会面不仅让陆康的儿子出了名，更让陆康在交谈中看清了袁术的真面目。因此，这次陆康对袁术的无理要求严词拒绝，并加紧备战。在陆康看来，袁术只不过是一个自封的扬州牧，有什么资格对自己颐指气使？

袁术闻讯大怒，立刻发兵，执行作战任务的自然是他寄予厚望的孙策。临行前，袁术对孙策说："之前让陈纪当九江太守是个错误，我很后悔，其实那并不是我的本意。这次只要除掉陆康，庐江太守之位就是你的！"对孙策来说，庐江太守比之前的九江太守吸引力更大，因为袁术自己就在九江郡，即便孙策做了九江太守也难免受其节制，而庐江太守就不同了，这就是孙策最想要的独立性。

况且，孙策跟陆康的关系也相当紧张，这让他对此战更加积极。其实此事并不全怪孙策，早先孙坚做长沙太守的时候，曾经领兵帮助豫章郡宜春县讨贼，而时任宜春长的正是陆康的侄子，因此孙陆两家算是有交情的。孙策大概就是考虑到这一点，才去拜见陆康。或许是陆康太过势利，看孙家式微，孙策只是个初出茅庐的青年，因此陆康不愿理会孙策；又或许是陆康因为鄙夷袁术，才迁怒于孙策。总之，陆康最后没有见孙策，而是派了个主簿应付。

这件事让孙策感到很没面子，凭自己的魅力，以前结交士大夫都是无往不利，这次却吃了闭门羹，而且对方还欠父亲一个人情，于是他开始对陆康心生怨恨。趁着这次机会，他非得跟陆康算算总账不可。

再说陆康，他出身于吴郡陆氏，是江东大族。在他担任庐江太守后，陆氏家族有一部分人跟着他迁往庐江郡，或许假以时日，会衍生出一个吴郡陆氏的分支——庐江陆氏也说不定。然而，一切都被即将爆发的这场战争改变了。开战前，陆康为分散风险，让一部分族人返回故乡，从后续发展来看，这确实是个明智之举。在这批返乡的陆氏家族成员中，有一位日后声名赫赫的陆逊，不过此时的陆逊还只是个年仅十二岁的少年。

再说庐江的战局。孙策领兵将庐江郡治舒县围得水泄不通，但陆康在当地很得人心，甚至有些外出休假的士兵闻讯后都悄悄回来，乘夜色掩护爬进城墙协助防守。如此顽强的抵抗让孙策很是苦恼，虽然他在舒县住过几年，对当地比较熟悉，但仍然难以取得进展。战争旷日持久，直到第二年，舒县才被孙策攻下。经过这场惨烈的战斗，留在城内的陆氏宗族百余人将近一半死于战乱和饥荒。在这样巨大的打击下，年近古稀的陆康一个多月后郁郁而终。

庐江之战是孙策出道以来的第一次重大胜利。得胜归来的路上，他满心欢喜地期盼着袁术任命自己为庐江太守。然而，当他回到寿春复命时，发现自己又上当了，袁术把这个职位给了自己的心腹故吏刘勋。连续被欺骗了两次后，孙策对袁术彻底失望了。他终于明白，对方只是在利用自己，同时也对自己防备甚严，在袁术这里根本不可能有什么发展。想想父亲孙坚，他为袁术出了那么大的力，又得到了什么？在这个乱世里，终究还是得靠自己。

从这一刻起，年轻的孙策彻底醒悟了，他的认识比父亲又向前迈进了一步，江东的广阔天地在等着他。

11　刘繇崛起

攻占庐江后，扬州的江北部分已经尽数为袁术所得。按照原定计划，他应该去被打成一片废墟的徐州分一杯羹了。然而，此时袁术还不能这样做，因为江南的丹阳郡出了大问题，使他很难进行双线作战。

当然，并不是孙贲和吴景已经与袁术决裂，这个时候孙策虽然对袁术有所不满，但矛盾并未公开化。真正的问题来源于那位货真价实的扬州刺史——刘繇。

刘繇是汉室宗亲，不过他和当今皇室的关系已经非常疏远了，因为他的祖上是西汉初年册封的齐王刘肥。刘繇这一脉的发展一直不错，他的伯父刘宠曾官至太尉。有这样的背景，刘繇肯定是不愁没官做的，他甚至还会因为种种原因弃官或推辞征辟。

汉献帝兴平元年（194年），由于中原战乱，正在下邳国淮浦（今江苏省涟水县西）避难的刘繇得到一个新职务，朝廷任命他为扬州刺史。对于这个看似从天而降的大礼，刘繇心怀警惕，封疆大吏的职位虽好，但也得有能力去履职才行，袁术早就把扬州视为自己的势力范围，如果就这么空降过去虎口夺食，对方怎么可能轻易答应呢？刘繇终归没有当初刘表的那种勇气，不敢单骑闯关，便待在徐州不敢赴任。

其实他还真想错了，因为袁术对他并没有那么排斥。这一任命虽说来自朝廷，但代表的是李傕等人的意志，朝廷希望他能在扬州制衡袁术，就跟当初的刘表一样。因为李傕、郭汜在继承了董卓的势力的同时，也延续了当初董卓的政策。而且，朝廷其实也不想和袁术彻底决裂。关中战乱连连，马腾、韩遂等人又虎视眈眈，李傕实在不愿意再树敌，因此便对袁术表示善意，封其为左将军、阳翟侯、假节。双方虽然没有缔结什么军事同盟，但至少在明面上是和解的。总而言之，李傕对袁术的态度就是不公然决裂，但私下里会稍微给他制造些小麻烦。

其实，对于袁术来说也是一样的，他虽有僭越之心，但当时还没打算公然表现出来，也不愿意和朝廷决裂。当时他只占有九江一个郡，扬州大部根本不在他的控制之下，此时局面尚不稳定，不宜对抗朝廷。反正刘繇是个光杆司令，可以暂时借助他的名义控制扬州，等以后不需要了，再把他一脚踢开也并无不可。因此，袁术一直没有自称扬州刺史，相当于默认了刘繇的地位，这也是袁术和朝廷达成的一种默契。

不仅如此，孙策也欢迎刘繇的到来，因为这对孙策有好处。目前，孙策名义上是袁术的手下，但他已经有了自立的念头，双方迟早是要分道扬镳的，孙策需要提前做准备。这时候迎来刘繇，就能把扬州的水搅浑，为将来的行动增加操作空间。

刘繇和袁术不可能在扬州长期共存，等到二人决裂的时候，孙策就能以领兵讨伐刘繇为由，在事实上独立出去。当然，反过来操作也可以，比如打出朝廷的旗号支持刘繇对抗袁术，这样的借口比直接背叛袁术要好一些，毕竟可以避免在道义上落人口实。而且，当时孙策也不能对后来袁术僭号称帝一事未卜先知。另外，帮助朝廷任命的官员赴任，也能落个好名声，对将来的发展有益。

总之，让刘繇就任，对孙策是有好处的，并且袁术也能接受，于是这件看似不太可能的事却意外地顺利实现了。最后，在吴景和孙贲的协助下，刘繇顺利到达曲阿，就这么在扬州安顿下来，孙策也完成了自己的布局。

在这件事上，袁术其实失误了。他应该把刘繇放在身边看管起来，毕竟连马日磾这个太傅都软禁了，还有什么可顾忌的呢？这就相当于在扬州范围内"挟刺史以令太守"，比现在更容易掌控局面。袁术或许是认为九江是他的基本盘，绝不允许他人染指，因此让刘繇去别的地方，反正他也掀不起什么风浪，但他想不到的是，后来的局势远远超出了他的预期，刘繇给了他一个巨大的惊喜。

看似软弱的刘繇并非庸才，其实他颇有能力，而且也不甘心只做个傀儡。刘繇十九岁的时候就敢进贼窝，把被绑为人质的堂叔救出来，这份胆气和孙坚不相上下，怎么会是无能之人呢？况且刘繇很有人望，很快，他的身边就聚集了一大批士人，比如以举办月旦评闻名的大名士许劭就特意来投奔他。

不仅如此，一些手里有兵的实力派人物也加入了他的麾下。一个是在徐州被陶谦挤对得混不下去的彭城国相薛礼，目前他南下屯兵秣陵（今江苏省南京市江宁区秣陵街道）。另一个是陶谦的部将、下邳国相笮融。陶谦死后，笮融彻底失去了约束，竟在广陵杀了太守赵昱。身为佛教徒的笮融毫无慈悲心，纵兵大肆劫掠后，南渡长江到了扬州，目前屯于秣陵县之南。此二人共推刘繇为盟主，这样一来，刘繇有了属于自己的军队。所以说，刘繇能孤身一人在扬州创造出这样的局面，绝不是等闲之辈。

之前刘繇和袁术还维持着脆弱的平衡，两人在扬州隔江对峙。但没过多久，在实力暴增后，刘繇便逐渐产生了和袁术直接对抗的想法，毕竟他才是正牌的扬州刺史。这时候又发生了一件事，成为刘繇和袁术最终决裂的导火索。

兴平元年（194年），孙策奉袁术之命进攻庐江太守陆康，这一举动彻底打破了平衡。陆康在名义上是刘繇的部下，袁术此举相当于在挑衅，更何况，这让刘繇产生了唇亡齿寒的危机感，他已经看出了袁术的野心，如果不早做准备，袁术的下一个目标很可能就是他。

于是，刘繇趁着袁术正攻打庐江之际突然发难，将袁术任命的丹阳太守吴景和丹阳都尉孙贲都赶走了。刘繇的战术非常主动，他不只想把袁术挡在江北，而且渡江北上，在长江北岸建立了两个据点，其中樊能、于麋驻扎在横江津（今安徽省和县东南），张英驻扎在当利口（今安徽省和县东）。从九江郡南下丹阳，一般都是从牛渚矶（今安徽省马鞍山市西南采石街道江滨）渡江，而横江津和当利口几乎就在牛渚矶北岸，这就相当于牛渚矶这个重要渡口已经完全被刘繇控制了。

刘繇之所以敢采取这么激进的战术，是因为他拥有一支颇具实力的水军，能够掌握制江权，这也是他最后的底牌。后来，靠着这支水军，刘繇在穷途末路之下成功续命。此时，刘繇已经走上了人生巅峰，他声势浩大，拥兵数万，朝廷也没想到他干得这么好，于是立刻嘉奖，将其晋升为扬州牧、振武将军。

当时，吴景和孙贲向西退往历阳县（治所在今安徽和县），暂避锋芒，形势非常被动。袁术闻讯大怒，刘繇竟然打到九江来了，之后他把心腹故吏惠衢任命为扬州刺史，和刘繇针锋相对。随后，他又任吴景为督军中郎将，让他带兵和孙贲一起进攻刘繇在江北的部队。

刘繇拥有制江权，来自江南的增援源源不断，吴景和孙贲苦战不下，战争陷入了僵持状态。就这样打了一年多，直到兴平二年（195年）吴景也没拔掉刘繇在江北的这两颗钉子。由此可见，刘繇的能力和刘表比起来相差不大，他们都是给袁术制造过大麻烦的人。当初袁术不是刘表的对手，现在他同样拿刘繇没办法，不过，随着庐江的陷落，孙策被彻底解放出来了。

在孙策的规划中，未来的发展方向就是江东，这是他等了很久的机会，唯一和预期不同的就是——如今的刘繇有些过于强大了，但这对孙策来说也不是什么大问题。在庐江的战斗结束后，孙策立即返回寿春，向袁术提出要帮助吴景对付刘繇。其实，袁术目前对夺取江东的兴趣一般，刘繇势大难以对付是一个原因，另外，他本来的计划是进攻徐州。但孙策提出的方案他又无法拒绝，因为孙策说："家有旧恩在东，愿助舅讨横江；横江拔，因投本土召募，可得三万兵，以佐明使君匡济汉室。"孙策表示可以凭借江东的人脉招兵买马，不需要袁术出兵。当然了，这个匡扶汉室的名头自然是假的，毕竟他们准备攻打的刘繇就代表汉室。

这个方案对袁术是有利无害的，袁术自己不用出一兵一卒，有人愿意用自己的部曲帮他解决南面的强敌，何乐而不为呢？至于孙策脱离控制的问题，袁术也不是很担心，因为据《江表传》记载，袁术"谓策未必能定"，他根本不看好孙策能够取胜，于是便答应了下来。

为了这一天，孙策已经等了快两年，他从投奔袁术后就一直忍辱负重，这次终于得到了独自发展的机会。不过，在出征前，孙策还得先解决好家人的问题，这一点他历来很重视。之前为了避开徐州的兵祸以及陶谦的敌意，孙策把家人从江北的江都接到江南的曲阿，可现在曲阿成了敌人刘繇的大本营，必须再挪挪地方。

这件事早就有人帮他办好了，当时担任吴郡都尉的朱治已经把吴夫人等孙策家属接走并保护起来了。朱治是当初孙坚担任长沙太守时就在孙坚手下效力的元老了，阳人之战和洛阳光复都有他的功劳，无论能力还是忠诚度都是非常可靠的。在他的协助下，孙策成功把家人接到江北，先安顿在吴景等人驻扎的历阳县，随后又迁到后方的阜陵（治所在今安徽省和县西），彻底解除了后顾之忧。

出征前，袁术表孙策为折冲校尉，行殄寇将军事，但只给了他千余人和几十匹马。其实，这些人就是当初孙策从袁术那儿要回来的孙坚旧部，袁术到底还是一毛未拔。但孙策的个人魅力实在太强，愿意追随他的大有人在，慕名而来的宾客多达数百人，之后一路前来的投奔者更是络绎不绝。等到了历阳前线，孙策的队伍已经扩充到五六千人了，再加上吴景、孙贲所部，总兵力应该在万人以上。

尽管如此，孙策一方的实力也远远逊色于刘繇。他究竟是如何以弱胜强的呢？

12 孙策渡江

孙策加入战场，宣告着江东孙氏集团与刘繇的决战正式开始。然而，各史书对这场战争发生的时间众说纷纭。

《后汉书·孝献帝纪》记载："兴平元年……是岁，杨州刺史刘繇与袁术将孙策战于曲阿。"这里认为战争时间在兴平元年（194年）。而《江表传》说："策渡江攻繇牛渚营，尽得邸阁粮谷、战具，是岁兴平二年也。"此处将时间定在兴平二年（195年）。《三国志·魏书·武帝纪》则说："四年春……是岁，孙策受袁术使渡江，数年间遂有江东。"这处又将时间提前到初平四年（193年）。

以上哪个时间是正确的呢？

孙策攻打庐江一战是因为袁术想进攻徐州，并以此为由从庐江太守陆康那里勒索粮草被拒所引发的。其实，袁术虽然一直对徐州怀有野心，但很难直接对陶谦动手，即使两人已经互生猜忌，至少在明面上依然维持着盟友关系，因为他们有共同的敌人——曹操。直到兴平元年（194年），陶谦将徐州让给刘备，袁术才有可能对徐州发起进攻，这是最合理的解释，因此，庐江之战大概率发生在这一年。孙策攻打庐江的战役以及同一时间段发生的吴景与刘繇在江北的拉锯战，都持续了一年以上，所以等孙策腾出手来投入战斗，基本就是兴平二年（195年）了。

支持兴平元年说的主要论据是朱治的经历。朱治在黄武三年（224年）去世，据《三国志》本传记载，朱治"黄武三年卒，在郡三十一年，年六十九"。此时，他在吴郡三十一年，这样往前推算的话，当年孙策任命他为吴郡太守应该是兴平元年（194年）。其实，《三国志》原文说他"在郡三十一年"，是指他在吴郡任职三十一年，而朱治并非一直都是吴郡太守。事实上，在这之前他就已经当上吴郡都尉了，这才是朱治在吴郡仕官的起点。所以，这和孙策兴平二年（195年）渡江并不矛盾。

总而言之，孙策渡江时间基本就是兴平二年的年底，这也是目前最主流的看法。不过，弄清了孙策渡江的时间还不够，因为这无法解释他为何能摧枯拉朽一般地击溃刘繇。

刘繇的兵力是他的数倍，还拥有制江权，仅仅位于江北的两个据点就阻挡了吴景一年多，正面对决的话，刘繇没理由败得这么快。难道孙策真如许贡所说，是个西楚霸王般的战神吗？

孙策作战不仅勇猛，而且长于谋略，从当初和张纮的谈话以及后来在丹阳郡的布局可以看出，他绝不是少谋无断之人。虽然刘繇实力膨胀的速度有点超出孙策的预料，但这早在他的算计之中，他早就有了对策，年少时结下的那段金兰之谊成了破局的关键点。

孙策屯兵历阳时，并没有急着进攻，他在等一个人。很快，这个人就来了，他就是孙策的挚友周瑜。见到周瑜后，孙策大喜过望，高兴地说："吾得卿，谐也。"他如此激动不光是因为和挚友重逢，更是因为周瑜的到来意味着他的计划可以顺利实施了。

那么，孙策究竟安排了什么秘密计划呢？周瑜显然不是孤身前来的，他带了兵马、船只、粮草，但这仍然不是改变局势的关键，他只是一个中间人，真正决定胜负的是他的从父周尚，周尚才是孙策的撒手锏。

之所以说周尚重要，是因为他当时的官职是丹阳太守。这就奇怪了，之前的丹阳太守是吴景，什么时候变成周尚了，难道是袁术换人了？其实很可能不是这样，因为在吴景和孙贲被刘繇驱逐后，袁术就失去了对丹阳郡的控制，长达一年多的时间里，战线都被刘繇维持在江北九江范围内，他如何能再任命丹阳太守呢？

若说周尚这个丹阳太守是虚领的，实际上他人在江北的话，那也不符合史实，因为据《江表传》记载，后来孙策在论功行赏时，明确表示："如前在丹杨，发众及船粮以济大事，论德酬功，此未足以报者也。"这说明周氏是在丹阳帮助他的。由此可见，周尚这个丹阳太守，是个兵权在握的名副其实的太守，而且还不是袁术任命的。既然不是袁术任命的，那么他就只能是刘繇任命的了，正因为周尚是刘繇的人，所以他的站队才会显得那么关键。

对于策反周尚一事，孙策早就着手进行了，他已经和周瑜商量好，让周瑜借着探亲的名义，前往丹阳说服周尚。按说此时周家的话事人肯定是周尚，而不是周瑜这个白身青年，那为什么仅凭周瑜的三言两语，周尚就愿意背叛刘繇呢？

其中的原因并不复杂，因为周氏的故乡庐江郡已经归了袁术，陆氏家族是什么下场他一清二楚，如果坚持和袁术为敌，他承受不起这个代价。另外，孙策可能也给出了承诺，比如击败刘繇后还让他做丹阳太守等。总之，改换门庭对周尚来说有利无害。因此，在周尚同意反戈一击的那一刻，对此一无所知的刘繇就已经输了。

很快，一切准备就绪的孙策写信通知周瑜可以开始行动了，这才有了前文周瑜带人前往历阳助战的一幕。周瑜是带着船来的，虽然他的水师不一定比刘繇的强，但至少可以起到袭扰的作用。不久，刘军在长江上的补给线就岌岌可危，驻守于江北并失去了后方支援的刘繇部将樊能、于麋、张英被击溃，刘繇的势力被赶到了江南。

这场前哨战的胜利大大提振了孙策军队的士气，接下来就要迎来渡江之战了，这才是更大的考验。

位于长江南岸的牛渚矶是一座易守难攻的要塞，这里还有一座大粮仓，这就是刘繇能长期支持江北作战的原因。虽然周瑜带来了一些丹阳水军，但始终实力有限，无法将全军渡过江去。因此，当时孙策的表弟徐琨提出暂且原地驻军，等搜集好船只再过江。这时徐琨的母亲（孙策的姑姑）正在军中，她反驳道："现在继续等就是贻误军机，到时候刘繇派水军来增援，我们就没机会了，应该赶紧用芦苇扎成排筏把将士运过江去。"看来孙家的女人尚武是有传统的。

很快，孙策全军成功渡江，不过仅凭这些力量强攻牛渚矶还是很难，这时候，就轮到最重要的底牌——周尚登场了。在战局进入最胶着的时刻，周尚领兵突然出现在牛渚矶的南侧。之前当利口的守将张英战败后逃到牛渚矶，以为据此要塞可保无虞，他完全想不到背后也会出现敌人，最后惨败，牛渚矶顺利落入孙策手中。

此时，孙策不仅在长江南岸得到了一个据点，还得到了大量兵器和粮草，足以支持长期作战，这下胜负的天平已经彻底向孙策倾斜。能取得这么好的局面，可以说功劳最大的就是周尚。但孙策后来把功劳都给了周瑜，完全没提周尚，这又是怎么回事呢？

或许这是在为周尚遮丑，毕竟刘繇对他不薄，但他却背叛了恩主，这件事极不光彩。因此，只能让他低调点，明面上的功劳就给周瑜吧，毕竟周瑜身无官职，即使做了卧底也不算对不起刘繇。

战斗还将继续，为了进攻刘繇的老巢曲阿，接下来该对付的就是盘踞在秣陵的薛礼和城南的笮融了，这两个拦路虎也是刘繇手下实力最强的。见孙策来攻，笮融当即出战，他不知道孙策的厉害，结果一触即溃，损兵五百多人，之后就再也不敢出城迎战了。他本以为据城死守可以挡住孙策，没想到对方竟然不理会自己，而是乘船顺长江而下，直接进攻后方的薛礼。之前，薛礼以为前面有笮融顶着，根本没有防备，见孙策神兵天降，惊慌失措下竟然弃城逃跑，白白将城池送给了对手。

孙策这个直取敌后的战术看似冒险，实际上是有可行性的。夺取了牛渚矶后，他大概率又得到了一部分船只，水军实力进一步增强，完全可以在长江上畅行无阻，虽然刘繇还有水军，但已经威胁不到他了。正因为有了这支船队，他才敢跳过笮融奇袭秣陵，不怕被截断后路。

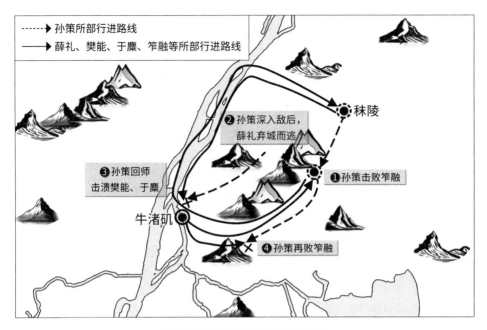

孙策与薛礼等人对抗形势示意图

这时，逃回江南的樊能、于麋又纠集了一些部队，准备攻打孙策的根据地牛渚矶。不过，他们临时招募的都是一些乌合之众，其中还有不少兵卒的家眷，很快就被回援的孙策打垮了，被俘万余人。

现在，最后一个对手就是笮融，但此时笮融的实力已经今非昔比。之前薛礼弃城逃跑时路过笮融的地盘，反被笮融所杀了，他的部曲想必也被笮融兼并，因此对付笮融并不容易。

事实上也是如此，孙策第二次北上与笮融开战后，没多久就被流矢射中了大腿，战况进展并不顺利。之前投降的敌兵听说孙策受伤后，再次反叛，好在被吴景平定。为了扭转局面，孙策心生一计，派间谍骗笮融说："孙郎被箭已死。"

笮融中了孙策诈死之计，大喜过望，随后发兵进攻，轻敌冒进，中了埋伏。此战孙策大获全胜，斩首千余人。孙策挟大胜之余威，逼近笮融营前，士卒齐声高呼："孙郎竟云何！"笮融的先锋本来就因为大败而丧胆，这下彻底支撑不住了，连夜仓皇逃窜。

　　听说孙策没死，笮融大惊失色。他自忖不是孙策的对手，只好挖沟筑垒，意图死守。孙策发现笮融胆气尽丧，已经没有了威胁，而且他的驻地易守难攻，便把进攻目标转移到别的地方了。之后，孙策在丹阳纵横无阻，连续拿下梅陵、湖孰、江乘，这下通向刘繇大本营曲阿的通道已经被打开了。

　　此时，刘繇已经惶惶不可终日。正在他手足无措之时，有人建议说："您可以用太史慈做将军。"太史慈和刘繇是东莱郡的同乡，他这次是来看望刘繇的。之前太史慈为了向孔融报恩，用计冲出城去给刘备报信，足见其是个有勇有谋的人，若能为刘繇所用，应该是孙策的劲敌。

　　刘繇却拒绝了，给出的理由是怕许劭笑话他。许劭虽然来投奔刘繇，但他并非刘繇的部下，一直没做官，就是个闲散人员。刘繇和他也不算什么上下级，毕竟许劭没有官职在身，他们俩应该还按名士圈子里的模式交往，否则许劭也不敢笑话他。太史慈虽然名气不小，但他行事充满游侠作风，和刘繇、许劭这种大名士显然不是一路人。再加上太史慈本就不是来投奔刘繇的，要是将其征辟为将，岂不是显得自己手下无人？都到了这种紧急关头，还拘泥于颜面，刘繇确实输得不冤。

　　最后，刘繇没给太史慈什么官职，让他去侦察敌情，应该是以同乡朋友的名义去的。太史慈一向艺高人胆大，只带一个骑兵就出发了，结果突然与孙策遭遇。孙策本来手下的人就多了，共有十三人，而且都是韩当、宋谦、黄盖等名将。但是，太史慈丝毫不惧，冲上去就跟孙策单挑，一番激战后平分秋色，后来双方援兵赶到，才各自罢手散去。这场战斗给孙策留下很深的印象，太史慈是他渡江作战以来遇到的最厉害的对手，很快他们将再次遭遇。

　　之后，刘繇主动出战，遭到惨败，这下曲阿是守不住了，他只能出逃。至此，孙策在渡江后的主要战斗都已结束，看起来只要再清理掉剩下的小角色，他就可以得到梦寐以求的江东了。

13 扫荡吴郡

刘繇被孙策击败后逃出曲阿，现在面临的首要问题就是逃跑的方向。

首先，江北是不用考虑的，九江和庐江都是袁术的势力范围，徐州又兵祸连连，他只能选择江南。此时丹阳郡已经基本被孙策所占，笮融受到孙策的压力已经无法在丹阳立足，被迫向西逃往豫章。其次，曲阿所在的吴郡也不是长久立足之地，如今孙策已经侵入吴郡，对他的故乡肯定是志在必得。况且，兵权在握的吴郡都尉朱治也是孙策的人，这个地方肯定不安全。

这样一来，刘繇只有两个选择，一是东边的会稽郡，二是西边的豫章郡。一开始，刘繇选择了会稽郡，下定决心后，他立刻前往长江边的丹徒（今属江苏省镇江市）。可是丹徒在曲阿以北，无论会稽都还是豫章都在吴郡之南，他的路线不是南辕北辙了吗？

这就涉及前文埋下的一个伏笔——刘繇是有水军的，很可能就是吴郡本地的水军。之前，刘繇虽然在牛渚之战中遭到一些损失，但并未伤筋动骨，孙策姑姑的担心其实是多余的，因为刘繇的水军主力始终都没派上战场。如果他不那么轻敌，多重视一下制江权，不让水军主力闲置而是全部派往主战场的话，说不定孙策渡江将面临更多困难。事到如今，这支宝贵的水军只剩下最后一个作用了，那就是逃亡，这就是为什么刘繇前往丹徒。

不过，当他对身边的人表示前往会稽的决定后，许劭提出了反对。许劭令刘繇信任有加，倒也并非浪得虚名，他还是有些真才实学的，比如这次他的分析就非常有道理。他认为会稽郡殷富，孙策必然不会放过，而且又远在海角，到时候遭到堵截就无法继续逃亡了。因此，不如到豫章郡，那里北连豫州，西接荆州，可以向刘表求援。而如果能联系到兖州的曹操，尽管去中原的路被袁术隔断，曹操也会愿意营救，毕竟袁术是曹操和刘表两家的公敌。

许劭的分析颇有道理，他准确预判了孙策接下来的行动，避开了孙策的锋芒，成功为刘繇续了命。最终，刘繇采纳了他的建议，《三国志》本传记载："繇奔丹徒，遂溯江南保豫章，驻彭泽。"可见，他必然是利用水军突破了孙策的封锁，溯江而上抵达豫章郡，在彭泽暂驻，后来在这里重整旗鼓。

刘繇逃亡的影响非常大。看到长官弃城逃跑，江东各地的官吏纷纷效仿，孙策兵不血刃地占领了大量地区。孙策到江东后，非常重视收买人心，一开始百姓很恐惧，毕竟他的身份是袁术的侵略军，但孙家军的军纪严明，秋毫无犯，很快就有大量百姓前来劳军。等局面差不多稳定下来，孙策又命陈宝将自己的家眷从阜陵接到江南，这下彻底解除了后顾之忧。

当初，孙策离开袁术之前，对他说回到吴郡就能凭着家族积累的关系人脉招兵三万，此言不假。孙策下令，如果刘繇、笮融旧部愿意归顺则欢迎，若愿意回家为民也不强求，结果参军者非常踊跃，仅仅十天就征召了两万大军。目前，孙策总兵力在三四万，他认为凭此已经足够扫荡江东，于是让周瑜率领自己的部曲回丹阳去了。

接下来，孙策的目标就是故乡吴郡，他的对手是吴郡太守许贡。最初吴郡太守是盛宪，后来盛宪因病离职，许贡才升任吴郡太守。此人是个野心家，之前与袁术争夺九江失败的周昂和周喁兄弟打算返回家乡会稽郡，途中路过吴郡，结果被许贡杀害。由此可见，他很可能也对会稽郡怀有野心，才会杀戮当地的士族成员。

之后，为了将吴郡彻底控制在手里，许贡开始清除异己。不过他选错了目标，从后续发展来看，他最该对付的是吴郡都尉朱治，但他把老领导盛宪视为最大的威胁。或许在他看来，盛宪的名望太高，只有他死了，自己才能坐稳太守之位。幸好有名士高岱相助，盛宪才躲过一劫。然而，此时许贡的好日子已经到头了，他根本无力抵挡孙策的大军，请降似乎已经是唯一的出路了。

还没等孙策亲自出马，就有人把这件事办好了。之前，朱治事先把孙策的家人从曲阿接走并保护起来，这次又是他提前行动。朱治虽然远在江东，但他对孙策的一系列规划了然于胸，当初他还劝孙策尽早行动，因此他提前有所准备也不意外。

为了配合孙策，朱治在吴郡南部的钱塘起兵讨伐太守许贡，许贡仓促应战，试图在由拳（今浙江省嘉兴市）阻击，最终被朱治大败。为了表彰朱治的功绩，孙策封他为吴郡太守，之后他在这里任职长达三十年。

这下许贡彻底没有立足之地了，只好放弃吴县，向南跑到乌程（今属浙江省湖州市）投奔严白虎。当时吴郡除了严白虎，还有一些豪强，各自拥众万余人以割据自保，这也是吴郡最后一股敌对势力。

关于严白虎的身份，《三国志》记载为"（许）贡南就山贼严白虎"，这里将其视为山贼。除此之外，还有很多人认为严白虎出自山越。那么严白虎到底是什么身份呢，是山越的贼寇吗？这就引出了一个问题，困扰东吴多年的山越究竟是什么？

山越最早出现在历史记载中是汉灵帝时期，《后汉书·孝灵帝记》记载："丹阳山越贼围太守陈夤（yín），夤击破之。"在建宁二年（169年），丹阳太守陈夤击溃了山越。《后汉书》直接把山越认定为贼了，那么这是说山越和山贼是可以等同的两个概念吗？

其实并不是。山越，顾名思义是生活在山中的古越人后裔。正因为他们生活在山中，和外界有一定隔绝，所以在文化和生活习惯等方面与外界民众有一定差异，而进入平原生活的越人早就被汉人同化了。这里要注意，山越并不代表落后，事实上他们的发达程度和汉民相差无几，已经有了冶炼铜铁的能力。总而言之，山越是一个中性词汇，不是说只要是山越就一定野蛮落后，更不一定是贼寇。只不过因为山越对东吴造成很大麻烦，官方史书才会称之为贼。

严白虎还有另一个称呼，裴松之说："于时强宗骁帅，祖郎、严虎之徒，禽灭已尽，所余山越，盖何足虑？"这里称呼严白虎为宗帅，那么这个宗帅又是什么呢？所谓宗帅，就是宗部之帅。宗部是以宗族为基础组成的兵民一体的集团，有自己的武装，不受州郡管理，不服徭役，有相当的独立性。也就是说，宗帅相当于割据一方且规模不算太大的豪强，而在民族成分上则没有严格规定。

后来，曹操勾结丹阳宗帅费栈，让他煽动山越在东吴内部制造动乱，最终被陆逊讨平。这个费栈很明显是汉人，如果他自己就是山越的话，那何谈让他煽动山越呢？所以，宗帅不一定是山越，其中的汉人豪强也不在少数。

最后，我们来分析一下严白虎的身份吧。他是山贼吗？从东吴的角度来看他肯定是，这个没什么疑问。同时他也是宗帅，也就是吴郡南部的豪族首领。那么他的民族属性是汉人还是山越呢？这一点笔者还是倾向于他是汉人豪强，后来袁术联络他，让他拉拢山越，这样看来严白虎和费栈性质应当类似。另外，许贡毕竟也是一郡太守，失败后投靠当地汉人豪强倒还正常，投靠山越则成何体统？总而言之，严白虎应该就是一个割据一方的汉人豪强，和困扰东吴多年的山越完全是两类人。

对于严白虎，吴景认为应该立即攻打，毕竟他接纳许贡，摆明就是跟孙氏为敌，但孙策提出了不同的意见，这也体现出他的深谋远虑。孙策说："虎等群盗，非有大志，此成禽耳。"大意是：严白虎这等贼寇胸无大志，没有什么威胁，迟早会成为阶下囚，现在应该抓住时机进攻最后一个目标——会稽郡。

这就是孙策的高明之处，严白虎等豪强虽然总人数不少，但都是乌合之众，而且没有统一的指挥，他们自保尚且不足，根本没有发动偷袭的胆识。在这样的情况下，先尽快把会稽郡收入囊中，免得生出变数，到时候再收拾严白虎等人也不迟。

就这样，建安元年（196年），孙策即将对最后一个目标会稽郡发起进攻，平定江东之战也进入了下半程。

14 江东初定

吴郡基本平定后，孙策的最后一个目标就是会稽郡了，这里的局势和吴郡相比没有那么复杂，只有会稽太守王朗一股主要势力。历史上的王朗并不像《三国演义》中被诸葛亮骂得坠马身亡的王司徒那样，是个只会耍嘴皮子的文士，事实上他颇有才干，而且军事素养也不低，一度和孙策打得有来有回。

王朗是受陶谦举荐、朝廷任命来会稽做太守的。起初，他确实势单力孤，但他得到了孙氏的死对头周昕的支持。当时，周昂和周喁已被吴郡太守许贡所杀，周昕是周氏三兄弟中仅剩的一个了。孙策对江东的野心不是秘密，而孙、周两家打了好几年，矛盾是无法调和的，周昕必须早做准备。为此，周昕一回到故乡会稽，就迅速和太守王朗走到了一起。周昕是会稽郡的地头蛇，王朗与他合作，势必事半功倍。

会稽郡本来就是江东大郡，据《三国志》记载，后来虞翻问华歆："豫章资粮多少？器仗精否？士民勇果孰与鄙郡？"华歆回答道："不如也。"由此可见，会稽的综合实力是强过豫章的，或许这就是刘繇最初选择会稽的原因，他认为王朗可以抵挡孙策的兵锋，只不过被许劭劝阻了。不过，刘繇不能去会稽是怕跑不掉，他还有其他选择，但是王朗身为朝廷任命的太守，肯定不能弃官逃跑，更何况他认为凭借会稽郡的雄厚实力，不见得就不能对抗孙策。于是，王朗拒绝了手下功曹虞翻的出逃建议，为接下来的战斗积极准备。

王朗的军事部署比较主动。他没有死守会稽郡治山阴（今浙江省绍兴市），而是采取御敌于门户之外的策略，把防线北移到会稽和吴郡交界处的浙江（今钱塘江）。据《水经注》记载，在浙江南岸有一座要塞名叫固陵（今浙江省杭州市滨江区西兴古镇），是当年范蠡所筑，王朗希望凭此将孙策大军挡在会稽境外。王朗这个部署可以说非常具有前瞻性，因为孙策一方早就在为南下会稽布局了。

当年，孙坚外出征战，他的弟弟孙静留守故乡。在这期间，孙静聚集起五六百人的队伍，这些都是孙氏亲属以及乡里乡亲，早就等着孙家军杀回故乡了。这次孙策来取江东，便提前派人通知孙静，随后两方人马很快集中在钱塘。

可以说，如果不是王朗动作够快，孙策可以立即渡过浙江南下，那样失去天险的王朗将丧失所有的希望。然而，王朗在固陵的防守给孙策制造了很大麻烦，孙策渡江强攻，几次都没有得手。汉朝时，杭州一带的海岸线远比今天靠西，因此，固陵几乎扼守着南下的唯一路径。

眼看战局陷入僵持，孙静提出一个建议。他常年在吴郡和会稽郡一带活动，对周边的地理情况非常熟悉。他认为王朗据险固守，短时间内难以攻破，但浙江上游数十里有一个地方叫查渎，从那里渡江南下，可以出其不意发起攻击，到时让他为先锋，必获全胜。

查渎在今杭州市萧山区西南不远处，距离王朗驻军的固陵并不远，如果明目张胆地调动军队，肯定瞒不过对面的王朗。为了掩人耳目，孙策心生一计，假意下令说："近日来雨水浑浊，许多饮用了污水的士卒开始腹痛，应该赶快准备几百个瓦缸将水沉淀至清澈。"

他这样大张旗鼓地散布消息，就是为了迷惑王朗军，让他们以为自己军中发生疫病，从而放松警惕。到了傍晚，孙策又下令点起大量篝火，造成全军主力仍在大营的假象。王朗见状，果然中计，丝毫没有防备。这一计是模仿当年韩信偷渡夏阳、奇袭安邑一战，后来的徐晃偷渡蒲坂津、司马懿偷渡辽水，战术的核心思想都与此大同小异。

夜半时分，孙静领着先锋人马偷偷前往查渎，顺利渡过浙江，袭击了高迁屯。高迁屯位于今浙江省杭州市萧山区东北不远处，拿下这里，就可以阻断王郎军撤往大本营山阴的归路。王朗闻讯大惊，令周昕迎战。在最后一战中，周昕被当场斩杀，至此周氏三兄弟全部离世，会稽周氏从此一蹶不振。

此战大败王朗后，会稽郡北部核心地区尽数为孙策所有。王朗走投无路，只好出海逃跑，虞翻劝他去广陵，目的是方便逃往中原。不过，王朗看到一个著名的方术士王方平在记录中写道："疾来邀我，南岳相求。"他又产生了别的想法。这句话是什么意思不得而知，但王朗似乎从中得到了深刻的启发，坚信一定要往南走，虞翻没办法，只好陪他去了会稽郡南部的东冶（今福建省福州市一带）。

或许王朗是被打怕了，到了东冶后，他还不放心，想继续往南到交州去。看他这么执着，虞翻终于忍不住劝道："你找了半天南岳，可南岳在荆州又不在交州，去那儿干什么呢？"王朗这才打消这个念头。东冶候官长商升或许是惧怕孙策，一开始不愿接纳王朗，还是虞翻凭三寸不烂之舌劝说他开了城门，大概是用唇亡齿寒一类的理由，虞翻做说客的本事可见一斑。

然而，孙策的打击即将到来。他先派永宁长韩晏向东冶发起进攻，无奈韩晏实力不济，很快被击败。为尽快结束会稽郡的战事，孙策又想起一个人，这个人就是贺齐。孙策刚来会稽郡的时候，就将其举为孝廉，看中的就是他的军事能力。当初，贺齐平定山越贼寇，在郡内声名鹊起，于是孙策令他继续攻打东冶，结果商升一听贺齐的名字就吓住了，打算立刻开城请降。不过，当时东冶城内并非铁板一块，张雅、詹强二将杀死商升，之后张雅自称无上将军，詹强自称会稽太守，继续对抗贺齐。

会稽太守本是王朗，现在他既然成了丧家之犬，也就没人在意他了。见詹强已经明目张胆自称太守，王朗觉得再待下去也没有意义，反而更加危险，便干脆出城去见孙策，而孙策把他斥责一番后也没有再过多为难他。

再说东冶的战事，当时贺齐兵少，硬碰硬不是叛军的对手。然而，贺齐用计让张雅与他的女婿起了冲突，随后趁势将其击溃，詹强等人闻风丧胆，于是就率众投降。孙策这一战大获全胜，但在他的传记中，出现了他屠城的记录。

据《三国志》记载，孙策决定先不管严白虎后，"引兵渡浙江，据会稽，屠东冶"。这一记录仅出现在孙策的传记中，王朗、贺齐的传记中则没有，而《资治通鉴》直接把这个"屠"字省去了。

那么屠城这件事到底有没有发生呢？应该是没有的，理由有二：第一，孙策赦免了王朗，而且东冶是主动请降的，完全没必要再屠城；第二，按照《三国志》贺齐本传的记载，孙策本人似乎就没参加东冶之战，仅靠贺齐一个人就把问题解决了。

事实上，"屠"这个字并不只有"杀"这一个意思，《说文解字》释为"屠，刳（kū）也"，也就是破开、剖开之意。在某些语境下，"屠"和"破"的意思是相同的，并不是屠杀的意思。比如，就刘邦攻破咸阳一事，《汉书·项籍传》记载道："闻沛公已屠咸阳，羽大怒，使当阳君击关。"《史记·项羽本纪》则说："又闻沛公已破咸阳，项羽大怒，使当阳君等击关。"二者大同小异。刘邦是没有在咸阳屠城的，这里的"屠"应该就是"破"的意思，孙策亦是如此，《资治通鉴》没有采信这一点应该也是这个道理。

至此，会稽郡境内的战事已经宣告结束，除了情况比较复杂的豫章郡外，丹阳郡、吴郡和会稽郡的大部已经为孙策所有。狭义江东的概念是不包括豫章郡的，因此可以说此时孙策几乎已将江东收入囊中了。

目前，三郡中所剩的抵抗力量大概有两部分：一部分是以太史慈为首的刘繇残余势力，盘踞在丹阳郡西部泾县一带，太史慈自称丹阳太守；另一部分就是严白虎等地方豪强。孙策先拿太史慈开刀，亲征泾县，将太史慈生擒并收服，随手又在陵阳消灭了老对手祖郎。至此，丹阳郡彻底平定。接下来，就是吴郡的各路豪强了。在连番打击下，乌程县的邹佗和由拳县的王晟分别被剿灭，这让严白虎惊惧不安，于是他派弟弟严舆前去求和。结果严舆这个军中有名的猛将被孙策所杀，严白虎军中丧胆，最后全军溃败，严白虎投奔故友许昭。

程普提议继续进攻许昭，但孙策表示说许昭之前帮过旧主盛宪，这次又帮助老朋友，这是丈夫所为，因此不必为难他，想必孙策是觉得严白虎已经失去威胁了吧。孙策的判断大体不错，严白虎此后确实消失在历史中，再无什么作为，但这并不代表他的影响力彻底没有了，孙策终归还是为这次的大意付出了些许代价，这是后话。

其实，孙策渡江以来势如破竹，连刘繇和王朗这样的刺史太守们都不堪一击，何况是这些地方豪强，他们究竟有什么底气跟孙策对抗呢？原来，他们的抵抗并不是个人行为，其背后是有支持者的。初步平定江东后，孙策又遇到了新的麻烦。

15　孙袁决裂

孙策在建安元年（196年）基本扫清了江东的丹阳、吴和会稽三郡的官方势力，之后他的任务主要是对付本地的豪强。这些豪强们没坚持多久就被孙策随手消灭，但他们敢于对抗并非自不量力，而是身后有人支持，这些支持者将成为下一阶段孙策所面对的敌人。

第一个敌人是袁术，他就是祖郎的后台。孙策虽然出身袁术集团，但在他和张纮的规划中，迟早是要和袁术分道扬镳的。袁术两次欺骗孙策，还在归还孙氏部曲一事上反复推托，最后也没有全部归还，因此孙策早就决定要脱离袁术。

而且，对于孙策，袁术始终有所提防，最初他认为仅凭孙策和吴景那点力量不可能平定江东，如今眼看着刘繇已经被打垮，他唯恐孙策脱离控制，于是开始暗地里给孙策制造麻烦。袁术先是召回周尚、周瑜叔侄，任从弟袁胤为新的丹阳太守。由于周氏的根基在江北庐江郡，属于袁术的势力范围，所以周尚叔侄不得不受制于人。

同时，袁术又任吴景为广陵太守，和刘备争夺徐州，此外他还让孙贲在寿春领兵，这些同样是为了削弱孙策。此时，孙策尚未彻底平定江东，王朗是下一个打击目标，况且他和袁术的矛盾还未彻底公开化，对于袁术的阴谋只能隐忍，暂时不宜与他反目。

等到建安元年（196年）年底江东初定，孙策终于可以腾出手来对付袁术了。没过多久，正好发生了一件事，给了孙策合理的借口。

建安二年（197年）春天，袁术僭号称帝了，此事成了孙策和袁术关系彻底破裂的导火索。孙策闻讯立刻封锁长江，断绝和江北的来往，同时令张纮写信斥责袁术，算是公开决裂了。为了将袁术的势力逐出江东，孙策令徐琨将袁术委任的丹阳太守袁胤赶走，同时从广陵召回吴景，让他担任丹阳太守，就这样将袁术的势力赶出了丹阳。之后又让堂弟孙辅渡江北上，在历阳招募百姓和率领之前没带过江来的兵卒，对袁术进行袭扰。

袁术恼羞成怒，于是暗中勾结丹阳宗帅祖郎，让他联合山越向孙策发难，只不过祖郎不是孙策的对手，最终战败被擒。此后，袁术的势力再也没有渗透到江东，孙策该思考后续的发展了。

从建安二年（197年）僭号称帝开始，袁术彻底声名扫地。作为袁术曾经的部将，孙策必须尽快和他彻底划清界限，从而洗刷身上的污名。不过，这带来一个问题，那就是之前袁术给的殄寇将军这个头衔不能再继续用了。此外，为了名正言顺地统治江东，他有必要得到朝廷的认可，那样会有更强的公信力，他自封的会稽太守显然是不行的。因此，孙策必须尽快和朝廷取得联系，得到朝廷的正式册封。

孙策平定江东之战虽然所向披靡，势如破竹，但在道义上是站不住脚的，他所消灭的刘繇和王朗等地方官员都是朝廷委任的，现在想重新回归朝廷，肯定得下点力气。在这样的背景下，孙策开始筹划向朝廷进贡以求封赏。

这件事并不好办，因为从江东通向中原的主要路线经过淮南，而如今淮南为袁术所占，他怎么可能让孙策的使者轻易通过呢？为此，孙策换了个思路，虽然北上的主要路线在淮南，但其他地方也不是不能走，绕道徐州也是可以的。于是，孙策和占据了徐州、自称徐州刺史的吕布取得了联系，毕竟敌人的敌人就是朋友，吕布接过了这个橄榄枝。《江表传》记载："布前后上策乃心本朝，欲还讨术，为国效节，乞加显异。"可见，孙策通过吕布，先后两次给朝廷上表，表达了自己的诉求。当然，他主要是求官，至于是否真心想讨伐袁术就不好说了。

然而，掌控朝廷的曹操此时并不太重视孙策，只封他为骑都尉，让其领会稽太守，袭爵乌程侯。而且这也不是白给的，曹操在朝廷诏书中让他和吕布、陈瑀（yǔ）三人一同努力讨伐袁术。这个结果孙策肯定是不满意的，他希望至少得到一个杂号将军的名号，而且乌程侯这个爵位他已经让给弟弟孙匡了，岂能再换来换去呢？

于是，孙策去找朝廷使者、议郎王誧（bū）索要将军之位。王誧没办法，代表朝廷给了孙策一个明汉将军的称谓。其实之前的杂号将军中就没有明汉将军，这单纯是为了应付孙策临时设的。孙策最终表示认可，虽说他对这个结果不是完全满意，但至少他还是有收获的，毕竟朝廷在名义上认可了他在江东的统治。

不过，曹操希望建立袁术包围网的计划没有立刻实现，其关键就在于这位时任安东将军、行吴郡太守、屯驻于徐州广陵郡海西（在今江苏省灌云县、灌南县一带）的陈瑀，因为他就是江东地方豪强背后的第二个支持者。

说起陈瑀，可能他不是大家很熟悉的人物，但说起徐州的陈珪、陈登父子，名气就大多了。没错，他们都出自汉末徐州的超级豪门下邳陈氏，而陈瑀就是陈珪的从弟。下邳陈氏厉害到什么程度呢？《三国志·魏书·董二袁刘传》记载："术与珪俱公族子孙，少共交游。"这个家族的地位可以跟汝南袁氏相提并论，而且袁术和陈珪还是发小。

任何一个大家族，其核心利益都是筑牢其在地方上的根基。如果朝廷委派的地方官员愿意维护他们的利益，他们自然会配合，相反，他们会竭尽全力应对外来的威胁。比如之前的徐州牧陶谦，按历史记载，他亲小人、远贤臣。这个说法并不确切，因为这是站在徐州士族的角度上说的。事实上，他亲近的是自己的丹阳郡同乡许耽、笮融，以及一些愿意为他驱使却出身不高的人，疏远的是徐州本地的士族。

这就导致徐州大族并不是很支持陶谦。据《三国志·蜀书·先主传》记载，后来陈登迎刘备入主徐州时说道："今汉室陵迟，海内倾覆，立功立事，在于今日。彼州殷富，户口百万，欲屈使君抚临州事。"这里彼州指的是徐州，而陈登本就是徐州人，他没道理这么说。因此，唯一的解释就是此处是用彼州指代陶谦，一个彼字就划清了他和陶谦的界限，充分说明了徐州大族对陶谦戒备的态度。下邳陈氏对不注重他们利益的外来势力都如此警惕，自然不会欢迎横征暴敛的袁术，因为其必然会损害他们的利益。

最初，袁术考虑到和下邳陈氏的关系，任命陈瑀为扬州牧，但下邳陈氏已经跟他划清界限了。后来，袁术与曹操争夺兖州失败后前往淮南，陈瑀没有接纳他，最后还是袁术通过武力才把陈瑀赶走的。从此，袁术和下邳陈氏就彻底决裂了。对于这个始终对徐州有野心的人，下邳陈氏是非常排斥的。

吕布、下邳陈氏和孙策三方因袁术这个共同的敌人而暂时走到一起，但其内部并不团结。首先，孙策出自袁术集团，名声不太好，这或许是当初孙坚杀王睿的一个遗留问题吧。其次，以孙策在攻打庐江和江东过程中的表现，很难让人认为他可以和士族保持良好关系。因此在下邳陈氏看来，孙策的威胁不一定比袁术要小。于是，在这次针对袁术的行动中，下邳陈氏的代表陈瑀和孙策发生了激烈的冲突。

按原计划，吕布、陈瑀和孙策三人要在一起碰头制订军事计划。从地理位置来看，吕布的下邳在最北面，陈瑀的海西在中间，孙策的江东在最南面，所以这次军事会议肯定得在陈瑀的地盘上进行。这让陈瑀非常不放心，如果孙策给他来个假途伐虢怎么办？这个不得不防。况且，陈瑀对江东也有野心。

永汉元年（189年），陈瑀曾被任命为吴郡太守，但当时他没有赴任。既然他没有去，吴郡太守自然另有别人担任，这次陈瑀又搬出这件陈年旧事，自称吴郡太守，其心思暴露无遗。在这种背景下，陈瑀开始暗中策划针对孙策的阴谋。当孙策的部队行军到钱塘时，陈瑀暗中派遣都尉万演等人秘密渡江，让他们带着三十多个印绶，去江东勾结严白虎等地方豪强，让其成为自己的内应，等孙策率军出发后，袭击他的后方，到时陈瑀就能坐收渔利。

不过，陈瑀的敌意太过明显，朝廷已经认可孙策对江东的统治了，他这边却自称吴郡太守，来了个针锋相对，孙策自然有所防备。此事果然被孙策察知，还未等陈瑀行动，孙策就先下手为强，派吕范与徐逸渡江北上奇袭陈瑀所在的徐州广陵郡海西。陈瑀猝不及防，大败亏输，大将陈牧被斩首，四千余人被俘虏。这下陈瑀吓得连徐州都不敢驻屯了，直接逃到冀州投奔袁绍去了。

当时，孙策并没实力在江北广陵郡站稳脚跟，所以还是将势力收缩回了江东。但下邳陈氏和吴郡孙氏的恩怨不会就此了结，日后双方还有一战。这次三方联盟围攻袁术的行动由于内讧彻底胎死腹中。至此，孙策基本解除了江东来自外界的军事威胁，内部的地方豪强绝大多数也被平定。

可这就能表明孙策彻底坐稳江东了吗？其实还远远没有，平静的背后，一股暗流正在涌动。若想实现当年和张纮共同制定的宏伟蓝图，孙策依旧任重道远。

16　诛戮英豪

在江东，与孙策对抗的势力有三股。

第一股是东汉官方的势力，比如刘繇、王朗等人。如今他们要么远遁，要么投降，已经构不成威胁了。

第二股是江东的豪强宗帅，如严白虎、祖郎等人。这些人与山越有着千丝万缕的联系，本身也是地头蛇，但和孙策对抗的决心不强，不能形成合力，因此在他们的后台支持者被打败后，自然就没有了抵抗的勇气。这些人虽然没有被彻底消灭，后来持续制造了一定的问题，但总体形不成气候。

第三股势力则是孙策要面临的最大威胁。他们在江东扎根已久，根深蒂固，这个威胁不是眼前的，而是长期的。虽然他们并不直接和孙策硬碰硬，但表示出警惕的态度，不会轻易跟孙策合作，这就给孙策统治江东带来不小的困难，使他在初步平定江东后仍要面临诸多挑战。事实上，即使到后来孙权统治时期，这股势力也一直对东吴政权表现出既合作又抗争的态度，这一矛盾贯穿了整个东吴历史，他们就是江东士族。以"顾陆朱张"为首的江东士族们，除了顾氏是越王勾践之后，算是江东世代相传的本地家族以外，其余家族基本都来自中原，他们几乎都在两汉期间完成了家族的迁徙。也就是说，这些家族在江东生根少则一两百年，多则三四百年，已经完成了江东本土化。

他们的势力并不局限在家族本身，在本家的基础上还有依附他们的一些小家族和单家。他们以土地为基础经营壮大，掌握着私有的佃农和部曲，再加上世代修习儒学，形成了独特的家学家风，在当地根深蒂固。他们才是江东实力最强的一股力量。然而，这股力量在孙策统治江东的几年中一直保持着冷眼旁观的状态，除了会稽虞氏的虞翻等极少数人外，几乎没有人与孙策合作。

按理说，当时天下大乱已成定局，江东士族需要抱团取暖，如果能出现一个稳定的割据政权，则有利于遏制中原的乱局波及江东。反过来对孙策来说，如果能得到江东本土士族的支持，那他的统治也会顺利得多。这件看似双赢的好事，却一直无法达成，又是为什么呢？

其实，不是孙策不想跟他们合作，孙策受教育的程度超过了孙坚，早年间在江北，他和士大夫阶层结交，比如周瑜、张纮都是在这期间和孙策建立良好关系的。不过，到江东后情况就变了，江东士族们有自己的考虑。

首先，虽然孙策平定江东三郡花的时间不长，但他能否在这里站稳脚跟，谁也不好说。如果他像刘繇一样昙花一现，那有什么必要支持他呢？所以，士族们宁愿继续观察一段时间。

其次，孙氏家族和他们有很大的差异，自然而然让他们感到排斥。孙氏出身低微，而在东汉时期，崇尚门第的风气已初步形成，被这样一个家族统治，这些高傲的士族们肯定不愿接受，之前王睿和陆康对孙氏父子的轻蔑态度就很能说明问题。

本来孙策凭借个人的修养、素质以及人格魅力，已经逐步扭转主流文化圈对孙氏一族的态度了，可他急于求成，导致他一切的努力都前功尽弃——原因就在于攻打陆康的庐江之战。当时，孙策轻信袁术许诺的庐江太守一职，攻打庐江极为卖力，导致庐江的陆氏宗族百余人半数死亡，双方结下了血海深仇。

更严重的问题在于江东士族同气连枝，多有联姻，比如顾氏的顾雍娶了陆康的女儿，陆氏也和吴郡张氏、吴兴沈氏都有联姻，等于孙策一下子就得罪了一个集团。这就是孙策攻打庐江遗留的第二个问题，既浪费了时间，又造成了外联上的被动。

其实，在孙策和陆康开战时，刘繇已经深入江北，如果孙策对陆康消极作战，同时向袁术建议应该暂时和陆康讲和，集中力量对付刘繇的话，他和江东士族的关系也不会发展到这个地步。后来，孙策征讨江东，杀了会稽周氏的周昕，双方的矛盾更进一步加深了。

最后一点，那就是孙策和袁术千丝万缕的联系。刘繇是朝廷敕封的扬州刺史，能得到当地士族的支持，但袁术就不一样了，他是自领的扬州刺史，虽然孙策渡江时袁术尚未称帝，但作为江北的割据势力，袁术肯定会被认为是侵略者，而孙策就是袁术侵略军的急先锋。

《后汉书·孝献帝纪》说："扬州刺史刘繇与袁术将孙策战于曲阿。"《三国志·魏书·武帝纪》说："孙策受袁术使渡江，数年间遂有江东。"《后汉书·循吏列传》则说："袁术遣孙策攻破繇。"关于这一点，各种史料的看法都是一致的。

当时，孙策给袁术为虎作伥是世所公认的，对他持有恶劣的印象再正常不过了。正因为如此，当孙策到江东以后，在当地士族看来，此人和孙坚没什么本质区别，一样是个危险人物。如果刘繇割据一方，他们自然是支持的，但孙策绝对不行。另外，虽然孙策是江东人，但他的部属大部分都是江北淮泗人，所以江东人自然不会对他感到亲近。这就是孙策在江北能够顺利结交士人，但到了江东却行不通的主要原因。

孙策相貌英俊不凡，谈吐风趣幽默，而且性格豁达，善于接受他人意见，在哪里都是人中龙凤。他凭借这些优点在江北无往不利，但一到江东就统统失灵了，这对心高气傲的孙策来说是万万无法接受的。

　　此时，孙策手下人才济济。周瑜被召回寿春后，过了一段时间又寻机脱离袁术回归了，再加上程普、韩当、黄盖、蒋钦、周泰、吕范等名将，个个都能独当一面；文臣则有张昭、张纮、秦松、陈端等人才。除此以外，孙策对于普通百姓则是军纪严明、秋毫无犯，深受江东百姓的爱戴。

　　于是，这让孙策产生了一种错觉：凭我手下的英才和收揽的民心，既然能攻下江东，自然就能统治江东，那些士族不合作也无妨。孙策终究只是个二十余岁的年轻人，经验严重不足，他这种观念大错特错，因为任何一个外来政权都不能忽视本土士族的力量。

　　所谓民心，更多指的是他们的倾向，而不是普通百姓，因为在那个时代，朝廷的权威难以渗透到地方各个角落，想要统治地方，终归要跟地方士族合作。政治头脑比较成熟的曹操和刘备都是这么做的。曹操攻占河北后，立刻跟以清河崔氏为代表的河北士族合作，刘备入川后也积极拉拢东州派以及黄权、李恢、费诗等当地士族成员。

　　理由很简单，外来集团随着第一代元老逐步凋零，二代成员一是素质会下降，二是不可避免会和本地大族联姻，二者会逐渐同质化。因此，无论多么严防死守，也不可能永远阻止本地人取得权力。与其如此，还不如选择合作共赢，外来集团挑选本地士族中的佼佼者加以任用，这样不仅扩大了选才范围，而且能让本地士族在政治上得到一定的权力，在实现双方共同利益的前提下，最终完成外来政权的本土化。这一点孙策始终没能想通，后来当他明白过来的时候，已经时日无多了。

　　不过在当时，孙策并没有把这些江东士族放在眼里，虽然不能对他们大开杀戒，但是对一些非大族出身的名士，只要让孙策不满，他都会痛下杀手，起到杀鸡儆猴的作用。《会稽典录》记载："孙策平定吴、会，诛其英豪。"这便是著名的"诛戮英豪"事件。

　　毫无疑问，这件事是极不光彩的。所以，东吴在官方史书中加以隐讳，《三国志》也未详写，只通过郭嘉之口略微提及，说："策新并江东，所诛皆英豪雄杰，能得人死力者也。"不过，其中细节大量出现在裴松之的注解中，说明此事肯定存在，而且影响还不小，甚至波及中原。由此可见，孙策在江东大行杀戮一事在中原已经人尽皆知了，而且他杀的很多都是很有社会影响力的人。

十多年后曹操征讨孙权时，让陈琳写了一篇《檄吴将校部曲文》，此文对孙氏诛戮英豪一事加以抨击。由此可见，这件事造成了深远的影响。在这些被害者中，影响力最大的就是周昕和盛宪，这也是陈琳在檄文中重点提到的。其中，周昕明确是被孙策所杀，盛宪虽然是被孙权所杀，但孙策在世时已经忌惮他，或许还没来得及杀他，孙策本人就意外去世了，孙权只不过是帮兄长完成这件没来得及做的事罢了。

此外，孙策还杀死了一个颇有影响力的人物——高岱。这位高岱也是吴郡的名士，和他的父亲高彪不相上下，虽然不是什么大族出身，但都是名士圈子里的人。

当时，许贡要害盛宪，而高岱举孝廉是盛宪推荐的，见恩主有难，于情于理要帮一把，所以他带着盛宪躲到许昭的家中。但这并非长久之计，为了彻底解决问题，高岱跑到徐州向陶谦求助。此时，陶谦正遭到曹操的打击，已经自身难保了，便没答应，不过高岱苦苦哀求，陶谦感慨他有申包胥哭秦庭之义，终于答应下来，还给许贡写了封信。

高岱回到吴郡后，发现老母已被许贡抓走，别人都劝高岱别去，否则有性命之虞，但他坚持去见许贡。当时，高岱把陶谦的书信交给许贡，说尽了好话，许贡才放高岱和老母离去。母子二人乘船出逃后，许贡很快反悔，派人来追，幸亏高岱有先见之明，故意走了其他河道，才逃过一劫。

高岱本就负有盛名，经此义举，更是享誉江东，然而孙策却因为他的声望太大将其杀害。在孙策看来，高岱并非世家大族成员，杀之无妨，正好震慑一下不合作的江东士族们。但这位高岱的交友圈太广了，虽然他自己的家族势力一般，但他的朋友们却有不少是士族成员，比如吴郡张氏的张允，还有吴兴沈氏的沈瞀（hūn），这下孙策和士族们的关系更紧张了。

这些江东士族的根基就在这里，无法搬走，慑于孙策的淫威，只能采取非暴力不合作的态度。但是另一批人就不一样了，他们就是因躲避中原战乱前往江东的士人。如果这些人能为孙策所用，对初创的孙氏集团应当是一个有益的补充，然而孙策的杀戮行为让他们感到恐惧，于是纷纷逃走了，转而加入了曹操的阵营，比如徐奕、陈矫、徐宣等人，这就是孙策诛戮英豪的恶果。

长期的杀戮让孙策越来越暴戾。这时候有一个人挺身而出，对他进行劝导，孙策只能表示服从，其暴行有所收敛，她就是孙策的母亲吴夫人。

之前，合浦太守、嘉兴人王晟被孙策击败后，家族成员都被屠戮殆尽，只剩王晟一人。吴夫人劝道："王晟和你父亲有升堂见妻的情分，现在他家里就剩下这个老人了，放他一条生路吧。"后来，有个名叫魏腾的功曹，平时声誉颇好，有一次得罪了孙策，即将被杀。又是吴夫人出面，站在一口大井边以死相逼，孙策没想到母亲的反应这么激烈，这才放了魏腾。

其实，吴夫人何尝想自杀，这还不是为了家族的发展吗，魏腾出自会稽魏氏，是东汉八俊之一魏朗的后人。如果孙策杀了魏腾，显然又会造成非常恶劣的影响，到时候孙家在江东的处境就更难了。

孙氏一门有吴夫人在，何其幸运。当年孙坚半抢半娶得到的这个女子，不仅用自己的仁慈在一定程度上缓和了江东士族和孙氏的矛盾，后来还在孙权初掌权柄之时加以辅佐，真是一名有大智慧且宅心仁厚的女中豪杰。东吴能够成功立国于江东，她功不可没。

从建安元年（196年）孙策基本平定江东三郡后，经过两年左右肃清内乱的行动，虽然当地士族不愿合作，但至少在明面上，江东已经基本稳定下来。接下来，孙策即将展开新一轮扩张行动，这也是他短暂的军事生涯中最后一个高潮。

17 兵败广陵

在反袁术联盟因内讧瓦解后，孙策和曹操的关系逐渐冷淡下来。虽然联盟的破裂主要原因是陈瑀，不过在曹操看来，是孙策拿了他的好处却没有出力。按说曹操应该不会再指望孙策了，可转过年来，双方又重新建立了联系，这是怎么回事呢？

原来，建安三年（198年），形势又发生了变化，本来已经归顺朝廷的吕布再次和袁术勾结起来，击败了依附于曹操的刘备。此时的曹操四面受敌，西南方有刘表、张绣，河北的袁绍也已经与他关系破裂，再加上东南方的袁术和吕布，曹操几乎已经没有什么像样的盟友了，孙策成了他最好的结盟对象。

此时的孙策占据江东三郡，实力不容小觑。据《吴历》记载，曹操时常说孙策"猘（zhì）儿难与争锋也"，尽管有些不情愿，但也不得不承认对方的实力。如今，孙策是唯一值得拉拢的重量级盟友，有他在背后牵制，袁术和吕布就不能放心地进犯中原了，这符合远交近攻的原则。另一边，孙策也确实需要更高的职位，毕竟之前那个明汉将军有些过于敷衍。就这样，形势所迫，曹操只能再次和孙策走到一起。

当然，孙策为这次结盟花费了巨大的代价，他给曹操的贡品足足是前一年的两倍。最初，孙策本来想让虞翻当使者，因为他博闻强识，口才也好，到了中原能给江东人争光，但是虞翻怕被曹操扣留，不愿意去，孙策便让张纮去了。果不其然，张纮一到许昌就被扣留了，直到孙策去世后才得以回归江东。

不过，这次孙策的收获不小，朝廷封他为讨逆将军，虽然还是杂号将军，而且也是新设的，但总比之前那个太过随意的明汉将军稍强一些。曹操还把他的爵位从乌程侯变为吴侯，虽然二者都是县侯，但乌程是小县，吴县则是吴郡郡治，是大县，在一定程度上这也是一种晋升。

当然，曹操怕孙策依然出工不出力，想留点后手，一方面通过联姻，让自己的侄女嫁给孙策的弟弟孙匡，又让自己的儿子曹彰娶了孙贲之女；另一方面，征辟孙策的弟弟孙权和孙翊入朝做官，实际上就是想留个人质。这个要求孙策自然不会同意，因为他本来也只是利用曹操而已，被袁术欺骗两次后，孙策彻底告别了天真的心态。

按照曹操的要求，孙策应该出兵讨伐袁术和刘表，可他始终按兵不动，观察形势。让他牵制一下袁术可以，但真出兵是不可能的。此时曹操正忙着对付吕布，拿孙策完全没有办法。孙策这种选择对自己来说是最优解，如果出兵北伐，那就是给曹操减轻压力，而自己得不到什么好处，不如找机会坐收渔利。就这样，孙策足足拖了大半年，直到建安四年（199年）夏天，在袁术已经日薄西山的时候，他才真正出兵，目的应该是从即将灭亡的袁术集团身上分割战利品。

可就在这时，袁术突然病死，孙策随即改变计划，取消了这次进攻。这个决定看起来让人有些费解，之前袁术强盛的时候，孙策不想和他对抗是很正常的，可如今袁术已死，他的势力已经分崩离析，这岂不是一个收拾残局的好机会？

但是，此时的局势和之前已经大不相同了，建安三年年底（199年2月），吕布败亡，徐州已经成为曹操的势力范围，现在袁术病死，他的势力也被瓦解了。如今双方共同的敌人不在了，曹操和孙策的蜜月期也就到头了。如果立刻进攻的话，那会把袁术的部将们直接逼到曹操的阵营，不如等待机会徐徐图之。所以，孙策暂时没有理会九江和庐江，而是把目光投向了徐州广陵郡。

之前孙策击败了陈瑀，下邳陈氏在广陵郡受到严重挫折。后来，曹操任命陈登为广陵太守，下邳陈氏的势力卷土重来。陈登比他叔叔陈瑀强得多，是个集军政两方面才能于一身的人物。当初，陈登在陶谦手下做典农校尉，巡检土地、兴修水利，徐州喜获大丰收，这次被曹操任命为广陵太守，他又能发挥自己的才干了。

之前广陵郡先是遭到笮融的劫掠，之后刘备和袁术又在此大战，先后两次劫难让广陵郡一片凋敝，然而在陈登的治理下，广陵郡逐步恢复了元气。陈登在广陵郡主要修筑了两大水利工程。第一大工程就是爱敬陂，因陈登深得百姓"喜爱恭敬"，故有此名，也被称为陈公塘。爱敬陂面积很大，周长九十余里，可以灌溉上千顷良田，当地大为受益。

第二大工程就是重修邗沟，也就是中渎水。邗沟在春秋时建成后已经过了数百年，原本河道是从武广湖和陆阳湖之间穿过，向北汇入樊梁湖，然后向东北注入博芝、射阳二湖，最后汇入淮水。但这个路线有些绕远，再加上射阳湖风浪较大，于是陈登在射阳湖西侧开凿了马濑湖，通过此湖形成新的河道，自此邗沟水运就更加畅通了。不过，水利专家陈登却没想到他的这一杰作日后竟为敌方所用。

这两大民心工程让陈登在广陵郡深受好评，威信大增。此外，陈登又把郡治从长江边的广陵向北迁移到射阳，目的就是为了避开孙策的锋芒。随着陈登在广陵壮大，他很快招降了海贼薛州，并以此为基础继续扩充人马，在当地招募了一支军队。这支部队在讨伐吕布的过程中立下大功，经过实战的磨炼，已经有了相当可观的战斗力。吕布覆灭后，陈登被封为伏波将军，此时他的实力不容小觑，遂把目标再次对准了江东。

攻略江东本来就是下邳陈氏的既定策略，但陈登清楚，凭他的实力想要渡江主动进攻是不可能的，因此他沿用了之前叔叔陈瑀的策略，继续命人拉拢严白虎余党，在孙策阵营内部制造麻烦。此时，严白虎应该已经死了，当初孙策一念之差没有彻底剿灭严白虎势力，算是留下了一点后患吧。

严白虎余党当然没什么威胁，真正的威胁是他们背后的下邳陈氏。为彻底消除隐患，孙策准备发起反击。史书上对孙策这次北伐的具体时间没有记载，但应该就是建安四年（199年）。首先，在建安三年（198年），孙策和曹操还处于结盟状态，这一年双方不太可能起冲突。而孙策在建安五年（200年）四月就去世了，如果他在这年春天先后对广陵发动了两次进攻的话，时间太紧张了。

事实上，按照史书的描述，这两次战斗他都没有亲自参与。如果此战发生在建安五年（200年），那他已经在西线得胜归来，没道理不亲自指挥作战。或许在孙策看来，陈登并不比他叔叔陈瑀强，本方军力占绝对优势，此战应该十拿九稳，所以他把兵权交给弟弟孙权，可惜被他寄予厚望的孙权终究还是让兄长失望了。

不过，开战前年轻的孙权可不这么想。十八岁的青年初次统帅大军，意气风发。这次他率领的军队兵强马壮，走中渎水路，一路北上，庞大的舰队遮蔽了水面，兵力是陈登的数倍。当初陈登新修的运河正好方便他进军，可惜过不了多久，孙权就要乐极生悲了。

很快，孙权包围了陈登的匡奇城，此城确切的地点难以查证，估计是陈登大本营射阳附近的一座军事要塞。黑云压城的景象让陈登一方大受震撼，诸将都认为无法抵抗，主张让城撤退。陈登大怒道："昔年马援南征北讨，为国建功，如今我同样是伏波将军，怎么能逃跑呢？"于是他下令紧闭城门，全体将士不得发出声音，更不准出城交战，目的是示敌以弱。

这一招果然麻痹了孙权，陈登在城楼上仔细观察，发现孙权的人马开始懈怠，他知道时机到了。这一夜，陈登手下的士卒整顿好武器装备，枕戈待旦，等天一亮，立刻从南门杀出。陈登亲自擂鼓指挥，手下将士气势如虹，直扑孙权大营。孙权大军一片混乱，根本来不及登船，只能在岸上匆匆结阵抵抗。江东军本来也是百战精兵，但在孙权差劲的指挥下溃不成军，最终惨败，被斩首万余人。

这场大败让年轻气盛的孙权恼怒不已，非要雪耻不可，于是稍作休整后便再度发起攻势。上次交战陈登虽然获胜，但想必有所损失，他自忖此次难以抵挡，于是令手下功曹陈矫去向曹操求救。

陈矫成功说动了曹操发救兵，不过还没等救兵到，陈登就自行解决问题了。他暗中命人去城外十里处搜集干柴干草，每隔十步堆成一堆，排成一长列，等到夜里一齐点火，这些柴草堆就好似一条由火把组成的长龙。见城外火起，陈登命城上守军高声欢呼，仿佛大队援军已经到达。孙权的部队本就因为前次大败士气低迷，这下更是惊恐万分，瞬间就崩溃了，陈登抓住时机，出兵掩杀，再次斩首万人，收获了一场大捷。

这两次惨败，让年轻的孙权第一次遭遇重大挫折，教训非常惨痛，但孙权从中学到不少东西。虽然在以后的日子里他的军事指挥能力并没有显著提高，但他明白了一个道理——要勇于止损，不能为了颜面强撑，只要形势不利就该立即撤退，否则只会败得更惨。此后，孙权在指挥作战时始终在贯彻这一理念，一旦受挫就立刻撤兵，再也没有遭遇过特别惨重的失败。从这一点来看，孙权比他的后辈们要强一些。

再说陈登，取得了广陵保卫战的大胜后，声望达到了顶峰。可是没过几个月，他就被曹操调走做东郡太守去了。兖州东郡位于袁曹对抗的前线，或许曹操已经在为和袁绍全面开战做准备了，他想物尽其用，让陈登这个大才做更多贡献。

陈登临行时，广陵郡官民扶老携幼，要追随他一起走，陈登劝道："正因为我在这里，孙策才屡屡来犯。我走以后，你们还担心没有好太守来治理广陵吗？"其实，陈登所说确属实情，广陵毕竟距离江东太近了，而且下邳陈氏一向有攻略江东的意图，孙策将其视为威胁是很正常的，他走以后威胁不在，孙策也就没理由再来进攻了。曹操的一纸调令解除了江东孙氏来自广陵方向的威胁，孙氏借机发展壮大，这个决定日后让曹操后悔万分。

此外，曹操的这个决定其实在一定程度上害死了陈登。在广陵时，陈登平时最爱吃生鲜食物，结果胃里长了寄生虫，幸亏遇上华佗，给他开了一剂药，把病情抑制住了。不过，华佗说这病三年后会复发，还需良医才能根治。华佗口中的良医自然是他自己，他的意思就是三年后还会来给陈登除根。曹操不知道这事，把陈登调到兖州去了，三年后华佗再回广陵，肯定也找不到人了，一代英杰陈元龙（陈登字元龙）就此殒命。

这次渡江北伐，是孙策平定江东后首次对外扩张，却遭到当头一棒。那么孙策为什么没有亲自领兵作战呢，难道真的是因为轻敌吗？其实并不完全是这样，因为孙策正在暗中筹备一个大计划，为此他又等了好几个月，如今时机已经快成熟了。进攻广陵只是整个计划的一部分，是为了麻痹曹操，他真正的目标并不是广陵。

18 智取庐江

建安四年十一月（200年1月），孙策发兵庐江，正式拉开西征的序幕。

不久前，袁术之死让东南局势变得非常明朗，袁术集团很快分崩离析，最终为孙曹两家所瓜分。作为袁术的余部，这些人必须尽快为自己的前途做出决断。

相比之下，曹操有更明显的优势，不仅天子在他的控制下，他占据着大义名分，而且实力比孙策更强大。因此，那些有名望的人如张范、张承兄弟，肯定是选择回归朝廷，而不是投奔孙策。

袁术的亲信部下则有着不同的立场，虽然孙策也是敌人，但毕竟是昔日的同僚。孙策和袁术交恶的直接原因是袁术僭号，如今袁术已死，双方已经没什么解不开的仇恨了。但曹操是袁术长期的敌人，倘若投靠曹操，难保不会遭到清算，毕竟桥蕤等人已经被曹操杀掉了，所以这些人更倾向孙策。

况且，孙策也对他们释放出善意，他一直没有着急北上进攻，就是不想把他们逼到曹操阵营去。这一对策最终起效，以长史杨弘、大将张勋为首的袁术亲信准备投靠孙策。这些人带着袁术多年来搜刮的民脂民膏上了路，可他们还没来得及渡江，就被人截住了。

这个人就是庐江太守刘勋。说起来，刘勋可是孙策的老对头了。当初孙策竭尽全力打下庐江，为的就是袁术许诺的庐江太守一职，最后却竹篮打水一场空，袁术还是把这个职位给了亲信刘勋。这回刘勋又跳出来与孙策为敌，让他几乎到手的利益落了空，这令孙策怒不可遏。不过，现在不宜直接和刘勋开战，因为此时刘勋的势力已经扩张到孙策不得不正视的地步了。

刘勋本来只是一郡太守，实力有限，但他在短时间内先后接收了三支人马，实力暴增。

第一支，就是前文所说的杨弘、张勋等人以及他们的部曲。

第二支，则是袁术家族的核心力量。袁术死后，曹操立刻任命荀彧（yù）推荐给他的严象为扬州刺史，准备接收袁术的遗产。袁术的从弟袁胤、女婿黄猗等人不敢和曹操对抗，放弃了寿春，带着袁术灵柩及其家人、部曲等，投奔刘勋去了，寿春则落入曹操手中。

第三支人马的归顺则更加离奇。庐江本地有郑宝、张多、许乾等豪强，而郑宝则是其中实力最强的，拥兵万余人。这个郑宝本身倒没什么大不了的，但他手下有个人才，那就是被大名士许劭赞为有佐世之才的刘晔。

刘晔最初是愿意辅佐郑宝的，但是不久后发生的一件事，让他对郑宝失望透顶。或许是畏惧势力日益强大的刘勋，郑宝想带着部众渡江南下，还强迫颇有名望的刘晔去筹划这件事。这是刘晔绝对不能接受的，南下自然而然是去投靠孙策，以刘晔的眼光，他肯定能看出孙曹两家关系即将破裂，在这个时候，作为汉室宗亲的他只有投效汉廷这一个选择。就在他不知所措的时候，曹操的使者到了，刘晔和他会面后，邀请他在自己家住了几天，这期间他更坚定了归顺朝廷的决心。其实，通过许劭的宣传，刘晔的名声肯定传到了曹操耳中，这次派使者来，大概率就是来招揽他的。

此时，郑宝心中疑惑不已，天天和曹操的使者混在一起，刘晔到底想干什么？于是，他以问候使者为名前去一探究竟。为了保险起见，郑宝带了好几百人。不过，到刘晔家后，郑宝还是大意了，最终被刘晔骗入内室当场斩杀。

郑宝死后，刘晔割下他的首级走出大门，对郑宝的部下说："曹公有令，谁敢轻举妄动，与郑宝同罪。"这些人看主帅已死，很快就一哄而散，逃回军营。刘晔马上跟过去，找到其中的军官，与他们陈述利害并加以安慰，最终让他们心悦诚服，都愿意遵从刘晔的号令。就这样，刘晔收服了郑宝的部众，足有数千人。

然而，之后刘晔没有直接归顺曹操，而是投靠了刘勋，这又是怎么回事呢？原来，刘勋并不单纯是袁术的旧将，他和曹操也有不浅的交情。大约十年前，汉灵帝中平末年，刘勋曾担任沛国建平县的县长，而曹操的故乡就是沛国谯县，和建平县挨得很近，也就是这时候，刘勋和曹操建立了一定的联系。后来，曹操招了四千余名丹阳兵，北上走到沛国龙亢时，士卒哗变，形势一度危急，好不容易才在铚（zhì）县和建平县收拢了千余人，在这过程中，想必刘勋又提供了一定的帮助。凭借和曹操的这层关系，刘勋在曹操与孙策之间做出什么选择想必是没有悬念的。正因为如此，刘晔才会去辅佐刘勋，帮助他就等于帮助朝廷。

总之，在得到三支人马后，刘勋已经颇具实力，孙策只能暂时掩饰自己对庐江的野心，徐徐图之。之前让孙权进攻广陵，孙策不仅是要消除下邳陈氏的威胁，而且也是在麻痹曹操和刘勋，让他们以为自己并没有觊觎庐江，同时孙策暗中等待机会。

孙策此计是否能骗过曹操不得而知，但根据刘勋后来的表现，他肯定中计了。不过，即使曹操没有上当也不要紧，因为在建安四年（199年）年底，曹操与袁绍的决战已经迫在眉睫，已没有精力再管淮南的事了。

其实，按照孙策长期以来的规划，在拿下江东后的对外扩张中，首要的目标是荆州，而并非江北的袁术故地，具体的目标则是江夏的黄祖。孙策始终对江北兴趣不大，在他临死前对张昭等人的遗言中，也表示要以江东为基础，不要渡江北上。然而，西征江夏必须以水军为基础溯江而上，这样一来就不可避免地与庐江郡接触。

刘勋担任庐江太守期间，孙策和袁术已经决裂，他考虑到可能面临来自孙策的威胁，因此将郡治从舒县迁到皖县（今安徽省安庆市潜山市），目的就是防备孙策。皖县位于皖水之畔。皖水向东汇入长江，其河口就是大名鼎鼎的军事重镇——皖口（今属安徽省安庆市）。也就是说，刘勋可以很容易地从大本营皖县出兵，封锁皖口，截断长江。即使孙策冲破封锁，后面的补给线也会面临严重的威胁，所以若不解决庐江的问题，西征便无从谈起。

如今，孙策等待许久的机会终于到了，曹操已经无暇顾及淮南，这次孙策势必要拿下庐江。不过，孙策没想和刘勋正面对抗，作战勇猛是他的一大特点，用计也是他的一大特长，这次他就给刘勋来了个连环计。

首先，孙策宣称要征讨黄祖，让刘勋放松警惕，同时又派人携带大量礼物和一封信送给刘勋，信上说豫章郡海昏县的上缭（今江西省永修县西）很富裕，建议他去攻打。为什么孙策有把握刘勋会听信这个建议呢？

原来，刘勋手下人太多，而庐江郡经过之前的战乱略显凋敝，根本无法供养这么多人。之前，刘勋让堂弟刘偕去豫章买粮。他发现海昏上缭这个地方很富裕，当地豪强、宗帅可以拿出三万斛大米，不过他们不太配合，刘偕和他们拉锯了一个月才买回几千斛，于是刘偕建议刘勋不如直接出兵硬抢。这时候正巧孙策也给了相同的建议，还送了不少礼物，再加上手下人的鼓吹，刘勋便准备欣然接受。

此时唯一一个头脑清醒的人就是刘晔。当初郑宝想投奔孙策他就极力反对，因为他早就看出了孙策的野心。现在如果贸然出兵导致大本营空虚，到时候孙策来个长驱直入，那就万事皆休。刘晔苦苦相劝，奈何刘勋根本听不进去，悲剧就此铸成。

刘勋亲自率军进至上缭，到了后却发现当地豪强早就躲起来了。对方坚壁清野，刘勋什么也没抢到。此时，孙策已到达石城（今安徽省马鞍山市附近）。这次孙策大军阵容极盛，宗室成员有孙贲、孙辅、孙权，其他将领有周瑜、韩当、程普、董袭等，可以说是精锐尽出。

孙策听到刘勋已经出兵的消息后，将全军兵分两路，让孙贲、孙辅领兵八千，埋伏在刘勋回师的必经之路彭泽，他和周瑜则率领两万主力部队直捣刘勋的大本营皖县。这疾风迅雷一般的奇袭打得刘勋根本没有招架之力，皖县迅速沦陷，连同刘勋家眷和袁术家眷在内的三万多人，全部成了孙策的俘虏。此战不仅得到一座重镇，孙策和周瑜还各自抱得美人归，成了连襟，可谓是双喜临门。拿下皖县后，孙策表李术为庐江太守，给他留下三千人马防守，其余部队则继续打击刘勋。

刘勋听说后院失火后大惊失色，连忙回师，结果在彭泽中了埋伏，遭到惨败。见此路不通，刘勋只好另找出路。他率军西撤，在寻阳县（治所在今安徽省黄梅县西南）登陆，试图回救皖县。当走到置马亭的时候，他却得到一个噩耗——皖县已经失守。

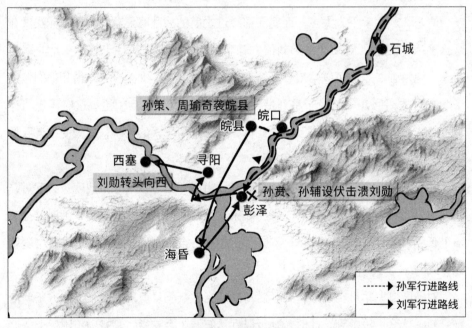

孙策、刘勋对抗形势示意图

北面就是大别山，这下大本营失陷，连投奔曹操的出路也没有了。如今除了向西逃跑投奔黄祖之外，刘勋已经别无出路。刘勋带着残余部队向西进入江夏郡，在西塞山（在今湖北省黄石市东部长江南岸）下筑垒，同时向黄祖求救。若刘勋逃之夭夭也就罢了，可他却和孙策死敌黄祖走到了一起，孙策肯定不能放过他。

此时，黄祖也意识到了局势的严重性——庐江的刘勋本来是他的屏障，双方是唇亡齿寒的关系，现在刘勋已经濒临败亡，如果不出兵相救，接下来就轮到自己了，于是他命儿子黄射领兵五千支援刘勋。黄射是个文人，跟祢（mí）衡一起研究碑文书法是在行的，但领兵却非其所长，何况对手还是孙策。一番交战后，黄射大败而逃。

刘勋万念俱灰，他和刘偕丢下部属，借着江夏郡的陆路北上投奔曹操去了，剩下的两千士卒和千余艘船全成了孙策的战利品。至此，所有的障碍已经扫清，通向荆州的大门被彻底打开。如今孙策的西征大军气势如虹，当年襄阳岘山上的那笔血债，到了该讨回来的时候了。

19　孙策西征

当初，刘表初到荆州根基不稳，便让地头蛇黄祖做了江夏太守，以控制该地区，黄祖就这样成立了刘表麾下的一个有一定独立性质的集团。孙策扫平江东后，刘表预感到将来的威胁，届时孙策溯江而上进犯荆州是必然的事，而黄祖所在的江夏首当其冲。为此，刘表在军事上对黄祖极为倚仗。

黄祖并非昏庸无谋之辈，此人狡诈过人，是个很难对付的对手。当初，黄祖在岘山设圈套，以伏兵射杀孙坚，可见他的军事能力不俗。这几年，孙策以惊人的速度崛起，如今黄祖负责镇守荆州东境，而杀父之仇绝无化解的可能，到时候一场血战不可避免。因此，老谋深算的黄祖早早就开始准备了。

江夏的郡治本在西陵县（今湖北省武汉市黄陂区一带），最初黄祖在这里修了一个要塞驻守，此城以黄祖得名，被称为黄城镇。然而没过多久，熟悉军略的黄祖就发现了一个问题。他驻守的江夏面临的最大威胁就是来自长江下游的孙策，对方来攻的时候，必然会以水军开道逆流而上，这样一来，驻守西陵是起不到阻击敌军的作用的，他必须另选屯兵之所。

江夏水网纵横，地形非常复杂。黄祖盯着地图苦思冥想，终于找到一个绝佳的地点——沔口。所谓沔口，就是沔水汇入长江的水口（今湖北省武汉市汉阳区一带），同时它还有一个更有名气的称谓——夏口。

将驻兵地点选在夏口的好处多多。单凭江夏一郡之力，恐怕难以抵挡孙策的兵锋，向襄阳方面求援是难免的。这样一来，将防线西移后，缩短了距离，有利于得到支援。而且夏口临江，也方便阻击来犯的江东水师。

最终，黄祖将目光投向沔水北岸。据《水经注》记载，这里有一座现成的城池，是汉代一位戴姓监军所筑，因为形如半月，所以被称为郤（xì）月城，也叫偃月垒。史书中记载黄祖驻守的夏口、沔口，都是指这个地方。此地在沙羡县境内，本来沙羡县治所在长江南岸（今湖北省武汉市江夏区金口街道），黄祖移驻郤月城后，将治所也搬过来了，因此沙羡指的也是郤月城。为阅读方便，本书将沔口、郤月城、沙羡等地名一概统称为知名度最高的夏口。

此后，夏口就成了黄祖和孙氏兄弟交锋的前沿。双方在此地先后四次激战，直至黄祖败亡。

在古代，沔水汇入长江的水口比较狭窄，《梁书》记载："汉口不阔一里。"因此，在夏口驻军足以封锁江面。不过还有个问题，根据夏口的地理位置，似乎只能阻挡敌军进犯沔水流域，如果对方溯长江而上进攻江陵怎么办呢？

这一点黄祖也想到了，他在长江北岸的武湖训练了一支强大的水军，战舰足有数千艘。黄祖的策略是有一定效果的。后来，甘宁想率八百部曲投奔东吴，尽管彼时的黄祖水军已经被削弱，但甘宁仍然没能突破夏口防线，只能被迫留在黄祖手下。有强大的武装力量，再加上地形优势，黄祖自以为可以高枕无忧了。

然而，残酷的现实给了他当头一棒，黄射的五千人马如摧枯拉朽一般被孙策消灭，这让黄祖不得不重新审视自己的处境。孙策的兵马虽然不到三万人，并没有什么优势，但战斗力却远超黄祖的想象，这让黄祖感到恐惧，他立即向刘表求援。

刘表听闻孙策入侵后非常重视，但孙策来得太快，仓促之间难以调集太多部队，刘表只让从子刘虎和大将韩晞（xī）领五千长枪兵前往夏口支援。虽然援军不是很多，但这提振了黄祖的信心，得到这支生力军后，他决定主动出战。

这个决定很不明智。孙策深入荆州，属于重地作战，所谓"重地则掠"，此时黄祖应该坚壁清野，使其掠无可掠。况且孙策连战连捷，如今士气旺盛，若求战不得，难免会泄气，此时交战反而是孙策所希望的。黄祖自以为兵力上占了上风，便轻敌冒进，最终付出了惨痛的代价。

十二月初八，孙策兵抵夏口，全军原地休整三日。十二月十一黎明时分，在晨光熹微中，江东军已整装待命，做好了战斗准备。黄祖一方也毫不示弱，陆上的步卒摩肩接踵，长枪如林；江面上的六千余艘蒙冲（一作艨艟）斗舰往来穿梭，试图在气势上压倒对手。

隆冬之际，凛冽的江风吹过战场，那肃杀之意似乎预示着一场血腥的战斗即将拉开序幕。

随着鼓角声响起，江东军率先发起进攻。为激励士气，孙策亲临前线擂鼓指挥。江东军气势如虹，对黄祖军的阵地展开了势如破竹的冲锋。只见全军将士奋勇向前，坚毅果敢，迅速突破敌军的一道道防线。黄祖兵力虽多，却只能苦苦支撑。《江表传》的相关记载还原了当时的场景，东吴将士们"吏士奋激，踊跃百倍，心精意果，各竞用命。越渡重堑，迅疾若飞"。可见，江东军士气高昂。

再看水面上，江东水军利用上风优势发起火攻，浓烟遮蔽了荆州水军的视线，令其苦不堪言。见对方舰队发生混乱，江东水军抓住战机，万弩齐发，箭矢像雨点一般落在敌军头上。在如此雷霆般的打击下，战斗在短短两三个小时内就分出了胜负，上午辰时，黄祖的部队彻底崩溃了。

此战荆州军损失惨重，陆军被斩首两万余人，水军也几乎全军覆没，万余人葬身鱼腹，刘虎和韩晞当场战死，黄祖的妻儿家眷有七人做了俘虏，黄祖几乎是只身逃窜。此外，孙策缴获的物资堆积如山，黄祖苦心打造的六千多艘战舰全成了他的战利品。

这一战是孙策短暂军事生涯中的巅峰之作，其战果之丰厚令人惊叹。虽然孙策没能彻底报杀父之仇，但如此沉重的打击足以让黄祖一蹶不振，江东的西部边境安定了下来。

战后，孙策并没有久留，而是班师东进，准备解决最后一个问题。目前，扬州江南部分唯一没被孙策控制的就是豫章郡了。豫章虽只是小小的一个郡，但局势颇为复杂，这里上演了一出微缩版的三国演义。

早先豫章郡正牌的太守是朝廷任命的朱皓，但同时此地又有一个太守诸葛玄，也就是诸葛亮的从父。关于诸葛玄这个豫章太守究竟是谁任命的，各史书产生了严重的分歧。

《三国志》记载："亮早孤，从父玄为袁术所署豫章太守。"这说明诸葛玄是袁术任命的。《献帝春秋》则说："是岁，繇屯彭泽，又使融助皓讨刘表所用太守诸葛玄。"这说明他是刘表任命的。

其实仔细推敲一下，就可知诸葛玄大概率是袁术任命的，因为后来刘繇想出兵讨伐他。按照许劭的规划，让刘繇来豫章发展的其中一个目的就是以刘表为外援，那刘繇为何讨伐刘表的人呢？如果诸葛玄是袁术的人，那就能解释得通了。

在这样的背景下，两位豫章太守为争夺统治权发生了冲突。诸葛玄有袁术的支持，而朝廷却给不了朱皓支持，于是朱皓只能求助于名义上的长官——扬州刺史刘繇。最终，朱皓在刘繇的支持下将诸葛玄赶出了豫章郡治南昌，诸葛玄向西退守西城。双方一时间谁也奈何不了谁，形成了短暂的平衡。

不过，这一平静的局面在刘繇到来后被打破了，甚至在丹阳被孙策打败的笮融也来了。刘繇想全面控制豫章，就得把诸葛玄驱逐出去，于是他命笮融帮朱皓进攻诸葛玄。这时许劭提醒刘繇："笮融这个人做事毫无底线，而朱皓忠厚老实，恐怕会遭算计，最好提醒他一下，让他提防笮融。"结果，还没来得及说，笮融就把朱皓杀掉了，随后自领郡守。

这样一来，豫章就有了刘繇、笮融、诸葛玄三股力量。冲突首先爆发在刘繇和笮融之间，最终笮融战败身死。关于诸葛玄，他的结局很不明确，但无论他是被乱民所杀，还是跑去投靠刘表，他的势力最终退出了豫章。

就这样，刘繇在许劭的辅佐下，成功夺取了新的根据地，有了东山再起的资本。不过，刘繇实在是福薄，事业刚有些许起色，身体却撑不住了，在他刚刚占据豫章后不久，就于建安二年（197年）病逝了。

虽然刘繇去世了，但豫章并非群龙无首。当初朱皓被杀后，朝廷又任命了一个豫章太守华歆。按说此时华歆是最适合出来主持大局的，而且刘繇的余部都愿意推举他接任扬州刺史，华歆却表示没有朝廷任命不可擅自行事，坚决不从。这里华歆应该是不想轻易卷入冲突，随便找个借口拒绝。此人一贯作风和行为准则就是随波逐流，趋利避害，没什么忠义可言。如今孙策席卷江东，他不认为自己有能力保住豫章，既然如此，又何必要招惹麻烦呢？

在之后的两年里，华歆在豫章没有任何作为，甚至之前孙策和刘勋在他的领地上发生战争，他也没有任何表示。孙策大军得胜归来，正好路过豫章。这一次孙策挟大胜之余威，势必将豫章收入囊中。

孙策早就看出华歆没有和他对抗的勇气，于是派最佳说客虞翻去劝降，华歆早有投降的打算，轻而易举地放弃了抵抗，就这样，孙策兵不血刃拿下了豫章。豫章郡到手后，孙策将其一分为二：北部仍为豫章郡，以孙贲为太守；南部分出一个庐陵郡，以孙辅为太守。

目前孙策的领地包括吴、会稽、丹阳、豫章、庐陵、庐江六郡，这就是"江东六郡"一说的来源。此时的孙氏政权已经一统长江下游，西面荆州方向的黄祖遭到重创，短期内不可能进犯。沿长江一线的柴桑、皖口、濡须口、牛渚等重要据点也尽在孙策掌握之中，杜绝了江北方向的威胁，孙氏的势力可谓稳如泰山。

之前进攻陈登时，孙策和曹操的关系已经开始破裂，只不过尚未公开化。这个时候，曹操内有董承之乱，外有袁绍咄咄逼人，根本无力南顾。如果孙策当机立断向曹操宣战，并对九江郡发起进攻，然后深入淮水一线，威逼中原，想必会对曹操造成严重威胁。就算无法真的威胁到许昌，即使拿下寿春，哪怕是合肥，日后东吴的处境都会大不相同。可惜，孙策虽仍有进取之心，但选错了方向，这不仅为东吴未来的发展设定了一个天花板，还阴差阳错葬送了他自己的性命。

20　孙策遇刺

建安五年（200年）四月，驻扎在丹徒城（今江苏省镇江市）的孙策终于等来了一个千载难逢的良机。两大最强的军事集团曹操和袁绍之间的终极对决——官渡之战已经拉开序幕，这让他敏锐地意识到：这便是渡江北伐、问鼎中原的最好时机。

虽然孙策已经一统江东，并沉重打击了盘踞江夏的黄祖，消除了来自上游的威胁，但这远不是他的上限，只有称霸中原方能成就桓文之霸业，那里也是父亲曾经浴血奋战的地方，他对中原之地无比向往。

在孙策看来，此时的曹操必然以主力防备随时可能南下的袁绍大军，这是他的后方最为空虚的时候。不如趁着袁曹大战两败俱伤来个釜底抽薪，直接突袭许昌，把皇帝夺过来，这样自己就成了最大的赢家。

出师北伐的大方向已经明确，但具体的作战方案还需慎重考虑。一般来说，从江东北伐大体有东西两条路线。东线从丹徒渡江，进入北岸的广陵，然后走中渎水北上，可以攻取徐州；西线从濡须口渡江，然后经濡须水北上合肥，能直抵寿春。

相比之下，后一种方案更合理，一旦拿下寿春，就可以沿着颍水逆流而上，威逼曹操的大本营许昌，这才是进取中原的最佳选择。走中渎水则截然不同，中渎水是春秋时吴王夫差为争霸中原而开凿的人工运河。他修建这条运河的主要目的是攻略齐地，因此通过这里北上是事倍功半，对于中原产生不了多大威胁。何况，中渎水这样的人工运河容易发生淤塞，其通航状况远不如天然河道。

然而，孙策出人意料地选择了第一种方案，虽然他明白战机难得，也知道兵贵神速，但还是做出了并不合理的选择，这或许要从他争强好胜的心理上寻找原因。

如今，镇守徐州的是从属曹操的陈登，当时他尚未被曹操调走。以陈登为首的下邳陈氏是孙氏的老对手了，从陈登的从父陈瑀开始，两家就结下了仇怨。就在孙策预备北伐前不久，孙权征讨徐州时又遭遇了两次惨败。若能先消灭陈登，不仅可以为北伐扫清后患，还可以一雪前耻，可谓一举两得。

孙策年轻、骄傲，好胜心强。自从击败扬州牧刘繇并取得江东后，这几年他在战场上几乎无往不利，这让他不能接受这种难堪的失败。不管是作为孙权的兄长，还是江东的主宰者，他都必须打败陈登，为己方挽回颜面。这就是他此时在丹徒城整军备战的原因，他的内心早在两种方案中有了倾向。

但是，进军路线的选择事关重大，不论是战场上的经验积累，还是作为一个领导者的理性，都告诉他攻打陈登并不是最优选择，不能因为之前在他手上吃了亏就把他当作首要敌人，因为就算拿下徐州，离中原也还有千里之遥。

这种难以取舍的心理煎熬令孙策感到烦闷，他就像憋了一股怨气又无处倾泻。为缓解压力，在四月初四这一天，他决定出城打猎散心，然后再做最后的决定。初夏的江东绿意盎然、风光秀丽，望着辽阔的江面，孙策心情大好，他纵马驰骋，不一会儿就把卫兵甩开了。

一般君王出去游猎，必然带着大队的人马，但孙策对安保工作相当忽视，总是一个人就跑没影了。这是非常危险的，但孙策自信能够应对各种局面，更深一层讲，他是一个享受挑战和危险的人。

孙策享受战场上一对一的厮杀，享受亲手打败对方的快感。他的谋士张纮曾对此提出批评——主帅是军队的根本，应该运筹帷幄，不应该脱离主力轻敌冒进，去对付那些微不足道的敌人。可惜孙策并没有听进去张纮这番金玉良言。对孙策这种行为，虞翻看到了其中的隐患，也曾劝谏过，无奈孙策还是没有放在心上。他的大意之举终于酿成了祸端，在即将争霸中原的前夜，他将付出无可挽回的代价。

据《江表传》记载，孙策独自一人纵马驰骋，当他来到江边时，突然发现已经有三人等在那里。他们都佩着刀，还带着弓箭，箭已上弦。孙策察觉有些不对，问道："尔等何人？"

三人对孙策的勇名素有耳闻，心中倍感忌惮。为了让孙策放松警惕，他们只好说："我等是韩当将军手下的士兵，在此猎鹿。"这当然是谎言，他们其实是原吴郡太守许贡的门客，今天是来给许贡报仇的。

三年前，许贡被孙策击败后，他不甘心失败，打算暗中给孙策制造麻烦。他给许昌方面写了一封密信，建议朝廷把孙策召到许昌做官，以免割据在外成为朝廷之患。其实，许贡不可能凭这点小伎俩就能把孙策赶走，别说入朝做官孙策肯定不会答应，就连朝廷也不太可能如他所愿。

曹操对孙策一直采取安抚的态度，后来发生矛盾也是迫不得已，况且彼时他四面受敌、自身难保，怎么可能故意激怒孙策呢？因此，许贡注定白忙一场，更不幸的是，他这封信还没送出去就被孙策截获了。

孙策拿着信质问许贡，许贡却死不承认，孙策大怒，下令将其处死。许贡阴险狡诈，不是什么善类，这样一个人却也有心腹死士愿意为他尽忠，他们潜伏在民间，暗中等待复仇的机会。孙策热衷外出射猎且不爱多带随从一事必然传到了刺客耳中，他们摸清了孙策这个习惯，便在他经常出没的路线上守株待兔。

孙策自从攻占江东以来，杀人众多，树敌也多，自然没法猜到眼前的三人是许贡的门客，但他至少知道三人不是韩当的部下。他大怒道："当兵吾皆识之，未尝见汝等。"意思是：韩当的兵我都认识，从没见过你们。说完，他就张弓射箭，一人应弦而倒。其余二人大惊，没想到孙策会先下手为强。史书说二人"怖急"，也就是非常恐惧，由此可见孙策的勇武霸道。但他终究孤身一人，在射杀第一个人后，还未来得及再张弓，就遭到了另外两人的还击，对方一箭射来，射中了孙策的脸颊。孙策的大意给了潜藏在暗中的敌人机会，或许在倒下的那一刻，他也不会意识到自己英武一世，最后竟然栽在三个名不见经传的刺客手上。

关于孙策被刺一事，历史上还有一个近乎阴谋论的说法，那就是这三个刺客是曹操的谋士郭嘉安排的。不久前，孙策即将北上的消息传到许昌，曹操手下的文武大臣纷纷惊慌失措。这倒也怪不得他们，孙策的勇名他们素有耳闻，战绩也有目共睹，如今本来就形势紧迫，又多了这样一个强大的对手，他们怎么能不心惊呢？

此时唯有郭嘉镇定自若，他说："孙策在江东杀戮了不少英雄豪杰，仇家自然也少不了。而且这个人戒备心不强，纵使有百万大军，也都是摆设。如果刺客盯上他，单枪匹马就能干掉他。我看他必定是这个下场。"后来的一切正如郭嘉所料。因此，有人认为刺客很可能是郭嘉派的，否则他不可能把孙策的结局猜得这么准。

其实，这种可能性并不大，《三国志》中孙策本传很明确地指出这三个人就是前吴郡太守许贡的门客，许贡尚未来得及和许昌方面取得联系就被孙策杀了，双方应该没有交集。因此，郭嘉和孙策遇刺一事大概率是没什么直接联系的。

这番话应该就是郭嘉对众人进行心理安慰：孙策的威胁是客观存在的，无法消除，既然如此，大家别被这件事分了心，先集中精力对付眼前最大的威胁袁绍吧。只不过，后来郭嘉所说应验了，这件事就被神化了。

当年孙坚因大意而毙命，孙策丝毫没有从父亲的悲剧中吸取教训，以致重蹈覆辙。父子二人都在争霸天下的关键时刻猝然死亡，壮志难酬。

唯一值得庆幸的是，在两个刺客还没来得及对孙策补刀的时候，他的卫队追了上来，杀死刺客，随后将他带回丹徒城，给他留下了安排后事的时间。

21 孙策托孤

丹徒城中，孙策的行辕内一片愁云惨淡，一众文武将佐垂手侍立在两旁，等待孙策最后的训示。此时，他的生命已经进入倒计时，白天那一箭把他伤得极重，回城不久他就陷入了弥留状态。

这名"猛锐冠世"的杰出统帅即将告别人世，可以想象此刻孙策心中的不甘。经过五年的努力，他终于初步控制了江东，为孙氏开创了一份基业，如果这次北伐建功，还有更多期待。但这一切或许都会因他的遇刺戛然停止，江东的基业可能分崩离析，毁于一旦。他有那么多事要做，但只能交给后来人了。

眼下，他还有最后一件事要做，那就是为江东确定一个可靠的继承人。一众孙氏宗亲站在床前，有长子孙绍，还有他的四个弟弟孙权、孙翊、孙匡、孙朗，继承人将从他们五人中选择。

孙权今年十九岁，正是要大有作为的年纪。据《江表传》记载，孙权"性度弘朗，仁而多断"，是做领导的理想人选，但此刻的他却不敢有太多的奢望。

从理论上说，最理所当然的人选是孙策的长子孙绍。不过，孙绍的年纪或许是个软肋，孙策才二十六岁，孙绍也就十岁左右，这样的年龄，能担得起这份重任吗？孙策虽然靠军事实力控制了江东，但在名义上他只是汉朝的会稽太守，和世袭性质的王公级别还差得很远。虽说在汉末乱世，州郡长官父死子继的例子并非没有，但朝廷不会认可一个孩子继承这个位置。所谓名不正则言不顺，没有朝廷的认可，统治难度便会大得多，孙策之前迫切地给许昌汉廷送礼表态，不就是为了这个吗？

另外，就算强行让孙绍上位，又有什么意义呢？一是不能服众，二是孙家宗室成员中，若有人生出野心，难免会爆发内乱，到时候这个孩子能不能保住性命都是未知数。为了保护儿子，孙策会让他继承爵位，但权力只能交给自己的弟弟们，只有兄终弟及的模式能让文武臣僚信服。

在几兄弟中，孙朗是庶出，没有继承资格。孙匡最受孙策喜爱，孙策将本来应由自己承袭的父亲的爵位乌程侯都让给了孙匡，而且当初和曹操联姻，孙策也让孙匡娶了曹操的侄女。不过在眼下，第二点反而变得敏感起来，因为随着孙策筹备北伐，江东和曹操的关系已然破裂。虽然随着江东权力的更迭，未来一段时间孙氏有和曹操修复关系的必要，但从长久来看，双方未来注定有一战。

这样一来，继承人就只能在孙权和孙翊二人中产生了。

孙翊在性格上更接近孙策，据《三国志》记载，他"骁悍果烈，有兄策风"。在孙策死后，江东急需一个强有力的人物稳住局面，正是出于这个考虑，以张昭为首的重臣都建议让他接管兵权。作为孙策的四大谋主之首，也是他所依仗的淮泗集团的核心人物，张昭的意见分量很重。从事实层面分析，孙权的军事才能至少在目前看来确实不如孙翊，不久前的大败众人都看在眼里。所以，当张昭等重臣建议孙翊继承权力的时候，大多人是信服的，即便是孙权也没有太多反对的理由。

但是，事情突然有了变化，孙策把目光投向了孙权，他并没有接受张昭的建议。那一刻，所有人包括孙权自己，可能一时都没反应过来。但仔细分析，孙策的选择自有深意。

之前数年，孙策始终和江东士族处于一个互相提防甚至互相敌视的状态，双方几乎没有深入合作，因此他的统治只能依靠江北人，其中最主要的人才就是张昭、张纮和周瑜。张昭是内政型人才，张纮以谋略见长，周瑜则擅长军事，他们三人分别在不同的领域发挥着重要的作用。在制定战略规划的时候，孙策非常依仗张纮。当初孙策登上汉末群雄争霸的舞台前，就曾去江都向张纮问策，当时张纮做出的宏伟计划令他茅塞顿开。可惜，不久前张纮出使许昌时被曹操扣留，这下孙策只能靠自己了。

孙策当时心中很可能充满了矛盾，如果江东打算继续对外扩张的话，或许孙翊倒有合适之处，但问题是如今扩张这条路已经走不下去了。倘若自己能活下去，凭借不断的胜利尚可维持统治，但自己命在旦夕，进取中原的梦想成了镜花水月，无论袁曹两家的大决战结局如何，江东都无法从中获益了。现在，江东的发展策略只能被迫转向，扩张的脚步要暂时停下，转而以维持内部稳定为主，只有这样，孙氏父子两代人历尽艰辛打下的基业才不会被断送。孙翊虽然继承了自己勇猛的一面，但没继承善谋的一面，在老谋深算的曹操面前，孙翊远远不是曹操的对手。所以，他不是合适的继承人。

遇刺一事让孙策的雄心消减了许多，在生命的最后短短几个时辰里，他可能会反思一下自己短暂的一生，意识到单凭武力只能打下江东却不能统治江东，想在这里站稳脚跟，合作比杀戮更重要。如今的孙氏政权，别说是进取中原，就连坐稳江东都任重道远，虽然放弃自己的夙愿令孙策心有不甘，但他别无选择。

孙权和孙翊截然不同。在《江表传》的孙权劝学这则故事中，他对吕蒙说："孤少时历《诗》《书》《礼记》《左传》《国语》，惟不读《易》。至统事以来，省三史、诸家兵书，自以为大有所益。"足见他的阅读面之广，除了《易经》以外，各种儒学和史学的经典，孙权几乎都有涉猎。由此可见，孙权的文化素养在不以文化见长的孙氏中是一流的，这样一位继承人，显然比性格刚烈易怒的孙翊更容易争取到江东士族的好感。

况且，孙权并非没有一点军事才能，之前的广陵之战虽然大败，但后来随军讨伐刘勋和黄祖时立下了一些战功，挽回了一些颜面。孙策的初战，当时在丹阳郡募兵，结果遭到泾县宗帅祖郎的袭击，出师不利，可后来照样横扫江东。因此，孙策相信孙权最终可以成长起来。

据《三国志》记载，见兄长的气息愈发衰弱后，孙权"哭未及息"。兄长的信任令他泪流满面，心中既有感激也有不舍。这其中，对兄长的感情是一方面，同时他也对家族的前景充满了迷惘。孙权对家族的现状心知肚明，他清楚孙家虽然是江东本地人，但出身寒门，又曾以袁术的名义赶走了朝廷委任的扬州牧刘繇，被打上了"袁术侵略军"的烙印，在江东始终被视为外来者，为本地士族所排斥。如今，孙氏政权的内部尚有隐患，外部又强敌环伺，自己年纪轻轻骤然上位，能否胜任呢？

不过，这些孙策已经替他考虑好了，为了顺利渡过权力交接的不稳定期，孙策命张昭为托孤大臣辅佐孙权。当时孙策对张昭说了一句话："若仲谋不任事者，君便自取之。"这简直和后来刘备托孤诸葛亮的场景如出一辙。

其实，孙策说的并非真心话，他怎么可能甘心将自己历尽千辛万苦打下的基业白白送给张昭呢？虽然他命在旦夕，但一点也不糊涂。这番话一方面是为了表达自己对张昭的信任，另一方面是用来约束张昭。虽然史料没有体现张昭听了这话后的反应，但想必是诚惶诚恐，连呼不敢，如此一来，他只能一心一意辅佐孙权。毕竟，在张昭眼中，孙权并不是继位的最佳人选，孙策的一片苦心，都是在给弟弟铺路。即使后来张昭真的生出异心，也完全没有操作空间。

一般来说，主君去世前安排托孤大臣都不会只安排一个人，大多会设两名或数名互相制衡。孙策也不例外，虽然张昭是他信任的重臣，但他不可能百分之百以基业相托。孙策安排了双保险，那个制衡张昭的人就是周瑜。

当时，周瑜并没有随军，而是驻扎在庐陵郡巴丘县（治所在今江西省峡江县巴邱镇北）。当周瑜听说孙策的死讯时，第一时间赶来奔丧，和张昭一同主持大局。孙策实际上安排的是张昭和周瑜二人辅政，一人主内政，一人主军事，这样明显更加稳妥。

听了兄长的安排，孙权悬着的心放了下来，接下来最令他关心的就是将来的发展方向了。当孙权及群臣提出疑问时，孙策回答道："中国方乱，夫以吴、越之众，三江之固，足以观成败。公等善相吾弟！"孙策这话有些含糊，孙权心中疑惑不已，可兄长不愿过多解释，孙权只能尝试自行解读。

根据清代史学家赵一清的说法，《三国志》的这段记录是完全照搬《吴录》的，而《吴录》中还有一句话——"慎勿北渡"。赵一清认为"慎勿北渡"的意思是：守护好江东的基业，不要向中原俯首称臣。后来，张昭却违背了孙策的遗言。

其实这句话或许还有另一种解释——不要随意北伐。从上下文来看，前面说得信心满满，后面突然大转折，立刻涉及投降称臣的问题，显得有些不合情理。何况当时江东没有面临任何外部压力，远不到这一步，所以，这里理解为"不要擅自北伐"更加合理。

总之，下一阶段的思路很明确——暂缓争霸中原的计划，将发展方针转为保据江东，坐观成败，这一点孙权理解得很到位。

但是，孙策接下来的话更让人摸不清了。他说："正复不克捷，缓步西归，亦无所虑。"这句话的含义非常玄妙，表面意思是：即使不能获胜，慢慢向西，也没什么好忧虑的。难道向西去投靠刘表是家族最后的退路吗？

所有人都知道，孙策不可能让自己的继承人投靠杀父仇人，但所谓向西，应该是指向和江东相对的刘表的地盘，"西归"指代的应该就是渡江北上。自己千辛万苦打下的基业，孙策自然希望继承人能够发展壮大，但未来的事谁也不好说，此时做个最坏的打算也是合情合理的。他非常清楚，由于自己的遇刺，江东已经错失了争霸天下的良机，未来中原统一后江东很难与之抗衡，因此告诫大家：倘若到了万不得已的时刻，即使向外界称臣，也不要有太大的心理负担。

这段话与前面是对应的，如果"慎勿北渡"的意思是"不能投降"，那么就和"缓步西归"相互矛盾了。因此，这或许才是孙策遗言的真实含义。这是孙策反复权衡后给出的方案，虽然听起来有些令人沮丧，似乎也不符合他的性格，但这是最贴近客观情况的谋略。当下，生存比发展更重要。

从此，这句话深刻地印在孙权的脑海中，但他和以张昭为首的群臣们从中读出了不同的意思。张昭等人是按本意理解的，所以后来他在赤壁之战前站在主降的立场就一点也不奇怪了。孙权却读出了另一种含义，兄长难道是要自己对曹操俯首称臣吗？一定不是这样，或许称臣可以作为一种手段，但绝不是最终目的，如此发散且务实的思维为他日后施行极为灵活的外交政策打下了基础。不得不说，孙权在外交上的表现远远超出了孙策的预期，这个继承人确实选对了。

眼见曾经英明神武的兄长生命力不断流逝，孙权难过万分。他不禁回想起之前兄弟二人宴请宾客时的场景。当时，孙策指着下面的文武臣僚对孙权说："此诸君，汝之将也。"昔时戏言，竟一语成谶。

孙策用尽仅剩的力气坐起身来，把孙权唤到近前。孙权含泪领命，他匍匐过去，双手接过会稽太守的玺绶，只听孙策说道："举江东之众，决机于两阵之间，与天下争衡，卿不如我；举贤任能，各尽其心，以保江东，我不如卿。"说罢，便永远闭上了双眼。

建安五年（200年）四月初四夜，讨逆将军、吴侯孙策去世。

这位大名鼎鼎的小霸王在汉末群雄争霸的舞台上虽然只活跃了数年，随后就如一颗流星般消逝了，但他在这短短几年中建立的功业着实令人赞叹。诚然，孙策有过于轻率的缺点，但他以出众的文韬武略奠定了孙氏政权矗立于江东的基础，他的功绩应该得到肯定。可以说在东吴立国的过程中，孙坚是发起人，孙策则是策划人与奠基人。

不过，他的继承人孙权能否完成重托，带领孙氏家族走向辉煌呢？

22　坐断东南

年轻的孙权尚未完全做好继位的准备，此时的他还远不是后来那位成熟的政治家，他还有很大的成长空间。

孙策去世后，孙权只顾着痛哭，没想到自己耽误了更重要的事。见此情形，托孤大臣张昭明白，现在到自己发挥作用的时候了，于是劝阻道："今奸宄（guǐ）竞逐，豺狼满道，乃欲哀亲戚，顾礼制，是犹开门而揖盗，未可以为仁也。"意思是：现在可不是哭的时候，如今豺狼当道，危机四伏，您却只顾维护礼制，发泄悲痛，这不是匹夫之仁吗？

孙权这才醒悟，当务之急是稳住局面，怀念兄长以后有的是机会，便决定立刻外出巡视部队。在这一过程中，张昭凭借自己的威望再次发挥了重要作用。据

《三国志·吴书·张顾诸葛步传》记载，当时张昭"乃身自扶权上马，陈兵而出，然后众心知有所归"。大意是：他亲自将孙权扶上马，随后带兵列队而出，这才使得孙权众望所归。

张昭此举意义重大，他以功勋元老的身份背书，帮助孙权坐实了继承兄长权力的合法性，也使孙权顺利接过了孙策手下军队的指挥权——这批在原计划中即将进行北伐的部队基本可以认定为东吴军队的主力。

没过多久，周瑜又以奔丧为名，带兵回来支持孙权，这下权力中枢更稳固了，孙策的托孤安排第一时间就发挥了作用。孙策留给孙权的是一片囊括会稽、吴郡、丹阳、豫章、庐江、庐陵六郡之地的广阔疆域，手下文臣武将也是人才济济。这笔遗产极为庞大，但没那么容易照单全收，因为地方上不安分的人不在少数。

首先发难的是孙暠（hào），他是孙坚之弟孙静的长子，也是孙权的堂兄。当年孙策平定江东时，孙静在家乡招募部曲，参与过进攻会稽的战斗，立下了大功。但此人没什么野心，等江东平定后，他想功成身退，非得回家乡富春去守祖坟。然而，驻守乌程的孙暠就没有这么安分了，他打算趁着孙权刚上位的混乱期，南下夺取会稽郡自立。

对此，张昭其实已经有了相关预案，下令各地将领、官吏各守其职。不过，这个命令下得有点晚了。因为各郡县的官员几乎都有离岗去吴郡给孙策奔丧的打算，幸亏当时转任富春长的虞翻觉得此事有隐患，便留在原地服丧，起了一个好的带头作用，各地纷纷效仿。此举充分体现了虞翻的先见之明，如若不然，等会稽郡的官员都去了丹徒，群龙无首之下，会稽郡很可能就被孙暠拿下了。

为了避免无谓的牺牲，虞翻冒着风险跑去见孙暠，劝道："讨逆将军英年早逝，理应由其弟孙权继位。如今会稽郡已经严阵以待，而且我和吴郡将士也准备好与你死战到底，你还是自己权衡利害吧。"孙暠一分析形势，立刻就撤兵了。

这次未遂的叛乱对孙权来说是一个杀鸡儆猴的机会，如果严肃处理，有助于提升他的威信。出人意料的是，孙权似乎并没有下杀手。孙暠最后的结局不详，如果因谋反被诛杀，应该会被史书记录，因此他大概率是被夺职软禁了。

孙权的考虑非常长远。首先，孙暠谋反未遂，没造成什么危害。其次，孙暠还有孙瑜、孙皎、孙奂、孙谦四个弟弟。孙静这一支人丁很兴旺，如果杀了孙暠，相当于和孙静一支的关系就彻底破裂了，有些得不偿失。相反，如果宽大处理，对其施恩，则更能收买人心。这一手操作体现了孙权的政治智慧。事实证明，他的选择是明智的，孙瑜、孙皎、孙奂三人后来都成了一时之名将。不过，孙权没想到的是，孙暠确实没有威胁了，但他的后人在半个多世纪后给东吴带来了深重的灾难，这是后话。

如今，孙暠的问题已经解决，但这还不算完，因为孙氏内部不安分的不止他一人，第二个人是孙辅。孙辅是孙坚兄长孙羌的次子，也就是孙贲的弟弟，他算是孙权的堂兄。这个孙辅倒是没想篡位自立，但他对孙权信心不足，认为他保不住江东，于是趁孙权去会稽郡东冶巡视，暗地里联络曹操，看来要么是想秘密请降，要么就是想给曹操做内应。

之前，孙暠之乱的攻击目标是会稽郡，作为江东的大后方，会稽郡的安危是重中之重。所以，孙权解决孙暠之乱后，便前去那里巡视，不想自己刚一离开，就获悉了孙辅之事。孙权沉默了，如果说孙暠是个例，但孙辅竟然也有不轨之举，那就很不正常了。

虽然文臣武将中有张昭和周瑜带头，不会有人反对自己的统治，但孙氏政权内部有宗室这股强大的势力，这股势力中蠢蠢欲动的人不在少数。从孙坚创业之初，宗室始终是孙氏集团的中坚力量，其重要性毫不逊色于曹魏宗室。但这股力量是一把双刃剑，虽然在对外战争中能起到良好的辅助作用，但在本家衰微时，强大的宗室力量就会反噬本家，如今孙权面对的就是这个问题。

深思熟虑之后，孙权没有打草惊蛇，而是选择跟孙辅面谈。见面后，孙权开门见山地问道："兄长心中有何不快直说就是了，为何要告诉外人呢？"孙辅却说根本没有这回事。看孙辅矢口否认，孙权也不多说，直接把截获的他给曹操的信拿出来，旁边的张昭接过去递给孙辅看，他这才惭愧得说不出话。

对于孙辅，孙权也留了情面，同样没有赶尽杀绝，而是将其软禁起来。在这两件事上，虽然年轻的孙权充分显露了出色的权谋手腕，但这种选择其实是出于无奈。从孙权后半生的作为来看，他是一个强硬的独裁者，但他前半生都在克制，这就是他对现实的妥协。

年轻的政治家就这样在一次次危机中不断成长着，在这背后有一个人默默地帮助他。此人虽身居幕后，但重要性丝毫不亚于张昭和周瑜，甚至两位托孤大臣能倾心相助也有这人一份功劳，她就是孙权的母亲吴夫人。

鉴于连续发生两次宗亲叛乱，孙权清楚自己的威信不够，而吴夫人的话语权甚至在张昭和周瑜之上，因此请母亲出山相助就成了顺理成章之事。《三国志》评价说"夫人助治军国，甚有补益"，这句话的分量是很重的。孙策去世后，这段时间的权力更迭更能体现她的价值。此时主少国疑，内忧外患，正是吴夫人凭借高超的手腕，才安定了局面。孙权能顺利渡过继位之初的危险期，坐稳江东之主的位置，她当居首功。

吴夫人虽说是女子，但辈分高且有威信，尤其是她和两位托孤重臣张昭和周瑜都有着深厚的交情。这二位都是和孙策升堂拜母过的，对吴夫人要以长辈之礼相待。后来，吴夫人临终之时曾召见张昭嘱托后事；对于周瑜，她也向孙权表示公瑾就像我亲生儿子一样，你要像对兄长一般待他。由此可见吴夫人的地位之高。她的话很有分量，张昭和周瑜肯定是要听从的。她的存在，成为孙权能得到张昭和周瑜这文武两班首席重臣的鼎力支持的一大重要原因。

吴夫人的人脉仅能覆盖到张昭和周瑜，其他人的态度她心里还没有底，于是这个精明的女子决定试探一下。一天，她将众臣召来，专门点名董袭，问道："元代，你看江东可保否？"元代是董袭的字。之所以选择董袭作为询问对象，是有讲究的，因为他不是江北淮泗人，而是江东本地人，并且是在孙策渡江后才加入孙氏的。如果这样的人都表态支持孙权，那对于塑造孙权的威信大有帮助。

董袭斩钉截铁地回答："江东有山川之固，又有先讨逆将军之遗德，如今主上继承基业，上下齐心，不仅有张昭主政，又有我董袭辅佐，可谓地利人和俱在，江东必然无忧。"众人闻言，纷纷点头称是。得到董袭这份表态，吴夫人终于可以安心了。

如今，江东内部已经安定，接下来孙权面临的就是外部问题了，他必须制定新的国策。孙策临死前留下的遗言是要保据江东，这是当时根据实际情况制定的最合理的策略，孙权也百分之百地执行了。

既然未来的大方针是维持内部稳定，那么肯定要停止对曹操的敌对行动。因此，孙权继位后没多久，就开始让张昭给许昌汉廷上表了，其主题大概是为了和曹操缓和关系。毕竟，孙权刚刚上位，若能得到以曹操为代表的许昌汉廷的认可，对他来说是一个重要的政治加成。

不过，曹操一开始没打算接受孙权的善意，官渡之战获胜后，他一度打算趁江东内部不稳发兵讨伐。当然，曹操就是想想而已。此时的他刚打完一场大仗，只能休养生息，哪有力量再启战端进攻江东呢？这时被强留在许昌的张纮也劝他打消这个念头，算是给了曹操一个台阶下。毕竟，袁绍未灭，相比起来江东的威胁不算什么。冷静之后，曹操接受了孙权的善意，表他为讨虏将军、会稽太守，算是认可了他对孙策地位的继承。而且，曹操还做了个顺水人情，把张纮放回江东去，名义上是让他去劝降孙权。

曹操这番心思孙权却不知道，经小道消息得知曹操打算入侵后，他急忙派顾雍的弟弟顾徽前去许昌摸查曹操的底。顾徽回来后，表示曹操忙于对抗袁氏集团而并无南侵之意，孙权这才放下心来。这次得以和曹操修好，虽然跟曹操对局势的考量有关，但仍然是孙权在外交上取得的一次重大胜利，很快他就从中受益。

在江东诸郡基本平定后，唯有位于江北的庐江郡还不稳定。当初，孙策击败刘勋后，给了李术三千兵马并任命他为庐江太守，可没想到李术并不忠诚。李术是豫州汝南郡人，从他的籍贯推断，此人有可能是当初孙坚担任豫州刺史时加入孙氏集团的。或许孙策在世时，他不敢造次，但当孙权上位后，李术有了独立的打算。

一些人不愿服从孙权，逃亡江北，结果全被李术接纳。当孙权写信讨要时，李术竟然说："有德见归，无德见叛。"大意是：正因为你无德他们才会背叛，你要是有德他们自然会顺服。这下，李术和孙权彻底决裂，双方剑拔弩张。

李术想叛乱是可以理解的，作为一郡太守，他的实力不俗。在当地招兵买马，并接纳一些从江东逃来的兵卒后，他的实力暴增，已经增至三万多人了。不过，要凭此跟江东对抗仍力有未逮，他必须找到外援才行，而这个外援就是曹操，至于其他的势力，则远水难解近渴。

可问题是李术竟然因野心膨胀，一时冲动杀了曹操派来的扬州刺史严象，这条路被堵死了。

见李术已经断绝了一切后路，孙权清楚，对他动手的时机已经成熟了。为保万无一失，孙权出兵之前特意给曹操写了一封信，信中提到：这次李术必定向朝廷求救，希望您不要相信他的话，毕竟严象就是死于他手。这一要求肯定没问题，曹操也想借孙权的刀除掉李术，更何况河北袁氏的实力尚存，他暂时腾不出手管扬州的事。

直到孙权大军围城，李术这才傻了眼，现在曹操不可能救他，而他所在的皖城早在一年前袁术旧将刘勋统治时期就开始缺粮，李术甚至到了被迫去豫章买粮的地步，可见粮荒多么严重。没过多久，李术就坚持不住了。

造成这一情况的根本原因是庐江的长期战乱，自数年前孙策和陆康之间爆发激战以来，庐江始终没有远离兵祸，这让当地的经济基础遭到了严重的破坏。因此，李术兵力虽多，但丝毫不具备与江东对抗的基础，而且兵力越多，缺粮就越严重。据《江表传》记载，当时皖城中有妇女"丸泥而吞之"，都到了吃泥球的地步，可见李术军已经濒临崩溃。

很快，孙权几乎兵不血刃就拿下了皖城，之后将李术斩首，并得到他的三万多部曲，这是一笔极大的收获。至此，孙权大致平定了孙策留下的所有疆域，也成了名副其实的新一代江东之主。

然而，一波未平一波又起，新一轮的动乱就在眼前，而这竟是孙权自己酿下的苦果。

23　丹阳之乱

　　建安八年（203年），孙权的舅舅吴景在丹阳太守任上病逝，之后孙翊便接替他的职位。

　　当时，孙翊招揽了两个人，一个名为妫（guī）览，另一个名为戴员。孙翊给予他们礼遇，任命妫览为大都督督兵，戴员为丹阳郡丞。妫览的大都督督兵一职看似不小，其实就是一个郡的军事长官，和郡尉类似。但此二人在丹阳郡异常重要，他们作为太守的两名副手，俨然成了孙翊的左膀右臂。然而，孙翊万万想不到，自己最终命丧二人之手。

　　妫览和戴员心怀鬼胎，他们收买了孙翊的侍从边鸿，伺机动手行刺。机会很快来了。某天，孙翊打算召集丹阳郡各县的县令、县长们开会。等大家都到了，孙翊心血来潮，准备让擅长占卜的妻子徐氏给自己算一卦。徐氏细细一算，犹豫道："妾身观卦象不佳，何不改日设宴？"但孙翊听了这话不乐意了，在他看来，宾客们已经来了这么久，不能再耽误时间，于是一切按原计划行事。其实如果心中主意已定，得到了不同意见后又难以从善如流，那当初何必要多此一举呢？孙翊疏于防备又一意孤行，悲剧的命运已经注定了。

　　宴会当天，宾朋满座，觥筹交错间，孙翊喝得酩酊大醉。本来他也是一个骁勇善战的猛将，平时都是刀不离身，可惜酒醉之下，佩刀已经不知丢哪里去了。酒宴结束后，孙翊空着手前去送客，一旁的边鸿见他手无寸铁又丝毫不戒备，于是抽刀便砍。旁人见太守遇刺，全吓蒙了，立刻四散奔逃，会场乱成一片，根本没人顾得上倒在地上的孙翊。边鸿见状，又补了几刀，孙翊当场毙命。孙策这个最像他的弟弟最终落了个与他相同的下场。

　　孙翊死后，徐氏临危不乱，立刻站出来主持大局。她悬赏通缉凶手，当天夜里就把逃进山中的边鸿抓获。妫览和戴员为了自保，将杀害孙翊的一切罪责都推给边鸿，并将其杀死灭口，但纸包不住火，丹阳诸将都知道幕后主使就是他们二人，只是敢怒不敢言。

听闻丹阳发生重大变故，时任庐江太守的孙河立即驰援。孙河本是孙坚族人，因过继给姑姑而改姓俞，后又恢复了本姓，质朴忠直，早年随孙坚征战，还随孙权讨平李术，对孙家忠心耿耿。一见面，孙河就怒斥妫览和戴员，指责他们办事不力，未能保护太守孙翊的周全。

妫览和戴员一看这架势，知道瞒不过去了，两人暗中商量："伯海（孙河的字）与将军疏远，而责我乃耳。讨虏若来，吾属无遗矣。"意思是：这孙河尚且对我们厉声责备，那讨虏将军（孙权）可是太守的嫡亲兄长，怎么可能放过我们？干脆一不做二不休！

孙河匆匆赶来，护卫力量有限，猝不及防之下也被二人杀害。接着，妫览和戴员暗中联络曹操委任的扬州刺史刘馥。此时，刘馥正屯驻九江郡合肥，妫览二人打算让刘馥南下到长江北岸的历阳，然后他们将率丹阳之众前来接应。就这样，丹阳郡彻底陷入了混乱，孙权面临执政以来最大的危机。

妫览和戴员为何对孙翊有如此大的恨意呢？原来，此事的始作俑者正是孙权本人。这件事还得从孙策平定江东之初说起。作为基业的开拓者，孙策对自己及手下的人才颇有自信，因此并不热衷和江东本土大族合作。但是，孙权的上位让江东政局开始转向，从此江东政权开始了本土化的过程，只不过这个过程是非常缓慢和曲折的。

之前，孙权刚刚继位时，先后平定了孙暠、孙辅和李术三场叛乱，之后首次出征江夏胜利归来，这让他逐渐自信心爆棚，行事愈发专横。当年，孙策临终前叮嘱他要"举贤任能，各尽其心"，其重点就是要他收揽江东人心，只有这样才能保据江东。这是孙策用生命悟出来的道理，可惜年轻的孙权没有立刻领会其中的要义。

在建安九年（204年）的一次宴会上，吴郡沈友直言孙权的过失，这让他大为恼火。沈友早年是著名的神童，华歆曾对其大为赞扬。他不仅博学多才、文笔极佳，还喜好军事，曾给《孙子兵法》作过注，又擅长辩论，口才过人，是个全能型人才，号称"刀笔舌三绝"。

一开始，孙权对其才干很是钦佩。沈友这个人本事固然大，但他不擅长经营人际关系，平时刚直不阿，又爱针砭时弊、品评同僚，这就给他的悲剧埋下了伏笔。所谓宁得罪君子，莫得罪小人，沈友得罪的就有一些小人，他们竟无中生有，私下向孙权诬陷沈友谋反。

沈友谋反这件事孙权自然是不信的，但如今沈友把他得罪了，孙权便趁机把这事拿到台面上了。他对沈友说道："人言卿欲反。"沈友性格耿直，知道自己的下场不会好，丝毫不服软，强硬地回答道："主上在许，有无君之心者，可谓非反乎？"大意是：天子在许昌，目无君王之人算不算谋反呢？听到沈友的讥讽之言，年轻气盛的孙权气急败坏，他清楚沈友这般高傲的人不会为其所用的，于是将其杀害，沈友殁年二十九岁。

此事造成的影响极坏。沈友不是一般人，从他的籍贯和个人才能来看，他极有可能出自大族吴兴沈氏。虽然汉末时期吴兴沈氏还没有后来东晋南朝时期那么风光，但当时也是江东的二线家族，再加上他那么大的名气，孙权滥杀名士之举必然招致极大的非议。如果说杀死沈友还可以勉强找个莫须有的罪名，毕竟对方有不敬的言语，但接下来孙权所做之事的性质就更恶劣了。

之前孙策在位时，因会稽名士盛宪的名声太大，对其极为忌惮。先前，许贡要害盛宪，他侥幸躲过一劫。后来，孙策也容不下盛宪，偏偏他运气很好，孙策尚未来得及动手就遇刺身亡了。可惜，盛宪的好运也就到此为止了。如今，孙权也想除掉他，或许在孙权看来，这算替兄长完成未竟之事。

不过，盛宪虽然身无一官半职，但他这么多年在名士圈子里混下来，人脉非常广，别说会稽本地，就是朝廷里也有大人物与他有很深的交情。当年，盛宪在路上遇到一个十来岁的少年，觉得他容貌不凡，便与其攀谈起来，结果二人一见如故，最后干脆升堂拜母，亲如兄弟，这个人就是大名鼎鼎的孔融。

得知盛宪处境不妙，孔融焦急万分，于是给曹操上书，恳请他征召盛宪入朝做官，这样就能救盛宪脱险了。孔融在上书中提到，可以将盛宪视为燕之郭隗（wěi），以他为榜样，便可达到燕昭王千金买马骨的效果。此时孔融和曹操关系尚未破裂，而且曹操确实有招揽人才的需求，很痛快就答应了，便征辟盛宪为骑都尉。

可惜还是晚了一步，朝廷诏书还没送到江东，盛宪就已被孙权杀害，这是和沈友之死同一年发生的事。孙权非要杀盛宪干什么？当时孔融已经五十二岁了，按史料记载，盛宪似乎比孔融还年长几岁。一个年近六十的老者，妻儿先他而去，孑然一身的他还有什么威胁呢？

孙权这是在走孙策的老路，或许他的所作所为还没到孙策那种地步，但绝对有往那个方向发展的趋势。如今，盛宪之死更激化了矛盾，此人广泛的人脉将给孙权带来巨大的麻烦。当初朝廷使者刘琬来江东时，认为孙权有大贵之相且寿数长久，而此事最终没有波及他本人。可刘琬还有一句话，那就是孙家兄弟其他人都是"禄祚不终"。由此看来，这次是孙权的兄弟孙翊帮孙权挡了灾。

丹阳之乱正是孙权无端杀害盛宪造成的祸患。妫览和戴员当初是盛宪举荐的孝廉，他们害怕受到牵连，一度躲进山里，但当孙翊对他们释放善意后，心中复仇的念头立刻就萌发了。或许他们拿孙权没什么办法，但拿他的弟弟泄愤也行。

孙翊真不愧于陈寿的评价——性格跟兄长孙策仿佛是一个模子里刻出来的，都有轻率急躁的一面。妫览和戴员两人和当年许贡的门客有什么区别呢？孙翊不严加防范也就罢了，还让他们做自己的副手，最终死于非命毫不意外。

事情已经到了这个地步，说什么都晚了，孙权只能尽可能想办法补救。首先，他委派孙邵接任庐江太守。这位孙邵并非孙氏宗亲，而是青州北海国人，从籍贯看，或许和刘备手下的孙乾是同族。孙邵的政治主张是和曹操搞好关系，孙权继位后，他多次建议向朝廷纳贡。如今，让他做庐江太守，很可能有和曹操疏通关系的意味，意在让刘馥别被妫览等人蛊惑，干涉江东的内政。

此时，孙权正在从江夏班师的路上，驻扎于豫章郡椒丘（今江西省南昌市新建区），还没等他到丹阳，叛乱就被平定了。原来，这一切都是孙翊之妻徐氏的功劳。之前，她虽然抓到了凶手边鸿，但此人只是替罪羊，真正的幕后主使还逍遥法外。这次，徐氏将凭借她过人的胆识和智慧成功为丈夫复仇。

妫览为恩主报仇，按说也算义举，可冤有头债有主，他应该去找孙权才对，而不是迁怒于和盛宪之死毫无关联的孙翊。除此之外，妫览还是个色中饿鬼。他光明正大地住进了孙翊的太守府中，不仅霸占了孙翊的姬妾和侍女，还对美貌的徐氏图谋不轨，如此下作的行为让他的复仇之举彻底丧失了正义性。徐氏为暂时稳住他，推托道："我得等到月底晦日祭奠先夫，办好后事，然后才能除去丧服，到时再来侍奉都督，还望都督应允。"妫览一听，觉得也有道理，就没再强求。

徐氏趁此机会，暗中联络孙翊生前的心腹孙高、傅婴二人，哭诉道："妫览已经强夺了太守的姬妾，现在又来逼迫我，之所以暂时和他虚与委蛇，只为不被加害。现在我想设计除掉此人，恳请二位施以援手。"孙高和傅婴闻言，泣不成声道："孙太守生前对我等恩重如山，当日没有随太守而去只因徒死无益，又未曾想好对策，这才没有禀报夫人。如今夫人既有良策，正是我等日夜所盼之事。"

见孙高和傅婴答应帮忙，徐氏大喜，之后她又找来一位叫徐元的将领，他也是之前孙翊的部下。看这个姓氏，这位将领有可能是徐氏的娘家人，她才能加以信任。最后，他们共集结孙翊的亲信二十余人，盟誓为孙翊复仇，具体办法则是利用妫览好色的弱点来一出美人计。

到月末晦日这天，徐氏先是怀着悲痛的心情祭奠亡夫，随后除去丧服，沐浴熏香，一改之前的哀容，笑靥如花，在房中静待妫览前来。旁人见状都震惊不已，太守夫人这是要下嫁给仇人吗？可他们不敢多说什么，只好暗自摇头。

徐氏端坐在屋内精美的罗床上，那娇艳欲滴的容颜被幔帐遮蔽得若隐若现，此情此景让窗外的妫览欲火中烧，再也不复生疑。他哪里知道，香艳之下暗藏着阵阵杀意，孙高和傅婴早就埋伏在屋内，他的生命即将进入倒计时。不多时，徐氏出门和妫览相见，妫览一边回拜，一边幻想着云雨之事。就在这时，徐氏脸上的盈盈笑意突然消失了，她大喊一声："二位壮士可以动手了。"说罢，孙高和傅婴从屋内冲出，将不明所以的妫览当场斩杀，其余众人又出去将戴员杀死。大功告成后，徐氏着回丧服，以仇人首级祭奠亡夫。虽然她只是一个女子，但此等大智大勇令全军上下敬佩不已。

孙权回师丹阳后，将妫览、戴员及其余党悉数族诛，随后褒奖功臣。至此，丹阳之乱宣告结束。虽然事情顺利地解决了，但这件事给孙权带来了沉痛的教训——名士轻易杀不得！

当初，曹操何等蛮横霸道，尚且因滥杀名士遭到强烈的反噬，险些一蹶不振，何况是孙权呢？名士之所以是名士，就是因为他们有着深厚的人脉，有着广泛的交友圈，或许他们本人构不成什么威胁，但其背后的势力绝对不容小觑。

孙氏父子两代三人都犯过同样的错误，自从当初孙坚逼死荆州刺史王睿后，他的后辈们便有学有样，或许这就是出身寒门的通病吧，他们对社会体系的认知有限，对掌控了话语权的名士们背后的力量估计不足。可话又说回来，如果太过拘泥于此，他们或许就无法建立这样的功业了，还是得把握一个合适的尺度才行。

不过，经过这回，孙权彻底意识到了自己的问题，明白再也不能走兄长的老路了。因此，在之后很长一段时间内，他都尽力和名士大族们保持和睦的关系。当然，这可不是孙权妥协了，他这一生都没有真正对江东士族低过头，他只不过是暂时蛰伏、韬光养晦，慢慢积蓄实力而已，等到羽翼丰满的那天，又将是一场血雨腥风。

　　不过，那是很久之后的事了，眼前的孙权基本平定了内乱，之前孙策遗命中提到的"保据江东"已经得以实现，他将在此基础上进一步发展，而这主要得益于一个人。当初，孙策在制订总规划时得到了张纮的建议，这一次，孙权身边则有了一位更出色的战略家。

第二部分
争霸天下

01　榻上策

建安五年（200年），孙权继位不久，他的讨虏将军府迎来了一位到访者，一场具有历史意义的君臣相会开始了。

来者正是大名鼎鼎的鲁肃。据正史记载，这位旷世奇才文武双全，战略眼光在东吴诸臣中出类拔萃。然而，受《三国演义》的影响，大多数人印象中的鲁肃只是一个忠厚老实的仁者，并无过人之处。因此，我们有必要为这位旷世奇才正名。

鲁肃是下邳国东城县（今安徽省定远县东南）人，父亲早逝，由祖母养大。鲁家是当地的大富户，鲁肃乐善好施，慷慨大方，结交了不少士人。当时，鲁肃家中有两个大粮仓，每仓存米三千斛。后来，周瑜前来借粮，鲁肃二话不说，直接将其中一仓赠给他。经此一事，周瑜看出了鲁肃的不凡之处，主动与他相交，两人结下了深厚的友谊，就如春秋时的公孙侨和季札那样。

鲁肃在当地很有名望，深得人心，许多人聚拢在他身边，这令袁术对他另眼相看，任命他当东城长。不过，鲁肃这等大才岂能为庸碌的袁术效力？此时的周瑜也不想继续在袁术麾下效命，正打算舍弃居巢县长一职投奔老朋友孙策，于是鲁肃就带着百余人来找周瑜，两人一并去了江东。

能让周郎这样的豪杰倾心相交的孙伯符究竟是个怎样的人物？前往江东的路上，鲁肃心中充满了向往，或许这就是一个英才对明主的期待吧。到了江东后，鲁肃将家眷安置在吴郡曲阿，随后去面见孙策。果不其然，二人一见倾心，孙策对其才干倍感惊异，史称"雅奇之"。

然而，命运无常，正当鲁肃准备在江东大展拳脚的时候，多年相依为命的祖母去世了，鲁肃悲痛之余，只好暂别孙策，回家乡安葬祖母。可当鲁肃办完祖母的丧事返回曲阿时，却听到一个令人震惊的消息——孙策竟然遇刺身亡了。

当初鲁肃来江东，就是冲着孙策来的，可如今继位的孙权只是一个十九岁的青年，他能守得住这份基业吗？这一点，鲁肃并无把握。因此，当时鲁肃对于是否前往江东投效于孙权的帐下尚踌躇不定。思来想去，或许对孙权缺乏了解，这个年轻君主并不能给他充分的信任感，鲁肃还是不太看好孙权，决定带着老母回江北去，这时他却发现老母已经被周瑜接到吴县去了。

原来，此时孙权正在拼命招纳人才，周瑜岂能把鲁肃这近在眼前的大才放走呢？更何况，他还是自己的至交好友。关于鲁肃最终留下来的原因，周瑜所谓的"承运代刘氏者，必兴于东南"——这样的谶语自然是影响不了鲁肃的，真正能起一定作用的，恐怕只有孙权能任用贤才这一点了。更重要的应该是，鲁肃信任周瑜这个人。

关于鲁肃的去留，还有一则资料说：这个时候，鲁肃的另一位好友刘晔邀请他前往郑宝处共事。当时在庐江一带，有郑宝、张多、许乾等豪强，而郑宝是其中实力最强的，拥兵万余人，被大名士许劭称赞有佐世之才的刘晔正在为郑宝效力。当时鲁肃已经被刘晔说动了，周瑜一番劝说才把他留住。

这段资料虽然出自权威度较高的《三国志》，但其可信度存疑，因为时间线上存在一个重大漏洞。刘晔最终和郑宝分道扬镳，郑宝死于他手，既然刘晔邀请鲁肃来郑宝处，说明当时他尚未和郑宝决裂。后来周瑜劝说鲁肃留下的时候，《三国志》明文记载孙策已经去世。这下矛盾就来了，因为刘晔是心向中原的，作为汉室宗亲，他只有投效许昌汉廷一个选择，而不可能为孙策效力，他和郑宝反目并将其杀死也是因为郑宝想投奔江东，这说明郑宝的死亡时间要早于孙策。如果此时孙策已死，那说明郑宝早就死了，刘晔怎么可能还邀请鲁肃前往郑宝处共事呢？

因此，这件事大概率并非史实，鲁肃想回到江北，只不过是因为不了解孙权，不敢随便赌上自己的前途罢了，跟刘晔的邀请并没有什么关系。《资治通鉴》也完全没有采纳这一说法，想必有着相同的疑虑。

听闻周瑜留住了鲁肃，孙权很是高兴。不过，之前他对鲁肃的了解仅限于周瑜的描述，只是管中窥豹，此人究竟有何才干，孙权是不清楚的。为了详细考察鲁肃的真本事，他决定设宴接见，彻底了解鲁肃。鲁肃亦是如此，他同样不了解孙权，也想一探这位江东少主的究竟，由此开始了这场决定天下命运的会谈。

席间二人相谈甚欢，却没涉及什么实质性话题。待酒宴结束，鲁肃本想和其他人一同退下，没想到被孙权叫住，邀请他上榻再谈，鲁肃明白，真正的考验来了。正如周瑜所说："当今之世，非但君择臣，臣亦择君。"这其实是一次双向考察。

待众人全部散去后，孙权一脸郑重地问道："当今汉室如大厦将倾，天下纷争不断，我继承父兄基业，欲建立桓文之功却不得要领。现在足下既然前来，可有何良策？"见孙权认真起来，鲁肃心中清楚，自己必须拿出点真东西了，于是回答道："当年汉高祖想尊奉楚怀王却不能，全是因为项羽之祸。如今曹操便如同项羽，天子尚且不保，您还怎么做齐桓、晋文呢？"

鲁肃顿了顿，继续说出了那段最重要的话："肃窃料之，汉室不可复兴，曹操不可卒除。为将军计，惟有鼎足江东，以观天下之衅。规模如此，亦自无嫌。何者？北方诚多务也。因其多务，剿除黄祖，进伐刘表，竟长江所极，据而有之，然后建号帝王以图天下，此高帝之业也。"大意是：汉室已经不可复兴，曹操也无法轻易剪除，只有鼎足江东，坐观天下之变。如今北方纷乱，曹操无暇南顾，所以将军您可趁机剿灭黄祖，进而讨伐刘表，随后全据长江流域，最终称帝建国，进取天下。这是汉高祖的功业，岂是什么齐桓晋文可以相比的呢？

孙权没料到鲁肃胸中竟有如此宏大的规划，他愣了一下，笑着说："我现在只想尽力辅佐汉室，你说的暂时非我能及。"鲁肃清楚点到为止的原则，大家心照不宣即可，不必说得过于直白，便不再多言。这就是三国历史上著名的榻上策，也是东吴版的隆中对。

鲁肃的规划有两个重点：第一，在存在曹操威胁的大前提下，汉朝已经无可救药了，桓文之业只能是空中楼阁；第二，必须建立帝业，并给出了相应的步骤。具体步骤分为四步：第一步，消灭黄祖，敲开荆州的东大门；第二步，讨伐刘表，跨占荆扬二州；第三步，夺下益州，全据长江；最后一步，称帝建国，一统天下。

鲁肃给孙权规划的是一幅宏伟的蓝图，这不仅仅是一时之霸业，更是千秋之帝业，足见鲁肃的格局之大。关于保据江东，不轻易北上，这一点鲁肃、孙策以及张纮有着相同的认识，但在西征方面，鲁肃的目标更加远大。

这里要再谈谈鲁肃口中的"鼎足江东"，有一种观点认为这就是东吴政策保守的证明，但笔者认为并非如此。所谓鼎足，自然是三足鼎立，需要三方势力并存才能满足这一条件。

鲁肃这个时候不可能预测到后来曹孙刘三足鼎立的格局，他说的鼎足之势很可能指的是袁曹孙三分天下。如今，北方袁曹两家各拥有数州之地，无疑是诸侯中实力最强的，而孙权只占据扬州大部，在实力上无法和他们相提并论。荆州的刘表和益州的刘璋才是和孙权同级别的割据势力，这种局面下是谈不上鼎足之势的。只有按照榻上策的规划拿下荆州和益州，江东才有和袁绍、曹操正面对决的实力，也只有到那时候，才能称得上是鼎足之势。

由此可见，鲁肃提出的是一个极为积极进取的对外扩张计划，后来孙权长期将其视为基本国策。这样看来，怎么能说东吴的政策保守呢？

榻上策是一个在战略高度上和隆中对不相上下的计划，比如隆中对的核心——结好孙权和跨有荆益，其效果就和榻上策的全据长江非常类似。除此之外，二者还有一个共同点——将荆州视为重中之重。

南北最终是要有一场大战的，从扬州北伐必然要啃下寿春这块硬骨头，中原可以利用发达的水网支援自己的军队，江东的胜算很小。孙权除了早年间在寿春住过几年外，终其一生连寿春的边都摸不到，可见从扬州北伐的难度之大。从益州北伐同样如此，秦岭间险峻的山路是行军运粮的噩梦，北伐自然是事倍功半。

在这样的情况下，从荆州北伐是最佳之选，出襄阳进入南阳盆地，很快就能到达中原的核心地带，这也是当年孙坚在讨董之战中攻克洛阳的路线，其有效性得到过验证，因此荆州的重要性不言自明。正因为榻上策和隆中对都将荆州看得如此之重，后来孙刘两家围绕此地展开血战就不足为奇了。

孙权虽然当时没有表态，但心中对榻上策极为赞赏。当时，张昭听说此事后认为鲁肃太过自大，而且粗陋疏忽，不可重用。孙权却不以为然，反而"益贵重之"，且"赐肃母衣服帏（wéi）帐，居处杂物，富拟其旧"。后来，孙权同陆逊谈起鲁肃时，称这次君臣相会是平生一大快事，还常把鲁肃比作邓禹。作为东汉的开国功臣，邓禹乃是云台二十八将之首，可见榻上策在孙权心中的地位之高。

而对鲁肃来说，孙权的表现也值得称道。他不仅胸怀大志，还能从善如流，这不就是自己一直期待的明主吗？虽然他并未直接赞同此计，只说力不能及，但这才是正常的表现，毕竟，榻上策的信息量太大了，孙权需要时间消化一下。从他后来的表现看，孙权心中必然对鲁肃是认可的。从那一刻起，他就将榻上策视为国策了。

这次会谈，让孙权和鲁肃建立了深厚的君臣情谊。此后，孙权一直在践行着这套策略。榻上策并不是空想，而是有相当的可行性。要知道，曹操在官渡之战后平定北方仍花了七年多的时间。若是孙权有孙策的军事才能，在此期间拿下荆州并非不可能，到时候再趁曹操和马超、张鲁等人纠缠拿下益州，这一计划就彻底实现了。然而历史没有如果，孙权毕竟军事才能有限，他终其一生也只能把榻上策进行到第二步。

如今，大的战略方针已经定下，作为榻上策的第一步，江夏黄祖自然首当其冲。当年，襄阳岘山的那笔血债，到了该讨回来的时候了。

02 三征黄祖

建安八年（203年），孙权正式出兵讨伐黄祖。

在江东孙氏政权建立的过程中，为父报仇始终是一件大事，当初孙策对张纮阐述自己的规划时，就提到"报仇雪耻"，可见为父报仇何其重要。这一次孙权将继承兄长的遗志，完成这一宏愿。

在法律制度比较健全的现代社会，复仇行为是不被支持的。但在传统的儒家文化中，复仇是值得称颂的，比如，孔子就主张"以德报德，以直报怨"。而且父母之仇，不与共天下，如果放任杀父仇人逍遥自在，在东汉时代的背景下，简直不配做人。

然而，复仇归复仇，也得分具体情况，孙坚死于黄祖之手不假，但战场交兵，刀剑无眼，双方各为其主而已。这种情况下，孙家若想复仇，也只能在战场上讨回来，如果派刺客行刺，在道义上就站不住脚了。正因如此，孙氏兄弟虽然一直心心念念复仇这件事，却始终将在战场上决胜负视作唯一的解决途径。

对于江东孙氏而言，取荆州早就是既定国策，虽然经历了最高权力的更迭，江东在孙权时代加强了保守倾向，但在鲁肃的影响下，这一目标仍在孙权的心中牢牢地扎下根来。江夏黄祖守卫着荆州的东大门，无论是张纮的江都对，还是鲁肃的榻上策，他都首当其冲。因此，消灭黄祖就成了一件必须做的事。

到建安八年（203年），孙坚已经阵亡十二年了，但《公羊传·庄公四年》说："九世犹可以复仇乎？虽百世可也。"血仇是不会随着时间推移而消散的。孙权继位后发动第一次对外扩张战争的时机早已成熟，他上位也已三年，为什么迟迟没有对黄祖动手呢？

原来，孙权是忌惮曹操。孙权继位之初，曹操就动了趁其丧而伐之的念头，虽然迫于袁绍的强大压力，这件事不可能实施，但毕竟他动了这个念头，这个想法还通过张纮传达给了孙权，这必然会引起孙权的警惕。于是，虽然双方维持着表面的和睦关系，但孙权仍不敢轻易冒险，况且江东内部的乱局也让他有心无力。

建安七年（202年），双方关系进一步恶化，曹操为了彻底消除后顾之忧，提出让孙权往许昌送人质。这件事令众臣难以抉择，甚至大多数人主张听命于曹操，唯有周瑜坚决反对。最后吴夫人拍板道："公瑾与伯符同年，小一月耳，我视之如子也，汝其兄事之。"大意是：周瑜跟你大哥孙策同年，我视之如子，你孙权也得以兄长相待，就听他的！这是吴夫人的事迹最后一次出现在史料中，这位伟大的母亲为家族做了最后一次贡献。她的抉择无比明智，为之后孙权可以采取灵活的外交政策打下了基础，否则他必将长期受制于曹操。

就在人质事件发生后没多久，事情出现了转机。建安八年（203年）年初，曹操为彻底消灭袁氏残余势力，发动了对河北的进攻，一时无暇南顾，孙权抓住这绝佳时机，发动了第一次西征。

此役黄祖虽然以水师迎战，但他的水师主力已在三年前被孙策歼灭，仓促组建的新军根本不是江东虎狼之师的对手，随后被一举击溃。黄祖狼狈逃窜，江东军紧追不舍。领头大将乃是凌操，此人当年跟随孙策东征西讨，屡立战功，眼看就要擒住黄祖。可就在这时，一支冷箭袭来，凌操当场毙命。侥幸脱险的黄祖这才松了一口气，一看放箭的是自己手下的甘宁。这位后来为东吴立下赫赫战功的名将，此时尚与孙权处于对立阵营。

就在这关键时刻，江东内部却连续出现问题。见孙权外出作战，各种野心家一齐登场，先是境内山贼作乱，随后又发生了更严重的丹阳之乱。为了平定内乱，孙权不得不撤兵，黄祖算是逃过一劫。不过，经此一战，黄祖的实力被进一步削弱，江东反而越战越强，黄祖覆灭只是时间问题。

在这种不利的局面下，黄祖却还在自寻死路。建安十一年（206年），由于这一年贺齐正在讨伐会稽郡南部的叛军，孙权选择继续休养生息，没有对外扩张。黄祖竟然在这个时候发起了主动进攻，令大将邓龙率军数千进攻柴桑（治所在今江西省九江市西南），结果又被周瑜所败，邓龙也遭生擒。

转过年，孙权发动了第二次西征，这一次的进展仍然极为顺利，但很可惜依旧未能克竟全功，孙权只俘虏了一些黄祖治下的百姓就撤回江东了。这就有些不寻常了，本来黄祖已经只能苟延残喘了，而且这一年曹操正把精力放在征讨乌桓上，这对孙权来说是个彻底荡平黄祖的绝佳机会。但孙权不得不撤兵，因为母亲吴夫人突然病逝，他必须赶回去主持丧礼并守孝。

可能有人会对这种观点表示反对，因为《三国志》中无论是《吴主传》，还是吴夫人的本传，都明确记载她早在建安七年（202年）就去世了。但根据虞喜所著《志林》的记载，建安十二年（207年）和建安十三年（208年）会稽郡都没有举贡士，理由就是时任会稽太守的孙权在家丁忧守丧，而建安八年（203年）和建安九年（204年）都有正常举贡士。

我们知道，孙权的父亲孙坚肯定早就去世了，因此这次守丧只能跟他的母亲吴夫人有关。这样便可以推断，吴夫人去世于建安十二年的可能性最大，这就为孙权这次莫名其妙的撤军行动提供了完美解释。况且，《资治通鉴》也采用了吴夫人去世于建安十二年的说法，可以算作另一个佐证。

母亲的突然去世让孙权终止了作战计划，黄祖再次成功续命，但他不可能有第三次好运了。甘宁始终得不到重用，最终下定决心离开黄祖，在周瑜和吕蒙的引荐下见到了孙权。孙权成功收获一员虎将。

甘宁是益州巴郡人，在二十多岁之前，他一直过着啸聚山林、杀人抢劫的日子。突然有一天，甘宁幡然醒悟，开始读书，从此开启了传奇的一生。甘宁先后在刘璋、刘表手下任职，或许是觉得这二人没有前途，他没坚持多久就弃官离开了。后来，甘宁听说江东少主孙权继位，正在招纳贤才，于是决定前往江东。他没想到的是，半路上居然被黄祖截住了，无奈之下只好暂时为他效命。黄祖既不放甘宁走，也不愿重用他，三年来甘宁始终碌碌无为。后来，甘宁立下大功，救了黄祖一命，却依然得不到信任，这令他极度郁闷。

来到江东的甘宁终于得到了实现抱负的机会，正所谓士为知己者死，孙权厚待甘宁，对待他"同于旧臣"，甘宁也投桃报李，将黄祖的情报和自己的计划和盘托出。甘宁同样建议孙权取荆州，说如果不快点下手，就要被曹操抢先了。后来事情发展果如其所料。

黄祖老迈昏聩，不仅粮秣不足、军械不整，还克扣军饷，弄得江夏军民怨声载道，此时出征必胜无疑。等消灭黄祖，然后夺取荆州，之后图谋益州，最后霸业可成。甘宁这个计划就是榻上策的翻版，孙权听后大喜，坚定了出兵的决心。

当时，张昭在旁边，或许他见甘宁是个粗鄙武夫，心生排斥，又或许是因为他决定严格遵守孙策的遗命，不愿冒险，便故意刁难道："江东本有危殆，一旦劳师远征，恐怕国内生乱。"甘宁反驳道："主公让足下镇守后方，责任之重可比萧何，您却做无谓的担忧，如何效仿古人呢？"孙权出来打了圆场，肯定了甘宁的计划。

进入建安十三年（208年），曹操南征在即，时间已经不多了。

江东水师在孙策时期初步建立，距今已近十年。而且经过数次大战，无论是作战意志还是作战经验均远胜屡战屡败的荆州军。黄祖心知主动出战绝不是江东精锐水师的对手，决心死守到底。为此，他做了万全的准备。

沔水汇入长江的河口非常狭窄，宽不过一里，如此狭窄的水道极易封锁。于是，黄祖命人将两艘蒙冲堵在这里，用缆绳系上巨石作为船锚，将二船加以固定，这样一来此二船便如水上堡垒一般。黄祖在这两艘船上共布置了千名弓弩手，只要江东水师靠近，立刻箭如雨下。

为了突破这道防线，孙权令董袭与凌统为先锋，各率百人组成敢死队。他们身披双层铠甲，乘坐大船发起了冲锋。董袭一马当先，冲上去就将缆绳砍断，这下两船很快就顺着水流漂走了。江东军成功打开了一个缺口，黄祖苦心设置的防线就此土崩瓦解。战后，孙权在庆功宴上宣布董袭是此战的首功。

见江东水军已经突破了沔口防线，黄祖立刻命令陈就和张硕率水军迎战，试图阻挡对方接近夏口城，结果又遭到惨败，陈就、张硕二人分别被吕蒙和凌统斩杀。这下，黄祖彻底被困在夏口城中，成了瓮中之鳖。

得知先锋部队进展顺利，孙权大喜过望，立刻命主力部队跟上，水陆并进包围夏口城。如今，胜利近在眼前，全军将士气势如虹。一番激战过后，凌统先登夺城，经过四次西征，夏口城终于被攻陷了。黄祖见局面已经无法挽救，于是杀出一条血路狼狈出逃，结果在城外被骑兵冯则追上斩首。至此，盘踞江夏十几年的黄祖集团彻底覆灭。

此战江东军收获颇丰，不仅阵斩敌方主帅，还虏获百姓数万人，可以说是一次辉煌的胜利。盘踞在江东上游10余年的宿敌终于灰飞烟灭，孙氏兄弟二人经过九年的奋斗，不仅报了父亲的血仇，还实现了榻上策的第一步，前途一片光明。孙权也随着这次大胜成长起来，经过战火的洗礼，他已经是一个合格的统治者了。

然而，美中不足的是，孙权消灭黄祖足足用了九年的时间，而在这九年里，曹操忙于北方战事无力南顾，是孙权发展的黄金期，他在此期间取得的战果虽不能算小，但对于瞬息万变的局势而言，进展还是慢了些。另外，此时刘表病重，再加上新逢大败，荆州集团陷入动荡，如果能再接再厉，一举攻下荆州也不是完全不可能。

但曹操不会再给孙权时间了。平定河北和乌桓后，曹军的铁蹄即将踏上荆州的土地，赤壁风云的新篇章，即将拉开序幕。

03　孙刘联盟

建安十三年（208年），随着曹军的兵锋南下，江东必须尽快做出决断，否则将再无夺得荆州的机会。然而，孙权攻破夏口城后没有趁势占领江夏，仅仅带着数万百姓东归，这又是为什么呢？

原来，这个时候江东的国策再次转向，在外部形势发生巨变的情况下，继续与刘表为敌已经不符合江东的利益了。本来按照榻上策，荆州是必须要夺下的，但刘表是坐拥一州之地的强大势力，并不比江东弱，此时和刘表继续发生冲突，只会被更强大且已经腾出手来南征的曹操坐收渔利。因此，江东需要重新评估与刘表集团如何相处一事。而且，夏口距离江东较远，若在此地驻军，一旦发生大规模战事，想支援也不容易。

正是在这样的背景下，孙权放弃了占领江夏的方案，转而收缩防线。当然，孙权也不是彻底放弃江夏了，他在江夏东部的鄂县（今湖北省鄂州市）留下胡综担任鄂县的县长，以此作为将来再次西征的前沿阵地。

这样一来，孙权相当于向刘表释放了一定的善意。此时的刘表，一是已经病入膏肓，二是内忧外患之下也没有精力和孙权再起冲突，于是就顺势接过了孙权递出的橄榄枝。刘表任命长子刘琦接替黄祖担任江夏太守，江夏的局面暂时安定下来了。孙权则可以根据曹操和刘表战局的发展情况，制定灵活的外交策略，至于图谋荆州，只能从长计议。

然而，仅仅过了一个月就风云突变——刘表死了。

如今，荆州内部已然生出重大变故，由不得孙权继续坐观成败了。这时，鲁肃心里清楚，到自己该站出来的时候了。于是，他提出以吊唁为名前往荆州一探虚实：如果刘备与刘表二子能够同心协力，江东就应该与他们结盟友好；如果他们之间离心离德，江东则应另做打算。此时必须尽快决断，若不抓紧时间就让曹操抢先了。刘表之死让荆州集团出现动荡，只要能够确认这一点，这就是孙权图谋荆州的一个机会。如果荆州并没有如传闻一般因继承人问题发生内乱的话，那就应继续维持友好政策。

鲁肃的最终目的是抗曹，早在当年提出榻上策的时候，他就将曹操视为最大的威胁。无论是和荆州集团保持友好还是图谋荆州，其根本目的都是为了对抗曹操。因此，在鲁肃的规划中，刘备是重中之重，毕竟他在荆州是一个掌握一定兵权的实力派，也是多年来始终站在反曹第一线的人物。当然，鲁肃显然还是更希望刘备能调和荆州内部的矛盾，因为即使荆州生出内乱，江东也没有能力抢在曹操之前得手。

当前，曹操已经整兵南下，荆州危如累卵，倘若刘琦刘琮兄弟相互火并，很快就会被曹操各个击破，最终步袁氏兄弟的后尘。到时候，曹操以荆州为基地顺江而下，江东上游门户大开，将面临极大的压力。这种情况下，让荆州稳定下来，双方联盟抗曹才是上策。

之前，双方虽然在江夏达成了默契，关系也有所缓和，但毕竟还没有挑明。而今曹操的南征大军已经正式动员出发，再维持这种暧昧的态度就不合适了。两家结怨至今虽然已近二十年，但那毕竟是上一代的事了，如今孙坚和刘表都已去世，元凶黄祖也已授首，双方已经具备化敌为友的基础。因此，鲁肃这次出使荆州，就是一次为了彻底化解双方多年仇恨的破冰之旅。

这是鲁肃首次提出联刘抗曹的思想，也是他根据时局变化制定的新策略，和诸葛亮的隆中对不谋而合，果然是英雄所见略同。但这引出一个问题，诸葛亮和鲁肃都有孙刘联盟的想法，那联盟究竟是谁首先主导促成的呢？

据蜀汉方面的资料，此事肯定是诸葛亮率先主导的，从刘备和诸葛亮的传记中都能找到相关记录。而据东吴方面的资料，率先提出此事的却是鲁肃，孙权和鲁肃的传记都如是记载。二者到底哪个正确？《三国志》中，《蜀书》和《吴书》又为什么会出现相互矛盾的记载呢？

关于这一点，裴松之认为联盟的实际推动者就是鲁肃，至于《三国志》中出现的矛盾之处，或许是因为著史者欲赞美本国君臣才如此为之。但《三国志》是出自陈寿一人之手，有差异就太不应该了。

裴松之的结论没有错，但《三国志》中出现的矛盾另有缘由。首先，专美传主是《三国志》的常见写法，因此同一件事在不同人的传记中会出现一定的差异，具体表现是分别强调传主的功绩。吴蜀双方的资料看似矛盾，其实并不矛盾。

孙刘联盟能够实现，虽然是鲁肃率先发起并起到了主导作用，但是诸葛亮也有相应的贡献，他后来的确面见了孙权，他的话也打动了孙权，这都是不争的事实。也就是说，虽然鲁肃早就说服了孙权，但是诸葛亮也给孙权打了一剂强心针。若不是他，孙权可能也无法对刘备有一个合理的定位。其次，蜀汉的史料虽然强调了诸葛亮的功绩，但并未否定鲁肃，只是没特意提到他而已，因此二者并不矛盾。总之，促成联盟一事鲁肃当居首功，诸葛亮次之，也有重大贡献。

如今，形势刻不容缓，孙刘联盟的缔结成了关系两大集团生死存亡的问题，孙权对此极为重视，他带着文武臣僚亲自西行至靠近江夏的柴桑，鲁肃则带着重大使命前往荆州。

鲁肃没想到的是，曹操的动作这么快，他刚到夏口，就听闻曹操已经杀入南阳。鲁肃心急如焚，只好快马加鞭地赶路。可他刚进入南郡，坏消息再次传来，坐拥一州之地和坚城襄阳的刘琮竟然不战而降了。好在情况尚未到最坏的一步，荆州并没有被曹操打包收下，刘备还带着一部分力量撤了出来。这是江东最后的机会了，此时能与刘备结盟的话，也算是有些收获，否则将来就要承受独自面对曹操的压力了。就这样，鲁肃在当阳长坂遇到了刘备，迎来了决定历史走向的重大会面。

此时的刘备刚刚遭受曹操的重创，情况不容乐观。事态紧急，鲁肃传达了孙权的问候后也没有过多客套，开门见山地问道："现今刘豫州欲何去何从？"本以为刘备新逢大败，已经没有多少筹码了，没想到对方依然保持着高姿态，只听他回答道："苍梧太守吴巨是我的故交，打算去投奔他。"这明显不是刘备的真心话，诸葛亮在一年前就提出了以结好孙权为核心的隆中对，刘备不可能不知道，他其实就是不想太快低头。

目前，双方都有意展开接触，刘备因形势所逼对结盟一事更加迫切，如果鲁肃以此为筹码，或许能在谈判中占到些许便宜。然而，鲁肃毕竟是眼光长远的战略家，在外部压力巨大的时候，任何内耗都是承受不起的。此时的结盟贵在真诚，双方必须勠力同心，决不能生出一点嫌隙。既然刘备不主动，那就自己来吧。

鲁肃说道："讨虏将军聪明仁惠，礼贤下士，江东英豪皆愿归附。如今他据有江东六郡，兵精粮足，可以成就大业。左将军为何不派个心腹之臣到江东沟通，反而要去投奔那平庸至极且远在天边的吴巨呢？"这番话无懈可击，吴巨远在天涯海角且实力弱小，连强大得多的刘表集团尚且不能庇护刘备，何况吴巨呢？鲁肃的话如此坦诚，这下刘备就无法再推辞了。

至于前往江东的使者，因为有诸葛瑾这层关系，诸葛亮自然成了首选。他此行带着重要的使命，虽然携手抗曹是双方共同的诉求，但与刘表集团相比，同样是联合抗曹，刘备更希望得到平等的盟友地位，而不是成为江东的附庸，这就要看诸葛亮的本事了。

诸葛亮跟着鲁肃前往柴桑后，终于见到了这位年轻的江东之主。其实，此时双方已经就结盟抗曹一事基本达成了一致，接下来就是细节问题了。为了在谈判中争取主动，诸葛亮采用了先秦纵横家的语言策略。

这种套路简单来说，就是着重强调局面的严重性，通过制造危机感，进而实现抬高身价的目的。只听诸葛亮说："曹操先是平定北方，后又攻破荆州，我主刘玄德虽为天下英雄，却因寡不敌众而无用武之地。孙将军若有决心抗曹，应当尽早和他断绝关系，否则不如早早称臣请降。这样犹豫不决，恐怕要大祸临头。"

孙权经过数年的历练已经成长为一名成熟的政治家，面对言辞犀利的诸葛亮，他发出一个灵魂拷问："曹操如此强大，那刘豫州为何不投降呢？"

诸葛亮早就料到孙权会这么问，他已经准备好了第二套说辞。诸葛亮表示，刘备是汉室宗亲，又是天下闻名的英雄，无论实力有多悬殊，也要和曹操对抗到底。这里诸葛亮强调了刘备的名望、多年来抗曹的招牌——这就是刘备的一大价值，虽然实力居于弱势，但声望超过孙权。

孙权回答道："我自然不能把江东之地和十万精兵拱手送给曹操，不过刘豫州刚遭败绩，还能担得起抗曹重任吗？"孙权丝毫不落下风，首先确认了结盟抗曹一事，表现出诚意，但同时也体现出针锋相对之意。既然诸葛亮强调名望，那自己就强调实力：我坐拥江东六郡、十万精兵，你刘玄德新逢大败，又有什么资本可以和我平起平坐呢？

见孙权已经亮出了肌肉，诸葛亮自然不能落后，他做出了精彩的回应："豫州军虽败于长阪，今战士还者及关羽水军精甲万人，刘琦合江夏战士亦不下万人。曹操之众，远来疲弊，闻追豫州，轻骑一日一夜行三百余里，此所谓'强弩之末，势不能穿鲁缟（gǎo）'者也。故兵法忌之，曰'必蹶上将军'。且北方之人，不习水战；又荆州之民附操者，逼兵势耳，非心服也。今将军诚能命猛将统兵数万，与豫州协规同力，破操军必矣。操军破，必北还，如此则荆、吴之势强，鼎足之形成矣。"

大意是：我军虽败，但收拢的散卒再加上关羽水军还有一万精兵，而且刘琦的江夏驻军也有万人。如今，曹操远道而来，已至强弩之末，且北方人不习水战，荆州人又非真心降服。如果孙将军能派出数万大军和我们齐心抗曹，必定大获全胜，届时就能形成鼎足三分的局势。

诸葛亮在这里又强调了自己的价值，江东怕是没有十万大军，最多也就几万人，而我们有两万人，并不相差太多。曹操虽兵多，却有种种劣势，并不是对付不了，但前提是通力协作。最终的鼎足三分，也明确了双方的平等地位，并没有主从之分。

至此，孙刘联盟正式形成。

虽说孙权从始至终都是坚持抗曹的，但内部不同的声音让他头疼不已。就在这个时候，一封来自曹操的信件让孙刘合作之事变得更加棘手。

04 周瑜挂帅

孙权和诸葛亮谈话结束不久，曹操的来信就摆上了他的案头，信中的内容乍看上去一团和气，其中却蕴含着阵阵杀机。

只见信中赫然写道："近者奉辞伐罪，旌麾南指，刘琮束手。今治水军八十万众，方与将军会猎于吴。"此信言简意赅，但透露出一股浓烈的恫吓之意。

孙权倒是没什么，他早就做好心理准备了。但当他把此信给群臣看时，这些人无法淡定了，除鲁肃外，纷纷主张降曹。这让孙权非常头疼，如今大敌当前，内部却不是铁板一块，完全不能统一意见，如此怎能退敌呢？

此刻的江东集团由于内部出现分歧，陷入了非常不利的境地，当前孙权的身边只有鲁肃一个支持者，虽然他可以通过强硬手段把主降派压服，但那样并不利于团结，也会为之后的作战埋下隐患。江东内部为何对孙权的抵抗政策产生如此强烈的反对意见呢？为了弄清这个问题，先来看看反对者都是什么成分。

按照《三国志》中孙权本传的记载，在商讨是战是降时，"诸议者皆望风畏惧，多劝权迎之"，说明参与朝议的人基本都反对抗曹，不过没有明说他们具体是谁。其实，投降派是有主导者的，这一点孙权后来在跟周瑜和吕蒙谈话时都明确提过，领头的就是张昭，其次是秦松。

张昭我们比较熟悉，那么秦松是谁呢？秦松也是孙策时代的元老，当时孙策有个核心智囊团，除了张昭、张纮外，就是秦松和陈端。秦松和陈端这两人因为去世较早，所以事迹不详，名气也不大，不过他们的地位是实实在在的，虽不如张昭，但可以和张纮平起平坐。

这就引出江东政权中一个非常重要的群体——江北流寓士人集团。在传统观点中，江东政权的内部会根据出身籍贯简单分为淮泗集团和江东士族，事实上这样分是不够确切的。张昭等人按这一标准肯定属于淮泗集团，他跟周瑜、鲁肃属于完全不同的两个群体，正因为如此，他们的政治观点才会存在这么大的差异。

张昭是徐州彭城人。孙策在平定江东时期对江东本土名士大肆杀戮，因此他在参谋、后勤方面只能依仗张昭这样的江北士人。孙策的四大智囊中，除了张昭是彭城人外，张纮、秦松和陈端都是广陵人，籍贯都属徐州。因此，这四个人是江北流寓士人集团的核心，张昭就是其精神领袖。

张昭的出身未必多么显赫，可能出自中小家族，但他精研儒学，主修《左传》，这是儒学世家的典型作风。正因为如此，他早年间在徐州才会和陈琳、王朗等名士结下不浅的交情，还被陶谦举为孝廉。可见，在加入孙策麾下之前，张昭就已经是名动徐州的人物了。张纮和张昭非常类似，他精研儒家经典《京氏易传》和《欧阳尚书》，也有很大的名气，当年孙策还慕名去江都拜访过他。由此可见，以张昭为代表的江北流寓士人集团是一个儒家思想浓厚的群体，这成为他们一切政治观点的基础。

但周瑜和鲁肃就不同了。周瑜虽然出自名门世家庐江周氏，但他似乎是这个群体中的一个异类，因为史书上没有任何他研习儒家经典的记录。周瑜这类人善于谋划，敢于打破传统观念的枷锁，没有那么多拘束。张纮虽然也精于谋略，但他只能想到桓文之业。称霸归称霸，天子还是要承认的，他不可能有建立帝业的想法，这在他看来过于大逆不道了。周瑜则不同，当初他劝说堂叔周尚背弃代表汉室正统的刘繇，加入彼时尚有一定反动色彩的孙策集团，这种做派和儒学精神格格不入，甚至可以说，周瑜其实背叛了自己隶属的阶级了。

相同气质的人自然会相互吸引，周瑜为孙权招揽的鲁肃就和他是一类人。而张昭向孙权举荐的人才也是和他类似的人，其中的代表就是严畯（jùn）。此人是张昭的同乡，擅长《诗》、《书》、"三礼"等儒家经典，也是个儒学气息明显的江北士人。

因此，孙氏政权倚重的江北士人逐渐分化出了两个群体，即以张昭为代表的江北流寓士人集团和以周瑜为代表的江北武人集团。当然，这里所说的武人并不是指这一团体中的人全是武将，而是表达和儒学士人相对的意思。他们的特点就是不受传统儒家文化和道德观的约束，行事作风更灵活。

随着孙策选定张昭和周瑜作为两名托孤大臣，他们二人所代表团体分裂化的倾向越来越严重。这是孙策托孤时的遗留问题，孙策一方面让张昭全心全意辅佐孙权，给了他极高的地位，另一方面又让周瑜掌握兵权来制衡张昭。这样一来，两个团体出现裂痕就再正常不过了。

在孙策时期，张昭的地位极高，他一生中最高光的时刻就在孙权继位之初，当时孙权只有仰仗他的大力支持，才能坐稳这个位置。为表达敬意，孙权对张昭非常尊重，以师礼相待。在之后的日子里，张昭依旧保持着极高的地位。孙权每次领兵出征，他都留下张昭镇守后方，总管幕府中大小诸事，张昭俨然就是刘邦手下的萧何和曹操手下的荀彧那样的角色。

然而，双方的蜜月期没过多久就结束了，孙权由于与张昭政见不合，逐渐走上了对立面，在立场上开始倾向周瑜集团。双方第一次产生矛盾的导火索，就是建安七年（202年）的遣送人质事件。

在这次事件中，张昭和秦松犹豫不决，虽然没有明说，但他们真实的意思肯定是不愿忤逆朝廷，否则没必要犹豫。而周瑜坚决反对，最终孙权站到了周瑜一边，这就是双方的首次冲突。不过，当时曹操尚未平定河北，无暇南顾，这件事就不了了之。六年后，江东再次面临曹操的威胁，这次的威胁是实实在在的，双方的矛盾再次被摆上台面。

张昭为什么反复主张向曹操妥协呢？其实，并不像孙权后来指责他的那样，说张昭等人"各顾妻子，挟持私虑"，这跟他所处的阶层有紧密关系。作为一个儒学士人，张昭显然认同的是大汉朝廷，鲁肃口中的"汉室不可复兴"在张昭看来是不可理喻的。正因为如此，在鲁肃刚加入江东政权时，张昭才会认为他的榻上策太过离经叛道，对他进行抨击。然而，孙权在本质上和周瑜、鲁肃是一类人，他并非对儒学没有了解，但他读书读得灵活，对于那些条条框框视若无睹，张昭自然越来越不受待见。

我们看看张昭主降的理由是什么吧。虽然《三国志》并没有说下面这段内容是张昭的原话，但这就是主降派的论调，肯定也代表了张昭的想法。原文如下：

议者咸曰："曹公豺虎也，然托名汉相，挟天子以征四方，动以朝廷为辞，今日拒之，事更不顺。且将军大势，可以拒操者，长江也。今操得荆州，奄有其地，刘表治水军，蒙冲斗舰，乃以千数，操悉浮以沿江，兼有步兵，水陆俱下，此为长江之险，已与我共之矣。而势力众寡，又不可论。愚谓大计不如迎之。"

总结起来大概有以下三点：第一，曹操虽然是豺狼虎豹，但他毕竟是大汉丞相，他的军事行动有朝廷的诏命做背书，江东和他对抗名不正言不顺；第二，保据江东依仗的是长江天险，如今曹操得到荆州，又兼并了刘表的水军，长江天险已经形同虚设了；第三，兵力上敌众我寡，江东不是曹操的对手。

其实，第二点和第三点没那么重要，当年孙策扫荡江东时，无论兵力和地形条件都不如刘繇，一样摧枯拉朽般获得胜利。那次战争，张昭是亲历者之一，他不会将这两点视为主要因素，他顾忌的根本上还是第一点。张昭并不愚蠢，知道曹操狼子野心，他忌惮的是曹操大汉丞相这个身份，多年来所受的儒家教育让他找不到理由和朝廷对抗，尽管那是代表着曹操意志的朝廷，张昭的阶层决定了他的思想。更何况，当初孙策临终的时候也曾说过"正复不克捷，缓步西归，亦无所虑"。这是故主交代的事，到了万不得已的时候，投降朝廷也不是不能接受。

对于张昭的心理，裴松之认为张昭对东吴政权的期望是"上藩汉室，下保民物""鼎峙之计，本非其志"，这两点总结得非常到位。张昭在立场上和孙权的不同，导致他在江东内部逐渐失势，最终彻底失宠就成了必然。以上就是以张昭为首的主降派产生的背景，他们的存在让孙权心烦意乱。

孙权转头一看，发现旁边的鲁肃一直没表态，这下孙权立刻就知道他的意思了，便私下和他商议。鲁肃说："主降的那些人，竖子不足与谋。我鲁肃可以降曹，但您不行。我降曹一样做官，以后说不定能做个太守、刺史，也算知足了。可您呢？所以您还是早做决断吧，不要为庸人所误。"

鲁肃说得其实相当隐晦，孙氏父子三人这些年造的杀孽太多了，如今孙权割据一方尚可保无虞，一旦他交出兵权呢？面对众多仇人的报复，他还有什么抵抗力呢？恐怕连富家翁都做不成了。

鲁肃一席话说到了孙权心坎里。可是，目前支持者只有他一人，显得势单力孤。于是，鲁肃提议应尽快将周瑜召回来，他是和张昭地位不相上下的重量级人物，有他的支持，自然可以压倒主降派。作为元老级人物，周瑜在孙氏集团中的地位极高，他在孙策取得江东的过程中发挥了重要作用。可以说没有周瑜就没有今天的江东，他是江东政权仅次于孙策的第二奠基者。

很快，周瑜奉命赶了回来，面对主降派，他慷慨激昂地说：“曹操托名汉相，实为汉贼！将军割据江东，兵精粮足，当为大汉铲除奸邪。现在北方的局势不稳，马超、韩遂都是曹操的后方之患。况且，水战本就不是中原人的长处。如今正值隆冬，天寒地冻，曹军水土不服，必然生疫病。我请求率领精兵数万进驻夏口，必破曹操。”

周瑜的话更有分量，他一一驳斥了主降派的三个论点。首先，将曹操定义为汉贼，那么江东的抵抗行为就是为大汉除害，而不是对抗朝廷。其次，又提出中原人不习水战，还水土不服，这就抹平了曹军的上游优势和兵力优势。

这样一来，主降派再也无话可说，孙权受到周瑜的激励，像被打了一针强心剂，他胸中豪气冲天，表态道：“曹贼早想篡汉，只不过忌惮二袁、吕布、刘表与我。如今群雄皆为其所灭，只剩我一人，我与老贼势不两立！”说罢，抽出佩剑砍断面前的桌案并表示：“再有言降曹者，与此案同！”这下，众人再也不敢多说一句。就这样，方针和大计被彻底敲定下来。

当天夜里，周瑜再次面见孙权，为他详细分析曹操的虚实。周瑜认为：曹操的中原兵马虽有十五六万，但远道而来疲惫不堪；而刘表降军虽有七八万，忠诚度却不可靠。这样的敌人不足为惧，他只要五万精兵便可破敌。孙权闻言大喜，见周瑜说得透彻，他也坦诚相待，表示：“五万人马一时凑不齐，短期内只能给你三万人，但我会筹备粮草，万一战事不利，我也能做你的后援。”随后，孙权做出部署，以周瑜为左都督，程普为右都督，鲁肃为赞军校尉，三人统率三万人马，前往刘备处会合，共击曹操。

周瑜正式挂帅出征，决定历史走向的赤壁大战即将拉开序幕。

05　大战前奏

自从诸葛亮与鲁肃一同前往江东后，刘备悬着的心就始终没能放下来。

他接受鲁肃的建议进驻鄂县樊口，虽然此时鄂县是孙权的势力范围，但双方已经基本达成了结盟的意向，刘备便在此驻军，静观后变。然而，他还没等到诸葛亮的音讯，曹操大军起兵东征的消息就已传来。

该来的还是来了。

之前，在当阳长坂大败后，刘备认为走陆路前往江陵已经不可能了，那样一定会被曹军精骑消灭在半路上，只好改变计划转头向东，在沔水之畔的汉津和关羽水军会合，随后一同前往夏口。

但是，曹操没有继续追击，而是掉转方向去取江陵。很多人认为这是曹操的一个失误，不仅没能及时消灭刘备，还给了他喘息的机会，孙刘两家利用这个短暂的窗口期迅速达成了联盟。其实，这种观点是不确切的，曹操做出的是更合理的选择，理由有三。

首先，曹操从中原来，水军力量必然有限。虽然之前挖了一个玄武池训练水军，但成果想必不会太好，若想在长江上和江东争锋，还得依仗荆州水师。而荆州北部的水军基本都被关羽带走了，曹操那五千精骑虽然战力强大，但也不可能在沔水上和舰队抗衡，因此追之无益。

其次，曹军兵力太多，面临着极大的后勤压力。若想筹划一场大规模的战争，必须要有一个完善的后勤基地，物资充足的江陵就是最好的选择。甚至曹军在取得江陵后，粮草依旧紧张。据《三国志》记载，曹军"士卒饥疫，死者大半"。可见，造成曹军最后减员严重的，除了烧死、溺死和病死外，饿死的也不在少数。

当初，曹操策划闪电突袭，其目的就是阻止刘备抢先占据江陵这座重要的后勤基地，毕竟，仅凭五千人顶多只能击溃刘备所部，无法指望一战就将刘备余部彻底歼灭。现在，刘备放弃了江陵转而前往夏口，曹操的作战目的已经达成了，如此一来，何谈失误呢？

况且，江陵很可能就是刘表水军主力的所在地，如果荆州水师主力在襄阳，那曹操接受刘琮投降后就已经拥有强大的水师了。那样的话，他可以直接顺着沔水南下进攻夏口，只派部分陆军去江陵筹措军饷即可，没必要以主力部队前往江陵，白白浪费两三个月的宝贵时间。

最后一点，则出于外交层面的考虑，拿下江陵，意味着荆州江北部分基本落入曹操手中。自此，长江上下游已经被曹操的势力截断，这将对另外两个长江流域的割据政权形成极大的震慑。

应该说曹操这一决策是有一定效果的，因为益州的刘璋被吓破了胆，打算彻底投入曹操的怀抱了。其实，之前刘璋已经在反复向曹操献媚了。不过，他并没下多少本钱，最多一次也只是送了三百士兵。但这次不一样了，刘璋为了支持曹操，甚至"始受征役，遣兵给军"，说明刘璋基本在事实上臣服于曹操了。有了这个成功的案例，曹操便对孙权抱着同样的想法，所以才会写信恐吓，他的目的是不战而屈人之兵。

基于以上这些原因，曹操决定先取江陵就不足为奇了。他随后以江陵为后方基地，发动了著名的赤壁之战。那么，赤壁之战到底是一场什么性质的战役呢？

在传统观念中，赤壁之战是一场决定性战役，这场战役规模宏大，对历史走向产生了深远影响。与此同时，还存在另一种观点，认为后世过高地评价了赤壁之战的意义，此战其实规模有限，只是一场小型遭遇战，曹操并未遭遇大败，只是一场小败，远没有到伤筋动骨的地步。

究竟哪种观点才更接近历史真相呢？其实，之所以会产生这种争论，根源是《三国志》本身就有差异较大的两种记载。

《三国志》的曹操本纪和郭嘉本传都强调最终撤兵的主要原因并非战场上的失败，而是遭遇了重大疫情。而且，按照曹操在《让县自明本志令》中的描述，刘表"据有当州"，于是他"复定之，遂平天下"。这表明赤壁之战只是建安十三年（208年）曹操南征荆州整个战役中的一小部分，失败也无伤大雅，根本不值一提，整体战争对于曹操而言是胜利的。

但是，《三国志》中的周瑜本传却给出了截然不同的记载，说疫病并未导致曹军完全失去战斗力，曹军北归的直接原因是遭到了东吴的重创。《江表传》则对赤壁火攻一事做了详细描述，二者共同构成了赤壁之战细节的故事脉络。

这一战果在东吴官方那里也被大肆宣传。后来，韦昭就此创作了一篇鼓吹曲《伐乌林》，其中一段是："众既降，操屠荆。舟车十万扬风声。议者狐疑虑无成。赖我大皇发圣明。虎臣雄烈周与程。破操乌林，显章功名。"此诗声称曹操曾在荆州大肆屠杀，东吴抗击曹操是救民于水火的大义之举。这样的描述显然是失真的，因为在刘琮等人投降后，曹操并没有在荆州进行屠杀，这首曲子太过美化东吴了。那么，赤壁之战竟是东吴吹嘘的一场胜利吗？

其实并非如此，不同的记载不能算作矛盾。《三国志》的一个主要写作方法就是专美传主，传主不甚光彩的事例可能会略写，甚至干脆不写，其详情会出现在其他人的传记中。

出现这种结果的另一大原因是《三国志》中《魏书》和《吴书》的史料来源不同，《魏书》主要参考的是王沈的《魏书》，而《吴书》主要参考的是韦昭的《吴书》。陈寿是一位比较理性客观的史学家，但他参考的史料来源并不一定如此。陈寿只是如实记录而已，并且保留了各方不同的记载，而不是像《资治通鉴》那样，根据主观判断对多种史料进行整合。

正因为如此，曹操本纪才会对他的失败讳莫如深，只说作战不利，甚至连东吴的戏份都被隐去了，只说对手是刘备。至于《让县自明本志令》，那不过是曹操为了吹嘘自己的功绩而对曾经的失败进行掩饰罢了，不值一哂。

但是，东吴方面的记载就没必要为曹操遮羞了，所以才将此战的详情完整地记录下来。而且，《江表传》补充的一些细节可信度是很高的。《江表传》记录了曹操在给孙权的信中自称是烧船撤退，若不是遭遇疫病，就不会成就周瑜的名声。这说明《江表传》是比较客观的，并无明显的倾向。

这样看来，赤壁之战中曹军遭到重创应该是毫无疑问的，那么此战是否如传统观点中那样是以少胜多呢？为了搞清这一点，先看看双方的兵力对比。

其中，刘备一方的兵力比较明确，大约是两万人，包括当阳之战后收拢的散卒和关羽水军共一万人，还有刘琦的江夏军一万人。虽然这些都是诸葛亮的一面之词，是为了在孙权面前增加底气，但基本是可信的。

刘备的部队或许已经在当阳大败中损失殆尽，但关羽水军有数百艘船只，兵力上万并不夸张。因此，双方会合后，刘备恢复了一定的元气。而刘琦拥兵一万也有明确的记录，据《三国志》中刘备本传的记载，刘备在前往夏口的路上正好遇到刘琦的这一万多人。

再来看东吴方面，东吴的兵力就没有那么明确了。按照《江表传》的记载，周瑜希望得到五万人马，但孙权只给了三万。不过，按照孙权本传的记载，他只给了周瑜和程普各一万人，也就是说东吴的总兵力似乎也只有两万。

其实，这两种说法并不矛盾，东吴总兵力确实是三万人，但是前线兵力只有两万人。根据孙权之前的交代，他让周瑜、程普和鲁肃作为先锋，自己则领兵作为后援。这一点不仅《江表传》有记载，《建康实录》也有相关记录作为佐证，说三万人中有一万是孙权亲自率领的预备队。由于孙权还没出场战役就结束了，因此东吴直接投入的兵力是两万，总兵力说是两万人和三万人皆无不可。总之，孙刘联军的总兵力在四五万上下，不会有太多偏差。

但是，曹操一方的兵力历来众说纷纭，非常难以确认，只能大概推测一下。

　　曹军的兵力大致有以下几种说法。其中最大的数字来自陆机的《辨亡论》，说曹军有百万之多；其次就是根据《江表传》中记载的曹操的来信，他自称有八十万大军；而《三国志·吴书·周瑜鲁肃吕蒙传》则认为曹军有数十万；最后一种说法是《江表传》中记载的周瑜的估算，认为曹军来自北方的有十五六万，荆州降军七八万，总人数在二十二到二十四万之间。

　　以上这些说法中，首先，陆机说的百万是不可能的，这是文学描写，用了夸张的修辞手法。其次，曹操号称八十万也只是为了恫吓孙权，不可能是实数。再次，《三国志·吴书·周瑜鲁肃吕蒙传》中提到的数十万，结合上下文，应该是为了引出主降派的观点，也有夸张的成分。唯有《江表传》中周瑜的推测才最符合常理。

　　当初，官渡之战中袁绍投入了十一万兵力，如今曹操基本统一了北方，这次南征又是他极其重视的，投入十五六万人比较合理。根据《三国志·魏书·董二袁刘传》的记载，当初刘表在驱逐袁术、兼并张怿（yì）、一统荆州后也拥有了十余万人马。虽然经过黄祖几次大败或许有不小的损失，但七八万人应该还是有的。况且，刘表拥有数千艘蒙冲斗舰是东吴一方也广泛承认的事实，如果按照关羽一万水军配备数百艘船来计算，刘表水军的数量应该是他的数倍左右，再加上陆军，总兵力和周瑜的估算相差不大。

　　此外，周瑜这番推测是为了激励孙权坚持抵抗的决心，他只会往少说而不会往多说。因此，关于曹操的总兵力，二十多万人是比较可靠的。当然，曹操这些兵力不可能全部投入前线，荆州如此之大，宛城、襄阳、江陵等后方还需要分兵驻守，但他投入前线的兵力预计至少也有十几万，起码是联军的三倍以上。若非如此，黄盖也不会说出"寇众我寡"这样的话。

　　战后曹操在荆州一路后退，甚至放弃江陵，将防线收缩到襄阳一线。若不是他在赤壁之战中损失过大，为何不卷土重来与周瑜再争荆州呢？总之，赤壁之战是一场以少胜多的关键战役，给曹操造成了重大损失，这是毫无疑问的。疫情确实削弱了曹军的战斗力，但不是曹操撤军的最主要原因。关于这一点，《三国志·吴书·吴主传》的记载最为客观，将二者结合起来，说"公烧其余船引退，士卒饥疫，死者大半"，既强调了曹军在战场上的失败，又没有完全忽视疫情的影响。

曹操虽然坐拥一支占据压倒性优势的大军，却轻松不起来。多少强大的诸侯都已灰飞烟灭，可一个二十多岁的年轻人竟敢多次忤逆自己，无法接受这一点的曹操发誓要给孙权一个深刻的教训。不过曹操终究还是远远低估了孙权对荆州的执念，荆州是江东的重要利益所在，如果落于敌手，那就成了悬在孙权头上的一把利剑。因此，孙氏政权在建立之初，就将夺取荆州制定为基本国策，这也是江东君臣的共识。

如果向曹操屈服，即使暂时不用投降，能苟延残喘一段时间，但等曹操坐稳荆州后，江东还是要覆灭。所以，在曹操发动南征的那一刻，他和孙权的矛盾就不可能调和了。不过，曹操的如意算盘最终还是落空了。

06 浦口之战

就在曹操大军已经从江陵出发，水陆并进顺江东下的同时，屯驻樊口的刘备仍在苦苦等待江东援军的到来。

一天，刘备手下的军吏突然看见东方的江面上出现了一支庞大的舰队，便立刻向他报告。此时的刘备在高度紧张下已经成了惊弓之鸟，他下意识地问道："如何知道不是青徐之军呢？"其实，如果青徐之军从东面杀入江夏，那说明江东肯定早已沦陷了。军吏只好据实回禀道："观战舰旗号，可知并非曹军。"刘备得知苦等的江东援军终于赶到，这才放下心来，派人前去慰劳。

使者登上周瑜的旗舰后转达了刘备的问候，周瑜却说："我有军务在身，不可擅离职守，倘若左将军肯屈尊纡贵登船一会，那便再好不过了。"使者回报周瑜之意后，刘备陷入了沉思，他或许会因周瑜的态度感到不快，自己堂堂一个左将军、豫州牧，周瑜区区一个建威中郎将，甚至此职还不是朝廷所授，难道竟要折节去拜见对方吗？身边的关羽和张飞听说此事后也加以反对。

但毕竟形势比人强，目光还是得放长远些。这些年来颠沛流离未建寸功，反而曹操愈发强大，自己身份虽高，但又有什么值得骄傲的呢？所谓务实不务虚，不如忍此须臾，如能破曹，一时之辱又算得了什么？况且亲自去一趟，正好能探探对方的虚实。于是，刘备对关、张二人说道："我现在是主动求助东吴，那周公瑾想让我去见他，倘若不去，又如何显示同盟的诚意呢？"刘备遂乘一艘小船前去拜见周瑜。

在东吴水师巨大的楼船上，刘备见到了这位大名鼎鼎的周公瑾。他开口问对方："如今我们两家结盟共拒曹操，但军情还需从长计议，不知足下带了多少可战之兵？"周瑜气定神闲地回答："三万人。"其实，他已经是多说了，因为他和程普只有两万人，孙权那一万人还在后面呢。这个回答显然不能让刘备安心，他沉吟片刻道："恐怕少了些吧。"周瑜却信心十足地回答道："三万人足矣，请豫州牧看我如何破贼。"

此时，刘备大概已经对周瑜的狂妄不满了，按周瑜的意思，他似乎有信心独自破曹，可实力如此悬殊，岂能轻易做到？为了缓解略显尴尬的气氛，刘备话题一转："可否请子敬（鲁肃的字）前来一叙啊？"

没想到周瑜婉拒道："子敬也有军务在身，不可擅离职守，豫州牧若想见他，还是再寻机相会吧。这次他与孔明一同前来，料想两三日内就到了。"说罢，便草草结束了这次简短的会面。周瑜的一系列表现，恐怕让人有些不解。论官职，刘备明显要高于周瑜，论地位也是如此。在同盟中，刘备应该是和孙权对等的，周瑜的言行显得非常失礼。

历史上真实的周瑜并不是《三国演义》里那样心胸狭隘的人。程普桀骜不驯，仗着自己资历老，数次对周瑜出言不逊。周瑜却颇有气度，丝毫不以为意，弄得程普万分惭愧，从此对周瑜心服口服。他逢人便称赞道："与周公瑾交，若饮醇醪（láo），不觉自醉。"那么，这样一个人，为何会做出如此不妥当的举动呢？

主要有两个原因。

首先，通过高姿态明确双方的地位：联军必须以江东为主，刘备居于从属地位。周瑜让刘备前来拜见，就是在试探刘备的态度。如果刘备不同意，说明他不认可东吴在联军中的主导地位，若如此，干脆各打各的。如果刘备同意，就说明他对此已经默认了。

其次，则是为了避嫌。周瑜统帅大军在外，处于风口浪尖之上，需要万分谨慎，和刘备在本方战舰上会面，双方谈话的内容众人皆知，必须把自己弄得清清白白。如果周瑜前去拜见刘备，那就不一样了，他和刘备说了什么就无人知晓，万一引起风言风语，周瑜很难解释得清。

可是，周瑜的态度让刘备觉得他不太可靠，担心此人只是空说大话，没有必胜的实力。所以，刘备留了个后手，分出两千人和关羽、张飞单独行动，没有把所有军队都交给周瑜。

关于这一点，东晋思想家孙盛认为所言不实，因为刘备雄才大略，没有理由在危难之际还有所保留。笔者却认为并非如此，这些年来刘备经历了多次生死存亡，他能够生存下来，凭的就是敏锐的嗅觉和未雨绸缪的能力。如果他不给自己留后路，根本不可能活到现在。

而且，刘备的后路很可能并不止这两千人，他到樊口时，大概率不是带着全部两万人马来的，刘琦的一万军队或许仍留在夏口。这也可以很好地解释为什么刘备能认可周瑜的主导地位，因为他本就没打算向联军中投入大部分力量。之所以这么说，根据就是当初周瑜向孙权请命出战时，说过要"进住夏口，保为将军破之"。既然要先进驻夏口再破曹军，这就说明当时夏口肯定属于联军的控制范围，刘琦并未撤出。

更何况，刘备没有道理轻易放弃夏口这个重要的据点。夏口是一座坚城，黄祖凭此和东吴周旋了近十年，而且其地理位置极为重要，扼守着沔水和长江的交汇处，具备抵挡从长江和沔水两个方向来犯的敌军的作用，如此重要的城池怎能轻易舍弃呢？

事实上，联军确实正面临着这两个方向的威胁。据《英雄记》记载，有一支曹军正是沿着洧水南下，并非从江陵出发。

刘琮投降后，曹操任命赵俨为章陵太守，很快赵俨又转任都督护军，护于禁、张辽、张郃（hé）、朱灵、李典、路招、冯楷七军。因此，这支部队很可能就是赵俨七军。这支部队的作战目的显而易见，就是从洧水方向进军江夏，与曹操从江陵出发的主力部队分进合击，一同进攻夏口。

如果放弃夏口，将防线收缩至樊口，岂不是让曹操兵不血刃就拿下一座重镇？到时候曹军合兵一处，乘胜继续东进，联军面临的压力就更大了。那么，按照原计划在夏口固守是否可以呢？采取这个策略其实没问题，联军拥有水上优势，依托夏口这一据点，有充分的实力可以封锁江面，以陆军为主的曹军想突破这道防线并不容易。如果设身处地去考虑，恐怕绝大多数人都会做出这个选择。

然而，周瑜却不是绝大多数人，如果仅仅依托夏口被动防守，那他就不是周瑜了。《孙子兵法·虚实》云："兵无常势，水无常形，能因敌变化而取胜者，谓之神。"面对新的形势，就要采取新的对策。以不变应万变是优势方的特权，对于劣势方来说就不行了，那样无助于缩小双方的实力差距。只有通过合理的变化，才能打破原有的不利局面。

周瑜作战以进攻见长，风格非常主动，被动挨打可不是他的性格。这次他要让刘备看看，自己当初是不是在说大话。既然曹军想分进合击，那就主动出击，给他来个各个击破。或许无法重创对手，但至少可以打乱对方围攻江夏的计划，让自己变得更加主动。

正所谓"善战者，致人而不致于人"，周瑜主动出击的策略很快就让曹军吃了苦头。周瑜在夏口没有久留，而是率领联军继续溯江西上，深入曹操控制的南郡境内。到这里，我们可以断定，赤壁之战并非大多数人印象中那样——一场曹操主动进攻、联军防守反击的战役，真正主动进攻的反而是孙刘联军。

联军越过夏口向西进发，这就导致曹操两路军队不可能在夏口会师了。而赵俨七军也就两万多人，并无明显的优势，没有十足的把握单独攻破夏口。况且，这支部队又是陆军，没有配备舰队，不具备从沔水一线转入长江的条件。于是，他们只好想办法通过其他线路和曹操主力会师。

事实上，造成这一局面的主要原因是曹操动作太慢了。要知道，他在建安十三年（208年）九月就攻占了江陵，之后却在江陵耽误了两个月左右，直到十一月底至十二月初才发兵东征，这又是怎么回事呢？

原来，曹操在江陵非常忙。他先是下令在荆州实行新法，然后给荆州有功的降臣十五人封侯，又任命文聘为江夏太守，招揽荆州名士韩嵩、邓义等。此外，曹操还做了两件很无聊的事。第一件事是给自己的老朋友王俊迁坟，第二件事是招揽自己年轻时的偶像——大书法家梁鹄。总之，他忙得不亦乐乎。

如果前面那些还算正经事，后面这两件事就毫无意义了。军情紧急，刘备和孙权已经结盟，曹操却在江陵自娱自乐，这不是本末倒置了吗？这或许只有一个解释，那就是一系列的胜利让曹操开始有点轻敌了，他自恃实力远胜对手，所以并不在意。

这一点从曹操东征路上的所作所为也能看出。当大军抵达巴丘时，曹操竟然忙里偷闲，到附近的君山游玩，并赋诗一首，名曰《气出唱·游君山》。这首诗中，有一句为"常愿主人增年，与天相守"，由此可以看出曹操骄矜的心态。古代帝王往往追求长生不老，这是一个人在取得最高权力后很正常的表现。可是，曹操此时距离一统天下还有一段距离，他这么早就开始想入非非，显然过于急躁了。

作为一个军事家，曹操岂能不懂兵贵神速的道理？唯一的解释就是一派大好形势让他有些得意忘形了。《孙子兵法·行军》云："夫惟无虑而易敌者，必擒于人。"曹操在赤壁之战中的惨败就是真实的写照。可以说，曹操在写这首诗的时候，他的失败就已经注定了。

曹操如此贻误战机，给赵俨七军造成了很大的麻烦。为了与曹操主力会合，赵俨找到一个叫浦口的地方，准备渡过长江。这个浦口并不在今天的南京，而是在湖北省洪湖市一带的长江北岸地区，这里有一条被称为涌水的河流汇入长江，因此也称涌口。浦口就在乌林附近，离双方最终的决战地点不远了。

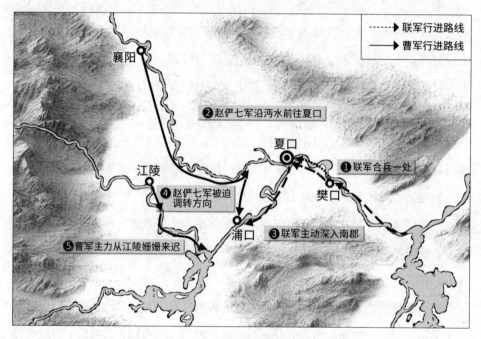

浦口之战形势示意图

那么，赵俨七军为什么要渡江呢？其实是因为长江北岸有云梦泽，湖泊沼泽众多，很难行军，而长江南岸的情况更好一些。事实上，曹军主力陆军正是在长江南岸行军。如果赵俨七军能够顺利渡过长江，就能和曹操主力陆军会师。可惜的是，周瑜不会给他们这个机会。赵俨七军没有战船，只好扎了几千个竹筏，恰好当时冬季水浅，用竹筏也能勉强渡江。

不过，这个计划早就被周瑜洞悉了。他下令集中数百艘走舸，每艘船上设五十人摇橹，利用走舸体型小、速度快的优势，迅速冲到曹军竹筏面前放火，江面上很快就火光冲天。曹军被突如其来的袭击打蒙了，只好连夜撤退，第二天才发现辛苦做好的竹筏全部被焚毁。

他们不知道的是，这次小规模的火攻只是一次预演，过不了多久他们就会收到一个更大的"惊喜"。浦口之战是赤壁之战的前哨战，也是联军和曹军的首次接触。在这场小规模的交锋中，周瑜抓住战机，先声夺人，成功阻止了赵俨七军渡江和曹军主力在长江南岸会合。

反观曹操，由于轻敌而浪费了宝贵的时间，最终将主动权拱手相让。曹操的失误，外加赵俨七军这次渡江失败，对后面的战局产生了深远的影响，直接导致曹操在不久后又遭遇第二次挫折。

07　赤壁遭遇战

建安十三年（208年）冬，曹军和联军分别抵达赤壁，这是双方主力部队的初次碰撞。

曹操在得到荆州水军后，总兵力已经超过二十万，总体上占据优势。但这样庞大的一支部队水陆并进，以长蛇阵处于运动中，这就导致一种情况——队伍的先锋和队尾很可能距离较远，这就给了周瑜可乘之机。

曹军虽众，却不足用。周瑜信心十足，决定抓住战机，在赤壁先击溃曹军先锋，挫其锐气。面对阵容齐整的江东军队，曹军尚未交战便心生怯意。自出师以来，来自中原的士卒们因水土不服大范围地染上疫病，导致战斗力大幅下降。因此，曹军可以依赖的只有荆州水军。但荆州水军中有一定战斗力的江夏水师早已被东吴歼灭。

反观联军这一方，其主力部队江东水军是经历百战磨炼的精锐之师。当初孙策渡江时，江东水军遭创，之后吸纳刘繇水军，又在和黄祖的数次交锋中积累了丰富的作战经验。

如今，曹军抵达赤壁的先头部队数量有限，无法对联军形成压倒性优势，再加上江东水军强悍战力的加成和曹军受疫病影响战斗力被削弱，战斗的结果就不言而喻了。曹军刚刚抵达战场就挨了当头一棒。

话说回来，都说火烧赤壁，为何没提到火攻呢？

其实，赤壁之战虽以赤壁为名，但并不仅仅发生在赤壁，而是分三个阶段，分别是浦口前哨战、赤壁遭遇战以及最终的火烧乌林。浦口之战后，赵俨七军用竹筏强渡长江的策略被周瑜所破，只好停在江北，再无所作为，大战进入了第二阶段。不过，这就涉及一个问题，那就是赤壁遭遇战发生的地点究竟在什么地方？

关于这一点，千百年来各路史家始终争论不休，湖北省境内有许多地方都声称自己才是真正的赤壁古战场。其中，比较主流的说法有四种：第一种，是黄州赤壁；第二种，是钟祥赤壁；第三种，是江夏赤壁；第四种，是蒲圻（qí）赤壁。

首先看黄州赤壁，这种说法是最知名的，苏轼的《前赤壁赋》与《后赤壁赋》为其做了有力的宣传。当时，苏轼被贬到黄州（今湖北省黄冈市黄州区），在此写下了流传千古的名篇。不过，这种说法基本不可信，黄州赤壁最大的漏洞就是这里在江北。按照《三国志》的记载，赤壁之战中，联军是在江南击败曹军的，曹军受挫后才退往江北驻扎。另外，黄州位于夏口以东，如此一来，岂不是说明曹军早已拿下夏口了吗？据史料记载，刘备并未主动放弃夏口，因为周瑜和孙权分析军情时，曾表示要进驻夏口。如果曹军已经突破夏口进至黄州一线，那说明双方一定会在夏口发生一场战斗。然而，纵观史料都没有出现过相关记载，说明真正的赤壁必然不在夏口以东的黄州。

再来看钟祥赤壁，这种观点认为双方交锋的战场并不在长江一线，而在沔水一线。其依据大致有《英雄记》和《辨亡论》，这两部作品都提到曹军是通过沔水进攻联军。我认为这是不正确的，因为《三国志》明确记载了曹操大军经过了巴丘，而巴丘在湖南省岳阳市一带，濒临长江，既然到了此处，就不可能再进入沔水一线了。况且，即使曹军从江陵出发，经过古扬水（连接今湖北省荆州市沙洋县和沙市区的两沙运河）进入沔水，那么到达今沙洋县后，也应该进军下游的夏口，没有逆流而上前往钟祥市一带的道理。至于《英雄记》和《辨亡论》所提到的走沔水南下的部队，更有可能是赵俨七军。由此可见，钟祥赤壁一说也不成立。

接下来再看江夏赤壁，这种说法出自郦道元的《水经注》，他认为今赤壁山（湖北省今武汉市江夏区赤矶山）就是赤壁古战场之所在。这种说法看似没什么太大问题，但有一点无法解释，那就是这里距离最终决战的地点乌林实在太远了，足足有三百里以上。曹军在赤壁受挫后，大战仍未结束，这说明曹军仍有一战之力，并没有撤回江陵的打算。这种情况下，如果一路狂奔三百里西撤，岂不是白白损耗战斗力吗？况且，曹军退到江北是没有争议的，但江北正是云梦泽中最难行进的地带，再加上疫病折磨，恐怕不需要火攻，大军也要不战自溃了。

最后一种观点则是蒲圻赤壁，该说法出自盛弘之的《荆州记》。盛弘之的生卒年不可考，仅知道他曾作为宋临川王刘义庆的侍郎。由此推断，盛弘之很可能活跃在南朝宋文帝元嘉年间。也就是说，盛弘之所处的时代比郦道元还早几十年，距离三国时代更近。而且，他的长官刘义庆长期担任荆州刺史，因此盛弘之作为属员也有充分的机会在荆州进行考察和搜集资料，其条件比出身北朝的郦道元要更好一些。总之，盛弘之的《荆州记》应该有相当的参考价值。

蒲圻赤壁一说之所以被主流学界所认可，是因为它没有什么明显的漏洞，和《三国志》的相关记载没有冲突，其他说法或多或少都有些不合理的地方。这是现在最主流的认识，蒲圻也最终得到了官方认可而改名为今天的赤壁市。

最终，曹操在赤壁遭到挫折后，认为在水军无法取得优势，不能保障制江权的情况下，分兵南北两岸是没有好处的。因此，他下令南岸的陆军全部前往江北，全军驻扎于江北乌林。从这个部署看，曹操的处理比夷陵之战期间的刘备稍微好一些，至少没有因为随意分兵两岸，白白葬送部分军队。

但是，此时曹操对战局仍没有一个清醒的认识。《孙子兵法·九地》云："行山林、险阻、沮泽，凡难行之道者，为圮（pǐ）地。"又云："圮地则行。"大意是：如山林、沼泽等行军艰难的地区称为圮地，到这种地区一定要快速通过，怎么能停下驻扎呢？

如今，曹操大军所驻扎的乌林一带正是圮地，此处位于云梦泽和长江之间的狭长地带。这样恶劣的环境下，即使兵力再多也难以展开，根本无法发挥出自己的优势。

曹操本就是一个对《孙子兵法》很有研究的军事理论家，他曾给《孙子兵法》作注，谈到圮地时，曾注解道："无所依也，水毁曰圮。"基本的理论曹操非常清楚，可他仍然在此驻军，说明此时曹操非常轻敌，自恃兵力强大就无视兵家常理，最后惨败也就不足为奇了。

吴起认为"用众者务易，用少者务隘"，因此如果以寡击众，就要避免在开阔地带迎战，应该据险而守，兵力强大的一方则必须在可以展开的地方作战才能发挥优势，而曹操丧失了自己的优势。而且，曹操的铁骑更需要在开阔地带才有发挥的余地，将其放在沼泽地带岂不是自毁长城？

总之，曹操虽然达到了让主力部队和赵俨七军会合的目的，但同时也将大军置于险地，长江北岸的行军条件远不如南岸，一旦作战不利，就会陷入进退两难的困境。反观联军方面，形势就好得多了，周瑜的驻兵地点据推断应该位于长江南岸的陆口。

按照一些影视作品的描述，双方是隔江对峙的，事实上并非如此。黄盖在发起火攻前，他的船队先航行了一段，然后在距离曹军水寨两里多的地方开始点火。在乌林一带，长江宽度也就一公里不到，说明黄盖的出发地点肯定不在乌林对岸。

并且，《荆州记》提到"周瑜黄盖，此乘大舰上，破魏武兵于乌林"，说明吴军是沿着长江逆流而上击败曹操的，这也证明双方并非隔江相对，联军位于曹军的下游。至于具体地点，只有陆口是最合适的。陆口位于陆水汇入长江的水口，也叫陆溪口。此处地理位置非常重要，后来孙权、鲁肃和吕蒙都曾在此地驻军。而且联军所驻扎的地点不能离曹军太远，如果过远，就无法监视曹军动向，曹军很可能会再次分兵，从上游某个地方偷渡过来，对联军进行两面夹击。

如今，曹操的形势愈发不利，曹军兵力是联军的数倍之多，后勤补给压力也大得多。其实，曹操在赤壁遭遇战失败后，就应该认识到战局已经非常不妙了。此时全军沿着长江南岸返回江陵是最好的选择，至于赵俨七军，就让他们北上返回襄阳即可，反正联军在南岸，又以水军为主，很难对这支部队产生什么威胁。然而，南征以来的一系列胜利让曹操的心态过于膨胀，他不愿轻易放弃这次机会，这是他的一个重大失误。等到进退两难时，周旋的余地就越来越小了。

事实上，曹操之前本有更好的选择，除了不要在江陵耽误过久，趁孙刘联盟还未形成发起进攻以外，他还有其他方案。在江陵按兵不动也不是不可以，毕竟以他的实力，就算孙刘联合也远不是他的对手，但他的进军路线不妥。曹操的最终目标肯定是夏口，这里是联军的后方大本营，也是进取江东的门户。在长江上下游的争夺中，夏口是无论如何也绕不开的锁钥之地，和柴桑以及皖口一样，都有着极其重要的战略地位。

进攻夏口并非只有一条路线。沿着长江顺江而下，难以发挥中原精锐步骑的优势，不如经过古扬水，转入沔水，通过这条路径进攻夏口。沔水两岸地势开阔，而且不像长江北岸一般沼泽众多，可以充分发挥曹军兵力强大且拥有精锐骑兵的优势。况且，如果走这条路，跟赵俨七军会合是非常方便的。

当然，如果选这条路线，建安十三年（208年）十二月出兵肯定不行——深冬时节，沔水水浅，难以行船。后来，石亭之战期间司马懿就以此为由没有参战。曹操完全可以再休整两个月左右，等到转年二三月份春涨时再发起进攻，到时候联军就很麻烦了，即使分兵袭击江陵也达不到围魏救赵的目的。因为在拿下夏口的情况下，长江中游和下游已经被截断，联军进攻江陵的部队会成为孤军。

只可惜，曹操既没有抓住时机立刻出击，又没有采取稳妥的策略，最终选择了这个看似中庸、实则一无是处的方案，这也为他最后的悲剧埋下了伏笔，代价则是十几万人的性命。

08　火烧乌林

二龙争战决雌雄，赤壁楼船扫地空。

烈火张天照云海，周瑜于此破曹公。

诗仙李白的《赤壁歌送别》诗中，这两句非常生动形象地描绘了火烧乌林的场景。虽然赤壁遭遇战后的形势对联军有利，但这只是暂时的，随着战局的深入，曹军面临很大的后勤压力，联军也不例外。

夏口虽然是联军的后方大本营，但这里在过去九年间历经四次大战，早已民生凋敝。根据甘宁的描述，当时的江夏因黄祖的穷兵黩武导致"怠于耕农"，于是"财谷并乏"，钱粮物资早已消耗殆尽。因此，夏口的物资储备远不如几乎未经战火摧残的江陵，不足以维持长期战争，联军必须依靠江东本土的支援。

这就导致联军的补给线比曹军更长，他们面临的后勤压力并不比曹操小。另外，目前曹军确实为疫病所累，战力锐减，但到第二年春天，情况或许会好转。届时，曹军的兵力优势就能体现，继续拖下去难免会产生变数，因此速战速决是必要的。

东吴中军的大帐中，周瑜正苦思破敌良策。此时，一位大将突然求见，由此打开了吴军胜利的大门。此人便是东吴名将黄盖。他虽然出身贫寒，但自幼熟读兵书，并不是只有一身蛮勇的战将，对于这场战争，他有独特的思考。黄盖发现曹军将舰船首尾相接，在提高稳定性的同时也降低了机动性，这不正是发起火攻的一大有利因素吗？

黄盖之策，周瑜非常赞同，因为火攻正是周瑜熟悉的，这令他不禁想起一件尘封的往事。那是九年前他跟随孙策西征黄祖的经历，昔年辉煌的战绩令周瑜至今难忘，更为可贵的是，他从那一战中得到了宝贵的经验，这将成为赤壁之战中联军大获全胜的关键。如今敌众我寡，不妨以火代兵，如此方能弥补双方力量的差距。于是，周瑜立刻批准了黄盖的计划，随后召集人手，开始周密地准备。

俗话说水火无情，大火向来难以控制，但只要使用得当，它便是战场上的利器。《孙子兵法》单独用一整篇来详细地介绍火攻，说火攻的战法多种多样，根据具体打击的目标分为五种，分别是火人、火积、火辎、火库和火队。

其中，火人是通过火攻来直接打击敌方的作战人员，火积是烧毁敌方的粮草，火辎是烧毁敌方的武器辎重，火库是烧毁敌方囤积物资的仓库，火队则是烧毁敌方的重要交通线。总的来看，可以大致分为两大类，一是直接打击敌军，二是通过火攻间接削弱敌方的战斗力。

这两种选择都是可以的，比如赤壁之战和夷陵之战就是火人，官渡之战是火积和火库，陈仓之战中郝昭用火箭破坏蜀军的攻城器械则属于火辎。

然而，火攻并不是随随便便就能发起的，放火容易，但让大火为我所用就不容易了。发起火攻需要天时地利人和。所谓天时，就是要选择气候干燥且有风的时节。所谓地利，就是要占据上风的位置。所谓人和，就是要提前准备好发动火攻的器材，并让经验丰富的人员进行具体操作。只有这样，才能顺利发动火攻。

以火助战虽然可以事半功倍，但需慎之又慎。大火一起，难以轻易扑灭，正如战端一起，难以卒解。火势失去控制可能误伤本方部队，战争失去控制更是会导致两败俱伤。因此，要"合于利而动，不合于利而止"。孙子以火喻战，从另一个角度阐述了慎战的思想。

　　具体到赤壁之战，联军天时地利人和三者俱全，完全吻合兵法中描述的条件，最后大获全胜就不足为奇了。不过，目前周瑜还有一个问题需要解决，那就是风向。

　　火攻的具体实施方法有两种，一种是内发，一种是外发。内发需要细作混入敌营，在敌军的内部点火，制造混乱，这种方式受风向的影响较小。而外发就不同了，要求必须在上风方向点火，否则难以对敌军造成损害。联军的驻地陆口位于乌林的东南方，因此，发动火攻必须要有东南风。

　　周瑜对此毫不担心，因为冬天的荆州是有可能起东南风的，九年前和黄祖的那次战斗中，东吴军队就是靠东南风发起火攻的。巧的是，当年同样也是寒冬腊月，周瑜有把握重现历史。

　　决战的时刻越来越近，周瑜开始积极准备火攻。他下令在数十艘蒙冲斗舰内装满柴草，灌入膏油，外面用帷幕包裹好，上面插上牙旗，又预备了一些轻便快捷的走舸，分别系在大船的后面。

　　对于有丰富火攻经验的东吴军队来说，这简直是轻车熟路，这也是《孙子兵法》中提到的"烟火必素具"。这句话前面还有一句"行火必有因"。也就是说，只具备实施火攻的客观条件是不够的，还必须成功完成放火这一动作。这一点并不容易，因为直接冲到曹军大营点火必然会遭到阻拦，何况双方还隔着大江。对此，周瑜的解决方案是命黄盖前去诈降，从而顺利接近曹军，得到放火的机会。

　　为此，黄盖给曹操写了一封信，信中大意如下：我虽深受孙氏厚恩，然而以江东六郡对抗中原百万雄师无异于以卵击石。倘若我为您效力，击破周瑜、鲁肃等不自量力之辈必如摧枯拉朽。曹操收到信后为了确认实情，询问送信的使者很久，最后虽然口头上还是有些怀疑，表示"但恐汝诈耳"，但从他后来的表现来看，应该还是相信了。

　　东吴的诈降之计之所以能成功骗过曹操，有两大原因。一是黄盖的信件准确地把握了曹操骄矜的心态，他引以为傲的正是强大的军事力量。二是这类情况有过先例。当初官渡之战时，正是许攸来降，献上了偷袭乌巢之策，最后曹操才大获全胜。如今，黄盖请降有什么奇怪的呢？上了这个恶当的曹操始终耿耿于怀，后来他给《孙子兵法》作注时，就"行火必有因"这句话注释道："因奸人也。"可见其怨念之深。

没过多久，强劲的东南风就刮起来了，如今万事俱备，行动的时机已经成熟。黄盖立刻出发，在途中将提前准备好的、速度最快的走舸置于船队最前方，待行至江心，就升起风帆开始加速冲锋。同时，黄盖举起火把，作为讯号，让全体将校一同高呼："我等来降了。"听到江面上的呼声，曹军将士不疑有诈，纷纷走出营帐到江边驻足观望。

待黄盖的船队来到距曹军水寨只剩二里多的位置时，吴军突然点火，《江表传》完整地还原了当时的场景，只见"火烈风猛，往船如箭"，那十艘走舸快艇一马当先，如离弦的火箭一般冲向曹军的水寨。风助火势，很快就一发不可收拾，曹军的战舰大部分被焚毁，大火又蔓延到岸上，一时间烈焰冲天，曹军烧死、溺死者不可胜数。《三国志》用"烟炎张天"生动形象地描绘了火烧乌林的宏大战争场面。

曹操一看大事不妙，在疫病和火攻的双重打击下，他无法继续坚持，只好下令撤退，临走之前为了不资敌，他又烧毁了其余所有未被破坏的舰船。不过，战斗到此还没有结束，火攻只可辅助作战，最终还得靠军队上阵厮杀。周瑜率轻锐士卒紧跟在黄盖之后，见曹军陷入混乱，立即擂鼓进兵，杀向敌阵。遗憾的是，功臣黄盖差一点乐极生悲，他正杀得兴起，不想被一支冷箭射中，落入冰冷的江水中，所幸被左右救起，才捡回一条命。

此战刘备全程参与，年近半百的他憋屈了半辈子，终于可以扬眉吐气了，联军一路紧追不舍。这就涉及一个问题——曹操的撤退路线究竟是哪一条？按照《山阳公载记》的记载，曹操走的是华容道，通过陆路返回江陵。而《三国志·魏书·程郭董刘蒋刘传》则说"太祖征荆州还，于巴丘遇疾疫，烧船"。因此，曹操似乎是原路返回，依据是他在途中的巴丘烧掉了船只。

其实，如果认为这两种记载有矛盾，就很可能曲解了《郭嘉传》的本意。曹军是在从江陵到赤壁的路上遭遇疾疫的，地点应该就在巴丘，但曹操烧船肯定不在这里。理由很简单，如果溯长江西上返回江陵需要水陆并进，那为何要烧掉船只呢，这不是自取灭亡吗？

而且，以曹军当时低迷的士气，走水路逆流而上能否摆脱气势如虹的联军追赶尚属未知。曹操的优势在于精锐步骑，因此他选择走华容道是正确的，只不过若想成功脱身，就要付出巨大的代价。

从乌林走华容道返回江陵几乎是一条直线，后有追兵，但前面并没有伏兵，曹军的情况看似不算太悲观。然而，另一个困难摆在他们面前。汉末，长江北岸和沔水南岸的大片地区都被广阔的云梦泽覆盖，这是一片湖泊和沼泽密布的湿地。

华容道虽然被称为道，但根本算不上正常的道路，泥泞不堪，再加上隆冬时节寒风呼啸，曹军苦不堪言。如今，疫情并未缓解，原本的水路补给线又已断绝，大批将士在饥寒交迫之下倒毙路旁，凄惨无比。曹操为了脱困，下了一道极为残忍的命令，他让老弱士卒割草铺路，之后竟不准他们离开，让骑兵踏着他们的身体行进，这才勉强通过了可怕的沼泽地，保住了自己的精锐，那些可怜的老弱残兵则成了荒野中的无名枯骨。

赤壁大败让曹操遭受了沉重的打击，他一统天下的美梦彻底破碎。心灰意冷之下，他只好命曹仁、徐晃留守江陵，乐进守襄阳，自己则领兵回到北方。至此，波澜壮阔的赤壁大战落下了帷幕。

此战周瑜的部署深得兵法之妙，先是兵贵神速，突入南郡，粉碎了曹军两路人马分进合击围攻夏口的计划。随后小试牛刀，用一次小规模的火攻阻止了赵俨七军的渡江行动，将曹军以长江为界分割为南北两部。之后以逸待劳，用优势兵力挫败曹军先锋，先声夺人，将曹军逼入环境恶劣的圮地。至于最后的决战，从战前的准备，到对气象知识的了解，再到为接近敌营实施诈降，用一套完美的操作完成了一次教科书般的火攻。

这一战，周瑜的表现堪称完美，他的赫赫战功足以彪炳史册。而这离不开孙权的信任，正是可贵的君臣互信，才将不可能化为可能，孙权的用人不疑成就了一段佳话。但让人疑惑不解的是，战前号称要继续征集军队钱粮作为后援的孙权却一直动向不明，直到整场战役结束也没看到他的身影出现在战场上，难道他只是在看戏吗？

09　第一次合肥之战

建安十三年年底（209年1月），孙权大军逼近合肥城下，张昭则北上进攻当涂。此战孙权亲率江东主力，号称有十万大军。虽说这个数字无疑有水分，但他的兵力比荆州战场的只多不少是肯定的。

此时，赤壁之战正进行到最紧张的时刻，孙权不去增援主战场，反而率领东吴的主力部队出现在淮南，这又是怎么回事呢？其实，赤壁之战只是整场大战的一部分，战斗并不仅仅局限在荆州南郡，这是一场在上千里的广阔战线上展开的全面对抗。孙权负责的就是东线战场。正当两军于赤壁鏖兵之时，他亲率主力对合肥发动了进攻，这也是东吴首次进攻合肥。

不过，纵观史料，孙权这次进攻的时间点却难有定论。按照《三国志》中孙权本传的记载，此战发生在赤壁之战结束后，似乎和赤壁之战是两场没什么关系的战役。然而，《三国志·魏书·武帝纪》有着不同的记载，说曹操在率大军东征途中就听说了这一消息，这样看来，合肥之战应该发生在赤壁之战前。

这两种截然不同的记载到底哪个是正确的呢？关于这一点，孙盛给出的结论是《三国志·吴书·吴主传》所说的合肥之战发生于赤壁之战后是正确的，但他没有具体说明理由。《三国志集解》的作者卢弼则对此进行了补充，他认为当时孙权面临着曹操二十余万大军的强大压力，没有道理不全力应对，反而分兵去攻打合肥。再看《资治通鉴》，同样是把这个时间点放在了赤壁之战以后。

但是，这一结论仍然值得商榷，《武帝纪》对这件事记载得比较详细，说"公自江陵征备，至巴丘，遣张憙（xǐ，一作张喜）救合肥"。连他得知此情报的具体地点巴丘都说得一清二楚，岂能有假呢？而且，《武帝纪》中还有一句话，那就是"十二月，孙权为备攻合肥"。这就很奇怪了，孙权攻打合肥和刘备又有什么关系呢？

综合以上这些疑问，我们只能把这两场战役结合成一个整体来看，认为他进攻合肥的其中一个目的是对赤壁主战场进行牵制。赤壁之战发生的根本原因是江东为了争夺荆州和曹操发生冲突，但明面上说是为了援救刘备也是合理的。毕竟，双方已经结盟，以曹操的视角来看就是如此。因此，说孙权进攻合肥是在缓解刘备的压力也并无不可。

另外，孙权只给了周瑜区区两万余人，整场战争从始至终没见他给周瑜增派一兵一卒，连陆机也在《辨亡论》中说："周瑜驱我偏师，黜之赤壁。"可见，陆机认为赤壁之战中周瑜的部队就是一支偏师。虽然孙权自称江东有十万大军或许有些夸张，但这些年他东征西讨，收编了李术和黄祖大量的部曲，再加上孙策留下的遗产，拥有一支七八万人的军队应该是差不多的，这也是周瑜提出希望要五万人的根据，他的要求是合乎情理的。可是，孙权只给了周瑜两万多人的"偏师"，真正的主力还在他自己手中。周瑜凭借有限的力量打出了惊人的战果，其军事才能着实令人惊叹。

再看孙权，他或许有诸多不足之处，但总体来看他仍不失为一个优秀的领导者。因此，东吴的主力部队不可能在激战正酣的时候闲置下来。那么就只有一种解释，孙权是在赤壁之战进行的同时，率领主力部队又开辟了东线战场。

由于周瑜的自信，再加上曹军确实因为水土不服等原因遇到了不小的困难，东吴的高层认为西线实际的压力并没有想象的那么大，这才使得孙权有了进攻合肥的底气。至于《三国志·吴书·吴主传》将此事放在赤壁之战后来说，其实并不矛盾。因为合肥之战不是一场速战速决的小规模战役，根据曹魏方面的记载，此战持续的时间长达三个多月。

合肥开战确实是在赤壁交锋期间，但结束的时间要晚得多，很可能已经持续到建安十四年（209年）的春天了。也只有这样的推论，才能将《武帝纪》和《吴主传》中看似矛盾的记载统一起来。事实上，随着时间的推移，西线战局是在逐步向着有利于联军的态势发展的，曹操被迫屯兵乌林后已经注定无所作为了。在这种情况下，力争在东线打开局面确实是明智之举。

对于东吴政权来说，其核心区域始终都在扬州，这是江东立国的根基。荆州虽然也是重要利益之所在，但其重要性在扬州之下。况且，目前东吴只是初步涉足荆州，连江陵都还在曹操手中，更别说襄阳了。因此，夺取寿春、全据扬州才是短期内最符合东吴利益的选择。

可惜的是，在袁术势力覆亡后，孙氏只得到了庐江郡，而且未能完全控制，寿春所在的九江郡则落入了曹操的手中。这样一来，不仅扬州北面的门户孙氏无法掌握在手里，更严重的是，就连江淮水道上的重要据点合肥也被曹操占据了。而双方在东线的争夺，就是围绕着江淮之间的水道进行的。

根据《水经注》的记载，从淮水南下，进入寿春以东的淝水，再经过阎润水、枝水和施水，即可到达巢湖，而经过巢湖东南方的濡须水，便将进入长江一线。如今，这条水道北面的入口寿春在曹操手里，南面的入口濡须口在孙权手里，那么合肥的归属就至关重要了，这决定了双方谁能在竞争中占据优势。

由于无法攻占合肥，江东在对抗中长期处于劣势。曹操能够四越巢湖，多次威胁濡须口，而孙权终其一生也摸不到寿春的边，直到三国后期由于曹魏淮南发生大规模叛乱，东吴才有机会逼近寿春的外围，这就是合肥重要性的体现。

当年孙策西征归来后，东吴迎来了攻取合肥最好的一次机会，可惜由于他的决策失误，将目标放在了徐州广陵，不久之后又意外遇刺，这次千载难逢的良机就这么被错过了。孙策去世后，东吴内部进入权力交接的短暂动荡期，暂时不可能北上，曹操则抓住了这个时机，加强了在合肥地区的防务。具体主持这件事的是刘馥，可以说曹魏多年来在东线始终没有遇到太大的危机，刘馥功不可没。

当初袁术死后，其手下的势力分崩离析，在淮南躲避中原战乱的刘馥说服袁术的部将戚寄、秦翊等归顺曹操，令曹操大为欣喜，于是任命刘馥为扬州刺史。当然，曹操对其如此信任，或许也跟刘馥是他沛国的同乡有关。其实，这个扬州刺史不能算是什么美差，除了实控的领土比较有限以外，这仅有的土地上也非常不太平，雷绪、梅乾、陈兰等人聚众数万在江淮一带大肆劫掠，对当地造成了极大破坏。

不过，曹操的眼光确实独到，刘馥正是可以稳定淮南乱局的那个人。刘馥接受任命后，一眼就看出了合肥的重要性，便单枪匹马奔赴此地，修建了一座城，并将扬州的治所迁移到这里。对于雷绪等人，虽然暂时无力征讨，但刘馥采取安抚策略，让他们暂时不再作乱，收到了一定的成效。初步稳住局面后，刘馥将重心转移到民生。他开设学校、扩大屯田，又兴修水利，让一片凋敝的淮南重新焕发出勃勃生机，百姓得以安居乐业。

刘馥不只会处理政务，军务也是他所擅长的。多年在淮南的经历让他无法忽视江东的威胁，刘馥开始未雨绸缪。他积极地修建防御工事，大量储备滚木、礌（léi）石和点火用的鱼膏，为以后的守城战做了充分的准备。而且，刘馥还做了一个看似令人难以理解的安排，他命人编织了成千上万的草垫。这和作战有什么关系呢？

其实，这便是决定战争胜负的关键，下文将会提及。可惜的是，作为稳定淮南前线的大功臣，刘馥并未迎来建功立业的那一天，就在孙权对合肥发动进攻的前夕，他因病去世。

刘馥身故后，由于合肥过于濒临前线，曹操将扬州治所北移到寿春，合肥则变成一座单纯的军事据点，其目的是减轻合肥在遭遇围攻时受到的后勤压力。曹操已经做好了充分的准备，合肥这座三国重镇也将迎来第一次重大考验。

合肥之战旷日持久，从建安十三年（208年）年底一直持续到第二年春天，孙权对合肥施加了极大的压力。曹操虽然接到了合肥方面的急报，但他距此太过遥远，而且军中疫病盛行，他想增援也是力不从心，只好派张憙领一千骑兵救援合肥。区区一千兵力无疑是杯水车薪，故而曹操安排张憙在途经豫州汝南郡时带上当地的部队一并增援。然而祸不单行的是，张憙这支部队在行军途中也染上了疫病，完全不能指望了。

此时，合肥城在孙权的进攻下已经危如累卵。由于此城是仓促间修筑起来的，建筑材料不可能以岩石为主，必然是夯土结构，这样的构造最怕的就是雨水的浸泡。而淮南正是雨水充沛的地区，随着春天雨季的到来，合肥城防面临着极大的考验。

当时大雨连绵，合肥城墙已经摇摇欲坠，当初刘馥预备的大量草垫就派上用场了。在古代，为了避免这种夯土城墙被雨水毁坏，一般会使用蓑城战法，具体手段就是用草垫覆盖城墙对其进行保护，如同给城墙穿上了一件蓑衣。刘馥的未雨绸缪成功地解决了眼前最大的危机。

不过，仅仅如此还不够，以扬州的军力无法击退孙权，而张憙的援军又遥遥无期，在这种局面下，扬州别驾蒋济心生一计。他建议新任扬州刺史温恢对外宣称得到了张憙的书信，说已有四万步骑到达雩（yú）娄（今河南省固始县东南），并设法将信件送入合肥城内。最后，蒋济派出的三个使者有一人成功进入城内，另外两人则被孙权的军队俘虏，而这正是蒋济所希望的。信件送入城中可以振作合肥守军的军心，而援兵将至的消息被孙权知晓则可以动摇他的决心。

得到这条情报后，孙权陷入了沉思，雩娄地处毗邻九江郡的庐江郡境内，距离合肥四百多里，也就是说曹军的援兵最快只有十来天就能赶到合肥了。可是，不仅自己这里没有进展，另一路由张昭统率的进攻当涂的人马也没有好消息传来。

孙权望向城头，合肥的守军在太阳落山后点燃了鱼膏，将战场照得灯火通明，所以他想趁着夜色掩护发起进攻也不可能，守军一看城外有异动就会加以戒备。如今久战乏力，顿兵挫锐，而援军转瞬即至，难道此役兴师动众竟要无功而返了吗？孙权感到一阵心烦意乱。

此时，建安四年（199年）广陵大败的惨痛回忆再次浮上了孙权的心头，这让他最终下定了决心。虽然当时孙策并未怪罪于他，但那一战对孙权造成的影响是非常深远的。当时，年轻气盛的孙权短时间内先后两次为陈登所败，其中第二次失败本可避免，只因孙权不愿轻易放弃，才会遭遇两次损失。当年的教训历历在目，让他对失败产生了严重的心理阴影。

其实，援军将至的情报并未得到证实，派出斥候确认一下亦非难事，为何如此草率呢？第一次合肥之战正是孙权最接近胜利的一次，因为此时曹军在淮南的防卫力量是最薄弱的。以他平庸的军事能力，当下一次引兵前来时，面对严阵以待的乐进、张辽、李典等名将，其悲剧结果也就不言自明了。

第一次合肥之战就这样草草结束了，而下一阶段双方争斗的焦点再次来到荆州。

10　南郡之战

曹军撤退后不久，周瑜领兵继续深入南郡境内，直逼曹军在当地最大的据点江陵。行军过程中，周瑜避开了江北难行的沼泽地带，沿着长江南岸行进，在抵达江陵对岸后，和曹仁隔江相对。

由于本方兵力有限，主力部队还在合肥与曹军纠缠，南郡战场上的联军难以对曹军形成压倒性优势。因此，面对严阵以待的曹仁，周瑜并未立即渡江进攻，他必须先削弱曹仁的力量。为了实现这一计划，周瑜将目光转向夷陵（治所在今湖北省宜昌市东南长江北岸）。

当初曹操拿下江陵后，单独划分出南郡枝江以西部分，设立了临江郡，治所就在夷陵，目的是把其作为荆州和益州的交通要道，为将来进军益州做准备。后来，刘备统治时期将临江郡改为宜都郡。因此，每个有志于跨有荆益的政权都无法忽视这一关键位置。

周瑜对益州也有想法，击退曹操后，他在鲁肃榻上策的基础上开始酝酿全取荆、益二州，两分天下的宏伟计划。若能拿下夷陵，就能提前为这个计划布局。其次，当时夷陵的守备力量极为薄弱，攻下夷陵轻而易举。曹操在主力北归后进军益州的计划暂时搁浅，夷陵的地位没有那么重要了，曹军在这里只留下了数百守军。最后一点，周瑜打算以夷陵为诱饵进行打援，先削弱曹仁所部的实力，再对江陵发起总攻。

巧的是，出身益州且在荆州生活数年之久的甘宁也有同样的想法，于是攻取夷陵的任务就落到他的头上。最终，甘宁只带了数百人就拿下了夷陵，将俘虏的曹军收编后，总兵力刚满一千。之后的进展依旧顺利，因为曹仁很快就中计了。

身在江陵的曹仁一听夷陵失守就坐不住了，立刻派五六千人围攻夷陵。最开始曹仁出现了一个失误，即在夷陵安排了极少的驻军，这就表明曹仁清楚荆州转入守势后，夷陵的地位已经下降了。既然如此，夷陵沦陷也无妨，何须以重兵驰援呢，一旦遭到损失，岂不是悔之晚矣？

不过，曹仁这支援军的兵力毕竟是甘宁的数倍之多，对甘宁形成了极大压力。曹军在夷陵城外修建了高楼，用箭雨将甘宁压制得抬不起头。见这阵势，士卒们都面无人色，甘宁却淡定自若。当然这只是表象，是他为了稳定军心故意做出的样子，其实他的内心还是担忧的。于是，甘宁派人将军情紧急通报给周瑜，请他发兵救援。

接到甘宁的求救信后，诸将大多认为不宜援救，他们的理由是兵力太少，不能分兵。其实，这个理由并不成立，周瑜虽然只有两万多人，但曹仁的兵力也不算太多。他们不愿救甘宁的主要原因大概就是甘宁来自益州，加入东吴阵营的时间不长，在人脉方面有所不足，他初来乍到时受到张昭的刁难就是一个体现。如今，甘宁牵制了曹仁数千人马，在众将看来，江陵的防卫力量已经被削弱，正是发起进攻的好机会，至于甘宁，牺牲掉也无妨。

但周瑜不这么看，一是他和甘宁关系不错，当初甘宁就是他推荐的，更重要的是，这是一次在野战中打击曹仁的好机会，也是当初的计划之一。正好吕蒙也有此意，为了打消众将的疑虑，他建议让凌统留下驻守。吕蒙认为凌统守十天不成问题，可以利用这段时间去夷陵解围。其实从江陵一带前往夷陵单程就有三百里左右，往返一次且还要交战，十天肯定不够。不过，由于东吴驻军长江南岸，荆州水师也早就随着周瑜和曹操自己放的两把大火灰飞烟灭了，北岸的曹仁根本形不成什么威胁，别说十天，就是让凌统留守一个月也不成问题。

周瑜采纳了吕蒙的建议，兵发夷陵，这一战东吴大获全胜。曹军被打了个措手不及，损兵过半后连夜撤退。在回江陵的必经之路上，他们却发现大路竟然被木柴封堵了。原来，吕蒙见曹军骑兵多，于是提前在路上设置障碍，这就造成人可以通过，马匹却不行。曹军骑兵为了尽快脱身，只好放弃战马，步行撤退。

此战，东吴战绩辉煌，歼灭了曹军三千人左右，又俘获了三百匹宝贵的战马，极大地提振了士气。相反，曹仁军遭遇重创，形势已经极为不利。如今对江陵发起总攻的时机已经成熟。

夷陵之战获胜后，周瑜全军渡江，江陵之战进入了最后阶段。江陵之战仍然是一次联军的协同作战。当时，刘备提出可以将张飞所部一千人交给周瑜指挥，同时请周瑜分兵两千支援，刘备自己负责截断江陵和后方的通道。刘备认为一旦曹仁发现后路被断，必然撤走，那样江陵就唾手可得了。

这确实是一个好计划，即使曹仁不撤出江陵也无妨，只要联军能够成功阻击襄阳方向的援军，曹仁迟早会成为瓮中之鳖。周瑜认可了这一计划，虽然两千换一千略显吃亏，但刘备的任务毕竟也很艰巨。可他没想到的是，刘备竟然耍了滑头。

当初刘备说得很好，让周瑜分两千人跟随他截断曹仁的后路，后来他确实派关羽执行这一任务了，只不过很可能仅带了周瑜给的这两千人。也就是说，刘备虽然兑现了承诺，但打了折扣。那么刘备的主力部队去哪里了？原来，他趁着周瑜和曹仁鏖战，去攻打零陵、武陵、桂阳和长沙四郡了。虽然荆南四郡无论是富庶程度还是重要程度都不如南郡，但对于缺少立足之地的刘备来说还是非常重要的。

周瑜方面一开始进展并不顺利。最初，吴军还未完成部署，曹仁认为不能坐以待毙，于是准备趁对方包围圈尚未形成时抢先进攻。当时，吴军先锋数千人来到江陵城下，曹仁命部将牛金率三百精锐发起突击。然而，双方有十倍以上的兵力差距，牛金寡不敌众，很快陷入重围。在城头上的长史陈矫等人见情况危急，顿时大惊失色。

曹仁当然不是故意让牛金送死，他还有后续安排。他命手下牵来自己的坐骑，准备亲自出城营救。身边的陈矫等人连忙劝阻："敌军声势浩大，锐不可当，不如舍弃这几百人，您身为主帅万万不可以身犯险。"曹仁执意披甲上马，率领数十名亲兵杀出城去。

待行至距吴军先锋只有百多步时，一条河沟挡在曹仁面前。陈矫等人以为曹仁会在沟边停下脚步，和吴军对峙。不想曹仁越沟而前，径直突入敌阵。吴军本来胜券在握，根本想不到曹军只用数十名骑兵就敢发起突击，更想不到带队的将领居然是主帅曹仁，随后包围圈竟被冲出一道缺口，曹仁趁机将牛金解救出来。回头一看，敌阵内仍有部分兵马未能脱离险境。曹仁扭头杀回，再次冲破了包围圈。《三国志》用"仁复直还突之"生动形象地描绘出曹仁的勇猛果敢。只见曹仁勇不可当，连斩数人，吴军胆气尽丧，只好放任曹仁将其余兵马悉数救出。不多时曹仁返回江陵城内。见他得胜归来，陈矫等人无不惊叹："将军真天人也！"

身为主帅却以如此少的兵力冒险，看似非常不明智，但曹仁有自己的想法。夷陵之战大败后，曹军士气极为低落，相反吴军却气势如虹。再加上曹军兵力也不如对手，如果不做些什么，单单龟缩在江陵城内防守，那么迟早会被敌军攻陷。趁着对方立足未稳，用一次突击来提振士气的意义十分重大。此时，曹仁在暗，东吴在明，他是以有备攻无备，虽然看似以卵击石，但风险没有想象的那么大。

曹仁以一次精彩的个人表演在一定程度上扭转了局面，也为这场持续一年有余的惨烈战争拉开了序幕。江陵之战是一场硬碰硬的对抗，当周瑜率主力抵达战场后，真正的较量随之开始。

虽说兵法有云"攻城为最下"，周瑜却不得已而为之。毕竟，江陵城中粮草军械充足，单凭打击补给线迫使江陵投降是不现实的。为了激励士卒奋战，周瑜亲自跨马掠阵，不畏矢石，不想被一支冷箭射中右肋。由于伤势严重，周瑜只好暂时回营休息。

曹仁听说周瑜受伤卧床不起，便抓住机会领兵出城挑战。此时的形势对周瑜来说极为严峻，如果他为了养伤闭门不出，在敌方的鼓噪下难免会生出主帅伤重不治一类的谣言，从而引起混乱，那对于全军将是灭顶之灾。况且，军中还有一位和自己地位不相上下且关系不睦的老将程普，如果因伤不能主持军务，程普会不会趁机夺权也是个未知数。因此，周瑜只好强行起身，带伤巡视军营，激励士气，这才堪堪稳住了局面。只不过，此举是在燃烧他的生命。

坏消息仍在持续传来，因为负责"绝北道"的关羽根本无法完成预定任务。提到关羽绝北道，这确实是江陵之战的一个重要组成部分。但实际成果如何，历来众说纷纭，没有一个确切的结论。有人认为关羽"绝北道"的战绩辉煌，成功为周瑜夺取江陵创造了机会；有人则认为其意义十分有限。

在笔者看来，关羽"绝北道"的意义确实被夸大了。现代战争中，有一句话叫作"战报会撒谎，但是战线不会"。也就是说，声称自己赢了与否没有意义，关键看战线的位置，这句话在古代战争中也适用。

为了援救曹仁，徐晃和满宠领兵南下，与关羽爆发了汉津之战，此战胜负如何，史书没有交代。不过，此战过后，徐晃军已经到达江陵，并和周瑜发生了交战，这显然证明了关羽未能达到"绝北道"的战略目的。也许，关羽在战场上并没有战败，但没有达到战略目的不也是一种失败吗？

更严峻的是，关羽的对手还不止徐晃一个，汝南太守李通也加入了战局。虽然关羽设置鹿角，层层布防，但李通奋勇向前，突破了关羽的防守，成功接应了曹仁。而且，按照《三国志》专美传主的写作特点，如果关羽真的在这一战中表现亮眼，那为何他的本传只字未提呢？诚然，关羽并不是消极作战，也跟曹军多位名将有过激烈的交锋，但这并不能掩盖他的失败。正是因为关羽经过苦战，仍未能成功阻击曹操援军，所以可以判断刘备只给了他不多的兵力，极有可能只有周瑜那两千人马，实在是巧妇难为无米之炊，这应该就是关羽"绝北道"的真相。

江陵的战局已经开始向着曹军一方倾斜。虽然双方仍处于相持阶段，但如今曹军后方和江陵的交通线被打通了，只要曹操有心相争并继续派兵来援，或许周瑜就只能无功而返了。然而就在这时，形势又发生了变化，孙权双线进攻的战略开始奏效了，虽然他主打的东线未能取得什么成果，却间接帮助周瑜这一路打开了局面。

赤壁新败后曹操元气大伤，如今孙刘联军咄咄逼人的攻势让他意识到必须在东西两线中做一个取舍，曹操的最终选择是放弃荆州。孙权虽然在建安十四年（209年）春季从合肥退兵，但难保以后不会再来进攻，而合肥的重要意义曹操不会忽视，他必须加强东线的力量。在荆州收缩防守，不仅能减轻自己的压力，还有可能让孙刘双方在瓜分利益时反目。这舍西取东的战略确实不失为一个明智的选择，这也和孙权在合肥一线制造的压力有很大的关系，他才是决定南郡之战胜负的关键。为此，曹操在同年三月来到故乡谯县编练水军，七月进兵合肥。当然，这一次曹操并没有大举进攻的打算，而是以威慑为主。

在合肥设置地方官员并安排屯田后，曹操于十二月就引兵北归了。这对曹仁造成的影响就是除了徐晃和李通外，他得不到其他的支援了。此时，曹仁所部损失惨重，再加上曹操的总体战略发生改变，他最终被迫选择放弃江陵。

经历一年多的艰苦奋战，南郡之争终于以东吴的全胜而告终，榻上策的第二步也完成了一半。这也是联军在赤壁之战后取得的第二次重大胜利。至此，曹操失去了南征荆州所取得的绝大多数战果。战后，周瑜因功被晋升为偏将军，领南郡太守，驻守江陵。这不仅是为了褒奖周瑜，也是为了对刘备宣示南郡的主权，毕竟在南郡之战中东吴才是绝对的主力。南郡之战是赤壁之战的后续，联军和曹军在荆州的争夺至此暂时告一段落。东吴在战争中收获巨大，江东基业基本稳定下来。

然而，平静的背后，新的冲突正在酝酿，目前只差一个导火索。此后的发展形势正如曹操所希望的那样，随着外部压力大减，孙刘联盟最初的蜜月期已经过去，虽然双方还未直接发生矛盾，但联盟已经进入貌合神离的第二阶段。

11　周郎谢幕

江陵城的南郡太守府中，周瑜正在思索下一阶段的对策，如今南郡尽入手中，来自北方的压力骤减，想到这里，他心头稍安。而当周瑜想到刘备时，心中又生出一股怒火，此人终究是心腹大患。

随着荆州的硝烟散尽，联盟内部开始生出裂痕，双方互相猜疑起来，联盟关系进入了新的阶段。双方关系开始走下坡路正是从南郡之战后不久开始。现在到分割战利品的时候了，而无论如何处理都不可能让双方都满意，周瑜和刘备的冲突也源于此。

在周瑜看来，刘备野心勃勃，战后他表孙权领徐州牧，自领荆州牧，此举的目的就是将孙权的目光引到东面去，同时表露出他对荆州的野心，这岂能不让周瑜开始警惕？不过，当时周瑜毕竟挟大胜之余威，处于强势期，而战利品的瓜分要以战争中贡献的多寡为标准，因此荆州的核心地带江陵自然是东吴的囊中之物，这就让周瑜在和刘备的交涉中占了上风。

作为前线的最高长官，周瑜对于刘备始终有一个清晰的定位，他虽然赞同双方结盟，但刘备必须成为江东的附庸，而不能任其壮大，他的立场不是"联刘抗曹"，而是"制刘抗曹"。从后来的局势发展来看，他的看法是有一定前瞻性的。

作为荆州中部的核心地带，江陵绝对不能容许刘备染指，因此，周瑜的底线就是将南郡的江南部分划给刘备。于是，刘备便在长江南岸的油江口驻兵，并将其改名为公安，取"左公所安"之意（刘备是左将军，人称"左公"）。

但这并不是说仅仅把刘备压制在江南就够了，周瑜对他的防备还不限于此。刘备虽然在江陵之战期间乘虚而入拿下了荆南四郡，但事后并未对其完全掌控，被周瑜插进了几颗钉子。这种说法恐怕有些颠覆认识，因为传统观点认为直到建安二十年（215年）双方在荆南四郡剑拔弩张之前，这里都是刘备控制的地区。

不过，这么推测自然是有根据的。按照《江表传》的记载，刘备"复从权借荆州数郡"，也就是说，他后来从东吴借到不止一个郡。但刘备又没有借江夏郡的记录，因此这所谓的"数郡"只可能说的是荆南四郡。正因为荆南四郡并未被刘备完全控制，而且东吴势力也进入了此地，所以后来东吴完全退出时，便顺手将其借给刘备了。

这就是周瑜防范刘备壮大的手段，那么他具体在哪些地方插了钉子呢？事实上，除了零陵郡以外，长沙、武陵和桂阳三郡，周瑜都有安排。

首先看长沙。周瑜驻扎在江陵，他的几处封地除了州陵在南郡外，其余下隽、汉昌和刘阳都在长沙。即便后来将长沙交给刘备，周瑜也是有所保留的。当时，孙权将汉昌从长沙郡分割出来，单独设立了汉昌郡，后来鲁肃和吕蒙先后担任汉昌太守，可见东吴对刘备的戒备始终没有消除，这应该都是周瑜时期遗留下来的政策。

再看武陵，黄盖曾担任过此郡的太守。由于武陵正式归属东吴是在建安二十四年（219年）之后，黄盖在那时早已去世，因此他最有可能就在南郡之战后担任武陵太守，成为周瑜布下的钉子之一。

至于桂阳，建安十四年（209年），全琮的父亲全柔被任命为桂阳太守。可见，东吴在桂阳必然是有一股力量的。

显然，刘备是无法对这种现状满意的，按照隆中对的规划，襄阳是日后北伐的前沿基地，如今自己被压制在长江以南，岂能有所作为？但周瑜太过强硬，不好对付，刘备只好亲赴江东与孙权谈判，求都督荆州。

此举令周瑜更加警惕，虽然身为主帅不能擅离职守，但他依然给孙权写了一封信，阐述了其中的利害。信中写道，刘备乃枭雄，手下关、张亦是熊虎之将，不可能久居人下。不如趁势将他羁縻在江东，用声色犬马消磨他的意志，让刘备和手下诸将分开，由我来挟制他们对外攻战。如果继续割让土地资助刘备，那么他便会如蛟龙得云雨，再不复池中之物。

周瑜没打算直接拒绝刘备，那样虽然不至于让双方关系直接破裂，但至少会使双方关系变得更紧张。他希望用计控制住刘备，届时关、张等人投鼠忌器，自然得对东吴俯首听命。之前江陵之战期间，张飞所部千人曾归周瑜指挥，有了这段经历，他有信心在软禁刘备后控制其部下。到时失去了主心骨，刘备集团肯定再难有什么发展了，东吴另一位老资历的重臣吕范也持相同的看法。

鲁肃却提出了不同的意见，他认为应该接受刘备的请求。其理由有二：一是曹操仍具有强大的实力，双方的共同敌人依旧存在；二是东吴控制荆州的时日尚短，在当地的威望不如刘备。孙权经过深思熟虑，最终采纳了鲁肃的意见，并和刘备联姻，对其加以笼络。

在他看来，刘备的势力越来越大，当初投靠曹操的刘表旧部很多都转投了刘备，而且被夏侯渊击败的雷绪离开庐江后也率兵卒及其家属五万多人来投靠他，如今刘备已经今非昔比。另外，曹操已经将军事重心转移到东线，这令孙权感到巨大的威胁。因此，东吴暂时没有力量继续投入到荆州了，而不投入就无法压制刘备。

孙权的这一决定是否正确暂且先不讨论，但多年以后，他对此是表示后悔的。不过，对于眼前的局面来说，借荆州一事确实起到了巩固同盟的作用，至少推迟了矛盾爆发的时间。据《三国志·吴书·周瑜鲁肃吕蒙传》记载，连曹操听说此事后都"方作书，落笔于地"，震惊得无以复加。由此可见，对于刘备的威胁，他和周瑜有着相同的认知。至此，刘备基本获得了南郡的江南部分和荆南四郡除汉昌以外的控制权。至于江陵，只要周瑜还在一天，他就不可能交给刘备。

周瑜对刘备屡屡表现出敌意，这令刘备大为不满，于是他打算给周瑜制造一点麻烦。刘备谈判结束后准备返回荆州时，孙权和十几位臣僚一起设宴为他送别。宴会后，刘备趁其他人先行离开，单独对孙权说："公瑾文武筹略，万人之英，顾其器量广大，恐不久为人臣耳。"

孙权自然不可能因为外人三言两语就对周瑜产生什么猜忌之心，要防备的话，以他的政治手腕不用别人多说就能做得到。不过，此事从一个侧面体现出周瑜和刘备之间矛盾已经很深了。

周瑜见自己的信没能起作用，心中大感忧虑。如今，借荆州已成定局，他无法改变，自己的身体状况也不甚理想，他知道不能再拖了，现在是时候把那个宏大的计划拿出来了。为此，他亲自去江东面见孙权，进言道："如今曹操新遭挫败，内忧外患，因此无力侵犯东吴。请让我和奋威将军孙瑜一同进攻巴蜀，并且吞并汉中张鲁，随后留他固守，与马超结援呼应，我则返回荆州和您一起进攻襄阳，这样进取中原大有希望。"周瑜提出这一计划就是在榻上策的第二步尚未彻底完成时提前践行第三步，最终达到"竟长江所极"的目的。而占据汉中和襄阳后进取中原，与隆中对有异曲同工之妙。

当时，周瑜占据江陵和夷陵，攻取益州的跳板已经握在手中，西征的客观条件已然具备。益州就在那里，且其主不能守，如果被曹操抢了先，形势就非常不利了，刘备也有可能先下手为强。而且，这一计划还有一个好处，那就是可以推迟将江陵借给刘备的时间，毕竟不可能做到"越荆取蜀"。最后还有一个亮点，那就是周瑜提出让孙瑜同行。孙瑜曾在周瑜手下作战，讨伐麻、保二屯，两人是有默契的，这样的一个副手肯定比程普更好。另外，取胜后让有宗室身份的孙瑜留镇益州，周瑜本人返回荆州，如此也不会引起孙权的猜疑。

周瑜的计划算是比较周全，但仍有两点他没有考虑到。第一，如果在完全攻占益州之前，马超就已被曹操击败该怎么办？第二，如果东吴主力都去进攻益州了，那么曹操从扬州一线大举进攻怎么办？从后来的情况来看，这就是事实。周瑜忽视了这两点，他的计划有瑕疵，他确实有些急躁冒进了。但从另一个角度来看，他或许已经感到自己时日无多，因此别无选择。

不过，如果不考虑周瑜的寿数，也不考虑全局，而单从局部军事角度来看，他的计划虽然有一定的冒险性，但同时也有一定的可行性，这也是周瑜军事生涯中绽放出的最后一次光辉。

当时江东的将领中，来自益州的除了甘宁外，还有刘璋手下的降将袭肃，此二人对益州的情况非常熟悉，可作为先锋向导。

另外，虽然后来刘备入蜀之战打了三年，但当时诸葛亮尚未展现出军事天赋，刘备帐下所有将领包括其本人在军事才能方面无一能与周瑜相比，因此若是周瑜统兵，攻占巴蜀花的时间会更少亦未可知。

这一计划倘若实现，孙权不仅有了对抗曹操的资本，同时也能彻底限制刘备未来的发展空间，使其只能局限于江南一隅，到时候除了做江东的附庸，刘备别无选择。

总之，周瑜的计划从军事角度来看是有可能实现的，但难度较大，因为有两个前提条件，那就是他必须在两年内拿下益州，并且孙权要在这期间顶住曹操在东线的攻势。不过，这一颇具进取性的计划还是得到了孙权的首肯。周瑜得令后立刻返回江陵，开始备战。然而就在回程的路上，或许是因为多年的操劳，又或许是因为一年前的箭伤尚未痊愈，总之，周瑜的身体支撑不住了。

得知自己命在旦夕，周瑜一边感叹天不假年，一边用最后的精力给孙权写了一封信，对后事做了安排。他着重提出曹操仍是最大威胁，但刘备也不可轻视，荆州局面复杂，需要一名良将镇抚，而最佳的人选就是鲁肃。

之前，鲁肃在软禁刘备一事上和周瑜有不同意见，但周瑜依然推荐了他，这不光是因为他和鲁肃私交好，更因为鲁肃是最合适的人。鲁肃不光才干出众，而且他对刘备那种比较温和的态度也更适合未来局势的发展。周瑜非常清楚攻取益州一事只能由他亲自完成，还不一定有必胜的把握，旁人不具备这个能力。因此，西征计划在他去世后就只能被迫搁浅了，周瑜在遗书中对继续践行此事只字未提，说明他已经完全放弃了。

此时，他唯一希望的就是鲁肃可以维持住东吴在荆州的现有利益，这和当初孙策去世前嘱托孙权保据江东、慎勿北渡是一样的。一个进取风格的统帅，若无能与自己比肩的继任者，交代后事时都会做出保守的选择。

临终前，周瑜回忆起年少时在寿春初见孙策的场景，从二人相识相交到并肩作战，打下了江东偌大的基业。自己年少成名，又建立了不世奇功，为之奋斗的江东政权也步入了正轨，此生已然无憾。如今，可以放心去追随结拜兄长了。建安十五年（210年），一代英杰周瑜病逝于巴丘，结束了他短暂但辉煌的一生，年仅三十六岁。

周瑜去世后极尽哀荣，孙权不仅身着素服为他哀悼，还亲自去芜湖迎接他的灵柩。周瑜燃烧自己为东吴奋斗一生，这些荣誉都是他应得的。他的战功足以彪炳史册，英年早逝亦令人痛惜，他的战略眼光也在那个时代遥遥领先，孙权称其为王佐之才并无过誉。甚至他在多年后登基称帝时，仍不忘周瑜的功绩。

周瑜的时代谢幕了，江东的发展历程也翻开了新的篇章，作为周瑜指定的继任者，鲁肃又将如何处理同刘备的关系呢？

12　借荆州

周瑜去世后，鲁肃袭领了周瑜的四千部曲和诸多封地，成为荆州地区的最高负责人。然而，鲁肃根本无暇为老朋友的英年早逝过多悲伤，此时他正肩负着调和联盟关系的重任。

此时，江东对刘备的外交政策开始出现转向，双方之间一度有些紧张的关系开始缓和下来。这下，借荆州一事的后半部分终于该提上日程了。提到鲁肃对双方关系的影响，借荆州是一个无论如何都绕不开的话题，这也成为后来双方长期产生纷争的根源。

关于借荆州一事，历来众说纷纭，就连此事究竟是否属实，学界都没能达成一致，有人认为这是东吴事后的一面之词。持这一论点最著名的就是清代学者赵翼。他认为荆州本是刘表所有，而非东吴所有，而且在赤壁之战和江陵之战期间，刘备在联盟抗曹过程中发挥了巨大的作用，理应占据荆州的土地，所以借荆州一说是不成立的，荆州是刘备靠实力取得的。这种观点虽然并非最为主流，但也有一定的市场，甚至近代史学家吕思勉也认同他的论述。

然而，赵翼的观点在逻辑上是说不通的，荆州本属刘表不假，但随着刘琮投降，荆州大部早就归了曹操，所以谈不上刘备承袭刘表的荆州。而且，战后的利益分配肯定要根据战争中贡献的大小来决定，可无论是赤壁遭遇战、乌林火攻还是江陵之战，东吴军队都是核心主力，最后的结果却是刘备占据了荆州大部，这明显不是根据贡献多寡划分出的结果。

从史实的角度来看，借荆州一事也是确凿无疑的。比如，曹操听闻江东以土地资助刘备后极度震惊，连笔都握不住了；周瑜在给孙权的信中也强烈反对割让土地。这都是史料明确记载的事。

最后从刘备一方的反应来看，也可以佐证这一事实。后来，东吴向刘备讨还荆州时，刘备的态度比较模糊，他并未否定此事，而是许诺将来攻克凉州后再交付荆州。虽然这只是刘备的托词，但他对此事没有反驳，可见他清楚自己是理亏的，承认了东吴对荆州的所有权。如果当初压根没有借荆州一事，那他大可以据理力争。另外，之后双方因荆南四郡的归属发生冲突进行谈判时，关羽也没有否认此事。由此可见，刘备集团内部普遍承认自己所占的土地曾属于东吴。

总而言之，借荆州是铁一般的事实。多年后，孙权在和陆逊谈到鲁肃时，认为主张借荆州是鲁肃的一个失误。如果本无此事，那孙权为何要污蔑已经去世多年的功臣呢？

其实，还有一件事也成了对借荆州一事持反对意见者的论据，那就是江夏的归属问题。他们认为江夏本属刘琦，后来却归了东吴，说明是孙权和刘备进行了土地的交换，所以谈不上借荆州。

事实上，刘琦生前的势力范围仅局限于江北夏口周边不大的地区。江夏北部是曹操的势力范围，由文聘驻守，这个没有争议，而东吴也只占据了江夏长江以南的地区。至于夏口一带，是在建安二十年（215年）湘水划界后才正式归属东吴，那是后来双方进行的利益交换，和最初的借荆州没有一点关系。

之所以这么说，根据就是程普在南郡之战后曾两度担任江夏太守，他的治所在江南的沙羡。江陵之战后，刘备领荆州牧。根据《三国志·蜀书·先主传》的记载，刘琦在这之前已经病死，他的部下都归了刘备。由此可知，在程普担任江夏太守期间，夏口一带属刘备所有，否则程普没有道理不将其治所放在位置更重要的夏口。因此，江夏的归属问题和借荆州一事没有关联。在赤壁之战结束后的几年中，孙权并未在江夏得到刘备什么好处。

解决了借荆州是否确有其事的问题后，接下来再说说借的都是哪些地方。关于这一点，其实前文已谈到，借荆州借的是南郡江北一带以及长沙、武陵、桂阳三郡的部分地区，这也是东吴后来主张讨还三郡的依据。

在周瑜主持荆州军务期间，由于他的反对，此事只是初步达成意向，实施程度非常有限，在鲁肃继任后，才真正开始推进。此时，接替周瑜担任南郡太守的程普又被调回了江夏，继承了周瑜几千部曲的鲁肃也将驻地从江陵东迁到了陆口，并担任新设立的汉昌太守。由此可见，东吴的势力正在逐步退出这一地区。

南郡是东吴经历一年苦战，付出巨大牺牲才打下来的，就这样拱手送人，而且事后得到的回报非常有限，乍一看绝对是一笔亏本买卖，孙权也认为这是一个错误。不过，真的如此吗？其实，孙权这么想是因为他并未领会鲁肃的真正意图。论政治权谋，孙权是行家，但若论战略眼光，他就远远达不到鲁肃的高度了。鲁肃是一位比周瑜更胜一筹的战略家，他们二人最终目标虽然相同，都希望东吴能够建立帝业，但实现目标的具体方法是不同的。

周瑜的方案是不惜一切代价扩充自己的实力，对于盟友，一边压制，一边尽量榨取它的价值，从而让自己的实力达到最大化，以获得和曹操对抗的资本。这个方案的大方向没有问题，但实施起来难度过大——本来联盟的实力就逊于曹操，内部再生矛盾的话，那就更难与其对抗了。或许周瑜是因为感到自己大限将至，才会有些急功近利吧。

但鲁肃的方案就不同了，他对曹操的强大有着清晰的认识，从当年提出榻上策时，他就清楚抗曹是一场持久战。既然要长期斗争就必须保持良好的同盟关系，只要曹操仍然是最强大的势力，联盟就必须维持下去。至于刘备是否有威胁，会不会养虎遗患，那不是短期内需要考虑的问题，一切都是破曹之后的事情。即使由于刘备过于壮大，破曹后东吴在双方的竞争中处于下风，那也总比因联盟破裂被曹操各个击破要好，这叫两害相权取其轻。

具体到借荆州这件事上，孙权之所以会赞同鲁肃，以他的战略眼光应该不会考虑得太复杂，大概就是因为无力在东线面临曹操强大压力的同时，再去荆州压制刘备。但鲁肃就不一样了，他考虑得显然更多。

第一，从曹操南征荆州时起，鲁肃就认识到最初的榻上策已经不具备实施的条件了，必须根据新形势制定新策略。可以说孙刘联盟就是榻上策的一个变种，将原计划中的部分利益让给盟友，通过联盟的手段达到"竟长江所极"的效果，这也是不得已的选择。

第二，《汉晋春秋》记载鲁肃反对吕范提出将刘备扣留在江东的方案时说："初临荆州，恩信未洽，宜以借备，使抚安之。"这说明他打算借助刘备去经营荆州。根据《九州春秋》记载，在庞统的描述中，经历了两年的大规模战乱后，曾经富庶的荆州已经今非昔比，沦落至"荆州荒残，人物殚尽"的地步。根据《三国志·吴书·陆逊传》的记载，荆州士人直到建安二十五年（220年）荆州局势尘埃落定后，才逐渐回归本土。

对于这样一个凋敝的荆州，若想尽快让它恢复元气，辛苦经营是必不可少的，而刘备相比孙权来说更适合做这件事。刘备在荆州多年，颇有人望，当初刘琮降曹时，其部众很多投靠了刘备，规模在十万以上。后来，刘琦死后，他的部下也归顺了刘备，并推举他为荆州牧。可见，刘备在荆州的地位之高。

反观孙权，他是一个外来者，而且孙家给荆州人留下的印象太糟糕了，他们对江东只有仇恨和恐惧。当年孙坚逼死荆州刺史王睿，又杀了南阳太守张咨，后来孙策和孙权四次征讨江夏，杀死荆州兵民无数，任何一个荆州人在刘备和孙权两人中做选择都不会犹豫。甚至，连曹操谋士贾诩这个外人都清楚"荆人服刘主之雄姿，惮孙权之武略"。

因此，借助刘备的人望经营好荆州，是一件可以提升联盟总体实力的好事。至于将来荆州的实力恢复后，东吴能否顺利将其索回，在总体战略上不是主要考虑的问题。如果双方因荆州的归属发生严重的矛盾，最终只会便宜了曹操，到时候曹操坐收渔利，双方谁也得不到荆州，所以不如做个顺水人情。而且，刘备在取得益州之前，信誉还是非常不错的，鲁肃和他的交往不多，在赤壁之战结束后与他就不再有接触了，他对刘备这位枭雄的本质的认识程度显然不如长期与其一同作战的周瑜，所以他也无法预料到刘备日后竟会翻脸无情。

鲁肃即使知道刘备会赖账，他依然会做出相同的决定，这就是借荆州的第三点理由。鲁肃对于借荆州还有一个深层次的考虑，那就是通过武装刘备吸引曹操的火力。在多方相争中，强者和弱者的策略是不一样的，强者只需以连横之策远交近攻、分化瓦解即可取得最后的胜利，如秦灭六国。

但弱者就很难了，只有合纵抗强，通过削弱对手使自己由弱变强，除此之外别无选择。而且木秀于林，风必摧之，只要弱势一方形成联盟，其领头者自然会成为强势一方的首要打击目标，目前东吴扮演的就是这个角色。如果不想承受曹操的主要压力，就必须提升刘备在曹操眼中的威胁值，将他推到风口浪尖上，此时以土地资助刘备就是为了达成这一目的。

在对抗中，东吴可以采取相对灵活的外交手段，这是东吴的一大优势。事实上，孙权等人也是这么做的，虽然心里清楚想要一统天下的曹操才是最大的威胁，这一根本矛盾无法化解，但实际操作起来不一定非要那么死板，毕竟双方是曾经的盟友，明面上是有缓和的余地的。

但刘备就不同了，他打出的旗号是抗曹兴汉，反曹是他多年来的招牌，他是绝不可能和曹操媾和的，否则他苦心经营的人设就会崩塌，反过来曹操对此必然也有相同的认识。这是刘备的优势，也是他的负担。这样的背景下，如果刘备逐渐强大起来，曹操便会暂时放下东吴，重新将矛头对准他。

事实上，借荆州最终确定时，曹操那震惊的表现已经非常能说明问题了，他和刘备势不两立，刘备屡战屡败却始终不倒，一旦让他成了气候，问题就严重了。后来，刘备集团在水淹七军后，无论实力和声势都达到了顶峰，曹操便将其视为最大的威胁，主力部队大多调往西线，这样一来，东吴的机会就来了。可惜的是，彼时鲁肃已然过世，东吴上下再无一人能够领会他的战略思想了。

在荆州退了一步之后，东吴仍需要选择一个新的扩张方向来弥补损失，最合适的目标是哪里呢？

13　交州风云

借荆州风波结束后，孙刘两家在荆州的势力范围大致固定了下来。然而，孙权虽答应了此事，但他心中想必是有些不甘的。周瑜的肺腑之言深深地印在孙权的脑海中，所以他始终没有放下对刘备的戒心。虽然当前力有未逮，只能暂时隐忍，但至少可以为将来布局。况且，东吴也确实需要一个新的扩张方向，这样的背景下，交州便走进了孙权的视野。

交州位于岭南，大概是今天的两广一带。如果能拿下交州，东吴将从东和南两个方向对刘备形成夹击之势，一旦将来双方反目成仇，东吴便可以在战略上取得主动。然而，取交州并非易事，那里在汉末三国时代存在感不高，但是交州山高皇帝远，斗争形势的复杂程度比起其他地方不遑多让，先后两任刺史死于非命。

第一个就是朱符。此人到任后放纵亲信对百姓横征暴敛，最终激起民变。朱符一看形势不妙，便出海逃亡，最后死在外面。根据佛教典籍《弘明集》的记载，当年被笮融所杀的豫章太守朱皓是朱符的弟弟，朱符想起兵为弟弟报仇但没能实现，或许他的横征暴敛就是在筹措军费吧。朱符死后，朝廷又派张津前去接任。

张津是一个八面玲珑的人物，当初跟何进、袁绍等人都有交情。也许正是因为强大的人脉，才让他得到了这个封疆大吏的职位。不过，这个岭南之主不那么好做，因为张津是带着任务来的。这个任务就是牵制刘表。刘表在平定张怿、基本统一荆州南部后实力大增，这让他对岭南产生了野心。然而，张津想凭借当时尚属蛮荒之地的岭南对抗拥有十余万大军的刘表无疑是以卵击石，所以连战连败。结果他又走上了前任朱符的老路，最终被部将所杀，落得个客死异乡的悲惨下场。

连续两任长官非正常死亡，这件事很不寻常，或许他们有咎由自取的一面，但从中也能看到一个事实，那就是朱符和张津对岭南的控制力非常有限，因此过度动员的时候才会遭到反噬。之所以出现这个结果，是因为他们只是岭南名义上的长官，岭南真正的实权人物另有其人，此人是名副其实的地头蛇，他就是士燮（xiè）。

士燮祖籍豫州鲁国，他的先祖在两汉之交时因躲避战乱前往岭南，此后士家在当地生根发芽，成为名门望族。汉桓帝时期，士燮的父亲士赐担任日南太守，官场上的惯例——籍贯回避制度形同虚设，可见士家在当地势力极大。作为天之骄子，年轻的士燮并未坐享其成，而是前往洛阳游学。在此期间，他跟随名师学习儒家经典，也开阔了视野，后来回到故乡担任交趾太守，从此开始了对交州四十多年的统治。

朱符死后，岭南彻底成了士家的天下，士燮的几个弟弟都成了太守，其中士壹任合浦太守，士䵋（yǐ）任九真太守，士武任南海太守。交州七个郡中，士家有四人担任主官。此外，士燮还收留了一批来避难的中原士大夫，拥有了雄厚的政治资本。他排场极大，各种逾制却无人敢管，当初的赵佗也不过如此，士燮成了真正的"南越王"。

张津到任后，局面丝毫没有改变。建安二年（197年），士燮上奏朝廷，说其余十二个州都称为州，长官称作州牧，唯独岭南称为交趾刺史部，希望朝廷设立交州，并将交州刺史升为交州牧。这件事按理说本该由张津做，士燮一个太守，却越过长官直接对话朝廷，这摆明了不把张津放在眼里。他之所以敢这么做，除了士家在当地实力强大外，还因为他在朝廷也有人脉。最终，士燮的奏请获批。

这其中，士燮当初游学洛阳的好处就体现出来了，他并不是蜗居在交州的井底之蛙，相反他对中原的局势了如指掌。当时曹操已经挟天子令诸侯，于是士燮打算抱住曹操的大腿。虽然没有直接证据显示士燮和曹操开始往来，但既然他能给朝廷上书并得到许可，那么必然有人牵线搭桥，这应该靠的是当初他在洛阳积累的人脉。

曹操对交州的局势很关注，虽然他希望张津能够牵制刘表，但他不会把希望都寄托在一个人身上，士燮这个交州的实力派就是他做的另一手准备。果不其然，张津是斗不过刘表的。在他死后，刘表将自己的势力渗透进交州，委任赖恭为交州刺史，吴巨为苍梧太守。这时候，士燮的作用就该凸显出来了。

士燮对曹操确实表现得非常友好，他非常配合地杀掉了两个前来避难的曹操的仇人——桓邵和袁忠，还一直向曹操进贡。而曹操也投桃报李，没有派遣新的交州刺史，让士燮以绥南中郎将的身份都督交州，相当于以朝廷的名义承认了他对交州的控制权。

然而，士燮这只老狐狸并未尽心尽力，曹操真正希望他做的事他一件也没有做。按说士燮得到了朝廷的承认，刘表也已经严重侵犯了他的利益，士燮应该死心塌地跟着曹操对抗刘表才对。可士燮完全没有这么做，这是因为他看透了曹操的驱虎吞狼之计，他一切恭顺的表现只不过是应付曹操罢了。

曹操虽然强大但毕竟远在天边，况且当时他还忙于平定河北，根本无暇南顾。而刘表的威胁是近在眼前的，荆州的实力也比交州强大得多，在得不到实际外援的情况下和刘表交恶是不明智的。于是，士燮在曹操和刘表之间选择中立，默认了赖恭的地位，反正赖恭的势力基本局限在苍梧郡，交州其他地区大多掌握在士家手中。士燮就是这样一个务实的人，他巧妙地周旋在两大势力之间，家族的利益丝毫不受损害。

很快局势又发生了变化，赖恭和吴巨两人起了冲突，吴巨将当初杀死张津的区景收至麾下后实力大增，并最终将赖恭赶走了。他之所以敢打破平衡，大概是因为受曹操南征和刘表去世的影响，荆州大乱，他起了自立的野心。当然其背后或许有刘备的影子，毕竟刘备和吴巨有不浅的交情。但吴巨这个人的实力和野心完全不匹配，或许假以时日士燮就会对他动手，毕竟在失去荆州的外援后，吴巨绝不是士燮这个地头蛇的对手，然而孙权没给他这个机会。

当初，鲁肃就看出平庸的吴巨必然没有什么作为，再加上牵制刘备的需要，孙权也准备对交州出手了。正好赖恭被赶走后心有不甘，向孙权求援。于是，建安十五年（210年），孙权命步骘（zhì）担任交州刺史，正式踏出了吞并交州的第一步。

步骘是徐州淮阴人，本是个家道中落的儒生，由于淮泗人的身份而被孙权提拔后成为其亲信，一年内先后晋升为鄱阳太守和交州刺史，官职如火箭般蹿升。不过，孙权只能给他地位，实际上给的支持很有限。来自曹操方面的压力仍然很大，孙权无法在交州投入太多精力，而且他也不愿过度刺激士燮，避免把士燮彻底逼入曹操阵营。于是，步骘只带着支千人队伍就上路了。

步骘沿着湘水南下，经灵渠转入漓水，抵达零陵和苍梧的交界处，随后派人去请吴巨前来迎接。当时，吴巨拥兵五千，实力远比步骘强大。为了麻痹对手，步骘只带了四百人，剩下的六百人或许是兵分两路，又或许是作为后续部队，总之暂时没有出现在步骘的队伍里。吴巨是个武夫，见步骘的兵力连自己的零头都不到，又看不起对方是个书生，便把他当成下一个赖恭，轻易将其放进苍梧。可吴巨没有想到步骘远没有这么简单。

孙权的介入让交州的局势再次复杂起来，士燮不敢贸然行动，他对步骘表示恭顺，愿意听其调度，他可不愿意开罪赤壁之战获胜后如日中天的孙权。当时，交州的政治中心尚在苍梧郡的广信，而非后来的南海郡番禺，士燮处于斗争的旋涡之外，正好可以坐山观虎斗。而且有赖恭的先例，步骘和吴巨起冲突是迟早的事，这两个人无论谁干掉谁都对士燮没有坏处。

吴巨将步骘迎入交州后很快就后悔了，而步骘打算拿吴巨开刀震慑士燮，步吴二人的冲突已经不可避免。步骘虽然没经历过什么大风大浪，实力弱小，看似斗不过吴巨这个老油条，但有一个道理步骘这个文人懂得，吴巨这个武夫却不懂得，那就是在斗争中做人留一线是不存在的，一定要赶尽杀绝。

之前，吴巨对赖恭就是如此，当时刘表的势力基本被瓦解，赖恭的后台已经没有了，即使杀了他也无妨，最起码得软禁起来。可吴巨还是手下留情了，只把他赶走了事，结果赖恭转头就向孙权求援了。但吴巨完全没有在这件事上吸取教训，他对步骘同样抱有幻想，只对其保持戒备，并无除掉他的心思。

如今，孙权对交州有野心已经是明摆着的事了，如果吴巨不想对抗，那不如学士燮那样对孙权低头，否则当初就不该对步骘客气。这样战又不战，降又不降，只能让他陷入两难，最终在次年被步骘设局干掉。不过，吴巨毕竟和刘备有不错的交情，孙权除掉他就不怕和刘备发生冲突吗？

其实，孙权选择这个时机动手就是为了避免上述问题，因为这一年刘备正忙着西征益州，根本无暇顾及交州。如果再往深里推测，或许借荆州这桩交易背后也包括了刘备对孙权取交州不加干涉的承诺。愚蠢的吴巨根本没看清形势，刘备是不可能管他的，在这种局面下，以他的实力，除了对孙权俯首称臣外别无选择，这时候还抱着不切实际的野心只有死路一条。

吴巨死后他的部队被步骘兼并，由此步骘实力剧增，号称拥兵两万。接下来，他将彻底扫清吴巨的残余势力。步骘集结部队沿着郁水（今珠江）水陆并进，准备进攻南海郡。吴巨部将衡毅、钱博在苍梧和南海两郡交界处的高要阻击，不出意外又被步骘击败，最终千余人战死，衡毅也丢了性命。经此大胜，步骘在交州声威大振。

这下，士燮是真的坐不住了，事情的发展超出了他的预料，他万万想不到步骘竟会如此厉害。步骘的壮大已经对士家产生了严重的威胁。权衡再三，士燮还是觉得胳膊拧不过大腿，决定彻底臣服孙权。如今刘备和曹操都不可能援助他，单凭士家的力量和孙权对抗绝无胜算。

孙权也清楚，想完全消化掉交州不是一朝一夕的事，目前步骘只是在交州初步站稳了脚跟，想维护统治还得依靠在交州根深蒂固的士燮。于是，双方在交州进入了一个平衡期，以后的日子里士燮对孙权极为恭顺，每次遣使觐见都送去大量珍贵的礼品，双方的和谐维持了十几年。

老谋深算的士燮审时度势，在钢丝上行走多年却始终游刃有余。除了士武早年因病去世外，士燮的家族成员一直担任交趾、合浦、九真三郡的长官。终士燮一生，士家半独立的局面都没有改变。然而，士氏家族的兴衰是和士燮深度绑定的，家族的命运全系于他一身。士燮在世时风光无限，可以说无南越王之名却有南越王之实。但即使他再长寿，也无法永远为家族护航，到了那时，士家的命运就可想而知了。不过至少在短期内，交州尚能保持稳定。

随着荆州和交州的战局暂时告一段落，曹操和孙权二人不约而同地将目光投向了东线，之后几年里，这里便成了孙曹双方争夺的焦点。

14　第一次濡须之战

在和刘备就荆州的划分达成一致并将交州收入囊中后，孙权仍无法安寝，曹操带给他的压力实在太大了。因此，这段时间孙权一直没闲着，他先后做了两件大事。

第一件事就是迁都。

在孙策时代，江东的政治中心在吴郡的吴县，后来孙权继位之初仍然延续了下来。不过，随着内部局势日趋稳定，江东的国策重新回到对外扩张的路线上。吴县确实是当时江东最核心的地区，若以保国为大方针，在这里建都没有问题，但是若想对外扩张，这就有点不合时宜了，主要原因就是调集军队的不便。

东吴有两大扩张方向，一是北面的淮南，二是西面的荆州，可无论向哪个方向发展，以水师为主力的部队都必须先进入长江水道才行。春秋时期吴国开凿了中江，将震泽（太湖）和长江连通起来。不过，六七百年过去了，这条人工河道想必已经淤塞不堪，现在能否使用是个未知数。既然如此，那就只有迁都一个选择了，孙权最初的目标是长江边上的京口（位于今江苏省镇江市）。

京口位于丹徒县，交通十分便利，当初刘繇被孙策击败后是从这里出逃到豫章的。将都城设在京口，更有利于对外扩张。但京口仍不是最佳的选择，很快张纮提出京口以西的秣陵（今江苏省南京市江宁区秣陵街道）才是最佳的建都地点。

秣陵原名金陵，当年秦始皇东巡时听说此地有王气，他深感忌惮，便命人掘断山冈，破坏风水，并将其改名为秣陵。几百年来，这种说法一直深入人心，连周瑜劝说鲁肃投效江东时也说"承运代刘氏者，必兴于东南"。

抛开风水，单从军事地理角度来看，秣陵也比京口更有优势，这里距离长江沿岸的两大重要据点牛渚矶和濡须口更近，确实是绝佳的选择。后来，刘备出访江东时也提出了相同的建议。于是，孙权下定决心建都秣陵，并将其改名为建业，取建功立业之意。从此，该城开始了它的辉煌时期，一直到今天。

孙权做的第二件大事就是修建濡须坞。

在长达数十年的魏吴对抗中，淮南始终是双方最主要的争夺区。双方在东线围绕着江淮水道进行交锋，目前这条水道中间最重要的据点合肥被曹操占据，形势对孙权极为不利。之前，孙权曾向合肥发动过一次大规模进攻，一度让曹操疲于应付，很是狼狈，若不是蒋济的妙策，或许合肥已经落入孙权手中，只可惜棋差一着。

既然合肥为曹操所掌控，那么濡须水下游就显得异常重要了。作为江淮水道南端的最后一道防线，濡须口是江东的命脉所在，此地一旦有失，曹军便可截断长江，届时长江中游的所有据点都会与江东失去联系。为了不至过于被动，东吴必须采取积极防御的策略，即不能将力量收缩至长江南岸，那样便是将天险的半数拱手让人，因此一定要在江北设置防御。

从建安十四年（209年）开始，曹操就不断在合肥一线积蓄反击的力量，这引起了东吴方面的警惕，对此最为重视的就是吕蒙。为将来的大战做准备，吕蒙首次提出在濡须水上修建一座要塞，即大名鼎鼎的濡须坞。不过，吕蒙阐述自己的方案后没有得到大多数人的赞同，诸将都说："上岸击贼，洗足入船，何用坞为？"意思是：我们江东以水师称雄，想杀敌就登岸，想撤退洗洗脚就上船了，还修什么要塞呢？

吕蒙反驳道："作战有顺利的时候，也有不顺的时候，不可能百战百胜。如果上岸后与敌人突然遭遇，被精锐步骑兵纠缠住，到时候根本没机会靠近水边，别说登船了。"这一方案得到了孙权的认可，当初广陵之战的痛苦回忆再次涌上他的心头，彼时孙权同样拥有强大的船队，可结果又如何呢？他是发自内心地对吕蒙的方案表示认同。

不过，修筑濡须坞的计划虽然被敲定了，但濡须坞具体的地点有不同的说法。按照胡三省给《资治通鉴》的注释，濡须坞在巢县（今安徽省巢湖市）东南四十里，正好位于濡须口附近，孙权夹着濡须水两岸修筑了这座要塞。

《读史方舆纪要》则给出另一种说法，认为濡须坞就在巢县旁边。濡须水出巢湖后向东南方向流淌，流经一处山谷，西面的叫七宝山，东面的叫濡须山，濡须坞便是修建在两山之间，后来著名的东兴大堤也是修建在此地。此外，七宝山上筑有西关，濡须山上筑有东关。也就是说，濡须坞并不只是一座军事要塞，而是一整套的防御体系。

经比较，笔者还是更倾向第二种。毕竟，濡须口附近一马平川，不是很利于防守，再加上此处已经是东吴最后的防线了，将希望寄托在这里有些破釜沉舟的意味，不是非常明智。后一种说法从军事角度来看也更加符合常理，在山谷间筑城可以达到"一夫当关，万夫莫开"的效果。如果曹军想避开这条路，那就无法利用水道了，作战必然事倍功半。再加上七宝、濡须二山上的防御工事，这里无论如何也比濡须口更有利于防守。然而，还没等吕蒙完成部署，曹操就抢了先机。

当初赤壁之战期间，孙权大举进攻合肥而险些成功，这件事让曹操耿耿于怀，他早就想报一箭之仇，无奈天不遂人愿，周瑜曾预言马超和韩遂将是曹操的大患，果然一语中的。曹操来不及在东线发动攻势，只好领兵去关中平乱。等他腾出手来时已经是建安十七年（212年）冬天了，因此曹操在建安十八年（213年）正月才发起这次大规模的南征。

根据史料记载，濡须坞在这次战争中并未起到什么作用，因为曹操很快就突破了这道防线并杀向了濡须口。濡须坞并非鸡肋，吕蒙提出的这一方案也确实高明，但有一个问题，那就是这套坚固而完整的防御体系工程量实在太大了，不是一朝一夕就能完成的。建安十六年（211年）濡须坞正式开工，但到一年多后曹操南征时，很可能还未完工，所以这一回没能达到预期效果。后来，濡须坞防御体系彻底完成后，曹军就再也难以逾越了。曹操正是抓住了这一窗口期抢先进攻，才会取得奇效，这对孙权来说是一次极大的考验。

如今敌众我寡，江北又没有天险可守，最佳的选择就是驻兵江南，就像当初赤壁之战时一样，毕竟江东掌握着水师的优势，而曹操不可能长期驻扎在濡须口，只要耗上一段时间，就能逼退曹军。

可这时候，孙权犯了个错误，他居然分出一部分军队在长江西岸设立了一个江西大营（此地长江为南北流向，故命此名）作为前沿阵地。这个江西大营的兵力想必有限，即使能通过水运得到后方的增援补给，也不可能是曹操大军的对手。孙权自信心爆棚，想和曹操来一场硬碰硬的较量，但他很快就会认清现实。对于孙权这种不合常理的部署，诸将倍感无奈，其中孙瑜委婉地劝他应该稳妥一些，可惜孙权始终坚持己见。

最后的结果完全在意料之中，在江北，曹操有着压倒性的优势，江西大营很快就撑不住了，孙权只好退往南岸。交战中，都督公孙阳被曹军擒获。江北的交战是濡须之战的前哨战，孙权自作聪明导致先失一场，战局对其愈发不利。不过，曹操也并非一帆风顺，很快运气便来到江东一方。

初战告捷后，曹操打算再接再厉，拔掉孙权在江中一个小洲上的据点。于是，他准备了一些油船，打算发起火攻。这在经验丰富的江东水军面前就有点班门弄斧了，很快曹军就被击溃，三千余人被俘，还有数千人葬身鱼腹。这下双方又回到了同一起跑线，战争进入了相持阶段。

通过之前的交战，孙权终于明白过来，防守反击才是最佳的手段，于是他决心亲自出马，乘坐大船到阵前引诱曹军来攻。不过，曹操吃一堑长一智，再也不愿轻易进攻了，只是命人以弓弩射击。只见孙军船只的一侧布满箭矢，压得船体都倾斜了。据《魏略》记载，船只已经到了"偏重将覆"的地步。孙权早有准备，他命人调转方向，用另一侧迎接弓弩，于是"箭均船平"，曹操白费力气，吃了个暗亏。

没过多久，孙权又坐着轻船前来。诸将虽皆欲出击，但曹操严令不准出战，也不准随意射击，孙权的船队在曹军面前行驶了五六里，这才鼓乐齐鸣，大摇大摆地回去了。见孙权水师军容齐整，曹操发出了那句著名的感叹："生子当如孙仲谋，刘景升儿子若豚犬耳！"（刘表，字景升，故亦称刘景升。）

到了这个地步，这场仗已经打不下去了，毕竟谁也奈何不了谁，双方距离各自罢兵只差一个台阶。最终还是孙权更主动，对他这种务实不务虚的人来说，面子没那么重要。据《吴历》记载，当时他给曹操写了一封信，提道："春水方生，公宜速去。"然后又附了一张小纸条，写道："足下不死，孤不得安。"曹操知道孙权说的是实情，于是就顺势撤退了。至此，持续一个多月的第一次濡须之战宣告结束。

此战虽然看似平分秋色，事实上东吴取得了战略胜利。毕竟，曹操兴师动众却无功而返，但东吴击退了来犯之敌，也提振了士气。这也为东吴在淮南开展新一轮攻势打下了基础。

15 皖城之战

第一次濡须之战的硝烟暂时散去，曹操铩羽而归。东吴上下欢欣鼓舞，但吕蒙却轻松不起来。自己力主张修建的濡须坞未能在战争中起到应有的作用，这令吕蒙感受到极大的压力。对于处在从勇将向智将转化过程中的吕蒙来说，这是一次考验，一旦过了这关，他将实现彻底的蜕变。

吕蒙年轻时孤苦无依，只能靠姐夫照拂，生活条件比较艰苦，也没有读书的条件。因此，他最初虽然是一个经验丰富的将领，但对军事理论所知甚少。这样的人作为先锋大将冲锋陷阵或许可以，但作为主帅就不行了。然而，吕蒙的命运在这时发生了改变。

孙权看出了吕蒙的潜力，劝他多读书深造一下，主要读史书和兵书。其中，史书可以提高谋略和大局观，兵书能提高战场上临阵决断的能力，这些是作为主帅不可或缺的素质，从这里也可以看出当时孙权就将吕蒙作为独当一面的统帅来培养了。吕蒙毕竟有天赋，经过一阵刻苦的研读后，他的能力得到了质的飞跃，成为周瑜去世后东吴综合素质最高的将领，属于他的表演时刻即将到来。

孙曹双方在淮南争夺的主要地区都位于九江郡，西边的庐江郡虽不是两方交战的主战场，但作为侧翼战场，仍起到重要的作用。当初，孙策对庐江是非常重视的，从他积极帮助袁术攻打陆康以谋求庐江太守一职就可以看出这一点。然而，初出茅庐的孙策对人心之险恶的认识尚不透彻，结果被袁术欺骗，白忙了一场，他只能凭自己的力量夺取庐江了。袁术死后，他手下的势力分崩离析，孙策趁势出击，赶跑了袁术部将刘勋，占据了庐江，并任命李术为庐江太守。只不过，李术在孙策遇刺身亡后趁江东政局不稳，叛乱自立了。李术之乱很快被孙权平定，他在对待庐江的态度上却和兄长所有不同，孙权对庐江的重视程度非常有限。

首先，孙权执政初期，江东的国策就是与曹操缓和关系，不在江北过度深入，而将主要的力量投入到荆州去讨伐黄祖，这也是孙策临终时的意思。胡三省总结道："魏扬州止得汉之九江、庐江二郡地，而江津要害之地，多为吴所据。"可见，曹魏占据了汉朝扬州江北的九江和庐江这两郡的大部分地区，而长江沿线的要冲之地则大多被东吴占据，这就是当时局势的真实写照。其次，庐江在陆康、刘勋和李术三人统治时期都经历过激烈的战争，受到严重破坏，导致盗贼横行，民生凋敝，实在不是一块好治理的地方。连扬州刺史刘馥这样的能臣也只能以安抚为主，无法在此地建立有效的统治。最后一点就是庐江并不在南北交通的主要通道上，地理位置有些鸡肋。

由于以上几点原因，孙权没有在庐江久驻的打算，而是在收编了李术的三万部曲后就撤离了，将防线收缩到长江边的皖口。之所以这么说，就是因为李术被消灭后，孙权委任的庐江太守孙河并不是实职，没过多久就去京口驻扎了，直到死于丹阳之乱中。接替孙河的孙邵作为车骑将军长史，显然也是侍奉在孙权左右的，他这个庐江太守一样是虚职。

总之，孙权基本没有把庐江当作自己的核心地盘来经营。这一决定在当时看来没什么问题，但随着局势的变化，孙权不得不重新重视起庐江的问题。

赤壁之战后，曹操将南征的主要方向转移到东线，为给将来的战争做准备，并打算把淮南的百姓全部迁走，以免遭到东吴的掳掠。对此，蒋济苦苦相劝，但曹操不为所动。祸不单行的是，消息在不经意间被泄露，引起百姓恐慌，一时间有十余万人逃到东吴境内，导致刘馥多年苦心经营的成果除了合肥外全部毁于一旦。从此，淮南一带就更是盗贼的乐园了。

对于九江郡，孙权于建安十四年（209年）在合肥城下碰了一次壁后，意识到在此方向取得进展的难度太大，这样一来，庐江作为侧翼战场就开始凸显它的意义了。或许江东虽无力在这里站稳脚跟，但至少要阻止曹操发展庐江。正好曹操也反思了之前的错误决定，打算重新建设淮南，而建设淮南的前提就是要消除以庐江为根据地的盗贼的威胁，这便成了双方对庐江展开争夺的背景。

首先动手的是曹操。当时庐江贼寇主要分为三部，分别是陈兰、雷绪和梅成。面对曹操的打击，三人分别采取了不同的对策。其中，陈兰是一边抵抗，一边求救于孙权；雷绪是一边抵抗，一边准备逃跑；而梅成则是打算诈降。

对策不同，结局自然不同。首先，雷绪很快被夏侯渊击败，最后去投靠了刘备；而梅成用诈降之计骗过于禁，等他走后再次反叛，率部与陈兰合兵一处，退守灊（qián）县（今安徽省六安市霍山县一带）。灊县南部有天柱山，天柱山又名潜山，是大别山的余脉。这里地势险峻，陈兰等人在此固守，成为他们最后的根据地。

曹军平叛的主将是张辽，以他的实力，想必用不了多久就能剿灭这伙贼寇。孙权自然清楚这一点，若不尽快行动，庐江就和他没关系了，于是令韩当为先锋前去救援，自己统率主力大军数万人马在后压阵。

从江东前往天柱山没有完整的水路可行，小部队走陆路没问题，主力大军还得水陆并进才更稳妥，因此韩当和孙权两路人马走的是不同的路线。韩当从长江进入皖水，随后弃船登岸，走陆路向北前往天柱山；而孙权主力则走濡须水进入巢湖，随后向西进发。

面对孙权的强大攻势，曹军的前线将领经过商议，决定分工合作，由张辽负责继续攻打陈兰，争取尽快结束战斗，臧霸负责阻击孙权，给张辽争取时间。臧霸首先要对付的就是吴军的先锋韩当。韩当是当初分别跟着孙坚和孙策创业的老将，屡立战功。

这次行动，韩当挟赤壁大胜之余威，本来信心满满，可当他沿着皖水北上时，发现臧霸已经在皖城严阵以待了。韩当立即发起进攻，双方在皖城附近的逢龙（在今安徽省潜山县北）交战，初次交锋不分胜负。由于臧霸难缠，韩当打算从东路迂回，走夹石口去抄魏军的后路。然而，此计亦被臧霸识破，夹石口一战韩当失利，臧霸的打援行动初战告捷。不过，后面孙权主力大军的到来对臧霸才是更大的"考验"。

为了阻击孙权，臧霸将驻兵地点设置在孙权进军的必经之路舒县（今安徽省舒城县）。在这里驻军，不仅可以阻止孙权前往天柱山，而且即使孙权像韩当一样去北面抄后路，臧霸也可以通过夹石口迅速转移，这个部署非常灵活机动。

今天，舒城县一带有一条自西向东注入巢湖的杭埠河。杭埠河古称龙舒水，所以龙舒水汇入巢湖的水口便称作舒口。当时，孙权到舒口后听说臧霸已经在舒县做好准备，一下就打退堂鼓了。孙权领兵有些过于谨慎了，手握几万人又无后路被断的担忧，为何瞻前顾后呢？臧霸可不管这个，他连夜追击，一夜竟狂奔百里以上，随后兵分两路夹击孙权。见魏军神兵天降，吴军顿时丧胆，根本无力抵抗。从这里就可以看出孙权军事指挥能力的平庸，兵法有云："百里而争利，则擒三将军"，狂奔百里却未曾休整的部队能有什么战斗力呢？臧霸虽然出现得突然，但以他这支疲兵，再加上兵力的劣势，真正交锋起来绝对是有败无胜。

然而，吴军在孙权的指挥下竟然混乱不堪，据《三国志》记载，当时吴军"窘急，不得上船，赴水者甚众"。在臧霸的打击下，吴军根本组织不起有效的反击，他们争相上船逃命，许多士卒在拥挤中落水溺死。这或许便是后来诸将就修建濡须坞一事以"上岸击贼，洗足入船"为由和吕蒙争论时，孙权站在吕蒙一边的原因之一。从这个角度看，孙权战败倒也不完全是坏事。这次失败虽然不算伤筋动骨，但援救陈兰的目的没有达成，孙权进军庐江的计划也就破产了。不过没关系，日后他还有一次机会。

平定庐江贼寇后，曹操任命朱光为庐江太守，在皖城一带屯田，重新恢复当地的建设，这引起了吕蒙的警惕。为了摧毁曹操在庐江的势力，吕蒙做了精心的准备。当时，在庐江屯田的除了朱光外，还有谢奇，此人的官职是蕲春典农都尉。虽然史料中说他也在皖县屯田，但他的根据地应该在蕲春郡。蕲春本在荆州江夏，孙权消灭黄祖后将其分出来单独设郡，因此当时此地应该是孙曹双方各占一部分的状态。吕蒙决定先解决谢奇，剪除朱光的羽翼。很快，谢奇就被吕蒙赶走了，他的手下纷纷归降，曹操在蕲春郡的势力被彻底瓦解。

拿下蕲春郡，除了削弱朱光，还有另一个意义。这里是庐江到江夏唯一的陆上通道，其中关键的地点就是寻阳，当初袁术旧将刘勋被孙策打成丧家之犬时就是经过寻阳逃往江夏的。因此，控制了蕲春便可以阻止曹军从江夏方向救援皖城。由此可见，吕蒙的战略眼光已经达到很高的水准，孙权劝学确实很有效果。

到了建安十九年（214年），濡须坞已经完工，东吴的防线稳如泰山。吕蒙见时机已经成熟，于是建议孙权再攻庐江。在吕蒙看米，曹操在庐江积极建设了四五年，其态度再明显不过了，如果不尽快采取行动，等庐江被开发完善，粮草兵员有所储备，那就更不好对付了。庐江本是富庶之地，当初陆康能凭借此地和孙策对抗超过一年，吕蒙绝不能坐视曹操将这里发展为将来南征的一大后勤基地。

在具体战术方面，吕蒙提出如果依照比较稳妥的策略，就得在皖城外修建土山并打造攻城器械，而这需要耗费大量时日，那样魏军的援兵必然赶到，最终会功亏一篑。另外，皖水不是一条大河，只有盛水期才能利用，一旦战争旷日持久，到了枯水期想撤退就不容易了，必须速战速决。经过观察，吕蒙发现朱光在皖城虽然屯田搞得不错，但在城防系统的建设上远不如刘馥的合肥城，所以他认为不如打得激进一点，直接将皖城四面围定后强攻，那样必然大获全胜，而且来得及趁着盛水期退兵。

孙权对这一方案表示认可。建安十九年（公元214年）五月，东吴再次出兵皖城。这一次虽仍是孙权亲自领兵，但具体作战时他还是将指挥权交给了吕蒙。看来孙权也意识到自己与吕蒙的差距了，而吕蒙终于得到了证明自己的绝佳机会。

大军抵达皖城后，吕蒙推荐甘宁为先锋攻城，他自己率领精锐部队紧随其后。拂晓之时，吴军发起了猛攻，吕蒙"手执枹鼓"，为大军助威，吴军士气极度高涨。甘宁果然骁勇异常，他身先士卒，"手持练，身缘城"，不畏箭矢，攀上城头，立下了先登大功。这次闪电般的突袭彻底把朱光打蒙了，才到早饭时间皖城就被迅速攻破，一切正如吕蒙所料。张辽率领的援军此时刚到夹石口，听说皖城已破，无奈之下只好退回合肥。此战，东吴取得了辉煌的战果，不仅朱光和他的参军董和一同做了阶下囚，而且他几年来苦心经营和积累的数万名屯田客全成了东吴的战利品。

孙权大喜过望，任命吕蒙为庐江太守，又给了他大量赏赐。不过，吕蒙这个庐江太守应该仍然是遥领，因为按他的规划，得胜后立即撤退，不求占据庐江，只是不能放任曹操顺利地发展。果然，战后吕蒙并未在皖城久驻，而是前往蕲春郡的寻阳。

从此以后，双方都没有在皖城一带维持很强的力量，顶多只派小部队驻守。作为冲突的最前线，皖城在双方之间多次易手，它在三国时期最高光的时刻要在十余年以后了。皖城之战告一段落后，双方在淮南一带进入一个短暂的平衡期，曹操即将把进攻的重点转向汉中，孙权一时也难以在淮南取得更大的突破。

然而，一波未平一波又起，之前平静了许久的荆州再次成为风暴的焦点。

16 湘水划界

建安十九年（214年）的一天，孙权收到刘备带来的一条口信，结果这一句话弄得孙权怒火滔天——"吾方图凉州，凉州定，乃尽以荆州与吴耳"。连汉中都尚未攻克，何谈凉州？想到这里，孙权怒意更盛，这分明是不想归还荆州，用拙劣的借口拖延时间。于是，孙权决心给这个狡猾的盟友一点颜色看看。

其实，孙刘联盟内部从南郡之战结束后便因荆州分割问题生出了裂痕，从某种意义上来说，这也是曹操主动放弃江陵策略的一大成功之处。裂痕从发生的那一天起便不可收拾。更糟糕的是，东吴内部为了本国利益不惜破坏联盟的疏刘派占相当大的比例，从周瑜开始，到吕范、吕蒙、陆逊等重臣都是这一派的代表人物，而主张坚守联盟的亲刘派代表几乎只有鲁肃一人。

好在孙权本人对这件事还是比较能克制的，或者可以说他在此事上愿意信任鲁肃，因此鲁肃才能凭借一己之力在几年间勉强维持着脆弱的和平。为了此事，鲁肃殚精竭虑。当时，东吴内部对刘备集团抱有一定敌意的人不在少数，比如吕蒙就认为双方虽然仍在结盟，但关羽不可不防，并制定了五条策略以未雨绸缪。而关羽那边对鲁肃也多有猜疑。为了缓解矛盾，鲁肃一边对吕蒙等激进人士尽量劝慰，连吕蒙的计策也没有上报孙权，另一边对关羽尽量好言安抚，消除他的戒心。

鲁肃的努力是有成效的，孙刘联盟在这一阶段得以壮大，孙权在濡须口逼退了曹操，并摧毁了曹操苦心经营了数年的庐江郡，刘备则一举攻占了巴蜀。当年鲁肃提出的"竟长江之极"这一目标借助联盟得到了实现。

当初周瑜去世后，东吴攻取巴蜀的计划随之流产。再加上曹操在东线施加的压力过大，因此孙权听说刘备起兵入蜀后，除了用一句"猾虏乃敢挟诈"来泄愤外，没什么办法。不过，这对孙权来说也不是完全不能接受。根据鲁肃和关羽谈判时的记录，当时双方应该有刘备取得益州后即归还荆州的相关协议，于是孙权命诸葛瑾为使者，前去催促刘备兑现承诺。

当然，孙权清楚刘备在荆州的核心利益在江陵，如果非要索回江陵，那联盟必将彻底破裂，后来夷陵之战的爆发也证明了这一点，因此他只主张取得荆南三郡即长沙、桂阳和零陵。然而，这样的要求也被无情地拒绝了，苦苦等来的竟是再明显不过的敷衍，孙权终于被激怒了。他清楚刘备只是在拖延时间，根本不是以诚相待，于是干脆自己委派了荆南三郡的太守，结果又被关羽撵走了。

孙权算是比较理性克制的，当初周瑜和吕范劝他扣留刘备，他都没有答应，但和平取得荆州的希望宣告破灭后，他忍无可忍了，决定诉诸武力。当然，那只是有限度的军事行动，此时的孙权仍未做好彻底放弃联盟的准备。现在的局面是鲁肃也无法控制得了的，借荆州是他的主张，如今却弄到这个地步，他对孙权没法交代，只能受命出兵。

这种背景下，疏刘派的代表人物吕蒙自然在这次行动中发挥了主导作用，孙权派他督鲜于丹、徐忠、孙规等领兵两万，攻取长沙、零陵、桂阳三郡，而鲁肃则率一万人屯兵巴丘以抵挡关羽，孙权自己驻扎陆口，坐镇后方指挥。这次行动非常突然，东吴大军一到，长沙、桂阳二郡立刻归降，只有零陵太守郝普仍在坚持抵抗。

刘备听说荆州发生重大变故后，反应极为迅速，他亲率五万大军前往公安，命关羽领其中三万人进驻益阳，目的是进行威慑，摆出截断正在零陵作战的吕蒙部与驻守在长沙郡北部的鲁肃部联系的态势。由此可见，当时刘备虽然态度强硬，但也只是做样子给孙权看，他同样不愿意破坏联盟，否则关羽就会以优势兵力直接进攻鲁肃。

在投入五万生力军后，刘备在荆州的实力已经占据明显的优势。孙权一方不过三万多人，继续从后方调集军队则远水不解近渴，于是他只好命吕蒙先放下零陵，赶紧北上和鲁肃会合。不过，孙权还是多虑了，因为吕蒙短时间内就自行解决了零陵的问题，这也是吕蒙首次展现出攻心战术这一特长。

零陵太守郝普不愿投降，唯一的理由就是他对援军抱有期望，吕蒙利用这一点彻底击垮了他的信心。吕蒙找到一个叫邓玄之的人。之前从长沙南下零陵的路上，他就带着邓玄之乘车同行，非常礼遇。可见，他早就在为这一刻做准备了。这个邓玄之是郝普的老朋友，吕蒙让他给郝普带个口信，大意就是，你郝普坚持不肯投降，想必是在等待援军，不过现在刘备陷入汉中不可自拔，关羽也被我们打败了，援兵是不会有了。

吕蒙这一策略就是在利用信息差。郝普被围在城里，对外界情况一无所知，邓玄之也被控制了，自然所知有限。这样一来，由不得郝普不信。经过这一番威胁，郝普很快就放弃了抵抗。当他得知自己被欺骗时，顿时感到羞愧难当，不过那时已经晚了。而且郝普万万想不到的是，这并不是他最后一次沦为阶下囚。零陵的战事只是一段小插曲，对大局没什么影响。吕蒙的两万人马被解放出来后，很快在长沙和鲁肃会合，三万兵力进军益阳，和关羽展开对峙。

对于目前的局势，鲁肃有着清醒的认识，事情发展到这一步是因为谁都不肯退让，才导致骑虎难下。其实，两家都未做好放弃联盟的准备，在具体行动上都保持着一定的克制，虽然剑拔弩张，但并未爆发大规模的交战，事情还是有缓和的余地的。这些年来，鲁肃之所以竭力维持联盟，就是因为他的眼光更长远，很多事情虽然道理简单，但无奈当局者迷，身处其中的人往往看不清一些貌似浅显的事。

事实就是只要曹操仍然强大一天，孙刘联盟就不可放弃，否则本来联盟的实力就逊于曹操，再因内讧而削弱的话，最终必被各个击破。鲁肃的榻上策是高明的，南方政权只有全据长江，才有和中原长期对抗的资本。如今受形势所迫，这一点难以实现，只能退而求其次，通过联盟来达到目的。可惜的是，这一点在东吴内部得不到普遍的支持。

具有讽刺意味的是，孙刘必然联盟的道理却在曹操阵营内部几乎达成了共识。首先，程昱在赤壁之战前就提出刘备不简单，孙权必然会资助他对抗朝廷，到时候就很难对付了。之后，刘晔也提出，吴、蜀二国各有高山大河为险阻，相互支援，这是小国必然的生存之道。

这一点，孙权和刘备应该都很清楚，只不过他们都被短期的利益蒙蔽了双眼，最后走上了这条令亲者痛、仇者快的道路。目前，唯一能挽救危局的就是鲁肃了。这段时间，他作为中间人，无论对内对外都尽量协调，为联盟的存续起到了至关重要的作用。他还打算在两军对峙之际约见关羽，希望能和平解决这次荆州危机。

当时，军中诸将认为两军正处于交战状态，鲁肃作为主将不可以身犯险。鲁肃却认为这件事必须开诚布公地谈，刘备虽然辜负了东吴，但此事尚未有定论，关羽不会怎么样的。想要解决问题，不一定要依靠武力，以武力作为后盾的外交手段也是可以解决问题的。为了取得关羽的信任，鲁肃主动前往拜会关羽，提议双方兵马各自在百步外等待，只带少量随从进行会谈，充分展现了诚意。

会谈开始后，鲁肃开门见山地说："我们诚心诚意将土地借给你们，是因为你们'军败远来，无以为资'。现在你们已经得到益州，既然不能奉还整个荆州，那么就只要你们归还三郡即可，而你们还不答应，这是何道理？"从事实角度，鲁肃的主张是没有问题的，关羽一方不好反驳。

这时，有个人耍了个小聪明，来了个偷换概念，他插嘴道："夫土地者，惟德所在耳，何常之有？"意思是，土地乃是有德者居之，岂是某一方能长久占据的？见此人无礼，鲁肃立刻声色俱厉地斥责他，上级谈话，哪有你胡说的份？关羽也知道不妥，只好打了个圆场说："国家大事，他知道什么？"于是使了个眼色让那个人退下了。

其实，这个不知名的小角色是否自作主张在这个场合大放厥词，也难说得很，或许关羽是想通过他来表达自己的态度，给鲁肃一个下马威，只不过这种小伎俩并不管用。于是，关羽换了一个角度说道："赤壁之战我们也是出了大力的，左将军'身在行间，寝不脱介，勠力破魏'，怎么能徒劳无功、一无所获呢？你来索取荆州没有道理。"关羽所说的确属实，刘备理应得到一份战利品。但问题是他仍然没能反驳借荆州的事实，刘备在得到属于自己的战利品后，又从东吴这里得到了另外的好处。

针对这一点，鲁肃提出了反驳："当初左将军'众不当一校，计穷虑极，志势摧弱，图欲远窜'，其当阳兵败的惨状我是亲眼看到的。我们用土地资助，让你们有了落脚之地。你们却自私自利，荆州、益州都要占着，为此不惜损害同盟关系。这种事连普通人都不好意思做，何况是一个领导者呢？"

鲁肃说得有理有据，关羽再也无言以对，而且这时候曹操已经开始进攻汉中的张鲁了，这让刘备的形势越来越不乐观，他必须尽快结束这场纷争了。不过，孙权倒也没有落井下石，反而做出了一定的让步，他放弃已经到手的零陵郡，将其和太守郝普一起送还刘备。双方在荆州划分了最终的势力范围。以湘水为界，东面江夏、长沙、桂阳属孙权，西面南郡、武陵、零陵属刘备。一场危机能够顺利化解，鲁肃功不可没。按理说，签署停战协议时大多是按照当前的战线来划分土地的，东吴在取得优势的情况下仍能放弃部分利益，实属难得，这一定也有鲁肃从中斡旋的功劳。

其实，鲁肃何尝不想取荆州？当初他提出的榻上策中，荆州就是重要的一环，他怎么可能轻易放弃？只不过，他看得更长远罢了。鲁肃为孙权谋划的始终是帝王之业，而实现帝王之业的大前提就是消灭曹操，与这一远大目标相比，眼前的利益得失不算什么。

可是，曹操威胁虽然巨大，但是刘备位于东吴的上游，威胁也不小，为何鲁肃不把刘备的威胁放在心上呢？其实，这是因为鲁肃很清楚刘备和曹操势不两立，他是不可能同时和两家为敌的，否则就是自取灭亡。后来，刘备东征时没有联络曹丕一同出兵，反而让黄权分兵防备曹丕，这充分证明了鲁肃的远见。

湘水划界是孙刘联盟在濒临破裂时的一次起死回生，这几乎是鲁肃用一己之力达成的。孙权当时仍能保持克制，源自他对鲁肃的信任，他相信这个提出榻上策的英才不会令自己失望。至于诸葛亮，虽然从他以后的行事作风来看，其战略眼光不低于鲁肃，但遗憾的是，当时他并不像鲁肃一样对归还荆州之事有话语权。然而，这样一个全系于一人之身的联盟是极度脆弱的，一旦有一天鲁肃不在了，又有谁能约束吕蒙和陆逊等人呢？不过，那是以后的事情了，至少在短期内，双方还是暂时恢复了和平。

见荆州局势已经稳定下来，孙权重新将目光转移到东线。趁曹操在汉中作战这一良机，他要对合肥发起一次更大规模的攻击。上一次是号称，而这一次是真正的十万大军。

17　第二次合肥之战

建安二十年（215年）八月，孙权亲率大军再攻合肥，由此发起了第二次合肥之战。

此时，合肥城郊集结了十万大军。只见旌旗蔽日，孙权那面巨大的帅旗更是格外显眼。孙权战前信心满满，但战争开始后，他感受到了现实的残酷。不仅初战不利，遭到张辽的迎头痛击，而且军中又爆发了疫情。孙权万般无奈之下，只好选择撤退。在无可奈何地下达这一命令时，孙权怎么也不明白，自己明明选择了最恰当的进攻时机，曹操主力正在汉中，合肥只有七千守军。手握十几倍于敌的兵力优势，仗怎么会打成这样？

孙权领兵出战，战绩大多不怎么好看，这引起了世人的诟病，再加上他后来在关键时刻背盟降曹，许多人认为他是个胸无大志的偏安之主，这也是他负多胜少的原因。《资治通鉴》在记载榻上策时如是写道："惟有保守江东以观天下之衅耳……竟长江所极，据而有之，此王业也。"这一描写虽然在遣词方面只是略做修改，但和《三国志》原文在含义上有着根本的不同。

《三国志》写的是："为将军计，惟有鼎足江东，以观天下之衅……竟长江所极，据而有之，然后建号帝王以图天下，此高帝之业也。"司马光将鼎足江东改为保守江东，将汉高祖的帝业改成王业，这很明显地体现出他的态度，就是在抨击孙权的志向只在割据称王而已。为《资治通鉴》作注的胡三省说得更加直接，他认为孙权自忖不是曹魏的对手，只能用点诡计讨些小便宜，他不像诸葛亮那样真有灭魏之心。

其实，这种观点是有失偏颇的，因为孙权是一名有着雄心壮志的君王。从对手们的角度来看，曹操自不必说，他对孙权有着很高的评价，据《山阳公载记》记载，刘备也认为孙权"其难为下"，即孙权决不甘居人下。割据江东，称臣于曹魏，怎么能让孙权满足呢？另外，江东内部的文武臣僚也对孙权佩服有加，张昭和周瑜认为孙权"可与共成大业"，鲁肃和甘宁这种对主君有些挑剔的人才也能倾心相投。倘若孙权是个平庸的守成之主，如何能得到众人的拼死效力呢？

事实上，单论孙权对合肥的态度，就足以证明他的进取之心了。东吴的核心利益区在扬州，这里不仅是东吴的根基，也是将来进取中原的后方基地。至于荆州，虽然也极为重要，是东吴国策中必须要取得的地方，但主要是出于防御的需要，这一点和蜀汉不同，事实也证明东吴取得荆州后较少从该方向进行北伐。

之前在荆州的作战中，孙权只给了周瑜两万多人的偏师，而按照孙权自己的说法，东吴拥有十万大军。赤壁之战后，东吴的扩张并不明显，东吴的实力真正得到飞跃性提升是在完全取得荆州和征服山越之后的事。因此，可以认为在建安二十年（215年）前后，东吴的兵力应该不会有太大的变化。这一次孙权几乎倾国而出，只为拿下重镇合肥，说明他对问鼎中原有着很深的渴望。

既然对于北伐的态度比较积极，投入的力量也不小，那为何长期收效甚微呢？这个问题说起来比较复杂，一方面是指挥官的原因。孙权并不擅长指挥作战，他之后的主帅中，诸葛恪也就比他略强些，因此仍不是司马师和司马孚的对手，至于孙峻、孙綝之流，那就更差劲了。不过，即使是优秀的军事家，如吕蒙和陆逊，他们也只能在对外进攻时取得一些小胜，比如石亭之战后，陆逊很快见好就收。

因此，这就不单单是指挥官能力的问题了，这和东吴军队本身也有不小的关系。东吴军队是一支有局限性的部队，其特点是：第一，骑兵较少；第二，作战时对水军依赖较大。

在北方作战，骑兵必不可少，吕蒙就对曹军的精骑非常忌惮，而吴军中骑兵的比例很小，据推测，至多在五十比一上下。其根据就是东吴在给有功的部将授兵时，一般会遵循两千人配五十匹马的比例，这一点在《三国志》有关周瑜、吕范、程普、韩当等人的传记中都有记载。这还是功臣的待遇，其他部队尚不一定能达到这个比例。后来，孙权甚至想从辽东补充战马，这充分体现了东吴战马奇缺的现状。

吴军的另一大劣势就是进军要依托江河，所谓"上岸击贼，洗足入船"，远离舰队对于东吴军队来说是难以接受的，这又为他们的作战增大了局限性。依托江河作战虽对所有军队都是事半功倍的事，但一般来说不是必需的，偏偏对东吴军队必不可少，他们不仅需要舰队带来的机动性，更需要舰队的支援来为失败托底，一旦作战不利，立刻就要上船撤退。

至于对战争如此缺乏信心的原因，这就需要深入讨论了，这与东吴的军制有很大的关系。首先就是部曲领受制度，东吴会给有功将领授予一些部队，这种情况极为普遍。比如，战斗结束后，俘虏的敌兵往往会作为战利品分下去，这是一种惯例。不过，这种情况在曹魏也有，比如许褚、李典、田畴、任峻等将领都有属于自己的部曲，怎么没见魏军出现这种问题呢？

其实，真正的原因是部曲世袭制，这样授予诸将的兵马逐渐成了他们的私有财产，打起仗来自然会瞻前顾后。这种制度是东吴的特色，在曹魏并不存在。比如凌统，他的家族三代领兵，甚至未成年人就能继承父辈的部曲。陆抗在陆逊去世后，也以近弱冠之龄立刻继承了父亲直属的五千人马。这种情况相当普遍，孙氏家族再加上一些主要将领和世家大族共同瓜分了东吴的军队。所谓旁观者清，作为对手，邓艾有着非常贴切的评价，他总结道："东吴各大家族都有自己的私人武装，他们凭借武力和权势独霸一方。"

世袭制导致军队私有化严重，问题不仅于此。仅靠将领或者家族的私产和俸禄，恐怕养不起这些名义上属于国家、实质上是私兵的军队，因此便有了奉邑制和复客制。所谓奉邑制，就是赐予功臣一些属于他们的领地。比如，周瑜在赤壁之战后就获得了下隽、汉昌、刘阳、州陵等地来供养他的四千私兵。所谓复客制，就是赐予功臣一些专属于他们的田客，来作为奉邑制的一种补充。这些人只为主家服务，不必向国家缴纳税赋。

在史书中，除了复客外，他们还被称为赐民、僮仆或者守冢户。这些复客加上将领和宗族们藏匿起来的人口，共同构成了功臣们私有的家仆，实质上他们的身份就是农奴，类似曹魏的屯田客。只不过，曹魏屯田客属于国家，这些东吴复客则属于私人。他们为主人无偿劳动，创造的效益可以作为供养私兵的经济来源。

对于掌握私兵的将领来说，既然复客能给自己带来利益，钱财自然是越多越好，那么为何不让私兵也为自己劳作呢？《世说新语》记载了这样一个故事，太子太傅贺邵曾查出顾、陆等大家族奴役士兵为自己服务的事，但最后不了了之。

由此可见，虽然有少数像陈武之子陈表那样大公无私推辞所赐复客的人，但绝大多数人不仅照单全收，还会驱使本来用于作战的军队为自己谋利。这样的军队如何打仗呢？或许在守土的时候还可一战，但在对外征战时就不一样了，打赢了还好说，还有新的赏赐来弥补，但谁能保证一定打胜仗呢？一旦损兵折将，那割的都是自己的肉啊。合肥之战中，当初对战黄祖勇不可当的徐盛面对张辽时竟然一触即溃，这也从一个侧面说明他有出工不出力的嫌疑。

以上便是东吴军队外出作战时大多比较保守的原因，赔本的买卖谁会去做呢？这样的军制并不利于统一指挥。其实，实行这种饮鸩止渴的制度，孙权是不得已而为之。作为外来者，如果不用这样的手段收买人心，是很难站稳脚跟的，而曹操就不太会面临这样的问题，这便是两国兵制有所区别的主要原因。

当然，孙权作为一名对国家有着绝对控制权的出色政治家，他也有后招。比如，东吴有个夺兵制度，有些将领或家族犯错或者失宠，家主去世后私兵会被剥夺一部分或全部。再加上授予手下的私兵大多在几百人到两千人，且比较分散，虽然会一定程度上削弱中央的实力，但由于实力悬殊，很难形成藩镇化，部将对中央的实质威胁有限。

不过，东吴军队受军制影响，战力下降是不争的事实，除了孙策那样有绝对权威且百战百胜的名将，其他人很难统率这支军队在对外征伐中获胜，比如周瑜在南郡之战的后期就非常艰难。总之，东吴北伐声势浩大却大多铩羽而归是有原因的，即使是陆逊这样出色的军事家也没什么好办法。孙权固然军事水准平庸，但他确实有苦衷，而且对待战争的态度也算端正，不应对他过多苛责。

第二次合肥之战对于东吴的对外政策有着巨大的影响，这几乎以倾国之力发动的一战竟然铩羽而归，恐怕任何人都会心灰意冷。从那以后，孙权很多年都没再打过合肥的主意。但事情不是这么简单就结束的，曹操虽然仍在西征，但他总有东归的一天，到时候就轮到孙权承担曹操动怒带来的后果了。

18　第二次濡须之战

建安二十一年（216年）冬，刚刚进位称王的曹操彻底腾出手来，准备给之前趁火打劫的孙权一个深刻的教训。曹操动员了赤壁之战后规模最庞大的部队，号称步骑四十万，这个数字应该不实，但估计十五万左右还是有的，孙权则以七万人迎战，由此拉开了第二次濡须之战的序幕。

这一次，东吴在濡须坞的防御工事已经彻底修筑完成。此战中，濡须坞将发挥重要作用。

这一情况曹操心里一清二楚，他并不打算硬碰硬，而是精心布置了一个两路夹击的计划。其中一路为偏师，从合肥出发经巢湖正面进攻东关下的濡须坞；另一路为主力部队，由曹操亲自率领，这路人马计划避开东吴重点防备的濡须坞，直取濡须口，最后沿濡须水逆流而上。最后两路夹击，攻下濡须坞。

建安二十二年（217年）正月，曹军主力进至居巢。居巢是先秦时期一个古国的名字，后为楚国所灭，成为吴楚两国争夺的地区。关于居巢的具体位置，历来有颇多争议，江淮一带有多个疑似居巢的地点。主要观点有两种，一种认为居巢在今安徽省巢湖市一带，另一种认为在今安徽省桐城市以南。笔者认为若考证汉末时期居巢的位置，主要应参考《后汉书》。据《后汉书》记载，庐江郡有个居巢侯国。如果居巢在巢湖市附近，那应该属于九江郡而非庐江郡。因此，当时的居巢应该就在桐城市以南。

曹操将这里作为进军的前沿基地，还有另一层考虑，就是为今后淮南的防务布局。他始终没有放弃经营庐江，但之前皖城屯田的计划被吕蒙破坏，曹操决定改变部署。对曹操来说，皖城的地理位置是不利的，因为孙权可以沿着皖水快速进兵，得手后立即撤退，想救援根本来不及。

根据江东军队作战依赖江河的特点，曹操选择了远离水道的居巢，这样敌军就很难像之前一样突袭了。而且，居巢位于交通要道之上，无论是从夹石口还是无强口南下，都要经过这里。在此地驻军，不仅方便后方进行支援，而且如果孙权进攻合肥，居巢的守军还可以营救，可谓一举两得。不过那是以后的事了，这次战役中，居巢的价值就是进攻的跳板。

二月，曹军主力继续东进，抵达居巢以东的郝溪。然而就在此时，曹操收到一个坏消息。为了防御曹军的强大攻势，吕蒙做了充分的准备，他在濡须坞设置了上万张强弓硬弩严阵以待。不过，此次曹军两面夹击的战术由不得他继续被动防守了。吕蒙不禁想起了九年前的赤壁之战，当时周瑜面对的也是类似的形势，周瑜没有以固定思维死守夏口，而是主动出击粉碎了曹操两路夹击的计划。

于是，吕蒙决定效仿自己的前辈。他趁曹军部署尚未完成且北路军立足未稳，发起了一次主动进攻，将这支部队的前部先锋击败，取得一个开门红。曹操闻讯大怒，继续敦促进兵，然而没过多久他就将迎来第二次打击。

当时，曹军主力先锋已经进至濡须口。为了不让濡须坞的吕蒙两面受敌，孙权派猛将甘宁率三千人为前部督，准备对曹军发起夜袭，以延缓对方的行动。为了这次袭击，甘宁挑选了百余名精锐，人数如此之少是为了不惊动对方，他们喝下孙权赐的米酒后便毅然决然地上路了。到了二更时分，甘宁等人衔枚疾行，潜至曹操大营，迅速破坏了营门处的鹿角，冲入营中。这支精兵如虎入羊群一般大开杀戒，曹军猝不及防，很快就被斩杀数十人。见敌兵来袭，曹军这才慌了神，他们以为是东吴大举进攻，连忙起身迎战。甘宁见目的已然达到，也不恋战，直接撤军向孙权复命去了。

据《江表传》记载，甘宁撤退后，曹军大营中"惊骇鼓噪，举火如星"，可见这次突袭给对方造成了多么大的震撼。见此场景，孙权心中大悦，对甘宁说："这下得把曹操这老家伙吓一跳吧？我策划这次行动只是想试试你的胆子。"这次出击的意义重大，虽然斩获极为有限，但震慑了曹军，立下大功的甘宁得到增兵两千的重赏。

不过，曹军毕竟拥有两三倍的兵力优势，在濡须口和他硬碰硬并非明智之举，于是孙权主动放弃了这一地区。可是这样一来，吕蒙所部就会陷入孤军奋战的境地，孙权就不怕曹操将其围歼吗？这里甘宁突袭曹营的重大意义就凸显出来了，突袭给东吴争取了一定的时间。曹操之所以选在冬季出兵，就是为了趁冬季水浅，最大程度地削弱东吴的水军优势。可随着春季的到来，江河的水位开始暴涨，曹操再次面临着"春水方生宜速去"的窘境。

濡须坞是一个水陆两栖的要塞，强大的东吴水师可以通过水上对其增援、提供补给，即使曹军占领濡须口，但在水军不足的情况下也无法将其封锁。再加上濡须坞当地多山，曹军虽众却很难展开。因此，曹军在不掌握制水权的情况下很难攻陷这座要塞，这就是孙权毫不担心吕蒙陷入重围的原因。

不过，曹操还想趁春涨彻底到来之前的窗口期再尝试一次，于是令张辽、臧霸为先锋发起进攻。但天公不作美，曹军行军途中暴雨连绵，耽搁了一段时间，等张辽所部抵达濡须坞的时候，水已经涨起来了。

看着东吴的蒙冲巨舰在濡须水上往来穿梭，曹军将士心生恐惧，战意消沉。张辽见此局面，也开始打退堂鼓，萌生退意，但同行的臧霸阻止他说："魏王何等英明，他绝不会轻易放弃我们，不必擅自行事。"果不其然，第二天撤退的命令就送到了。

至此，曹操这次声势浩大的进攻基本算是彻底失败了。但他又不甘心这样轻易撤退，于是曹操酝酿了一个新的计划。曹操回想起当初讨伐马超、韩遂的渭南之战，当时他和西凉军在潼关一带对峙，为了打破僵局，他命徐晃和朱灵从北线迂回偷渡蒲阪津，最终大获全胜。这次，曹操想来个故技重施。

虽然濡须口是长江上一个重要的地点，但这里不是渡江南下最理想的位置，长江下游首选的渡江点是牛渚矶。于是，曹操暗中派兵进占历阳县横江浦，此地位于牛渚矶对岸。曹操若能渡江成功，则可对孙权形成包抄，到时候形势或许会有逆转。但这一手对于东吴来说是没有用的。要知道，当年孙策渡江消灭刘繇走的就是这条路线，孙权怎么可能不加防备呢？果不其然，魏军刚刚抵达横江浦，其动向就被查知，东吴水军立刻前往阻击。

按说掌握了制江权的东吴只要封锁住牛渚矶一带的长江水道，就可以达到战略目的，但这一次天时站在了曹操这边，突如其来的大风竟然将东吴战舰吹到了长江北岸。横江浦的曹军见状，不明所以，没有轻举妄动。而更加恐惧的是东吴这边，一旦曹军反应过来发起进攻，船只在大风中难以轻易驶离岸边，东吴军队将面临全军覆没的危险。

东部这支部队的主将是徐盛。之前合肥之战时徐盛所部被张辽打得狼狈不堪，这次他势必要用一场胜利洗刷曾经的耻辱。徐盛对目前的危局心知肚明，他决定主动进攻，为本方争取时间，于是领兵下船杀向曹军。曹军本就对东吴的部署不甚了解，以为对方是以主力大举来攻，很快就陷入混乱，纷纷"披退走"。徐盛见已经达到目的，为了不暴露自己的底细，大风停歇后很快就撤退了，一场危机就此解除。

这下，曹操是彻底黔驴技穷了，他的所有作战计谋都被一一破解，此次南征注定又是无功而返。只不过，刚刚成为魏王的曹操不愿轻易放弃，称王后的首战岂能如此虎头蛇尾？战局就这么僵持了下来。

其实，孙权何尝愿意再战？按他的规划，应该是通过武装刘备让曹操产生警惕，从而让曹操将刘备视为首要的打击目标。可如今，自己仍然承受着主要的压力，这样一来，借荆州岂不成了亏本生意？孙权是个务实不务虚的人，既然双方都无意再战，他决定给曹操一个台阶。

于是，建安二十二年（217年）三月，孙权以亲信徐详为使者，前往曹操处请降。

曹操虽也有罢兵之意，但好面子的他仍给了徐详一个下马威，只听曹操说道："我欲渡过横江浦，与讨虏将军畅游姑苏，于长洲林苑行猎。若能如此，我愿足矣。"长洲在今天江苏省苏州市一带，位于太湖北岸，是当年吴王阖闾的猎场，曹操此语和赤壁之战前给孙权信中所言之"会猎于吴"颇为类似，流露出浓厚的威胁之意。徐详心中暗自发笑，曹操要是能渡江早付诸行动了，何必在这里喋喋不休呢？于是，回应道："大王若是如此行事，岂不是效仿嬴政和夫差？恐怕不是吉兆吧。"曹操闻言大笑道："足下这不是预设我心怀狡诈嘛。"就这样，在一片和谐的气氛下，孙权正式向曹操请降，孙曹再次联姻，曹操随即撤兵，让夏侯惇、曹仁、张辽等留守居巢，双方开始了第三次蜜月期。

其实，曹操愿意接受孙权的请降，除了他自忖在东线难有进展外，应该也与他预感到刘备即将对汉中动手有关。不久前，张飞在巴西郡发动击败张郃的宕渠之战就是刘备进攻的前兆。这种背景下，曹操肯定不愿两线作战。而孙权通过一次成功且灵活的外交活动为自己创造了有利的局面，赢得了宝贵的五年发展期。当然，这是靠真刀真枪打出来的。

第二次濡须之战将东吴长江防线的严密体现得淋漓尽致，也对长期以来的防御作战起到了积极作用。这些年，孙权凭借过人的领导力和灵活的外交手段，让事业更进一步，赢得了稳定的外部环境，巩固了自己的统治。他的表现虽不能说没有瑕疵，但总体上不失为乱世中的一代雄主。

可话又说回来，孙权向曹操请降并不是什么秘密，刘备不可能一无所知，但他对此没有给予足够的警惕，这应该算是他的一大失误。

就在孙权和曹操停战的这一年，鲁肃去世了。这个维系着孙刘之间脆弱同盟的人，是双方能够压制矛盾的唯一纽带。他的去世，让江东内部的疏刘派彻底抬头，孙权只能潜移默化地被他们影响。如今，大势已经无法更改，在荆州的局势最终尘埃落定之前，双方再无和解的可能。曾经改变历史走势的孙刘联盟即将走向尽头，而孙权和刘备这两位乱世枭雄事业的上限也将被锁死。

19 谋取荆州

第二次濡须之战结束后，东吴暂时摆脱了外部的威胁，到建安二十四年（219年），东吴已经享受了超过两年的宝贵的和平。但孙权和他的臣子们不甘心在纷争中只做一个看客，他们抓住机会准备出手了。

这一背景下，东吴内部的疏刘派彻底抬头。其中，领头人物就是吕蒙，他向孙权提出了袭取荆州的具体方案。吕蒙认为："刘备、关羽君臣反复无常，不可诚心相待。现在他们不敢轻举妄动，是因为主公英明，而且我吕蒙尚在。如果将荆州握在手中，让孙皎驻守南郡，潘璋驻守白帝城，蒋钦率领机动兵力一万人沿长江进行支援，我为您夺取襄阳。到时，曹操、关羽皆不足虑。"

这一方案的公开提出，标志着联刘抗曹的大方针已经转变，孙刘联盟即将走向尽头。其实，孙权本人的态度转化倒没有那么快。他最初选定接替鲁肃主持荆州事务的人是严畯。此人是张昭推荐给孙权的，他和张昭是一类人，属于精研儒学的江北流寓士人，而非武人。让他去荆州上任，表明孙权尚未有撕毁盟约的打算。

不过，严畯比较有自知之明，他清楚自己既不通晓军事，也不属于比较激进的武人集团，实在不适合担当这一重任，便做出连马都不会骑的假象，孙权只好作罢。以严畯的身份，他怎么可能不会骑马呢？后世称赞他主动谦让，其实他只是比较识时务罢了。

就这样，孙权亲自培养并得到鲁肃高度评价的吕蒙顺利上位了。吕蒙一到陆口任上，就立刻开始了对荆州的谋划，这才有了后来的具体方案。但这一方案还是有些漏洞的，因为若想实现荆州的完美防御，必须夺取襄阳，但这岂是那么容易的事？

如果无法得到襄阳，东吴便会替刘备承受曹魏在荆州方向上的压力，陷入两线作战的困境。后来，东吴统治荆州时期几乎没有从这个方向发起什么像样的进攻，只能被动防御，就是明证。更严重的是，襄阳是曹操的地盘，吕蒙的目标即使能顺利实现，也会同时得罪刘备和曹操，到时又将如何应对呢？事实上，如果曹丕能果断一些听从刘晔的劝说，顺势伐吴，孙权能否渡过夷陵之战期间的那次危机都很难讲。

这些道理并不复杂，以智谋著称的吕蒙不会不知道，但至于如何应付，他似乎没有充分地考虑。或者说他已经无暇去考虑了，因为他清楚自己的身体状况，如果不能尽快建功立业，自己就要步周瑜的后尘，壮志难酬了。

孙权的一大特点就是善于听取他人意见，在荆州这件事上，吕蒙的策略很快打动了他。况且，吕蒙还提出了夺取荆州后的具体部署，这便是榻上策第二阶段的完整形态，孙权听后会心动也在常理之中。虽说刘备集团的大方针是结好孙权，但这一点孙权是无法确信的，与其将国家安全寄托在别人手中，还不如自己把握，目前就是入局的良机。

从建安二十三年（218年）开始，随着刘备对汉中发起攻势，曹操便将注意力重新转移到西线。此后近两年，曹刘之争成为三方争霸的主旋律。

建安二十四年（219年）春，夏侯渊战死，之后曹操对汉中的增援也宣告失败，于夏季被迫撤出汉中。到秋天，于禁七军又在樊城一带覆灭，关羽威震华夏，一切都在朝着对曹操不利的方向发展。而刘备一路高歌猛进，终于在同年进位汉中王。眼见刘备取得如此巨大的成功，自己却在合肥一无所获，孙权心中极大的落差可想而知。借荆州一事他越想越后悔，负面情绪的不断累积，终于让孙权到了爆发的临界点。不过，孙权仍对撕毁联盟有所顾忌，于是他又提出了一种方案，那就是是否能进攻徐州。

从这也可以看出，经过两次失败后，当时东吴内部对夺取合肥乃至寿春几乎不抱希望了，荆州和徐州是仅剩的两个扩张方向。然而，吕蒙给他泼了一盆冷水：徐州即使拿得下，也守不住。吕蒙认为，在南北相争中，徐州就是一块鸡肋之地。此地千里平原，适合北方骑兵驰骋，对江东军队不怎么友好，在这里与中原争锋，投入大、回报小，而且通过徐州进取中原也是舍近求远的不智之举。

这下，扩张方向就只能放在荆州了。经过一系列讨论，江东上下对荆州攻略达成了一致。不过，刘备方面不仅没有足够的警惕，而且没有给予孙权足够的安抚，这不得不说是一种遗憾。而对孙权来说，在他听从吕蒙之计的同时，他一生事业的上限就被锁死了。

吕蒙读书确实让他增长了许多智谋和见识，但主要体现在具体战术方面，在大战略上仍有所不足。联盟是一个整体，在曹操被严重削弱之前是绝不能轻易抛弃的。东吴试图壮大自己，削弱同盟，这是曹操最喜闻乐见的。巩固防御，将主动权掌握在自己手里，这本身没有错，但错的是不该为眼前的利益牺牲长远的利益。谋划荆州，东吴即使能壮大一时，终归不可能强过曹操，被消灭是迟早的事。

事实上，屯兵陆口就足以达到防备关羽的目的。陆口是江夏郡西面的门户，如果关羽来攻，完全可以实现提前预警。江陵距离江夏和南郡交界处很远，到时候东吴出兵阻击，就又是赤壁之战的局面，江夏丝毫不会受到威胁。或许是由于最近几年孙权在对外扩张方面几乎没有取得什么大的收获，他有些急功近利了。总之，他采纳吕蒙的建议后，三国争霸的结局就没有悬念了，蜀吴先后衰亡只是时间问题。

其实，孙刘反目一事，曹操也是背后的一大推手。于禁七军覆灭后，徐晃继续领兵援救樊城。虽然他通过出色的指挥压制了已到强弩之末的关羽，但关羽所部战力强横，只要关羽一天未退，樊城之围就不算彻底解除。就在这期间，蒋济和司马懿向曹操献计说，应该联络孙权袭击关羽的后方。曹操采纳了这个计策，正好孙权也有此意，于是两家一拍即合。

不过，关羽在荆州经营多年，实力强盛，足智多谋的吕蒙不会和他硬拼，而是一直在等待机会。因此，从他刚到陆口上任以来，就做出致力于和关羽搞好关系的假象。吕蒙清楚关羽不可能这么轻易信任他，先不说他曾有偷袭三郡的黑历史，关羽本人也熟读《左传》，口血未干这个典故他再清楚不过了。乱世中，或许只有绝对的实力差距才能给人信任。确定你不敢背叛和预计你不会背叛是完全不同的两个概念。因此，吕蒙只能耐心等待。

随着建安二十四年（219年）关羽发动声势浩大的北伐，荆州出现了前所未有的空虚，吕蒙苦等的良机到了。

可是，吕蒙依旧没有轻举妄动，因为关羽在后方还留有相当的兵力进行防备。于是，他向孙权提出以治病为名，带一部分人返回建业，以此来麻痹关羽，让他放心抽调后方军队，到时候再发起偷袭，就可以大功告成。这一计策果然见效，见东吴的潜在威胁已经减弱，前线兵力捉襟见肘的关羽开始从后方调兵，南郡的防御被进一步削弱了。

不过吕蒙虽然瞒得过关羽，却不能瞒过所有人。这次荆州之战中，东吴又一颗将星即将冉冉升起。

20　陆逊画策

吕蒙为麻痹关羽离开前线后，立刻前往建业面见孙权，准备商谈袭取荆州的计划。可就在半路上，一个人突然前来求见，他就是陆逊。

交谈中，陆逊先试探了一下，问道："关羽虎视眈眈，您却离开前线，不怕出问题吗？"此时，撕毁盟约一事虽然基本在东吴上下达成了一致，但袭击荆州的具体计划仍是绝密，几乎只有孙权和吕蒙两人知道。吕蒙没打算透露，敷衍道："确实如此，可是我病了，没办法呀。"陆逊见吕蒙不愿说，只好自己讲了出来，结果他一开口就将吕蒙的全部计划说了个八九不离十。其实，陆逊早猜到吕蒙是诈病，若是真病的话，吕蒙就无法主持军务，袭击荆州的计划也就无从谈起了。

吕蒙听了这话心中一惊，这件事陆逊不可能提前知道，但他的想法居然和自己的计划如出一辙。陆逊见吕蒙没有反应，心中暗自有了把握，他知道自己猜对了。谨慎的吕蒙虽然没有第一时间对陆逊交底，他对陆逊表示关羽"素勇猛"，且在荆州"恩信大行"，又"兼始有功，胆势益盛"，因此"未易图也"，但他心中已经将陆逊视为袭取荆州计划的核心人物了。

等见了孙权，吕蒙当即提出让陆逊暂代自己驻守荆州。陆逊名气不大，骄狂的关羽自然会对他疏于防备，而陆逊的实际才能远超关羽的想象，他实在是示敌以弱的不二人选。要知道，关羽连马超和黄忠这样的同僚都看不起，何况是其他势力中的一个籍籍无名的小角色呢？同时，关羽的处世态度，陆逊肯定知晓，以他的智慧自然能很好地把握关羽的心态。

走马上任的陆逊踌躇满志，为了这一天，他已经等待许多年了。陆逊不禁想起多年前的往事，那是兴平元年（194年）爆发的庐江之战，庐江太守陆康为了保险起见，让一部分家族成员返回故乡，当时陆逊就在其中。虽然他那时还只是一个十二岁的少年，但有着远超于寻常人的成熟，回到故乡后便替从祖父陆康将家族事务处理得井井有条。然而没过多久，噩耗就传来了，随着庐江失陷，陆氏宗族百余人有将近一半死于战乱和饥荒。庐江之战对吴郡陆氏造成了沉重的打击，也导致他们和孙策结下了血海深仇。因此，后来孙策扫平江东后，陆氏一门虽不敢正面对抗孙策，但也始终没有与他合作。

然而，这并不是以陆氏为代表的江东士族们所希望的，热衷仕途的他们期待着孙氏政权在态度上的转向。很快，随着江东的权力更替，这种局面终于得到了缓解。孙策去世后，往日旧怨便掀过去了，孙权逐渐改变了孙策时期对江东士族的高压政策，士族成员们进入东吴政权的道路被打通了，陆逊便是在此背景下出仕的。这些年来，陆逊始终兢兢业业，不辞辛劳地四处平叛，取得了出色的战果，职位也在步步高升。但他清楚，由于自己的身份，短期内很难像江北人那样受到绝对的信任，他只能继续等待。

现在，机会终于来了，陆逊自然不会让吕蒙失望。此时，关羽威震华夏，陆逊便趁此机会以极低的姿态给关羽写了一封信，信中口气非常谦卑，这恰恰是最对关羽胃口的。陆逊信中的奉承话自然到位，不过其中有两句话，虽然混杂在谄谀之言中，却暗含杀机。

第一句话就是"于禁等见获，遐迩欣叹，以为将军之勋足以长世，虽昔晋文城濮之师，淮阴拔赵之略，蔑以尚兹"。陆逊疯狂吹捧关羽破七军、擒于禁的战绩，并声称此功超过了先轸城濮之战破楚和韩信背水一战破赵，其用意何在？

古代取得辉煌大胜的战例有很多，而陆逊偏偏选了这两个，其实是有讲究的。因为用城濮之战和背水一战类比当下的形势非常合适。城濮之战不是晋国单独作战，晋军身后还有齐军和秦军的声援；而韩信破赵一战中，他的身边也有张耳这个助手。虽然这些外援不见得起到了什么重要作用，但至少壮大了声势。

陆逊这里就是要向关羽表明：我就像城濮之战里的齐军、秦军，就像韩信身边的张耳，虽然不能帮您作战，但可以做您的后援，让您没有后顾之忧。饱读诗书的关羽一看就能明白对方的意思，这话简直说到他心里去了。陆逊虽然名气不大，但态度极佳，自称书生，如此谦虚，于是，关羽彻底对他不再戒备了。

而第二句话也非常重要，陆逊说"喜邻威德，乐自倾尽"，意思就是与您这样德威并重的人为邻我很高兴，我愿意为您倾尽全力。这其实是陆逊为关羽挖的一个坑。从古至今，战争都讲究师出有名，所谓"师直为壮，曲为老"，擅兴无名之师会影响士气，虽然东吴出兵荆州已成定局，但他仍需编造一个开战的借口。

此时，关羽不仅在前线陷入苦战，而且俘获了于禁七军约三万人，多出的这三万张嘴让关羽的粮草供给不容乐观。后来，关羽听说后院起火时，起初尚在犹豫，但当他的后勤辎重遭到劫掠后，立刻决定撤退，这说明前线的粮草是极为紧张的。这种情况下，陆逊的态度让关羽产生了一种错觉，那就是东吴虽不会派兵助战，但愿意资助，于是关羽便擅自取走了东吴屯在湘关的粮米。

湘关具体在什么地方已经很难考证，但根据走马楼出土的吴简显示，东吴在长沙郡治临湘附近设有临湘关，这是一处有屯粮邸阁性质的设施，很可能就是湘关的所在地。但不管怎么说，根据湘水之盟，长沙郡属于东吴，关羽此举有一定的入侵性质。这件事可大可小，如果东吴真的有心相助，可以送个顺水人情。但如果东吴要借此发难呢？关羽这个行为就给了他们出兵的口实。此外，还有一个更严重的后果，那就是暴露了粮草不足的军事机密，东吴只要断掉粮道，关羽大军就将不战自溃。

陆逊仅用一封书信就让关羽陷入道义和军事上双重不利的局面，他的谋划之深令人叹为观止。然而，不谋全局者不足谋一域，吕蒙与陆逊的格局比起鲁肃来，还是稍逊一筹。

时代的巨轮已无法阻挡，曹魏一家独大也已成定局。这就是弱者的悲哀，孙权和刘备的帝王梦只能聊以自欺，信任缺失的背后，他们的远大理想终将化为泡影。

21 荆州情报战

建安二十四年（219年）十月，刚刚返回洛阳的曹操在连续的打击下心烦意乱，他感到焦头烂额，甚至动了迁都的念头。就在这时，一封信摆上了他的案头，让曹操紧绷的神经稍有缓解。这封信来自江东，孙权接受了他提出的偷袭南郡的计划，曹操已经很久没有收到这样的好消息了。

此时，东吴方面已经万事俱备。这次出征江陵，孙权本打算让自己的堂弟孙皎和吕蒙分别担任左右部大督，二人各统一军，他不愿把全部兵权委派给一个人。这也是孙权一贯的操作了，之前的赤壁之战就是如此，当时孙权分别让周瑜和程普担任左右都督。

不过，这么做有很大的弊端。按照孙权的意思，肯定是希望有宗室身份的孙皎能制约吕蒙，甚至孙皎要居于主导的位置。古代的军事领域是以左为尊的，战国时期魏公子信陵君去请侯嬴时，特意把更尊贵的左边位置空出来给他，这就是虚左以待。正因为以左为尊，所以之前周瑜是主，程普为副，而现在自然就是孙皎为主，吕蒙为副。但是，袭击荆州的行动是吕蒙策划的，而孙皎是临时得知这个消息后才上任的，所以吕蒙才是最合适的指挥者。到时候一旦孙皎和吕蒙意见相左，吕蒙也只能听命于孙皎，孙皎的方案又不太可能优于吕蒙酝酿已久的方案。所以，最后在内耗中功亏一篑也并非不可能。

吕蒙对孙权的安排自然是不满意的，但他不敢明确反对，便提出军队的指挥官只能是一个人，您觉得孙皎合适就用孙皎，觉得我合适就用我。随后又说出了最关键的一段话："昔周瑜、程普为左右部督，共攻江陵，虽事决于瑜，普自恃久将，且俱是督，遂共不睦，几败国事，此目前之戒也。"

程普不服周瑜是众所周知的事，虽然按《江表传》的记载，两人最后和好了。总之，按照吕蒙的说法，江陵之战期间二人关系还是不怎么融洽的，最后几乎坏了大事。这种说法肯定不会是空穴来风，江陵之战持续了一年之久或许就跟这个有一定关系。当时的孙权还是能听得进劝谏的，他最终决定让吕蒙做大都督，孙皎担任后援。

经过这段小插曲之后，东吴西征大军正式上路。走到寻阳（今湖北省武穴市东北）后，吴军开始着力隐瞒行踪，把精兵藏在船舱内以掩人耳目，这就是所谓的"白衣摇橹"。所谓白衣并不是指白色的衣服，而是指没有官职在身的老百姓。吕蒙是找了一帮老百姓来划船，让他们扮作商人。电视剧《三国演义》中吴军穿白衣以掩人耳目，其实是一个小错误。

关羽在长江岸边设了很多哨所，这些哨所本可以提供预警，可惜他们全被吕蒙骗了过去，所有哨兵最后都成了俘虏。因此，直到吕蒙顺利到达公安城下，关羽仍然一无所知。接下来发生的事情更有戏剧性——关羽后方的两座重镇江陵和公安竟然不战而降，这又是怎么回事呢？

其实，原因很简单，那就是守将糜芳、士仁和东吴早有勾结。其中，士仁和东吴搭上线的时间较晚。不久前，他因为在后方筹粮不利遭到关羽斥责，随后立刻被东吴乘虚而入，拉拢过来；糜芳则更早一些，当初襄樊之战开始前，有一次南郡武库失火，从那之后，他就开始和孙权私下联系了。

这就涉及一个问题，孙权究竟是通过谁的牵线搭桥和他们取得联系的呢？这一点《三国志》没有记载，让我们来尝试分析一下。历史学家方诗铭先生对此有过论述，他认为这个中间人就是潘濬（jùn）。主要根据有三点：一是潘濬和关羽关系不睦；二是他在刘备集团的荆州属官中算地位和名望都比较高的；三是他在降吴后受到重用，由此推断他在东吴取荆州的过程中出了大力。

这种观点有待商榷，潘濬确实和关羽关系不睦，但那只是因为关羽"骄于士大夫"罢了。若只谈利益，叛降东吴对于潘濬来说并没有明显的好处。虽然降吴后潘濬确实官运亨通，但他留在刘备手下也未必差。这不仅是因为刘备集团中荆州势力庞大，他的上升空间不小，而且他在朝中也有臂助，这个人就是他的表兄蒋琬。此时，蒋琬已经得到刘备的信任，又和诸葛亮私交不错，假以时日必会成为蜀汉政坛举足轻重的人物，有他的照顾肯定比去东吴重新开始要好，潘濬不可能不考虑这一点。何况，以孙氏父子和荆州人的血仇，潘濬内心自然会倾向于刘备，除非万不得已，他是不可能主动投向东吴的。因此，潘濬基本不太可能仅仅因为和关羽的私人恩怨就给东吴做内应，这既不符合他的利益，也不符合他的感情。

关于第二点，潘濬虽然确实有名望和资历，但这并不代表糜芳等人就会多么看重他。潘濬年纪轻轻就声名显赫，他师从大儒宋忠，又受到建安七子之一的王粲赏识，但这是名士圈里的事，糜芳和士仁不是这个圈子里的人，他们对这些也不会多重视。以他们元从老臣的身份，面对潘濬这种中途加入的人时，更多的是一种优越感，不大可能屈尊听从潘濬之言。

至于第三点说潘濬由于在袭荆州的过程中立有大功才会一路高升，这个也不确切，因为潘濬根本就不是主动投降的。当时关羽败亡，大局已定，荆州官吏大多归附孙权，可潘濬称病不出，还是孙权亲自放低姿态去请他才勉强归降。由此可见，潘濬归吴是在荆州失守、走投无路的情况下的无奈之举。如果他和孙权早有勾结，这样作秀就毫无意义了。

陈寿在这件事上的措辞，也在一定程度上证明了潘濬的清白。对于潘濬归吴，《三国志》引用杨戏所著《季汉辅臣赞》中的"入吴"；而对于糜芳和士仁，则明确指出他们是"叛迎孙权"。同样是降吴，性质却大不相同。糜芳和士仁最令人不齿，因为他们早就暗通孙权，而潘濬却无可指摘。

后来的事实证明，糜芳这等卖主求荣之人，即使到了新主手下，也会为人所轻视，乃至唾弃。比如，糜芳在东吴多次被虞翻呵斥，他都自知理亏，不敢回应。而潘濬得到了尊重，就像后来被迫降魏的黄权一样，这些本来就有能力、大节不亏且只是因形势所迫才身事二主的贤臣，不仅在当时，甚至后世对他们也会包容和理解。

事实上，孙权后来对潘濬的提拔，并不是对他在夺取荆州之战中功劳的奖赏，而是用他树立一个正面典型，方便自己在荆州的统治。东吴统治荆州较晚，当地的人才要么北上投靠了曹操，要么跟了刘备，留给孙权的非常有限。再加上孙氏家族在荆州名声不太好，因此他重用潘濬一定程度上有收买人心之意。何况，潘濬对荆州事务非常熟悉，这样的人不用岂不可惜？总之，潘濬不可能是那个牵线搭桥的中间人。

笔者认为负责"阴诱"糜芳和士仁的很可能就是东吴的虞翻，他知道得太多了，若非他跟麋芳和士仁有过深度接触，则很难有下面的这些表现。当士仁开城投降后，虞翻特意提醒吕蒙说："我们这次是出奇制胜，要高度保密，以防生变，因此必须带士仁同行，留自己的军队守城。"这样一来，不仅可以防止士仁反悔，而且也能用他震慑麋芳。后来麋芳投降时，吕蒙喜出望外，竟在城外开起了庆功大会，结果又是虞翻提醒他要尽早进城掌控局面，因为想投降的只有麋芳一人，其他人不可信。吕蒙当即醒悟，这才让江陵城内原定伏击吕蒙的计划胎死腹中。

虞翻确实具备一个优秀说客的本领。当初，他曾劝候官长接纳逃亡的会稽太守王朗，也曾劝豫章太守华歆归顺孙策，后来又凭三寸不烂之舌吓退意欲谋反的孙暠，这一次他依然有精彩的表现。

虞翻对敌军内幕的了解甚至超过主帅吕蒙，很能说明一些问题。因为吕蒙如此谨慎的人，竟然会在尚未百分之百克竟全功之时就得意忘形，这说明他对江陵城内的情况所知有限，很可能认为麋芳身为南郡太守可以独自决断。但虞翻知道麋芳不怎么得人心，他手下的中层将领不一定会受他约束，所以才要速战速决，以免夜长梦多，事实也证明了虞翻的前瞻性。据《三国志》记载："时城中有伏计，赖翻谋不行。"由此可见虞翻对江陵城内的情况了解之透彻。因此，可知吕蒙虽然是袭取荆州计划的倡导者，但他主要负责的是军事方面，至于情报方面，应该另有他人主持，这个人很可能就是虞翻，他对接的则是孙权本人，而非吕蒙。

南郡武库一失火，东吴立刻就知晓；后来关羽斥责麋、士二人筹粮不利，此事也没能瞒过东吴。所以，东吴很可能在荆州布置了强大的谍报网络。只有这样，才能让孙权第一时间了解对手的内情，从而抓住机会乘虚而入。这件事肯定是机密，孙权可能连吕蒙都没有告诉，负责此事的大概率就是虞翻。只有这样才是最合理的解释，这也体现了东吴为这次军事行动做了极为周全的准备。

《孙子兵法·用间》有云："凡军之所欲击，城之所欲攻，人之所欲杀，必先知其守将、左右、谒者、门者、舍人之姓名，令吾间必索知之。"开战之前，敌军主帅及其手下亲信，乃至于门客幕僚以及负责守卫的下级官吏的信息，都要尽可能调查清楚。在这场战争中，东吴做到了这一点，荆州被渗透得无孔不入，这样虞翻等人才能最终兵不血刃拿下荆州。反观关羽，他不仅对东吴将领（比如陆逊）了解甚少，甚至对自己手下与敌人勾结一事一无所知。可谓"不知彼，不知己"，自然"每战必殆"。

如今，江陵和公安已经尽数入手，但吕蒙还不能掉以轻心，因为他必须做好准备迎战关羽的回援。

22　攻心之计

建安二十四年十二月（220年1-2月），亲临前线江陵城中督战的孙权终于等到他期盼已久的消息，关羽和其子关平已被擒获并斩首。孙权终于松了一口气，筹划了这么久，荆州终于落入了他的手中。

那么，不久前还威震华夏并拥有数万精兵的关羽，为何转瞬之间会沦落到如此地步呢？不妨把时间往前移，看看兵不血刃夺下江陵的吕蒙是如何对付关羽的。

关羽实力强大，在正面战场和他的百战精兵对决，吕蒙确实没有十足的把握。然而，擅长心战的吕蒙还有其他选择，能在战场外解决问题，就没必要动刀兵，这也是兵法要义。吕蒙要不战而胜。

孙子认为，战争中对敌情的掌握是重中之重，必须下功夫去探查，绝不能想当然。若凭借占卜或者以往的经验等，那都不可靠。既然要探查敌情，那就必须要用间谍。间谍从古至今一直活跃在战争的舞台上，大概可分为因间、内间、反间、死间、生间五种。

所谓因间，是利用敌国乡里的普通人做间谍；所谓内间，是收买敌国的官吏做间谍；所谓反间，是收买敌方派来的间谍为我所用；所谓死间，是让我方间谍故意散布虚假消息给敌方，敌人中计后基本会将其处死，故称死间；所谓生间，是指刺探敌情后，能活着回来汇报的间谍。

当时，关羽派出使者回江陵探查消息，这个使者此行必然要把江陵的实际情况传达回来，按《孙子兵法》的说法，他应该是一名生间。可问题也出在这里，因为他要和吕蒙接触，难免被对方收买，从而成为一名反间。即使他没有被收买，也有可能在不经意间被对手利用，相当于在事实上变成了反间，为对手助力，就像长平之战时赵国的使者郑朱一样。

按照《孙子兵法》，统帅必须注意辨别敌方的间谍，并加以收买作为反间，然后放他回去，就可以达到目的了。可关羽在这方面做得并不好，并未识破使者的身份。使者回到军中后将江陵城中的详情散播出去，关羽手下官兵听说东吴军队未伤害留守在江陵的自己的家人，反而施以厚恩，很快就战意全无。《孙子兵法·九地》言，"诸侯自战其地者，为散地"，"散地则无战"。如今，关羽正是散地作战，士卒很容易由于顾念家中而溃散。

当前，关羽已经进退两难，他必须要开始考虑自己的后路了。此时，关羽沿着沔水逆流而上前往东三郡已经做不到了，当初他难以判断情报的真伪，耽误了不少时间，而且已经南下走了一段路。目前，粮草不足且士气低落，恐怕在路上大军就要溃散了。第二条顺着长江逆流而上，经过三峡到达益州的路也被东吴堵死了，当吕蒙夺下公安和江陵后，孙权立刻任命陆逊为宜都太守，主要负责这一任务。这样一来，关羽就只剩下第三条路，即沿着沮水或漳水逆流而上，前往房陵郡。

做这个决定后，关羽立刻从沔水流域向西转移，带着残兵败将，舍船就步改走陆路。当关羽到达位于沮水和漳水交汇处的麦城时，先使出了诈降之计，见未能奏效，于是将自己仅剩的部队大多解散，只带十几个人同行，目的是缩小目标，随后便沿着漳水上路了。可惜的是，无论他如何选择，都无法逃脱这天罗地网，孙权在两条道路上都安排了重兵防守。十二月，潘璋手下的马忠在漳乡擒获了关羽和其子关平。

对于关羽父子，孙权的处理方式极为狠辣，据《吴书》记载，孙权下令"羽至即斩"。后世对孙权这一举措多有微词，认为他做得太绝，这样就彻底把他与刘备和谈的路堵死了。其实，孙权也有自己的考虑，他的做法虽有些残酷，却有一定的合理性。按照《蜀记》的记载，关羽被擒后，孙权最初是想招降他的，后来被臣下劝阻才作罢。对于这种观点，虽然裴松之加以反驳，但这从一个侧面说明了孙权的心态，他很可能是想用关羽但又觉得无法驾驭，最后只好下杀手。

不过，还有人认为孙权本可以不杀关羽，可以留下他作为和刘备谈判的筹码，何必把事做绝呢？其实，这种观点有些过于高估个人在国家利益前的作用了。相比起所谓的兄弟情义，或许刘备更看重的显然是荆州，是他的帝王之业。刘备在关羽死后并未立刻起兵复仇，而是等了两年，这期间他为称帝忙得不亦乐乎，在他心里二者孰重孰轻不是很明显了吗？孙权应该正是看到了这一点，无论是否杀掉关羽，只要刘备不肯归还江陵，他和刘备的仇恨就无法消解，双方必然还有一场大战，所以不必抱有幻想。总之，孙权杀关羽一事，对吴蜀两国的关系影响有限，也不可能因为他善待关羽，刘备就愿意和谈。

不过，既然关羽作为谈判筹码并不具备太大的价值，那孙权为何一定要杀他呢？关押起来，给自己留个好名声又有何不可呢？其实，这是由于孙权身上有冲动的一面。在国家大事上，孙权确实成熟，但涉及他个人或者一些微不足道的小事时，孙氏家族那"轻脱"的一面就暴露出来了。当年孙坚轻敌冒进，死于乱箭之下；孙策忽视安保，为刺客所杀；孙权也一度差点喂了老虎。可见，孙家人还是比较容易冲动的，或许孙权比父兄的情况要好一些，但有些骨子里的东西还是改不了的。

关羽曾辱骂孙权，而且用了一个比较难听的词——"貉子"。所谓"貉子"，就是中原人对江东人的一种蔑称，这种带有严重地域歧视意味的词必然深深地挫伤了孙权的自尊心。如果关羽确实是个不错的谈判筹码，那孙权肯定会放下个人恩怨，但情况并非如此，那么他痛下杀手就可以理解了。

关羽死后，荆州的战事暂时告一段落，除了南阳、襄阳以及江夏北部等地，荆州大部都归了东吴，榻上策第二阶段的目标基本达成。不过，事情没那么简单，想坐稳荆州，孙权先要承受刘备的怒火。

第三部分
建立帝业

01　建都武昌

　　黄初二年（221年）八月的一天，公安城中的孙权正愁眉不展。虽然自成功夺取荆州的一年多里，刘备未曾有过什么大动作，反而紧锣密鼓地筹备称帝之事，但就在不久前，他收到一个坏消息——刘备将亲率大军东征，誓要夺回荆州。

　　该来的终究还是来了。对东吴来说，打下荆州只是第一步，守住荆州才是重中之重。于是，孙权便动了不再返回建业，迁都至荆州的念头，毕竟建业位于后方，以其为都不方便他指挥未来的战事。孙权盯着荆州的地图苦思冥想，当他望向一个叫鄂县（今湖北省鄂州市）的小城时，脸上终于露出了满意的神色。

　　关羽败亡后，孙权没有撤回江东，面对复杂的形势，他先是暂驻公安，一年后迁都鄂县，并将其改名为武昌，取武运昌盛之意，又在当年开始武昌城的修建。在汉朝，诸县分为大县和小县。其中，大县的长官称县令，小县的长官称县长，而鄂县就是一个小县。孙权在消灭黄祖，将势力渗透进江夏后，便委任胡综为鄂县县长。不过这个时候，江夏的核心依然在夏口，甚至江夏以前的治所西陵和沙羡，地位也高于武昌。既然如此，孙权为何要定都于默默无闻的鄂县呢？按理说，夏口才是最好的选择。

　　原来，孙权如此决定，主要是从军事方面来考虑的，军事因素是古武昌短暂兴起最主要的原因。孙权之前建都于扬州的建业，而不在他心心念念的荆州。一来，当时他确实对攻取合肥还抱有希望；二来，他也不想过于明显地表露出对荆州的野心，便接受了刘备的建议。

　　但建安二十四年（219年）双方彻底决裂后，孙权就没必要继续掩饰了，他必须以今后的形势为出发点去考虑问题。荆州之争暂时告一段落后，孙权清醒地意识到，形势并没有那么乐观，自己还远未到可以高枕无忧的时候。当年仅仅为了荆南三郡，刘备都亲率大军来争，这次丢了整个荆州，他怎么可能善罢甘休呢？事情的发展正如孙权所料。

而且，东吴和曹魏的关系也颇为不妙，因为不久前孙权派陈邵占据了襄阳。由于魏军撤退时烧毁了襄阳的城防，吴军一时难以固守，襄阳城很快就得而复失，东吴夺取荆州北面门户的想法也落空了。不仅如此，东吴和曹魏的关系还在进一步恶化中。当初，曹操为了让孙权放心西征，主动撤去了东线的大部分守军，并将夏侯惇和张辽等主要守将招走了。但现在曹丕重新加强了东线的力量，其中，张辽和一位姓朱的横海将军（可能是朱灵）又回到合肥。此外，曹魏还在横江津驻军七百，居巢驻军四百，甚至双方一度爆发了小规模的冲突，造成了一定伤亡。

孙权对严峻的局势有着清醒的认识，他深知此次荆州之争虽然占了大便宜，但以自己的实力决不可同时与魏蜀两家为敌，他必须做政治和军事上的双重准备。吴蜀矛盾是当下的主要矛盾，除非他愿意恢复到湘水划界之前的局面，否则双方不可能议和，而这是孙权无法接受的。相对而言，魏吴矛盾是次要矛盾，双方只是有些小冲突而已，二者之间的矛盾是有可能化解的。

不过，魏吴议和不是一朝一夕的事情，需要反复拉锯、谈判，孙权必须做最坏的打算。曹丕的态度他无法掌控，但先做好自己是可以的，他决定从军事方面入手。如果能得到完整的襄阳，这座重镇自然具备阻挡北方威胁的条件，就能实现荆州的完美防御，当初吕蒙就是这样想的。然而，这一计划没能实现，孙权面临着魏蜀两面夹击的风险。

将都城设在荆州，虽说可以加强东吴在西部的防御，但没必要定都于前线以增加危险。如果定都江陵，西和西北两个方向的压力就太大了。同时，东线也不得不防，魏军正在江北虎视眈眈，虽然眼下兵力不多，但魏军随时可能增兵。因此，都城必须选在一个能兼顾所有威胁的地方，这样一来，就只能设在江夏了。

　　江夏位于东吴整个长江防线的中段，孙权在此坐镇，无论外敌从哪个方向入侵，他都能第一时间支援。不过，具体设在江夏的哪个地方，还要动一番脑筋。按说夏口是最佳之选，这里有着绝佳的地理位置，扼守着长江和沔水的交汇处，是一处可以被称为战略锁钥的重要地点，所以当初黄祖和刘琦都以此地为治所。此外，这里还有着坚固的城防，黄祖凭此地和江东周旋了九年之久。

　　但是，夏口的缺点也很明显，它和江陵一样面临着两个方向的威胁。其中，西面的威胁来自江陵，从江陵顺江而下便可攻夏口，而当时孙权并无在荆州西部边境挡住刘备的信心。西北面的威胁则来自襄阳，魏军可以顺着沔水一路向东南行进，直抵夏口。另外，江夏北部的文聘也不得不防。当初赤壁之战时，曹操就采取了两路夹击夏口的策略，好在周瑜主动出击，深入南郡，粉碎了曹操的计划。但现在周瑜和吕蒙这两位杰出的军事家都已去世，东吴是否还有这样的能人呢？孙权心里没把握。

　　既然如此，那就只能继续收缩防线，选择一个比夏口更靠东的地方，一旦江陵有失，孙权本人也不用处于危险的第一线，他可将夏口作为都城前面一道坚实的屏障，坐镇后方指挥。这样一来，鄂县就进入了孙权的视野。当初消灭黄祖后，本着与刘表缓和关系的目的，孙权撤出了夏口，将势力收缩到了鄂县，东吴在此发展了十几年，可以说在当地有一定的统治基础。

　　虽然经济并不发达，但从军事角度出发，武昌是一个绝佳的地点。作为航运枢纽之地，武昌西有樊湖（今梁子湖），樊湖经过樊溪（今长港河）通向长江，樊溪和长江的交汇处就是樊口，当初前来避难的刘备接受了鲁肃的建议在此驻军。由此可见，武昌周边水系发达，樊湖中可以驻扎大量的水军。此外，武昌旁边还有一座西山作为屏障。这个依山傍水的地方成了修筑一座军事要塞的上上之选。

　　武昌城后来也被称为吴王城。武昌城的规模不大，从遗址来看，东西长不过一公里，南北长只有五百米。显然，武昌作为都城是比较小的，其军事目的更明显。一旦将来在战争中处于不利位置，武昌便可作为东吴在荆州最后的屏障。

另外，武昌城并不是单独的一座城，江北还有一座邾（zhū）城（今湖北省黄冈市黄州区一带）。邾城当时在曹魏的控制下，后来陆逊将其攻克，并加固城防，最终形成了完美的防御。这两座城隔江相对，组成了一个类似襄、樊二城的防御体系。据后来长期驻守武昌的东晋名将陶侃说，东吴在邾城长期驻扎着一支规模在三万人的军队。作为整个防御体系的主城，武昌城的驻军自然比三万人只多不少。数万精兵驻于坚城之中，江面上蒙冲巨舰往来穿梭，随时可以互相支援。至此，东吴国都变得固若金汤。

供养如此多的首都驻军，单凭规模不大的鄂县肯定是不够的。因此，孙权特意新设了武昌郡，武昌郡由武昌、下雉（zhì）、寻阳、阳新、柴桑和沙羡六县组成，此六县分别属于原江夏、庐江和豫章三郡。孙权此举相当于为武昌建立了一个首都经济圈，其余五个县都成了武昌的卫星城。与此同时，孙权又从建业迁来千户人家，以提升武昌的经济实力。从此，古武昌城便开始了一段黄金发展期。

然而，这座因军事目的兴建的古城，最终还是由于其军事意义的消失而没落了。在东晋和南朝时代，南方政权的防御形势大多比东吴好一些，双方在荆州相争的焦点主要在襄阳，位于江夏中部的武昌因过于远离前线，地位开始下降。比如桓温时期，东晋在荆州的大本营就移到了江陵。不过，那是很久以后的事了，武昌在三国时代始终保持着重要的地位。

如今万事俱备，孙权只需静静等待刘备东征大军的到来。这对他来说是一个巨大的考验，也是他在赤壁之战后面临的最严重的一次危机。双线作战终不可取，他必须尽快与曹魏议和，不管付出什么代价。

然而，孙权意料不到的是，曹丕竟然给了他一个巨大的惊喜。

02 受封吴王

魏文帝黄初二年（221年）十一月，刚刚完成迁都一事的孙权收到一个好消息——一支规模庞大的曹魏使团来到武昌，带来了曹丕的善意，这次曹丕要册封孙权为吴王。可双方不久前还剑拔弩张，甚至一度发生了小规模的摩擦，为何这么快就变得亲如一家了呢？

其实，这还得从魏蜀吴三家在外交战场上的交锋说起。东吴夺取荆州后一年多里，孙权始终没有放松警惕，为应对接下来的复杂局面做着准备，建都武昌就是其中一项工作。不过，仅仅在军事上部署还不够，要想在接下来的吴蜀大战中获胜，取得外交上的主动权更为重要。战争并不只在战场才能分出胜负，外交上的斗争也是其重要的组成部分。若能通过外交手段为本方创造出相对有利的局面，对日后战局的发展必然起到事半功倍的效果。因此，夷陵一役的背后，三方在外交战场上的纷争同样激烈。这是一场没有硝烟的战役，孙权凭借高超的手段成了最大的赢家。

黄初二年（221年）七月，刘备正式率军东征，孙权也到必须尽快做决断的时候了。作为一个在错综复杂的环境下成长起来的君主，孙权有着强烈的危机意识，这一点可以从一件小事充分看出。或许是轻易取得荆州后有些飘飘然了，当时有些部将追求简约，平时出入不带兵器，也不带侍从，孙权对此提出批评，告诫他们要居安思危。由此可见，孙权的头脑非常清醒：只是打下荆州，还远不能高枕无忧，必须做好准备迎接对手的反扑。

当时，魏吴关系急转直下，孙权最担心的就是受到曹丕和刘备的夹击。此前发生的一件事让他对当下的局势更加担忧。曹操去世后，刘备以吊唁为名派韩冉出使曹魏，这是外交形势发生重大改变的信号。刘备多年来的招牌就是反曹兴汉，他应该和曹魏是势不两立的。如今，他却一反常态，主动发起这次破冰外交，明显就是为夺回荆州做准备，不惜放下身段缓和魏蜀关系。

关于这次出使的细节，王沈的《魏书》和鱼豢的《典略》有不同的记载。《魏书》说曹丕对刘备的善意不予理睬，反而将韩冉斩首，断了他的念想，而《典略》说这次外交行动是成功的。相比之下，《典略》更为可信。按照《晋书·王沈传》的记载，《魏书》这部作品"多为时讳，未若陈寿之实录也"。可见，其中有太多的为尊者讳，从史实角度来讲，评价不如《三国志》。《典略》的评价就高得多了，《三国志集解》的作者卢弼称赞鱼豢所作的另一部史书《魏略》中的《西戎传》为"殊方绝域，最为翔实"。连偏远地区的历史都能详尽地记录下来，何况是曹魏的中枢呢？虽然《魏略》和《典略》是否为同一部作品尚不能确定，但这至少证明鱼豢治史的态度要胜过王沈。

据《魏略》记载，王朗在给好友许靖的书信中提到曹丕"遣降者送吴所献致名马、貂、罽（jì，毡类毛织品）"。由此可知，后来曹魏将孙权赠的大量礼品转送给刘备，说明魏蜀双方关系已经缓和，若曹丕真的斩了韩冉，断不会有这种举动。这件事引起孙权高度警惕，虽然他不清楚魏蜀双方达成了什么协议，但他必须做最坏的打算。刘备既然已经实质上抛弃了多年来反曹的口号，明显就是冲他来的，如果继续坐以待毙，等着他的就是魏蜀的两面夹击。这是孙权自赤壁之战以来面临的最严重的危机。

孙权和刘备的矛盾不可能化解，但曹丕那边是有可能松动的，只要从这里入手，就有可能瓦解这次魏蜀的准军事同盟，最起码要让曹丕保持中立。为此，孙权做了两手准备，一边与刘备和谈，另一边又向曹魏请降。

当然，孙权并没有拿出足够的诚意与刘备和谈。看看使者诸葛瑾的言论吧，所谓"陛下以关羽之亲何如先帝？荆州大小孰与海内？"他只谈感情画大饼，不谈实际利益，这种话怎么可能打动刘备呢？事实上，只要东吴愿意就荆州的划分进行谈判，双方就有可能免动刀兵。毕竟，蜀汉国内反战的声音也不小，刘备不能完全不加考虑。可惜的是，东吴绝不可能放弃荆州，因此和谈是不可能成功的，孙权此举只是在尽量为自己争取时间罢了。

其实，孙权真正全心全意去办的是向曹丕请降。派诸葛瑾使蜀的同时，孙权又命人将之前俘获的于禁等魏将礼送回国，还表达了称藩请降之意。务实不务虚是孙权一贯的外交策略，反正之前已经对曹操请降过了，再来一次也不算什么。

当然，孙权此举不单单是权宜之计，他是在下一盘大棋。孙权有更长远的考虑，周瑜和鲁肃两位英杰虽然已经不在了，但他们为东吴规划的宏图一直印在孙权的心里，成就帝业始终是他的理想。曹丕和刘备先后称帝后，要说孙权一点都不心动，那是不可能的，比如他曾请人来为自己占卜。

不过，孙权清楚，以目前的局势，贸然跟风称帝绝不是明智之举，一是太高调容易成为众矢之的，二是缺乏民意基础。曹丕称帝得到了汉朝的禅让，刘备虽然差一些，但毕竟也算有些依据，而孙权这个南昌侯想称帝，那就怎么都说不通了，他必须从长计议。

在孙权的整个计划中，曹丕是他实现目标的一枚棋子。他从未真心实意地向曹丕低过头。当年曹操大军压境他都能奋起反抗，如今只不过是虚与委蛇罢了。据《魏略》记载，孙权的具体方案就是先假意请降，渡过眼前这次危机，等局势好转后，立刻转变态度，故意激怒曹丕，引诱他发兵征讨，以此激发江东民众的斗志，让他们对曹魏产生愤怒，从而上下一心，最后民心所向、众望所归，孙权就有足够的理由称帝了。孙权的手段非常高明，不仅将曹丕算计了，还裹挟了整个江东，可以说是非常老谋深算了，当年孙策确实没看错人。

然而，再高明的计策也瞒不过所有人。曹丕虽然被套路了，但他身边的刘晔把孙权的心思摸得很透。当初，众人皆以为刘备不敢出兵报复，唯有刘晔不以为然，最后果如其所料。这次面对孙权的请降，众人都觉得可喜可贺，依然只有刘晔觉得不对劲。

他一眼就看穿孙权是"因难求臣，必难信也"，因为处境困难，孙权才被迫请降，他根本不值得信任。因此"可因其穷，袭而取之"，如能趁此良机讨伐东吴，就能永除后患。可惜，曹丕没有听进这番金玉良言，但他又一时无法下定决心，于是就将和于禁一起被释放回来的东里衮和浩周招来，问问他们的意思。毕竟，这两人是见过孙权的，或许能看出些端倪。不过，两人给出的答案截然不同，浩周认为孙权是真心臣服，而东里衮说其必然不服。

降服不是空口说说就可以的，需要送人质才行。当初，浩周作为战俘期间，孙权对其非常礼遇，浩周也投桃报李，以全家百口性命向曹丕担保孙权定会送人质赴魏。这一切其实都是孙权有意为之，浩周在不知不觉间被孙权利用了。听浩周说得这么信誓旦旦，曹丕只好表示赞同。其实，他心里早就有打算了，表面上请人问策，显得自己兼听则明，实则是给接受孙权的请降找借口。

刘晔所说的道理并不复杂，曹丕作为经历过夺嫡之争和即位动荡期的君主，他的心态必然是成熟的，不会如此天真地认为孙权是真心请降。既然如此，那他为何又要接受呢？其实，曹丕也有自己的考虑。

和刘备一起夹击孙权确实是个不错的选择，但谁能保证一定能获胜呢？连英明神武的父亲当年都没少吃亏，何况是自己？这个方案有一定的冒险性。接受东吴的请降则稳妥得多，君臣名分可以正式确定，这在名义上也算开拓之功，对于刚刚称帝的曹丕来说是一个相当不错的政治加成。另外，即使孙权请降是虚情假意又能如何？光是刘备就够他应付了，自己完全可以坐山观虎斗，等吴蜀两败俱伤时再下场收割。

曹丕终究还是在执政经验上有所欠缺，他只想到好的一面，却没发现这其中有一个巨大的漏洞。当初，曹操以为将东吴偷袭的消息告诉关羽就能坐收渔利，没想到吕蒙使出攻心之计，关羽大军不战自溃。这次也一样，如果吴蜀双方并没有两败俱伤，而是其中一方轻易获胜，那该怎么办呢？

那样的结果就是胜者将更加强大，败者只能被迫求和，吴蜀双方将再次结成同盟，到时候曹丕就没有介入的机会了，局势也将重归稳定。机会只有这一次，趁着吴蜀交恶时出兵干涉，这样便可能打破僵局，斩断鼎之一足。相比起来，目前实力更强的东吴威胁更大，最佳的选择就是如刘晔所说，和刘备一同伐吴。曹丕过于理想化的选择导致自己失去了一生中唯一一次破局良机。

除此之外，曹丕还有一大失误，那就是封孙权为王。要知道，孙权目前的爵位仅仅是曹操封的南昌侯，跨越"公"这一级别直接封王，恐怕孙权也万万想不到会有如此喜事吧。其实，封赏完全没必要送这样一份大礼，给个大将军敷衍一下就是了，或者至多给个会稽郡公。如果这样，孙权日后要想称帝，还得费一番周折。

最终，曹丕的使团还是上路了，由太常邢贞领衔，孙权的"老朋友"浩周也一同前往。为了给江东一个下马威，邢贞故意面露骄色，引得江东众臣大怒。其中，徐盛的表现最为激烈，他对众同僚说："我等不能为国开疆拓土，反而让主君屈膝求和，这不是奇耻大辱吗？"邢贞看到这场面，明白江东人才辈出，不会久居人下，只好暗自叹气。不过，使命还是要完成的，最后孙权被拜为大将军，获封吴王，加九锡，离建立帝业只差最后一步了。

东吴方面对这个"吴王"头衔不屑一顾的人很多，徐盛是最典型的代表，他们认为孙权应该自称上将军、九州伯，不该接受曹魏册封。孙权耐心地解释道："当年汉高祖也接受过项羽册封，那只不过是一时的权宜之计罢了，又有什么实际损害呢？"当然，他那些更深层的谋略是不会对外说的。

不过，曹丕的这些好处不是白给的，孙权应该送上人质以表诚意才行。但这就有点异想天开了，当年曹操索要人质孙权没有给，这次同样也不可能给，他的对策就是一个字——"拖"。这次浩周随使团前来，目的就是与孙权谈人质的事，他将自己以全家性命为孙权担保一事说了。孙权听了暗自发笑，但表面上仍做出感动至极、痛哭流涕的样子，并对天发誓一定会送人质，然后就把浩周打发走了。可怜浩周一片赤诚，换来的却是孙权无情的戏耍，虽然他最后没被满门抄斩，但也落得个终身不被起用的下场。

再说曹丕，他看孙权这边总是没消息，感到非常不满，于是派侍中辛毗和尚书桓阶前去催促，孙权依然是各种拖延。当然，孙权也怕曹丕失去耐心前来讨伐，便派中大夫赵咨出使曹魏。在和曹丕的会谈中，赵咨不卑不亢，从容应对，让曹丕对东吴心生忌惮，等他意识到孙权永远不可能送来人质时，夷陵之战早就结束了。

孙权用灵活的外交手段，扭转了最初不利的局面，为自己争取到宝贵的时间，不仅排除了后顾之忧，同时还为自己以后称帝打下了基础。反观刘备，战前派韩冉使魏确实是一步好棋，但此后他在外交方面就鲜有作为了。孙权受封一事不是秘密，刘备明知，吴蜀长期对峙时却没有争取曹魏，且此前的举动充分说明他并不排斥与曹魏结成短期同盟。从这个角度来看，孙权做得比他好得多。

《孙子兵法·九地》言："诸侯之地三属，先至而得天下之众者，为衢地。衢地则合交。"这是说，一块地盘同时与敌我双方以及第三者接壤，便被称为衢地，到了衢地应该主动和外部势力结交。荆州就是这样一片衢地。孙权做到了"衢地则合交"，刘备却没有，外交层面上的劣势让他在尚未开战时就落于下风了。

03　孙刘交锋

在刘备以凭吊曹操为由和曹丕取得联系后，经过大半年的拉锯，双方关系终于缓和。随后，刘备在黄初二年（221）四月称帝，完成了自己的一桩大事。到七月，刘备完成立皇后、太子以及给其余诸子封王的一系列事宜后，便正式出兵东征。由此，奠定三国后期格局的夷陵之战正式拉开了序幕。

对于这场战争，虽然蜀汉内部反对的声音众多，但刘备始终坚持己见，让自己这样征战一生的马上皇帝忍气吞声，他是万万做不到的。此时，三国早期的英雄豪杰大多已经去世，作为几乎硕果仅存的老将，刘备是不会甘于失败而去安度晚年的，他希望在人生的最后阶段为自己辛苦建立的基业再拼搏一次。可他没想到的是，自己的谢幕将是凄凉的。老兵的时代终将结束，后起之秀们即将撑起三国时代的新局面。

由于前来议和的东吴使者诸葛瑾缺乏诚意，刘备更加愤怒。于是，他继续挥师东进，誓要夺回荆州。面对刘备咄咄逼人的攻势，孙权深知以自己的军事能力没有必胜的把握，按照以往的经验，自己还是坐镇后方，委托一名军事才能过硬的大将在前线指挥更稳妥。

当初，吕蒙临终前推荐接替自己的人选是朱然。朱然是朱治的养子，也是朱治的外甥。虽然朱治是江东丹阳人，但他早年间跟随孙坚东征西讨，可以视作和吕蒙一样属于江北武人集团，再加上朱然本身能力不俗，吕蒙才推荐了他。

如果不是因为有巨大的外部压力，孙权或许会依照吕蒙的建议，把指挥权交给和自己同窗多年且私交甚好的朱然，而不是出身江东士族的陆逊。然而，陆逊在之前夺取荆州一战中的表现实在太过亮眼，而且有丰富的实战经验，虽然他和朱然年纪相仿，论起实际战绩却胜过许多，因此陆逊明显是更合适的人选。而且从后面的实际剧情看，陆逊统兵时军中尚且多有不服，换成朱然的话想必会更加困难，所以孙权这个选择是非常明智的。

对比蜀吴，一方是戎马一生的老将，一方是初露头角的新秀，这场战役本该是刘备占优，为何最后却变成了蜀败吴胜的一边倒呢？

《孙子兵法·计篇》言："夫未战而庙算胜者，得算多也；未战而庙算不胜者，得算少也。多算胜，少算不胜。"意思是：战争不是随随便便就能发动的，开战前一定要有周密的规划，必须想清楚自己的优势在哪里，劣势又在哪里，做到"先胜而后求战"，而不是"先战而后求胜"。另外，即使胜算颇大，也要考虑是不是将得到一场杀敌一千，自损八百的惨胜，那样即便取胜，意义也不大。因此，必须要"合于利而动，不合于利而止"。但刘备偏偏是"怒而兴师"，犯了兵家大忌，岂不是未战先败吗？

那么，一场战争胜算的大小究竟如何考量呢？这一点，《孙子兵法·谋攻》同样给出了详细的解释，其中有五点要素："知可以战与不可以战者胜，识众寡之用者胜，上下同欲者胜，以虞待不虞者胜，将能而君不御者胜。"这便是著名的"知胜有五"思想，开战前一定要对这五点进行评估。

所谓"知可以战与不可以战者胜"，就是要分析客观条件是否适合开战。

这场仗对刘备来说，不是非打不可，是否开战的选择权在他手里。只要不执意要求归还荆州，转而主张归还被东吴俘获的荆州士卒，还是有谈判余地的。正所谓"失之东隅，收之桑榆"，在东吴这里失去的，等解除后顾之忧后未必不能从曹魏那里得到补偿。何况，东吴名义上作为曹魏的藩属，只能算帮凶而非首恶。

从东吴视角来看，蜀汉退回益州后占据山川之利，溯江而上一举灭蜀几乎是不可能的，他们在这个方向上已经很难再得到什么了。只要刘备肯松口，孙权一定乐于重新结盟抗魏，因为以后的襄阳和合肥才是他的扩张方向。况且，东吴绝不是刘备可以轻易击败的对手。当年，诸葛亮在隆中对中就提出江东不可图，彼时孙权尚未消灭黄祖，势力仅局限在扬州，如今江东的势力大幅扩张，想战而胜之更是难上加难。

所谓"识众寡之用者胜"，就是要根据兵力的多寡加以灵活运用。

关于此战兵力的对比，东吴一方明确记载的是五万人，蜀汉一方的兵力则不能确定。一种看法是蜀军只有四万人，这是比较直接的一个数据。根据《魏书》记载，孙权给曹丕上书中提到"刘备支党"为四万人。还有一种说法是刘备大军仅被歼灭的就有八万人以上，这种说法出自《傅子》。

以上说法，笔者更倾向于后一种，主要原因就是孙权给曹丕上书的时间是黄武元年（222年）正月，当时刘备还在秭（zǐ）归，这时出秭归的应该是蜀军的先头部队，不包括刘备所率本部。毕竟，刘备作为皇帝，身边军队的数量不可能太少。而且，"支党"一词也值得深究。所谓支党，即党羽，也就是刘备的党羽就达到四万人，而不是全部兵力只有这些。据史料记载，刘备主力有五十余营，按照汉代军制，一营大约千人，因此这部分兵力至少有五万。再加上水军、部署在江北的黄权部以及马良招募来的五溪蛮兵，蜀军总兵力超过八万人并不夸张。

《傅子》成书比《三国志》还早一些，作者傅玄应该很容易搜集到准确的资料。而且，傅玄是魏国人，作为第三方应该会比较客观，没有道理夸大其词。再加上《晋书》描述傅玄为"刚劲亮直"，即他的性格较为正直，应该不会在自己的作品中无根据地信口开河。根据《三国志》的记载，此战东吴"临陈所斩及投兵降首数万人"，而刘备并未全军覆没，撤退时还能"收合离散兵"，所以他的总兵力估计可以达到东吴的一倍半左右。不过，兵力多不代表优势大，还得看具体情况。东吴的兵力虽少，但主场作战的补给压力更小，可以长期作战，这一优势是蜀军不具备的。况且，在长江沿线作战，东吴的水军优势可以得到充分的发挥，这同样弥补了兵力的差距。反观刘备，他却盲目地分兵，此消彼长下，他的兵力优势也就不复存在了。

所谓"上下同欲者胜"，就是说全军要上下一心，同仇敌忾。

刘备发动战争，首先在国内就没有得到广泛的支持。秦宓（mì）提出不同的意见就被下狱关押，刘备如此刚愎自用，连诸葛亮都不敢出言相劝，他知道自己说了也没用。内部的分歧如此之大，岂能言胜呢？而东吴一方，虽然陆逊由于资历略浅，或许有些难以镇住麾下那些骄兵悍将，但他们反对的仅限于陆逊的具体战术，他们在危急关头一致对外不成问题，完全没有出现赤壁之战前主和派大行其道的场景。

所谓"以虞待不虞者胜"，就是说要做有备之师，不打无准备的仗。

当初夺取荆州后，孙权在建安二十四年（219年）年底立刻将巫县和秭归单独设成固陵郡，任潘璋为太守。甘宁去世后，孙权又把他的部曲交给潘璋统率，以增强潘璋的力量。在双方势力范围交界的最前沿设置这样一个郡，必然是为了防备刘备即将发起的反扑。虽然后来根据实际局势，陆逊选择诱敌深入，这一部署并未起到预期效果，但其积极性是值得肯定的。之后，无论是迁都武昌还是积极联络曹丕请降，同样都是为这场战争所做的准备。

反观刘备为战争所做的准备就差远了。荆州发生剧变后，他将主要的精力投入称帝一事中。安排好自己的家事后，刘备仅仅准备了不到一个月就草草出兵了。刘备出征前下令张飞率本部兵力万人参战，但张飞还未出发即遭刺杀。史料记载，张飞正是死于六月，而刘备七月出兵，可见他这次出征之仓促。后来，刘备在秭归足足待了差不多半年，没有继续东进，一来可能是还在和东吴谈判拉锯，二来应该是在等待兵力的集结。

所谓"将能而君不御者胜"，就是说主帅要有足够的军事才能，而且国君要对其充分信任，不能胡乱干预。

刘备自己就是国君，当然谈不上干预前线，但问题是他的军事才能是有限的。从夷陵之战中刘备的表现可以充分看出他指挥大兵团作战能力的平庸，曹操认为汉中之战刘备能获胜全依仗高人指点，还真不全是嘴硬。而东吴的指挥官陆逊就不同了，他是那个时代一流的军事家，大兵团作战的指挥水平远超刘备。此外，孙权确实做到了"君不御"，使陆逊可以充分地发挥自己的军事天赋。

这五点因素综合比较下来，差距就很明显了，在兵法"知胜有五"的思想下，刘备在各个方面都处于下风。连"少算"都会"不胜"，何况是"无算"呢？这场战争本就是不合时宜的草率之举，是一场彻彻底底的"庙算"上的失败。开战前刘备就已经没有胜算了，最好的结果就是保全军队，无功而返。以法正之能，诸葛亮认为他只能让刘备不遭此惨败，并不能转败为胜，可以说诸葛亮对战争的局势看得相当透彻了。

其实，刘备身边不乏一些头脑清醒的人。比如赵云，他认为孙刘两家之间是次要矛盾，而蜀汉与曹魏是主要矛盾，只有先抓主要矛盾，分清主次与轻重缓急才是上上之策，那样次要矛盾自然会得到解决。可惜，此时的刘备再也不是当初那个喜怒不形于色的青年了，这些年取得的巨大成就让他变得刚愎自用，不能接受任何失败，这就导致他在猇（xiāo）亭难以寸进的时候都不愿退兵，悲剧也就此注定。

属于刘备的时代过去了，他终将成为衬托陆逊赫赫战功的背景板。

04　猇亭鏖兵

在接过五万大军的指挥权并开赴前线后，陆逊承受着巨大的压力，他无时无刻不在殚精竭虑。无数个深夜，陆逊望着作战地图苦思冥想，终于找到了制胜的法门。

若想了解夷陵之战陆逊能取得惊人战果的真正原因，就需要从军事地理方面去寻找答案。

其实，夷陵之战虽以夷陵命名，却是一场发生在长江沿线从秭归至夷道长达二百里以上广阔地区的战役，甚至真正的主战场不在夷陵，而在猇亭。长江流经四川盆地东缘时，奔流于崇山峻岭之间，形成了壮丽的大峡谷，即长江三峡。三峡西起重庆市奉节县，东至湖北省宜昌市，自西向东由瞿塘峡、巫峡、西陵峡组成。而瞿塘峡、巫峡和西陵峡分别对应着鱼复、巫县和秭归这三个重要的地点。

蜀汉丢失荆州之后，秭归和巫县都被东吴占领，三峡中仍被蜀汉控制的据点就只有鱼复了。为夺回失地，刘备大军一路东进，很快突破巫县并拿下秭归，将东吴之前设置的防线摧毁，距离江汉平原只有一步之遥。巫县和秭归已经被东吴合并为固陵郡，作为对抗蜀汉反扑的前沿阵地，按说经过精心准备，应该有一战之力，为何如此不堪一击呢？

原来，陆逊上任后改变了原来御敌于国门之外的部署，将总体战略变为以退为进，诱敌深入。新的方案好处多多。首先，刘备的兵力更强且士气正盛，如今顺江而下势不可挡，应避其锋芒。也就是说，固陵郡是陆逊主动放弃的，不是战败失守。之所以这么说，是因为固陵守将潘璋、李异、刘阿等并未遭受重创，在后来的反击中，他们都有出色的表现。其次，就是为了拉长蜀军的补给线，同时又能缩短自己的补给线，此消彼长之下，对方的后勤压力就更大了。最后，就是水军的问题。夷陵之战虽然基本以陆战为主，但水军仍扮演了重要角色，甚至可以说水军决定了这一战的胜负。长江在三峡流域水流湍急，不适合舰队航行，而将主战场东移到平原地区后，水势变缓，就可以充分发挥东吴的水军优势了。

刘备攻占秭归后于原地驻扎了数月之久，一是还在和东吴拉锯谈判，二是等待后续兵力集结。不过，长期待在秭归是无法对东吴形成威胁的，刘备必须得有进一步的动作。长江在突破三峡后流入江汉平原，鄂西山区到江汉平原之间有过渡的丘陵地带，夷陵便坐落于此。古语云：水至此而夷，山至此而陵。大意是：水到了这里就不再凶险，山到了这里便成了丘陵。夷陵得名的由来可谓再形象不过了。正因为有这样的特点，夷陵才成了荆州西面的门户，也是历朝历代兵家必争之地。

对于夷陵的重要性，刘备有着深刻的认识。因此，他在黄武元年（222年）正月命吴班、陈式率水军为先头部队进至夷陵，抢占这一战略要地，并且夹着长江两岸修建水寨并屯兵。然而，这是此战中刘备犯的第一个错误。他对东吴水军的强大重视程度不够，以水军为先锋，结果只能是自取其辱。

陆逊当然不可能放过这个机会，还没等蜀汉水军站稳脚跟，他就命宋谦突然发起一次反击，攻破蜀军五个屯，歼敌几千人，取得了一场不小的胜利。虽然史料没有明确地记载这一战的过程，但既然蜀军突前的先锋部队是水军，那这一战大概率就是双方水军的交锋，这也是吴军能轻松获胜的原因。

听闻先头部队战败，刘备震怒，一个月后整顿军马继续东进。而陆逊得胜后也没有恋战，继续向东收缩。从夷陵继续东进，陆地上逐渐变得一马平川，江面陡然变宽，刘备之后的战术选择也变得多样起来。其中，最直接的就是走陆路东进，直逼江陵，或者顺江而下，水陆并进，一样可以到达江陵。不过，刘备却选择了第三条路线。

蜀军没有选择陆路是可以理解的，毕竟从夷陵到江陵，陆路有将近三百里。当初关羽把江陵经营得固若金汤，如今急切间肯定难以攻下，如果顿于坚城之下，粮道再被吴军截断，形势就很危险了。而且，从江北进军有可能遭到吴魏的夹击。当时孙权已经向曹丕称臣，虽说曹丕尚处于作壁上观的状态，但难保他什么时候会发起袭击。

至于为何不能沿着长江水陆并进，则是因为水军的软肋，之前水军先锋已遭挫败，更加无法和东吴对抗，刘备只能被迫"舍船就步"。对于这一点，黄权始终保持着清醒。之前水师被东吴击败一事令他对本方的劣势有了深刻的认识，据《三国志·蜀书·黄李吕马王张传》记载，当时镇北将军黄权建议："吴人悍战，又水军顺流，进易退难，臣请为先驱以尝寇，陛下宜为后镇。"黄权在这里表达了三个意思：第一，他委婉地说出本方水军的战斗力不如对手，一旦战况不利，撤都撤不回来；第二，他并没打包票说让他当先锋就能打赢，只是想试探一下；第三，他建议刘备不要亲临前线。

作为一个军事素质出色，还曾在汉中大战中证明过自己的将领，黄权的建议非常有道理。进易退难在兵法里叫挂形，如果敌军没有防备，确实可以出其不意；要是敌军已经守株待兔，那便不可轻易进攻，否则就是有去无回。黄权所言正合兵法，毕竟失败的例子就在眼前。他说的第二条是承接第一条的，正因为不宜主动东进交战，因此只能试探一下。黄权原话中，这个"尝"字很值得玩味，意思就是要试试敌军的实力，摸摸他们的底细。他认为自己稳妥一些的话，就不会重蹈吴班、陈式的覆辙，至少也会是个不分胜负的平局。第三点是针对刘备想亲率大军进攻这一计划，他本就认为继续东进，形势对我方不利，所以不希望主帅去冒险。

刘备没有同意黄权的建议，原因也很简单，黄权的道理确实没错，但之前战败的只是先锋，如果主力东出，或许就不会输了。另外，黄权的态度不够坚决，他对战斗的信心不是很充足，只是试探一下而已，这无法让刘备满意。刘备的目标就是恢复湘水划界之前的局面，打得这么谨慎，如何收复南郡？

其实，刘备否决黄权的建议倒是问题不大，这不是他惨败的主要原因，但他的另一个决定葬送了自己，那就是把黄权调到江北去了。把黄权打发走，美其名曰防备曹魏，但问题是防备曹魏的意义何在？如果蜀军不在江北，那和魏军根本不可能有接触，即便曹丕想介入荆州战局，首当其冲的也是东吴控制的江陵。而在得不到制江权的情况下分兵南北两岸，将会导致两军无法相互呼应，把黄权部署在这样一个孤立无援的位置上，几乎就等于抛弃了他，这说明刘备当时对他的意见不小。此时的刘备已经非常刚愎自用了，他听不进任何不同的意见。黄权的态度比较保守，不对刘备的胃口才被调走，从那之后刘备身边不同的声音就彻底消失了。

其实，刘备对黄权的建议倒也不是完全没有采纳，至少本方水军不行他是意识到的，这才有了后面的第三条进军路线——走江南陆路。虽说这是刘备不得已的选择，但这条行军路线还是有一定好处的。将主力部署在江南，方便联络武陵山区中的蛮夷，最后蜀军也顺利达到了这一目的。而且，在江南进军，最后面对的是更容易夺取的公安而非坚固的江陵。刘备没想到的是，他在夷道就被卡住了。总的来说，舍船就步表面上看不太明智，实则也是务实之举。

之后，刘备大军一路东进，最终驻于猇亭。这里要注意，蜀军虽然在猇亭处处结营，但绝非曹丕所说的连营七百里。七百里是蜀军的补给线，中间虽然会有一些兵站，但不可能每一处都是军寨。猇亭是陆逊为抵御蜀军设置的最后一道防线，陆逊将吴军主力部署在不远处的夷道一带，之后就没有再后退一步了，猇亭就成了这次大战的主战场。

很多资料认定猇亭在江北，甚至历史学家谭其骧主持编绘的地图也是如此。笔者认为这是不正确的，如果猇亭在江北，那说明刘备主力就在江北，何必还要黄权去督江北诸军呢？而且，若是他和黄权都在江北，黄权也不会因为孤立无援被迫降魏了。况且，刘备还派侍中马良去长江南岸联络武陵蛮，如果他在江北的话，在没有制江权的情况下，如何能如此轻易地横跨长江两岸进行调动呢？

针对这个问题，《资治通鉴》为了让人不产生混淆，特意说明刘备大军是"自江南缘山截岭，军于夷道猇亭"，这足以证明猇亭就在长江南岸。之所以会产生猇亭位于江北的说法，大概是因为今天湖北省宜昌市的猇亭区位于江北，而且蜀军之前攻占的秭归、夷陵也位于江北，才会产生蜀军始终沿着长江北岸进军的误区。事实上，蜀军最迟在出三峡前就已经渡江南下了，因为夷陵以西的水道还是蜀军可以控制的。

此后，吴蜀两军就在长江南岸的猇亭、夷道一线长期对峙，从黄武元年（222年）二月开始，一直持续到闰六月。不过，在整体形势上，蜀军已经愈发不利了，看似兵力强大，还控制了长江两岸很大的一片地区，但由于没有制江权，各部之间兵力分散，难以相互支援。

另外，对峙时间越长，客场作战的蜀军承受的压力就越大。所谓"取用于国，因粮于敌"，就是说在深入敌境作战时，一定要尽量就地征粮。然而，早就做好诱敌深入打算的陆逊坚守夷道，没有将荆州最富庶的地区让出来，刘备只能依靠益州本土的补给。长此以往，蜀军的战力只会越来越弱。《孙子兵法·火攻》言："夫战胜攻取，而不修其功者凶。"大意是：虽然能攻城略地，但不能取得决定性的胜利从而巩固战果的话，这时候就很危险了。可惜，刘备身边没有人能提醒他这一点。

但凡两军长期对峙，都不可能无限期地等下去，等待是手段而不是目的，漫无目的的等待就是自取灭亡。这个后手陆逊是有的，他一直在等待发起反击的时机，胜利的天平已经向东吴一方倾斜了。当然，陆逊的日子也没有那么好过。吴军内部的问题正在日益积累，导致虽然陆逊对整体战局有着清晰的规划，但具体实施起来颇为困难。

担任大都督之初，陆逊就经历了不小的信任危机。他本身在军中的威望就不高，再加上开战不久就丢了巫县和秭归，虽然是因战术所需主动放弃，但桀骜不驯的军中宿将们一定认为这个大都督名不副实。陆逊手下的这批将领个个都不是省油的灯，比如韩当和宋谦就是孙坚和孙策时代的元老，潘璋是孙权的心腹，孙桓则有宗室身份，以陆逊当时的资历很难压制住他们。好在陆逊趁蜀军不备派宋谦反击了一次，扳回一城后暂时解决了这个危机。

但现在，第二次信任危机又来了，诸将对陆逊坚守不战的策略颇为不满。当时，刘备见陆逊始终避而不战，就令大将吴班率数千人到平原上安营，作为诱饵吸引吴军来攻。此计至少表面上看起来并没有多么高明，只派几千人来挑战数万大军，岂不是以卵击石？因此，蜀军在背后必然设有埋伏。但憋屈很久的吴军众将实在忍不住了，都想吃掉这支蜀军。好在陆逊坚决反对，诸将最终只得从命。后来，刘备见陆逊没有上当，便撤去了八千伏兵，吴军诸将见事实摆在眼前才无话可说。

不过，任由敌国大军在本土长期驻扎，自己却毫无作为，久而久之部下肯定会再生不满。有理由相信，陆逊的表现很可能也引起了孙权的质疑，因为陆逊曾特意上书解释自己的战略部署。在疏奏中，陆逊主要表达了两个意思。第一，刘备逆天而行，所以不会有好下场；第二，蜀军做出了舍船就步的错误部署，因此不足为虑。

所谓逆天而行，这一点比较抽象，关键是第二点。所有人都知道顺江而下，水陆并进是威力最强的，当年曹操也是这么做的，如今刘备却放弃了这一优势，反而连营据守，显然是自废武功之举。但就如前文所说，这其实是一句正确的废话，刘备自然想水陆并进，但在水军吃了败仗后，他便不敢这么做了。陆逊故意如此说，不仅能够凸显自己的睿智，还能增强孙权及手下众将的信心，可谓一举两得。就这样，凭借精准的判断和出色的内部沟通能力，陆逊最终成功渡过了这次信任危机。

时间一天天流逝，终于到了夏秋之交，战局突然发生了变化。

05 马鞍山之战

黄初三年（222年）六月，驻守后方的蜀军士卒突然发现有黄气出现在距离秭归十多里的地方，宽达几十丈。这应该是预示吴军将破的吉兆吧，或许刘备收到这则消息时如是所想。根据《宋书·五行志》的记载，当年秭归附近的黄气叫黄祥，这是一种预示灾祥的黄色物象。也就是说，这并不一定是吉兆，而是可吉可凶。遗憾的是，刘备遇到的就是凶兆，仅仅十几天后，他的大军就将彻底灰飞烟灭。

此时，陆逊的营帐内正在进行一场激烈的争论，当陆逊表示决战的时机很快就要到来时，之前纷纷请战的诸将却一致反对。他们认为应该在蜀军刚到时打对方个措手不及，如今双方已经对峙半年，敌军据险固守且防备严密，战机早就错过了。

其实，这种看法倒也不能算错，但从全局角度来看，就有些片面了。几个月前，刘备率军从秭归出发，快速进兵至猇亭前线，这种做法符合《孙子兵法·九地》中"轻地则无止"的观点，蜀军没有在边境地区过久地纠缠。这时候要是立刻发起进攻就是散地作战，蜀军士气正盛，吴军一旦失利就是兵败如山倒，但这太过冒险。而蜀军到达猇亭后，就变成了重地作战。所谓"重地则掠"，此时应该因粮于敌，逼迫对方在不利的局面下交战，但蜀军没能做到这一点，于是优势就逐渐转移到东吴一方了。

陆逊苦等了半年，终于等到蜀军师老兵疲又无计可施，这就是他发动反击的绝佳时机。为了弄清对方的虚实，陆逊先派一支小部队进攻蜀军一处营寨来试探，结果不克而还。据《三国志》记载，当时诸将纷纷说道："空杀兵耳。"他们指责陆逊指挥不当。见这些功臣元老和皇亲国戚还是不服，陆逊说道："刘备乃强敌不可小觑，我们应上下一心而非内生不和。我虽是一介书生，但主上既然委以重任，必有道理，诸位应各尽职责，切不可违反军令。"据《三国志》记载，陆逊当时说这一席话是"案剑曰"，也就是握着剑柄说，虽然彬彬有礼，但也透露出大都督的威严，众将听后便不敢再多说什么了。

此时，陆逊胸有成竹，通过这次试探，他发现了蜀军的软肋。刘备沿着山岭连营驻兵，虽然利于防守，但周围林木众多，非常适合吴军发起火攻。当时已经到了闰六月，换算成阳历大概是8月底9月初，宜昌市一带的汛期基本已经过去，天气逐渐干燥。《孙子兵法·火攻》言："发火有时，起火有日。时者，天之燥也。"因此，此时正是发动火攻的绝佳时机。

之前讲火烧乌林时提到，火攻分为内发和外发，外发时必须于上风方向点火，这就不得不涉及当时吴军的具体部署。有一种说法认为吴军主力在江北，最后决战阶段是吴军南渡长江发动进攻的。其根据就是当时孙桓的偏师在夷道陷入重围，但陆逊没有救援，因此陆逊必定不在夷道。这种观点有待商榷，倘若吴军主力在江北，为何不顺手消灭势单力孤的黄权部，而是放任他投降曹魏呢？

孙桓应该是陆逊刻意留在夷道县城的诱饵，陆逊主力去执行进攻任务，所以才会分兵。今天湖北宜都市有个陆城街道，很可能就是当年陆逊的驻地。夏季湖北省多起东南风，东吴军队所在的夷道县城正好位于蜀军大营猇亭的东南方，完全符合兵法所说"火发上风，无攻下风"的原则。

在陆逊的谋划中，此战一定要打成歼灭战而不是击溃战，只有这样才能一劳永逸。于是，陆逊又做了其他的部署。前文所说的留下孙桓诱敌就是其中之一，此举是为了吸引蜀军的注意力，方便偷袭。此外，陆逊还命朱然与韩当领兵五千以断蜀军归路，这才是真正的杀招。吴军依仗水军优势发起进攻，很快就击溃了驻守在夷陵以西涿乡的蜀汉水军（可能是蜀军夹江而立的水寨中的西大营），顺利地截断了蜀军的退路，导致刘备即将面临和当初的关羽一样的困境。

前线的蜀军果然上当，他们正向驻守夷道的孙桓部发起猛攻，这就导致猇亭大营渐渐疏于防备。此时，孙桓在巨大的压力下被迫派人求救，诸将大多主张前去救援，毕竟倘若夷道失陷，吴军就失去了根据地。但陆逊临危不乱，他做出了最理智的决定，即按原计划行事，不去援救孙桓。他认为"安东（孙桓的职位为安东中郎将）得士众心，城牢粮足，无可忧也"。在陆逊看来，孙桓很得军心，而且夷道城防备完善，粮草充足，蜀军急切间难以攻下，如果援救，就要与敌军野战，那就正中对方下怀。这时候，若按原计划行事，则可以击溃蜀军主力，最后就算夷道丢了也无大碍。

孙桓那边听说陆逊不来援救后非常愤恨，据《三国志》记载，当时进攻孙桓的蜀兵"军众甚盛，弥山盈谷"。可见，孙桓正承受着极大的压力。求援无望后，孙桓只得拼死抵抗，《三国志》说他"投刀奋命"，情况一度到了十分危急的地步。

猇亭火攻形势示意图

经过一番苦战，孙桓终于撑过了最危险的阶段。随着吴军发起火攻，猇亭一带的山林瞬间就被烈焰吞噬，突如其来的大火让蜀军官兵彻底陷入混乱。陆逊趁势命令全军出击，攻破蜀军四十多处营寨，取得了一场大胜。这一战蜀军损失极大，张南、冯习及沙摩柯等将领当场战死，四十余营全被攻破，杜路、刘宁等将领也被迫投降。不过，猇亭火攻并未让刘备全军覆没，一番整顿后估摸蜀军仍有三四万人，之所以这么说，是因为后面的马鞍山之战才是真正的最后一战。

此时后路已断，蜀军想原路返回秭归是不可能了，刘备之前的一个部署即将发挥作用。当初，他命马良前往佷（hěn）山县联络五溪蛮，虽然这些蛮兵不一定在战场上起到什么作用，但此举打通了经武陵山区返回秭归的山路，也让刘备不至于步关羽的后尘。当时，刘备在马鞍山收拢败卒准备撤退，没想到陆逊来得这么快，转瞬间就将自己围在了山上。

关于马鞍山的具体地点有些争议，有些观点包括谭其骧地图都认为马鞍山在江北，深入西陵峡之中。这值得商榷。如果真是这样，就说明刘备是原路返回秭归的，但他的后路明明被朱然和韩当切断了，这就产生了矛盾。另外，前文也论证过，夷陵之战的主战场在长江南岸，刘备又是如何在不掌握制江权的情况下转移到江北去的呢？根据宜昌市地方志的记载，马鞍山位于今湖北省宜昌市长阳土家族自治县东南方向，因"自宜都望之，形如伏马"，故称马鞍山。这说明马鞍山从宜都市就可以看到，距离猇亭主战场应该不远。

见蜀军最后的部队已经陷入重围，陆逊立刻下令发动进攻，此役中最惨烈的马鞍山之战开始了。这场战斗的激烈程度令人惊叹。蜀军占据地利且退无可退，只能拼死抵抗，吴军虽然兵力上占优势，但打得并不轻松。据《三国志》记载，马鞍山之战蜀军"土崩瓦解，死者万数"。这场惨烈的战斗导致数以万计的士兵阵亡，这就是前文说火烧连营后蜀军实力尚存的原因，吴军为了取得最后的胜利想必付出了不小的代价。

其实，陆逊只要围而不攻，马鞍山的蜀军就会因断粮而不战自溃，他为何要付出这么大的代价强攻呢？或许只有一个解释，那就是攻山的主力正是当初关羽和于禁的降军，因为他们是降卒，地位比较低，所以才会被当作炮灰消耗掉。

总之，火烧连营只能算是夷陵之战的一个开胃菜，真正的大决战发生在马鞍山，此战过后，夷陵之战的主要战斗才算基本结束。此时，蜀军的船只军械、粮草辎重等损失殆尽。《三国志·吴书·陆逊传》生动地记录了这场战争的残酷场面，当时"尸骸漂流，塞江而下"。可见，蜀军经此一战遭受了多么沉重的打击。见到如此惨状，身在江北的黄权自然也得知刘备全军覆没的消息，但由于制江权掌握在东吴手里，他只能望江兴叹。迫于无奈，他最后只好北上投降曹魏。

马鞍山之战形势示意图

刘备见大势已去，只好命人点燃铠甲以暂时阻挡吴军，然后趁夜色逃走，穿过武陵山区走小路返回秭归。只可惜立下大功的马良死于乱军之中，这对人才不足的蜀汉来说又是一个重大损失。不过，即便到了秭归，刘备也算不上彻底脱离险境，因为一个年轻人正带着复仇之心在前面等着他，那就是孙桓。之前在夷道被打得狼狈不堪，孙桓心里憋着一口恶气，自然不会放过这个机会。他率领水军溯江而上，抵达三峡西端的入口——夔门，准备阻击刘备。得知孙桓正"恭候"自己，刘备再次翻山越岭，才勉强逃回白帝城。与此同时，赵云率江州军前来恭迎圣驾，至此刘备才算基本安全了。

当年，刘备前往江东结亲，那一次他在京口曾与尚年幼的孙桓有过一面之缘。恐怕当时刘备万万想不到，这个孩子多年后竟将他逼到如此窘境。进驻白帝城后，刘备将此地所在的鱼复县改名为永安县，取永保安宁之意。

然而，此时刘备并不安宁，吴将李异、刘阿等仍驻扎在距离白帝城不远的南山（今重庆市奉节县东北），对其构成了一定的威胁。不仅如此，徐盛、潘璋、宋谦等诸吴将纷纷表示应该继续进攻。相比之下，陆逊和朱然、骆统这些文官出身的将领明显考虑得更长远些。

首先，单从军事角度来看，虽然白帝城位于江边，但当地的地理情况非常不适合拥有水军的吴军发挥优势。当今，三峡水利工程修建完成后，夔门一带的水势已经放缓许多，但正所谓"夔门天下雄"，当初此地水流汹涌，呼啸奔腾，那雄奇壮丽之景远非今天可比。因此，东吴水军虽强，在此处却没有用武之地。

其次，就是全局战略方面，当时曹丕正大规模地集结军队，表面上推托助吴国共讨刘备，实际上已经蠢蠢欲动了。此时在白帝城陷入苦战的话，倘若魏军从襄阳出发直取夷陵，到时候被截断退路的东吴军队就危险了，所以必须立即撤退。果不其然，陆逊在八月前后撤军，曹丕在十月就大举南征。

听闻曹丕出兵，刘备又有了想法，于是写信给陆逊："贼今已在江陵，吾将复东，将军谓其能然不？"陆逊一看这封信，哭笑不得，刘备败得如此惨烈却还在嘴硬。刘备若真的想进攻，那就是军事机密，岂能写信通知自己？刘备所言如儿戏一般，所以他显然只是为了让东吴将注意力转向曹魏一边。于是，陆逊回信也不客气："但恐军新破，创痍（yí）未复，始求通亲，且当自补，未暇穷兵耳。若不惟算，欲复以倾覆之余，远送以来者，无所逃命。"意思是，跟我们和解并休养生息才是你们蜀汉的上策。如果非要再开战端，就让你们有来无回。

此时，刘备在重大挫折下身体每况愈下，再加上汉嘉太守黄元叛乱一事令他焦头烂额，他已经没有精力再跟陆逊斗嘴了，这件事最终不了了之。

听闻前线取得大捷后，孙权大喜过望，他问陆逊："当初诸将不服，你为何不上报呢？"陆逊回答说："我愿效仿蔺相如和寇恂（xún）。"这两位都是通过实际行动促成将相和的代表人物，陆逊的意思就是我可以用战绩让众将心服口服，靠主君将他们强行压服不算本事。孙权听后大为赞许，加授陆逊辅国将军，命其兼任荆州牧，随后又改封其为江陵侯。诸将，甚至一度对陆逊很有意见的孙桓也都心悦诚服。夷陵之战结束后，荆州的纷争宣告结束。自此，蜀汉势力再未东出益州，而荆州也成了魏吴双方的角力之所。

此时，曹丕才意识到自己上了孙权的当，对方永远不可能送来人质，而且孙权自行改元建号为黄武，已经开始在为脱离曹魏体系做准备了。另外，吴蜀相争并未如他所愿两败俱伤，曹丕盛怒之下，这次南征已经不可避免了。

击退强敌后，东吴又将面临新的挑战。

06　曹丕南征

当洛阳皇宫内的曹丕收到夷陵之战的战报时，或许他已经预料到吴胜蜀败的结果。就在七天前，曹丕得知蜀军的军事部署，当时他就预感刘备大败在即，最终果不其然。早前，曹丕自作聪明，结果被孙权无情戏耍。于是，就在夷陵之战的硝烟刚刚散去三个月后，恼羞成怒的曹丕发动了一次声势浩大的南征。

这一战虽然从兵力角度上来说，不一定比得上当年的赤壁之战，但是从战场范围的广阔程度来看，绝对是空前的。大战西起江陵，东至京口，作战地域长约两千里以上，主攻的魏军分为东、中、西三大兵团，在长江中游至下游展开全线进攻。然而，被曹丕给予厚望的南征最后草草收尾。曹军虽然其间有过一些小胜，但最终还是一无所获，三路人马皆未取得突破。这一结果，曹丕难辞其咎。

首先，这场战争发起的时机就不够好。夷陵之战期间，刘晔曾劝曹丕趁势伐吴，可惜彼时曹丕还抱着坐山观虎斗的幻想。等夷陵之战大局已定后，曹丕又想出兵，刘晔则劝道："彼新得志，上下齐心，而阻带江湖，必难仓卒。"东吴刚刚大获全胜，士气高昂，又有长江天险，要打早就该动手，现在对方严阵以待，战机早已失去了。

其实，这个道理曹丕未必不清楚，东吴没那么容易消灭，当年曹操尚且屡屡吃亏，何况是他呢？但是，曹丕刚刚登基不久，非常渴望做出些成绩，被孙权欺骗一事又令他怀恨在心，所以很难无动于衷。当然，还有更重要的一个原因，那就是曹丕想借这次战争的机会给军队换换血，以便他彻底掌控军队。对这场战争，曹丕在政治层面的考虑要高过军事层面。

目前，军中长官里有许多曹操时代的老人，这些人的能力和忠诚度自然没问题，但他们毕竟不是曹丕的亲信，他还是希望培养出一些自己的班底。至于具体人选，分别是曹真、曹休与夏侯尚，作为能力出众且与曹丕关系密切的宗室二代成员，这三人都是常年和曹丕形影不离的近臣。因此，可以说本次南征就是他们三人正式上位的一战。

曹魏三路大军中，东路军主帅是征东大将军、扬州刺史曹休，都督张辽、臧霸等二十余军出洞口；中路军主帅是大司马曹仁，出兵数万攻濡须；西路军主帅则是上军大将军曹真和征南大将军、荆州刺史夏侯尚，主攻南郡。

东西两路的主帅都是曹丕的亲信，这点毫无疑问，而中路军主帅曹仁，从作战部署上就能看出曹丕对其没抱多大希望，打算让他成为曹休的辅助，为曹休分担火力。

黄初元年（220年），曹休来扬州，接替不久前去世的扬州最高军政长官夏侯惇，这一点是《三国志》明确记载的，而且他的官职扬州刺史也能证明。曹仁来扬州只说他是"屯合肥",孰轻孰重一目了然。至于曹仁担任的所谓的都督荆、扬、益州诸军事,只是个虚职罢了。

再看这次南征作战,曹仁一路的兵力为数万人,而曹休一路的兵力多达二十余军,兵力在八万以上,比曹仁只多不少。这说明在曹丕的规划中,曹休所部才是淮南战区的主力。在战争过程中,曹丕主要关注的是东西两路的战况,他和侍中董昭进行战术探讨时就没提到与曹仁相关的事,曹丕本人也坐镇荆州督战,他的心态再清楚不过了。曹仁毕竟是宗室老臣,功勋卓著,不像张辽、臧霸或者曹洪一样,让曹休统率曹仁确实有些说不过去。既然如此,那就将他们分为两路好了,然后以曹休为主,这样一来,即可达到目的。

不过,对孙权来说,这场对曹魏而言时机不对且目的不纯的南征是他最喜闻乐见的,因为他的部署丝毫未出现捉襟见肘的状况。整场战争期间东吴都在从容应对,始终没有面临太大的危机,甚至陆逊所部都没有参加战斗。事实上,如果情况危急的话,他是完全可以参战的。可见,东吴方面根本没什么压力。

最开始发生激烈交锋的是东路战场。魏文帝黄初三年、孙吴黄武元年(222年)九月,曹休大军抵达洞口,洞口即洞口浦,在今安徽省和县一带,是江边的一个渡口,应该距离横江浦不远,对岸就是牛渚矶。当年,曹休曾带着老母渡江去吴郡,有可能经过这里。开始负责淮南地区的军务后,他在一次冲突中击溃了孙权在江北历阳的驻军,随后又渡江并小胜一场,可以看出曹休对这一带是很熟悉的。于是,曹休在部署到位后立刻给曹丕上书道:"臣愿率精兵渡江南下,必传捷报,若臣有何闪失,陛下无须挂念。"

曹丕一看就急了,让曹休统兵镀镀金,量力而行就得了,何必这么冒险?曹丕便立刻派人快马加鞭去阻止他。见皇帝忧虑,在一旁侍奉的董昭说:"陛下不必担忧,渡江绝非易事,况且臧霸等将早就躺在功劳簿上等着颐养天年了,怎么可能再去拼命呢?到时候曹休只能知难而退,恐怕您让他渡江,他也得斟酌斟酌了。"董昭看得还是挺透彻的,根据《三国志》的记载,董昭评价臧霸等老将是"欲终其天年,保守禄祚",这也必然代表着曹丕的态度,可见给军队换血有一定的必要。

结果还没等曹休开始行动，一份大礼从天而降。东吴这一路的主帅是吕范，手下有徐盛、全琮、孙韶等人，以水师抗拒曹军。这一安排本没有问题，如果无法取得制江权，曹军兵力再多也只能望江兴叹。然而此时发生了意外，十一月的一天突然刮起大风，东吴战舰的缆绳纷纷被扯断，最后战舰都被吹到长江北岸去了。同样的情况之前徐盛经历过，当时他主动出击，杀了曹军一个措手不及。不过，这次吴军就没那么好运了，魏军不可能再吃同样的亏，王凌等人抓住机会发起进攻，吴军大败。

《三国志》生动形象地记录下了当时的战况，混乱之中被魏军驱赶落水的吴军士卒抓住江中的大船"攀缘号呼"，可船上的官兵都怕人太多致船只倾覆，于是纷纷"以戈矛撞击不受"，阻止他们上船。一时间，惨叫声与喝骂声混杂，场景惨烈无比。此时，只有东吴将领吾粲与黄渊命船上的人救助落水者。有人劝吾粲不要这样，否则船只超载就会出大事，吾粲却说："船沉了大家一起丧命就是了！战友陷入绝境，岂可抛弃？"最后，吾粲与黄渊成功救上来百余人，吾粲也因功被升任为会稽太守。

这场战斗吴军受到重创，被魏军斩首和溺水而死的士卒多达数千人，还有不少船只成了敌方的战利品。前来增援的贺齐因为路途遥远尚未赶到，这才逃过一劫，吕范无奈之下只好退回江南固守。曹丕闻讯大喜，立刻下令进攻。旗开得胜的魏军士气大振，多次利用轻舟对南岸发起突击。面对危局，全琮甲不离身、剑不离手，始终严加戒备，再加上徐盛的坚守，魏军最终未能在这个方向取得突破。

曹休之前都是小规模地渡江，而这次有将近十万大军，在得不到制江权的情况下发起进攻确实困难。苦思冥想之下，曹休心生一计。如今，吴军严阵以待，从洞口渡江基本不可能了，于是他将目光投向了下游的徐陵（即京口）。当初第二次濡须之战期间，魏吴两军于濡须一线纠缠，曹操曾暗中派兵占据横江浦，打算偷渡牛渚矶，无奈被东吴察觉，最后功败垂成，结果曹休这次同样被对方发现了。

曹休带着张辽和臧霸来到海陵（今江苏省泰州市）后，其动向立刻被孙权得知。当时，张辽已经重病缠身，但仍为国家燃烧着最后的生命力，孙权不敢因此小觑他。可惜，就在渡江前夕，张辽病逝于广陵，一代名将就此落幕。进攻行动并未因张辽去世而结束，很快曹休就命臧霸组建了万人敢死队，乘坐五百艘轻船，向对岸的京口发起进攻。

初期，魏军进展极为顺利，一路攻城略地，斩获颇丰，然而随着战局的发展，形势愈发不妙。魏军始终船只有限，一次渡过万人就已达到极限了，虽然开始势头很猛，但是缺乏后援，导致后劲不足。相反，吴军在全琮得到徐盛所部的增援后，实力逐步增强，局面开始逆转。见吴军发起反击，臧霸就顺势撤退了。最终，吴军杀死魏将尹卢，斩俘数百，取得一场小胜。

魏军这支渡江部队有几千乃至上万人，但损失几百人就撤退了，这说明董昭对臧霸的判断并没有错，他的作战意志可能没有那么坚定。毕竟，谁愿意执行这么危险的任务呢？臧霸的撤退宣告着东路军退出了南征的舞台。其实，从战果的角度出发，曹休的东路军战绩并不难看，斩俘吴军数千人，自身损失更小。可惜，判断战争胜负的标准不在于战果，而在于是否达到战略目的。曹休近十万人马，耗费大量的资源却做了无用功，因此只能被视为一场失败。

其实，这也是曹丕自己造成的。在水军未能与东吴抗衡的情况下，东路军的存在毫无意义。此时，曹魏的作战目标应该是拔除东吴在长江北岸的所有据点，比如濡须坞和江陵，而非盲目渡江，因为曹军在后继无力的情况下很难在江南站稳脚跟，最后只会徒劳无功。声势最为浩大的东路军由于水师的软肋最先铩羽而归，东吴取得了一场开门红。这也证明曹魏暂时不具备消灭东吴的实力，接下来，曹丕只能把希望寄托在将作战目标定为拔除东吴江北据点的中、西两路人马上了。

不久后，黄武二年（223年）三月，曹仁率数万大军南下，出合肥，逼近东吴的濡须防线，拉开了第三次濡须之战的序幕。虽然在这场战役中，大部分的资源都向曹丕的亲信将领倾斜，留给曹仁的只是淮南战区的小部分军队，但他仍然占据着绝对优势。回想曹仁这些年的经历，他除了在平叛时能露露脸，其他时候只要是单独领兵，几乎都处于被动挨打的局面：早先在江陵被周瑜打得弃城而走，之后在潼关又被马超压制得动弹不得，在樊城更是在关羽的狂攻下危如累卵。不过，这些都是过去时了，如今他终于能把压力施加给对手了。

此时的曹仁急于证明自己。虽然曹休分去了大部分的兵力，导致他只能做一个配角，但曹休已无功而返，如果他这一路能取得突破的话，或许到时候曹丕就将意识到作战还得仰仗这些老将。然而，兵多是一把双刃剑，少有这种待遇的曹仁有些不知所措了，这直接助长了他急功近利的心态，最终毁了自己的一世英名。这位以稳健著称的沙场宿将做梦也想不到，自己的人生终战将会如此窝囊，成为一个新人功成名就的垫脚石，就像之前的刘备一样。

当时，朱桓接替周泰任濡须督，担起了保卫中路防线的重任。朱桓出自吴郡朱氏，属于江东士族中较早一批和孙氏合作的家族。他和陆逊的轨迹非常相似，都是先加入孙权的幕府，随后开始在地方上任职，之后又凭借讨贼立功逐步晋升。不过，朱桓的发展速度远远无法与取得夷陵大捷的陆逊相比，此时的他在军事领域只能算个初露头角的新秀。

濡须坞自建成以来，作为对抗曹魏的第一线，成功经受住了考验。之前第二次濡须之战期间，吕蒙曾在此击破曹军，因此这次曹仁没打算硬攻，他决定以声东击西之计调动吴军，从而达到削弱濡须坞防御力量的目的。当时，曹仁放出消息——要进攻濡须以东三十里处的羡溪，以迷惑朱桓。当然，单凭一条假情报或许不足以骗过对手，于是曹仁命蒋济率领一支偏师朝羡溪进发。

此时的朱桓还是有些经验不足，轻易就中了曹仁之计。他闻讯后立刻分兵前往羡溪据守，结果出了大问题。要知道，濡须坞作为前线的要塞，虽必须依仗后方物资和兵力的支援，但丢失羡溪并不会发生补给线被切断的情况。拥有水军优势的东吴军队完全可以利用长江和濡须水增援前线，即使第一次濡须之战期间面对连濡须口都被曹军占领的危急状况，濡须坞仍能保持战斗力，因此不管曹仁如何迷惑，朱桓都该不动如山。羡溪的得失可以完全不必理会，只要水道还通畅，他就能高枕无忧。

而这样一分兵就正中了曹仁下怀，结果蒋济所部暗中回归主力，朱桓对此一无所知。等朱桓收到确切的情报时，曹仁大军已经逼近濡须坞七十里了。虽然他第一时间命人去召回羡溪的部队，但已经来不及了。此时，濡须坞守军只剩五千人，还要分兵把守两岸的濡须山和七宝山，兵力捉襟见肘。

面对数倍的敌军兵临城下，诸将心生恐惧，这是好胜心极强的朱桓所不能容忍的，他挺身而出做了一番慷慨激昂的演讲，指出了以下两点：第一，但凡两军对阵，胜负取决于将领的指挥，而不在兵卒的多寡。曹仁用兵作战的才能与他相比不见得有多强；第二，孙膑曾说，客军兵力达到主军两倍时就可以进攻了，但那是指客观条件相同的情况。现在敌我比例或许更悬殊，但敌军劳师远征，人困马乏，而我军以逸待劳，又有坚城依仗，占尽地利。因此我军稳操胜券，别说曹仁了，就是曹丕御驾亲征也没用。听了这番有理有据的陈词，官兵立刻恢复了士气，而朱桓偃旗息鼓，示敌以弱，诱骗曹仁前来。

其实，即使他什么也不做，曹仁也会立刻发起进攻，曹仁想抓住的就是濡须坞兵力不足的窗口期。羡溪距此并不远，也就一天的路程，如果一天内不能解决战斗，濡须坞的防守力量将会恢复，到时候曹军就前功尽弃了。可是有一点曹仁没有考虑到，那就是他部队的状态。由于抢在东吴于羡溪的部队回防之前就赶到了濡须坞，他的先头部队必然是仅用一天就狂奔七十里，这样一支疲兵急急忙忙地开战，又能有多大的战斗力呢？

更糟糕的是，在具体战术方面，曹仁又出了昏着。他自恃有数倍的兵力优势，制订了一个多路分兵的计划。曹仁将军队分为三部分，其中常雕都督诸葛虔、王双等将领兵五千乘坐小艇突袭濡须中洲，儿子曹泰进攻濡须山上的濡须城，从东面进攻濡须坞，而他本人则率万人留守后方的橐（tuó）皋作为预备队。

濡须中洲是濡须水上的一个江心洲，吴军将士的家眷都被安置在这里。当初，吕蒙夺取江陵后，关羽大军因家人陷于敌手而溃散，亲身经历过这一战的曹仁也想效仿，一旦成功，濡须坞守军必然士气大跌，到时候儿子曹泰就能一举攻克这座要塞，抢下头功了。不过，从羡溪归来的蒋济给他泼了一盆冷水，他说："贼兵占据长江北岸，濡须水上游战舰密布，我军贸然进入洲中，岂能有胜算？"可惜，沉浸在大获全胜美梦中的曹仁已经完全听不进去了。

第二天清晨，魏军正式展开行动，朱桓等的就是这个时候，面对敌军两路进攻，他临危不惧，有条不紊地指挥战斗。朱桓在军中威信极高，据《三国志》记载，他"轻财贵义"，能做到"爱养吏士，赡护六亲，俸禄产业，皆与共分"，甚至手下上万人的妻小他竟然全认识。这样一位仁将是绝不会置官兵的家眷于不顾的。他命严圭和骆统率水军突袭进攻濡须中洲的魏军，以击其半渡，自己则率部对阵曹泰。

此时春水方生，东吴水师借着濡须水上游的水势对渡河的魏军发起了猛攻。以小舟为主的魏军岂是吴军的对手？他们转瞬间就被冲垮了，而登上濡须中洲的先头部队在失去后援后也成了孤军，只能任人宰割。一番激战过后，主将常雕被当场斩杀，副将王双也沦为阶下囚，魏军这一路人马几乎全军覆没，死者千余人，其余三千人都被俘虏。曹泰这一路也好不到哪去，虽然他的兵力占优，但这支疲惫之师最终还是折戟于濡须城之下，被朱桓击退。

第三次濡须之战以东吴大获全胜告终。朱桓虽然在开战之初便中计，陷于劣势，但他以过人的勇气和智慧扭转了局面，一战成名，得到了孙权的嘉奖。曹仁则遭遇了人生中最惨痛的一次失败，虽然之前多次因为兵力占劣势而狼狈不堪，但最终都挺过去了，此次却在兵力占优势的情况下受重创。经此打击，曹仁一病不起，很快就去世了。

其实，曹仁若非操之过急，本是有机会取胜的。他最好的策略应该让蒋济拖住东吴在羡溪的部队，这样就能拉长作战周期，而主力部队可以养精蓄锐，待恢复最佳状态后再发起总攻，那样的话朱桓的处境会更危险。

如今三路战线中，东路和中路都以吴军获胜而告终，决胜的关键就取决于曹丕亲自督战的西线了。在这里，东吴将面临最严峻的挑战。相比起蜀汉，曹魏进攻荆州的优势更大。首先，魏军在进攻时没有长江三峡那么漫长的补给线；其次，从襄阳南下几乎是一马平川，没有任何天险，不会出现蜀军被堵在夷道无法前进的情况。

于是，在黄武元年（222年）秋，魏军主力进至江陵，修建军寨，层层叠叠，将江陵城三面包围。江陵城虽然固若金汤，一时难被攻下，但毕竟双方实力悬殊，守军至多也就万余人，因此吴军若想退敌，还得指望后方的援军。好在江陵城矗立在江边，这就给包围圈留出一个缺口，吴军可以依靠水路支援，暂时没有危险。见魏军来势汹汹，孙权立刻令诸葛瑾前去营救。不过，诸葛瑾军事能力平平，兵力又不占优势，不敢直接在陆地上挑战魏军，于是将大本营设在长江南岸与敌军隔江对峙，同时又命孙盛领万人驻守于百里洲，作为江陵城的外援。

长江中游自今天的枝江市到荆州市一段，在古代有着数十个大小不一的沙洲，据《水经注》记载，其数目多达九十九个，其中最大的一个就是百里洲，位于江陵城以南。当然，百里洲虽然以百里为名，但很可能是夸张的说法，实际不一定真有那么大，不过肯定也不会太小。沧海桑田，在一千八百多年后的今天，由于河道的变化，当年的百里洲已经与江岸融为一体。今天虽然长江中也有一个叫作百里洲的江心洲，但它位于江陵上游数十里的枝江市一带，和古代的百里洲应该没什么关系。

诸葛瑾的部署虽谨小慎微，但还是比较稳妥的，只要百里洲还能不断提供支援，江陵城就能撑下去。然而，魏军的指挥官也能看出这一点来。为了断绝江陵城的外援，夏侯尚制订了一个大胆的计划，即夺取百里洲，让江陵彻底变成一座孤城。之前魏军初至时还是秋季，当时河流的水位较高，对拥有强大水师的东吴更加有利，所以夏侯尚没有轻举妄动。等到了冬季，水位变浅后，他便可以开始行动了。

夏侯尚的战术和曹仁几乎如出一辙，都是利用一种叫油船的小艇突袭。不过，夏侯尚选择的时机明显要更好，曹仁进攻是在三月，彼时水位上涨，东吴水师纵横江面，轻易就能将其击溃，而夏侯尚则利用枯水期取得了成功。黄武二年（223年）正月的一天夜里，张郃率万余魏军乘油船悄悄在百里洲上岸，随后对孙盛所部发起猛攻，同时大肆点火，焚烧吴军战船，孙盛猝不及防之下根本无法抵挡，只好连夜撤兵。

百里洲与长江北岸的距离非常近，这便是此洲能作为江陵城外援的主要原因。为了防备东吴即将到来的反扑，夏侯尚命三万士卒在短时间内修筑了一座连接江北以及百里洲的浮桥，驻军于洲上。浮桥建成后，魏军的精锐步骑就可以轻松地在两地间快速转移。

此时，江陵城已经彻底失去了外援，诸葛瑾也无力解围。更糟糕的是，江陵城内的大量吴军因缺粮患上了浮肿病，还能保持战斗力的仅剩五千人了，情况岌岌可危。就在这生死存亡的时刻，又一名朱姓名将站出来力挽狂澜，他就是朱然。当初，吕蒙去世前推荐朱然接替他负责荆州地区的防务，这一次朱然用实际行动证明了自己的价值。

当时，曹真命人挖掘坑道，等挖到距离城墙不远处后，便开始修筑高大的塔楼，筑城后令弓箭手从塔楼上向城内射击。一时间"弓矢雨注"，吴军将士被压制得抬不起头，纷纷吓得面无人色。然而，朱然毫无惧意，他激励手下，吴军很快就恢复了士气，随后抓住魏军松懈的时机发动了一次突袭，攻破了魏军两座兵营。

此时，魏军已经围攻江陵长达半年，虽然遭遇小挫，但总体形势良好，不愿轻易放弃。见强攻不成，曹真又心生一计，打算收买内应打开城门。魏军从北方来犯，其攻击的重点自然也是北面，负责防守北门的江陵县令姚泰承受了最大的压力。此人见魏军势大，城中兵少粮寡，早就吓破了胆，于是和魏军暗中勾结，准备打开城门将敌军放进来。不过，朱然早有防备，他每天早晚击鼓列队，巡检士卒，下面有任何风吹草动都瞒不过他，结果姚泰的阴谋还未开始实施就败露了。为整肃军纪，朱然将其斩首示众。

江陵之围虽尚未解除，看似优势仍在魏军一边，但魏军的危机同时也在悄然浮现。虽然诸葛瑾束手无策，但军中的潘璋一眼就看出了魏军的软肋。当时水浅不适合发起进攻，但可以摧毁魏军的浮桥，这样一来，百里洲上的魏军就成了瓮中之鳖。于是，潘璋率本部人马暗中前往上游五十里处，砍伐芦苇，制作了无数大筏，打算等水涨之时放筏进攻，一举烧毁浮桥。

如果潘璋的计策得以实现，百里洲上的数万魏军必然会因失去后援而全军覆没。幸运的是，曹魏内部也有明白人提前预判了这一风险，他就是董昭。作为曹丕的智囊，董昭之前就准确地判断出东路战局的发展，这一次他又成功挽救了几万人。

董昭认为，仅凭一条浮桥连接百里洲和大本营的交通是非常危险的，一旦浮桥出了什么闪失，百里洲上的军队就凶多吉少了。眼下水浅还好，等到春季水涨，东吴水军必然发起进攻，到时候就很难抵挡了，因此必须加以戒备，可以说董昭和潘璋想到一起去了。当时夏侯尚只想着水浅时进攻容易，但朱然的奋战出乎他的意料，如今围城已达半年，江陵依旧岿然不动，最好的时机即将过去，再不撤退就有大麻烦了。

董昭的提醒可谓一语惊醒梦中人，听了他的话，身在宛城的曹丕惊出一身冷汗，立刻命令夏侯尚撤出百里洲的军队。尽管如此，魏军在仓皇撤退期间仍遭受了一定的损失，石建、高迁所部遭到吴军袭击，两人仅以身免，江陵之围就此解除。就在撤军行动十几天后，春涨开始了，魏军上下心有余悸，若非董昭提醒，他们将面临一场灭顶之灾。祸不单行的是，此时军中又爆发了大规模的疫病，这下战争已无法继续。最终魏军在三月全线撤退，这场历时半年之久的三路南征以失败告终。

然而，撤兵回京后曹丕仍心有不甘，又酝酿了一个新计划。

07 广陵之战

黄武四年（225年）秋，第三次南征失败的曹丕失落地班师回朝，这一次他不仅未建寸功，反而连车驾都被东吴缴获了，可谓狼狈不堪。

原来,第一次南征失败后，曹丕痛定思痛，或许在他看来是进攻路线没选好，曹休后来转攻京口有所斩获，只不过缺乏后援才先胜后败，这次全军从徐州广陵发起进攻必能成功。与此同时，这次军事行动的背后依然有着政治上的考量，那便是借着南征彻底解决以臧霸为首的青徐问题。

臧霸是青徐一带的地方豪强，先后依附过陶谦和吕布，最后归顺曹操。加入曹操阵营后，臧霸作为地头蛇被曹操委任管理青、徐二州。曹操的目的是利用他的关系、人望来稳定局面，让自己可以专心投入与袁绍的决战，而不是让他形成一个独立王国。臧霸在青徐一直保持着半独立的地位，这种局面一直持续到曹操去世。曹操去世后，臧霸立刻蠢蠢欲动。当时驻留洛阳的青州兵和臧霸的一支部队未经许可就大张旗鼓地离开洛阳。这件事非同小可，甚至可以说是兵变。

事态紧急之下，有人提出应该秘不发丧，然后暗中准备，给叛军雷霆一击，同时用曹氏家族最亲近的谯沛人去取代这些不可信的地方将领。不过，有两个人提出了反对意见，其中一个是贾逵。当时曹丕不在洛阳而在邺城，贾逵便是洛阳的主事人。贾逵认为不宜强硬镇压，应该安抚，一路上粮草也要供给好，此外还特意公开发表了一篇檄文以安叛军之心。另一个是徐宣，不过他就有点私心了。他本身就是徐州人，肯定不愿意徐州的势力遭到打击。

曹丕听说这件事后，褒奖了徐宣，但这只不过是权宜之计罢了，正处于继位的关键时期，能不生乱就不要生乱，等以后局面稳定了，自然有的是秋后算账的机会。对于曹丕来说，用谯沛人去取代这些不可靠的地方势力是必要的，只不过当时还不是最恰当的时机，没必要触动臧霸、徐宣等人的敏感神经。当曹丕的地位稳定后，他便立刻着手处理青徐问题了。

曹丕继位后，开始提拔宗室亲信，曹休就是他最信任的人。在淮南，曹休取代了夏侯惇的地位担任扬州刺史，连曹仁也只能屈于曹休之下。与此同时，曹休又得到了都督青徐的权力。此举明显触动了臧霸的利益，因为之前都督青徐的是他。不光如此，曹丕还授予曹休假黄钺，这更对臧霸形成了巨大的压力。

臧霸肯定不愿这样简单退居二线，他还想再挣扎一番，于是在第一次南征前向曹休提了个建议："如果给我步骑万人渡江，我必能横行江南，只不过国家恐怕不愿意听我的。"对于臧霸，董昭认为他早就不复当年的雄心壮志，不可能再去拼命，从他后来的表现看，确实如此。不过，这不代表臧霸对曹休信口开河，他当然不想去和东吴拼命，想点到为止即可，他只希望通过这个理由得到一部分独立的兵权。

曹休对臧霸的想法心知肚明，原则上他并不反对渡江，他渡过江，也取得过胜利，但这些军事行动必须以自己为主导，不会让臧霸自成一军。于是，曹休立刻将臧霸的言论上报朝廷，这引起了曹丕的不满。之前洛阳兵变的事还没来得及算账，现在又开始搞小动作了？还说什么国家可能不会听他的，这不是蔑视朝廷吗？从那时起，曹丕就打定主意要处理臧霸的问题了。后来，曹休果然没让臧霸单独负责渡江行动，臧霸还是在后面做总指挥，臧霸争取独立的计划宣告失败，再加上东吴开始反击，他更是没了斗志。就在这时，曹丕对他的打击也即将到来。

第一次南征结束后不久，黄武二年（223年）八月，曹丕进行了一次东巡，名义上是对前次南征论功行赏，其实就是为了解决青徐问题。就在这次东巡中，曹丕夺了臧霸的兵权。此后，臧霸到洛阳做了个富家翁，虽然曹丕对他礼遇有加，但臧霸知道自己的时代算是彻底结束了。不过，青徐势力不止有臧霸一个，他被夺兵权后，不安定的因素仍然存在。接下来，曹丕就将打击青徐的残余势力，由此引发了两次广陵之战。

黄武三年（224年）秋，曹丕发动第二次南征，顺便开始更换青徐地方守将。当时，魏军八月抵达寿春，九月来到徐州广陵，准备渡江。可到了江边后，只见对岸从建业到京口一带城池和望楼连绵不绝，据《三国志》记载，吴军沿江大营"弥漫数百里"，令魏军一见便萌生退意。其实，这都是徐盛建议修的假城，但曹丕不了解吴军的底细，只好感叹道："魏虽有武骑千群，无所用也。"说罢，曹丕只能灰溜溜地回去了。

然而，权力的争夺很难这么风平浪静，曹丕刚刚回去几个月，徐州就出事了。黄武四年（225年）六月，利成郡蔡方等人杀死太守徐质造反，叛兵推举利成本地人唐咨为首领。利成郡在徐州东海国，此次叛乱明显和曹丕对青徐动手有关。不过，叛乱最终没能掀起什么风浪，不到一个月就被平定了，而唐咨逃亡到了东吴。这让曹丕动了雷霆之怒，于是立刻发动了第三次南征。

这一次，曹丕中途在徐州某地修筑了一个东巡台，让大军停了一个月，虽然有夸耀武功的意思，但同时应该借此机会基本解决了利成之乱的残留问题。之后，十余万大军于江北广陵列阵，旌旗飘扬，气势雄壮。可曹丕一看宽阔的长江，很快又退缩了，再加上入冬后中渎水结冰无法行船，除了撤退别无选择。

不过，想走却没那么简单，曹丕两次来广陵耀武扬威，这种行为引发了扬威将军孙韶的怒火。他身为广陵太守，而且广陵对岸的丹阳和曲阿是他的封邑，如今曹军已经打到家门口，没点表示肯定是不行的。于是，孙韶派部将高寿等率五百人组成的敢死队悄悄渡江，对曹丕发动了一次夜袭。本来魏军就人心惶惶，挨了这一闷棍更是狼狈不堪，曹丕连车驾都被孙韶缴获了，吓得魂飞魄散，一场闹剧般的军事游行又一次宣告结束。

其实，曹丕想通过广陵南征是基本无法实现的，不光是中渎水道通行不易，从广陵渡江本身就是个幻想。三国时期，长江口以北的海岸线比今天要靠西数十公里。当时，广陵已经很靠近入海口了，这个入海口呈喇叭状，宽度足有四十里，从广陵望向对岸的丹徒，那海潮澎湃的场景足以令人望而生畏。后来，宋代瓜洲渡开始兴起时，两岸之间的宽度还有十几里，直到明清时期由于海岸线东移，宽度缩短到十里以内，渡江才变得容易一些。

纵观这几次南征，其实失败是必然的。第一次，曹丕为了让自己的亲信立功，采取了多路分兵的错误战略，结果处处受挫。而两次广陵之战基本是为了解决政治问题而发起的军事游行，赢得战争反而是次要目的。

第三次南征班师后没多久，曹丕就病逝了。蜀汉方面自从诸葛亮主政后，吴蜀两国关系日益缓和，新的联盟已经成型，东吴的外部环境已经大大改善。此时，魏蜀两国已经分别建号称帝，孙权自然羡慕不已，况且他也具备了这个实力。

不过，在顺利称帝前，孙权还得面临最后一个挑战。

08　石阳之战

就在东吴于黄武二年（223年）挫败曹丕的第一次南征后没多久，孙权又收到了一份大礼。这一年年底，蜀汉使者邓芝到访，吴蜀双方彻底和解。孙权在钢丝上走了好几年，经过一系列挑战，终于渡过了那段最危险的时期，东吴的外交局面大为改善。之后，随着挫败了曹丕发动的三次南征，孙权更是声望日隆。

当年，周瑜和鲁肃为他规划的帝王之业，孙权始终没有忘记，如今实现这一目标的时机已经愈发成熟。虽然进取中原尚遥不可及，但在自己的一亩三分地做个皇帝并非难事。如此一来，想必两位英杰可以含笑九泉了吧。目前，孙权已经具备了称帝的基本条件：论实力，他坐拥三州之地，又有山河之固，兵马不下十余万；论外部环境，吴蜀已经重新结盟，曹丕去世后，曹魏内部不稳，已经不足为虑，至少孙权是这么想的。

孙权曾对诸葛瑾发表过一番"高论"，认为魏明帝曹叡登基后采取的一系列收买人心之举都是因为他威信不足，此时曹魏主少国疑，之前的曹丕尚不如曹操，现在曹叡更是差得远了。其实，这不过是孙权的错觉而已。从实际表现来看，曹叡是要胜过自己的父亲的。况且，他登基时已经超过二十岁了，并非幼主，主少国疑一说并不属实。事实上，在曹叡的统治下，实权重臣们虽不敢说能百分百精诚合作，但一致对外是没问题的。

孙权需要一场大胜，而处于权力交接动荡期的曹魏就是最好的讨伐对象。

这几年在军事和外交领域接连不断的胜利让孙权愈发膨胀，但取得这些成绩主要是缘于吕蒙和陆逊等名将的奋斗，再加上一些天时地利等因素，而不是他平庸的军事指挥水平发生了什么质变，盲目自信与过于轻敌终将付出代价。

在具体策略方面，进攻合肥的难度太大不做考虑，进攻徐州的方案也曾拿出来讨论过，最后达成共识并不可行，因此本次北伐只有荆州一个选项了。

孙权倒也没有自大到要攻克襄阳，毕竟当初曹丕主动毁掉襄阳城防诱他来攻时吃过一次亏，如今襄阳恢复了防御，就更没那么容易了，所以孙权将目光转向了江夏。江夏的核心地区虽然为东吴所占，但曹魏始终维持着在江夏北部的统治，这令孙权头疼不已。要知道，此时东吴的都城武昌就在江夏，国都附近长期驻扎着敌军是他难以接受的。早先魏吴蜜月期间，驻守北江夏的文聘多次袭扰关羽，这在当时是孙权喜闻乐见的。而当双方关系破裂后，这份威胁落在自己头上时，孙权可就笑不出来了。

之前曹真和夏侯尚进攻江陵时，为阻碍东吴沿着沔水一线威胁魏军的补给线，文聘曾进兵沔口（即夏口）和石梵（今湖北省天门市东南），这导致东吴在给江陵解围时只能采取直接的手段，无法围魏救赵。文聘立有大功，曹丕对其进行嘉奖，封为后将军、新野侯，此人在北江夏虎视眈眈，令孙权坐卧不宁。

于是，孙权决定不好高骛远，不把襄阳作为短期目标，而是先致力于把曹魏赶出江夏。这一计划如果能成功，孙权称帝的所有准备就完成了。可惜的是，孙权最终连这个小目标都未能实现。为了迷惑对手，孙权制定了一个声东击西的方案，他命诸葛瑾率领偏师进攻襄阳以疑兵，自己则率领主力五万大军对魏属北江夏的治所石阳（位于今湖北省武汉市黄陂区西）发起进攻。

黄武五年（226年）八月，孙权大军进至石阳，将文聘重重包围。孙权的策略在一定程度上取得了成功，曹魏对此确实没有防备，而且八月这个时间点选得也算不错，两个月前曹丕刚刚去世，正是发起进攻的好时机，毕竟到三国时期，"师不伐丧"这种理论早就不合时宜了，根本没人顾及这些。

另外，从这个方向发起进攻，虽然没有沔水这样的大河，但有普通河道。随州、安陆一带，有一条沔水的支流涢（yún）水（今府河），沿着涢水进发便能抵达石阳。古代涢水和今天有所不同，当时，涢水下游河道弯曲狭窄，宣泄不畅。因此，涢水是无法让东吴的大型战舰通行的。不过，八月距离冬天还有一段时间，正是水位较高的时候，走走运粮船想必是可以的。

听闻文聘被围，曹魏朝堂上展开了一场激烈的朝议，绝大多数人都主张发兵救援，唯有魏明帝曹叡镇定自若。他表示："权习水战，所以敢下船陆攻者，几掩不备也。今已与聘相持，夫攻守势倍，终不敢久也。"年轻的曹叡非常自信，他认为东吴军队以水师强大著称，这次却敢于放弃自己的优势，不过是搞偷袭罢了，如今双方进入相持状态，吴军作为进攻方又没有明显的优势，因此必不长久。

曹叡判断文聘足以抵挡吴军，即使发兵支援，顶多就是加快吴军撤退的速度。毕竟，东吴只有五万大军，想占些大便宜没那么容易，出兵的意义不大。而襄阳那边就不一样了，这一路曹魏人马的力量比较薄弱，是东吴更好的进攻目标。于是，曹叡命司马懿率军前往襄阳支援。此时，曹叡刚刚登上皇位不过两个月，面对危机却能如此镇静，足以体现他作为一个领导者的高素质，孙权确实低估他了。这次牛刀小试，也为一年多后他从容不迫地挫败蜀汉的第一次北伐积累了经验。

孙权大军已经围攻石阳达二十余日，文聘正在苦苦坚守，就在这时，孙权却突然撤兵了。关于这一点，《魏略》给出了一种解释：吴军刚到时正天降大雨，城池被雨水损坏，吴军来得太快，文聘根本来不及修缮城防。最后他来了个空城计，自己躲起来睡大觉，反而让孙权摸不清虚实，吴军最后撤退了。

这种说法和《三国志》的文聘本传有所不同，似乎有些夸张了。首先，文聘作为主帅，大敌当前却躲在府中，这本身就是不正常的，即使他有什么计策，骗骗孙权也就罢了，何必连手下都瞒着呢，难道他就不怕军队士气崩溃吗？退一步讲，即便文聘真的成功实施了空城计，顶多只能瞒过孙权一时，岂有二十多天孙权都被蒙在鼓里的道理？总之，文聘以空城计退敌的故事可信度不高。其实，《魏略》的这段记载倒也不是全无意义，因为它将孙权真正退兵的原因点出来了，那就是他担心曹魏大批的援兵已经赶到。孙权的怀疑不无道理，曹魏的援兵确实到了，只不过远比他想象的要少得多。

在曹魏朝廷收到东吴来犯的消息前，曾派治书侍御史荀禹到前线去劳军，没想到这个默默无闻的小人物竟然改变了历史。

当时，荀禹手下的军队只有一千人，这么点兵力到石阳也起不了什么作用，于是他一路上利用钦差的权力在各县征调人手，扩充自己的队伍。尽管如此，荀禹的人马还是和孙权的五万大军相差甚远。所以，当他赶到石阳时，为了避免被对方看破底细，没有第一时间出现在正面战场上，而是率部悄悄登上山顶，趁夜色点燃了大量的火把。

结果这一下就把孙权给镇住了，本来就久攻不下，二十多天毫无进展，如今敌方援军已至，除了撤退，别无他法。其实，这是孙权的老毛病了，他实在谨慎得有些过头。当初第一次攻打合肥时，他就被蒋济的虚张声势之计吓退，这次还是同样的结果。为将者需谨慎确实没错，但没必要太过疑神疑鬼，先探探虚实再做决定也未尝不可。若能如此，待得知荀禹的底细后，发起进攻必然大获全胜，那将是一次成功的围点打援。

孙权撤退后，文聘率军出城追击，取得了一场小胜，孙权这次趁火打劫彻底宣告失败。不过，事情没有这么简单就结束，由于孙权这一路主力人马已经撤兵，诸葛瑾在襄阳的牵制行动就没什么意义了，只能跟着撤退。诸葛瑾不知道的是，司马懿早就在等这一刻了，他趁东吴撤军时发起突击，一举将其击溃。一番激战后，吴军被斩首千余人，大将张霸也当场战死。这是司马懿军事生涯的起点，从此他将踏上一条辉煌之路，成为曹魏又一颗冉冉升起的将星。只不过数年后，当他遇到一生中最强的对手诸葛亮时，才发现此人远比其兄厉害得多。

黄武五年（226年），孙权这次为称帝所做的工作就这样草草收尾了，不但目标完全没能达成，自己还沦为笑柄。其实，指挥千军万马临阵破敌虽然对每一个渴望建功立业的人都极具吸引力，但这并不是一个君主的必备技能。作为国君，能够任用贤才即可，将前线交给那些军事天赋过硬的将领，自己只需坐镇后方为他们提供支持，这才是明君所为。单从这一点来看，曹叡比孙权更胜一筹。经过这次失败，孙权已经意识到凭自己的能力是难有作为了，还是那句话，打仗只能交给专业人士。

如今，孙权若想顺利称帝，非得陆逊出马不可。

09　断发赚曹休

黄武七年（228年）的一天，坐镇淮南的曹魏大司马曹休收到了一封密信，这封信引起了他极大的兴趣。此信来自东吴鄱阳太守周鲂（fán），是他暗中派亲信送来的，这已经不是周鲂第一次送信过来了，到目前为止，曹休先后收到了七封密信。周鲂为何要暗通曹魏，莫非他要叛变不成？若要弄清其中的原委，还得从数年前说起。

自上任以来，曹休与东吴数次交战，总体上占据上风。然而，心高气傲的曹休并不满足于此，他渴望做出更大的成绩。当年曹丕南征时，曹休作为东路军统帅参战。经过此战，他意识到自己没有在江南击败东吴的实力，只能寻找东吴在江北据点中的薄弱环节进行打击，破坏东吴的沿江防线。这条防线是东吴的命脉，虽然孙权在时机合适的时候也会发起北伐，但核心策略始终是限江自保，保证在进攻不利、收缩防守时，曹魏无力突破长江防线。

不过，这条防线曾出现一个缺口。当初曹丕第一次大举南征之时，吴将晋宗趁势叛降曹魏，被任命为蕲春太守。蕲春郡是东吴专门分割庐江郡和江夏郡设置的一个新郡，作为连接荆州和扬州的节点，蕲春郡有着重要的意义。尤其是位于江边的寻阳，还起到连通长江南北的作用，当初庐江太守刘勋被孙策偷袭老巢皖城时就是从寻阳渡江北上的。因此，这里是东吴长江防线上的一处关键点。

之前，魏吴双方曾在此地发生过交锋，吕蒙击败蕲春典农都尉谢奇，将曹魏的势力彻底赶出了蕲春。现在，由于一个叛将让防线出现了漏洞，此人还扬言要进攻武昌附近的安乐矶以救回他留在东吴的人质，这令孙权愤恨不已。于是，曹丕退兵后没多久，孙权就暗中命贺齐突袭蕲春并将晋宗生擒。至此，东吴的长江防线再次恢复了完整。

如今，东吴在长江中下游沿线已经建立了稳固的江防，自西向东分别有夷陵、江陵、夏口、武昌、寻阳、皖口、濡须坞、牛渚矶、京口等沿岸要塞，可谓固若金汤。面对如此稳固的防线，曹休经过研究后还是找到了其相对薄弱的环节，那就是皖城。从地理角度看，皖城一带位于江北，与江边有一段距离，如果快速进攻的话，东吴很难在短时间内支援。而且，拿下皖城后无论是向东进攻皖口，还是向西进攻蕲春郡的寻阳，都能给东吴带来不小的压力。从军事部署角度看，此地在魏吴双方之间反复易手，不是东吴主要的防御方向。当初，吕蒙夺回皖城后并未在此驻扎，而是前往寻阳，说明东吴对这里的重视程度不高，因此进攻皖城的胜算很大。

在这样的考虑下，曹休趁孙权将主要兵力投入荆州的时机，对皖城发起了猛攻，结果一战告捷，斩杀吴将审德。随后，曹休继续进兵，又击破了东吴在寻阳的驻军。这一战对东吴震动很大，因为皖城丢失后产生了一系列的连锁反应。

之前孙权攻打江夏文聘时，大将韩当刚刚病逝，孙权便让他的儿子韩综在家丁忧，没有随军出征。可这个韩综倒好，父亲尸骨未寒他就开始多行淫乱不轨之事。孙权听说此事后，考虑到韩当多年的战功，没有处理韩综。但韩综做了坏事心里有鬼，他担心孙权秋后算账，竟动了叛逃到曹魏的心思。如今，曹休连战连胜，声势浩大，韩综认为叛逃曹魏实为不二之选。

不过，如果韩综仅仅只身前往，作为一个平平无奇的将领，他很难被重视。韩综明白，若想展现自身的价值，必须把自家的部曲也带去。考虑到手下人不可能抛家舍业跟他去做叛徒，韩综又想出一条奸计。他命亲信大肆劫掠却不加处罚，其他将校见状也有样学样，结果不知不觉都被韩综拉上了贼船。见时机成熟，韩综哄骗手下说吴王要治罪了，众人见大事不妙，只能跟着韩综一条道走到黑。为了让这些人死心塌地跟着自己，韩综竟毫无下限，将自己的女性亲属全部赐给部下，随后抬着父亲的灵柩就出发投敌了，不知道韩当泉下有知会不会气得活过来。

从路线来看，韩综一行人从武昌出发投奔曹休，必然要经过寻阳。由此可见，曹休的军事行动或许有接应韩综的目的。韩综的故事暂时告一段落，此人再次出场已经是二十多年后的事情了，我们继续说曹休攻破皖城和寻阳的影响。

除了韩综外，还有翟丹和彭绮二人意图降魏。翟丹事迹不详，但彭绮值得一提。彭绮本是鄱阳郡的豪强，早在黄武四年（225年）冬就发起了叛乱，前后持续了一年多。后来，彭绮听说曹休率军南下便更加活跃，意欲与魏军遥相呼应。当时，曹魏内部曾就此事讨论过，虽然大多数人觉得应该支援，但孙资认为当初曹操曾支持尤突在鄱阳郡起事，可最后没有掀起什么风浪，彭绮一样成不了大事。

曹休应该对孙资的意见是认可的，在他和东吴的数次交锋中，只有在江北才能占到便宜，渡江以后形势就逆转了。因此，与其冒险，还不如攻打寻阳，然后守在长江北岸接应韩综。至于彭琦，他所在的鄱阳郡距离江边还隔着豫章郡呢，实在有点远，只能让他自生自灭了。最后果如孙资所料，彭琦这次叛乱很快就被胡综和周鲂等人平定了。

曹休的进攻还是让蕲春和庐江两郡区域内的长江防线遭到了破坏，这时孙权如果能发起一次成功的反击，不仅能重建长江防线，还可以得到梦寐以求的军事胜利，为称帝做铺垫，实在是一举两得之事。孙权确实太需要一场胜利了，随着黄初七年（226年）东吴对石阳和襄阳的进攻分别宣告失败，他的称帝大业只能被迫继续推迟。为了和魏蜀两国平起平坐，不在政治上落了下风，他必须尽快行动。

如此背景下，东吴酝酿了一个宏大的作战计划，孙权不仅要收复失地，还要一举重创曹休的淮南军团。最初，孙权的设想是让周鲂继续联络其他鄱阳郡的豪强，让他们向曹休诈降。不过，周鲂认为这些人不可信，很可能会泄密，到时候就前功尽弃了，这件事还得他亲自办才稳妥。

其实，周鲂还有另一个担忧，那就是这些豪强不足以引诱曹休。之前，曹休在韩综和彭琦中选择了韩综，除了渡江风险过大外，二人的身份差别应该也是一个重要的因素。韩综统率数千韩家部曲，颇具实力，彭琦虽然声势浩大，但就是个裹挟民众造反的豪强，很难让人看好他。

为了让曹休上钩，周鲂打算抛出一个大大的诱饵。身为鄱阳太守，如果自己投魏，那影响力可不是彭琦能比的，这样一来，曹休恐怕不会不动心。有了韩综和翟丹的先例，诈降一事的可信度是不成问题的，于是周鲂就成了整个计划中最重要的一环。为了取得曹休的信任，周鲂写了七封密信，这才有了本节开头的那一幕。在密信中，周鲂主要表达了以下几个观点。

第一，他的投诚虽然确实是发自内心，但主要原因是恐惧。周鲂声称前任王靖由于彭琦之乱一事遭到猜忌，想要叛逃，无奈事情败露，全家遭到株连。如今，鄱阳百姓仍在蠢蠢欲动，他担心自己也落得同样的下场。周鲂如此说，显然比一味表忠心更容易得到信任，毕竟对绝大多数人来说，没有什么比个人及家族的安危更重要的了。

第二，周鲂透露了一些关于东吴军事部署的机密，表明东吴的主力正在四面出击，长江沿线出现前所未有的空虚，这正是曹休的好机会。如果自己在鄱阳郡振臂一呼，里应外合，必定大事可成。从后面石亭之战的发展情况来看，周鲂所说的绝大部分是虚假情报，因为曹休南下后，东吴很快就集结了一支规模相当大的军队，足以证明他们早有准备。但问题是曹休不清楚这些，之前对皖城和寻阳的进攻轻而易举获胜，说明东吴在这一带的防御确实松懈。这样印证之下，周鲂的情报并无值得怀疑之处。

第三，如果曹休还是不敢信任自己，自己可以将送信的两个使者董岑和邵南留下一个做人质。当然也可以让他们回来，不过回来后他们肯定会被认定为叛逃未遂，而自己作为主人也免不了连带责任，这样所有路就都被堵死了，除了投靠曹魏，别无选择。这里周鲂利用了兵法中"死间"的策略，无论董岑和邵南被当作人质还是被放回来，皆无生还的可能，如果东吴不如信中所说处死他们，很可能就无法骗过曹休了。

为了进一步取得曹休的信任，周鲂彻底下了血本，他要把戏做足。就在周鲂和曹休暗中往来的时候，孙权假意派郎官奉旨前来诘问，于是周鲂将头发割下以谢罪。曹休听闻此事后，确认周鲂必定遇到了大麻烦，便不再怀疑。

从现代人的角度来看，这或许有些难以理解，割发算得了什么？又不是割头。但是在古代，割发就没那么简单了。《孝经》记载："身体发肤，受之父母，不敢毁伤，孝之始也。"可见，在当时社会背景下，头发被赋予何等重要的意义。

在秦汉时代，割发被称为髡（kūn）刑，是专门用来惩罚罪犯的，虽然不会对身体造成什么实质性的损伤，但这对犯人造成的精神打击是巨大的。正所谓士可杀不可辱，对于士人来说，这样的羞辱或许不亚于要了他们的性命。周鲂正是士族出身，虽然阳羡（今江苏省宜兴市）周氏是从周鲂这一代才正式崛起的，但从他的履历来看，能够小小年纪就举孝廉，其家族肯定是有一些背景的，至少也是小豪族。

根据《水经注》记载，东汉顺帝永建年间，一个叫周嘉的阳羡人曾建议分割会稽郡，将他的故乡阳羡所在的浙江以西地区新设为吴郡。能够有这样的影响力，周嘉在当地肯定是有头有脸的人物，这说明阳羡周氏在东汉时期已经有一定的根基了。出身于这样的家族却遭受割发之辱，曹休作为旁观者，想必会很自然地认为周鲂对东吴政权怀恨在心。

虽然战后孙权为了感谢周鲂的付出对他大肆奖赏，但在社会舆论上就不一样了，周鲂即使立下盖世奇功，一样也免不了被批评。比如，东晋徐众在其所著的《三国评》中就认为周鲂作为一郡太守，主要职责是保境安民，何况孙权最初也没要求他去诈降，一切计划都是他自己提出的。为了立功不惜割发受辱，这不是君子所为。周鲂付出如此巨大的代价，东吴诈降能够不止一次成功自然是有道理的。

此时的曹休心中激动不已，不久前司马懿平定了孟达之乱，张郃也击破马谡，挫败了蜀汉的第一次北伐，见同僚纷纷建功立业，如今大好机会出现在自己面前，他怎么能耐得住寂寞呢？终于在黄武七年（228年）夏，曹休起兵十万南下，这次的路线依然和上次一样，经过皖城前往寻阳，只有如此才能抵达长江北岸接应鄱阳郡的周鲂，而进攻濡须一线则无法达到这一目的。

如今曹休已经上钩，这是一只超级大鱼，孙权无论如何也不能放过这次机会。为了确保万无一失，孙权召回了一直镇守荆州西境的陆逊，打这种大兵团会战，没有人比陆逊更可靠。

10　石亭之战

黄武七年（228年）秋，曹休率十万大军抵达皖城前线，正式拉开了石亭（今安徽省怀宁县和桐城市之间）之战的序幕。

对面的陆逊也不遑多让，夷陵之战大获全胜后，他在军中的地位大增。作为东吴少有的具备大兵团指挥能力的统帅，他将成为曹休最强劲的对手。八月，孙权来到皖口，将九万大军的指挥权交给陆逊，并亲自为他驾车以壮其声势。

当然，孙权并非没有后手，这九万人被分为三部分，各三万人，除了陆逊这个大都督之外，还有左、右都督全琮和朱桓各统率三万人。这两位都是江东大族中最先和孙家合作的一批人。一年后孙权称帝时将两个女儿分别下嫁给全琮和朱桓的从弟朱据。可见，这两家是比较能得到孙权信任的。虽然陆逊是假黄钺，全琮和朱桓也不至于像夷陵之战期间手下将领那样质疑他的部署，但陆逊多少也得有所顾忌。其实，这是孙权一贯的风格，他是不可能让某个人在军中一家独大的。于是，就形成了这种虽以陆逊为主，但实际上是三人统兵的局面。

曹魏方面的情况也类似。此战魏军三路进兵，除了曹休这一路外，还有贾逵的豫州军攻东关（濡须坞）和司马懿的荆州军攻江陵。当然，曹休是绝对的主力。魏军的实际部署和最初方案有很大的不同，早先司马懿在魏明帝向其问策时提出，应该在东线吸引孙权主力，然后出其不意用水军突袭夏口，必会大获全胜。这一计划得到了魏明帝的认可，于是司马懿就开始在荆州打造水军。

不过，司马懿的战略构想注定无法实现，因为在他的计划中，要以他的荆州军为主，东线只是辅助。这样的方案，曹休当然不可能同意，在他看来，担任辅助的应该是司马懿才对。以当时的局面，司马懿肯定是争不过曹休的，所以战局的发展也只能按曹休的意思来了。

此时的曹休志得意满，近几年他连战连胜，甚至在曹丕那失败的南征中，他也是表现相对最好的一个。如果这次能顺利接应周鲂，他的声望将达到顶峰。可就在这时，曹休收到一个坏休息——原来，周鲂竟然是诈降。这让曹休陷入了两难之中，班师返回自然万无一失，可若是如此，大军徒劳无功且虚耗钱粮，自己岂不成了笑柄？可若是继续深入交战，敌将陆逊又没那么好对付。反复抉择之下，曹休还是决心继续进兵。他深以中诈降之计为耻，又自恃兵多粮足，不愿轻易放弃。

其实到这一步，曹休的悲剧就已经注定了，虽说战场上可以随机应变，但那仅限于战术上的调整，至于战略上的部署，应该在开战前就确定好。此战，曹休最初的目的是接应周鲂，而不是和东吴进行一场大战。两种情况下，庙算的方式是不同的。如今，情况发生了重大的变化，原先的安排已经不再合适了。曹休却只顾及自己的颜面，怀着这种心态的他如何是早有准备的陆逊的对手呢？

此时，曹魏内部已经有人看到了危险。当时，满宠上书提出曹休若入无强

口，前往皖城，将面临"背湖（巢湖）临江（长江）"的境地，进入兵法所言之
进易退难的"挂形"。面对这样的地形，对方又有防备，明显是不能进攻的。可
惜满宠还是晚了一步，当时曹休已经进至皖城。就在这时，朱然出兵安陆，摆出
进攻江夏的姿态。此举令蒋济感到了危险，于是提议应该增援曹休。安陆在石阳
以北，越过石阳这座要塞深入敌境，是非常危险的。因此，只有一个解释，东吴
是在制造进攻荆州的假象，这支部队根本不会和魏军交战，只要达成目的，很快
就会撤回。那么东吴的真正目标是什么呢？显然就是曹休了。所有迹象都显示曹
休要有大麻烦了。

　　满宠和蒋济都提出类似的建议，不得不引起曹叡的重视，于是他立刻下令让
贾逵放弃进攻东关，转去增援曹休，而司马懿的荆州军原地待命。这个安排，司
马懿肯定是喜闻乐见的，这场仗和他的预想相差甚远，作为一个配角，打赢了没
有功劳，打败了还可能背锅，现在上面要求原地驻扎正合其意。于是，司马懿这
支苦心打造的水军就从秋天耗到了冬天，最后因冬天水浅取消了出兵计划，那时
石亭之战早就结束了。

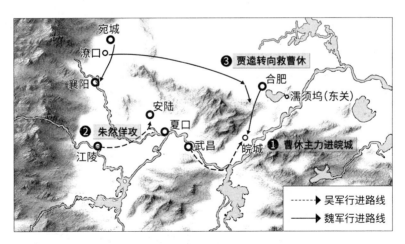

贾逵救援曹休形势示意图

　　贾逵收到命令后陷入了沉思，既然可以确定曹休是东吴的主要打击目标，那
么东吴在东关的守备力量必然被削弱，自己可以趁机攻占此地。贾逵和曹休素有

矛盾，但如今曹休陷入天罗地网之中，若不增援必会出大事，他已经顾不得私怨了。于是，贾逵立刻让大军转向，马不停蹄地前往皖城。不过他还是慢了一步，大军还未到夹石口时，贾逵就从一个东吴俘虏口中得知曹休已经战败了。

再把目光转向主战场，相对于临时改变计划的曹休，陆逊做了充分的准备，他对此战有着明确的规划，即只求稳胜，不求大捷，一旦达到作战目的绝不恋战。这种极为理智的心态是难能可贵的，兵法中的"穷寇勿迫"说的就是这个道理。能在胜利后保持头脑清醒，绝对是知易行难，多少名将在这上面吃了亏，从而先胜后败。

不过，这引起了朱桓的不满，他认为曹休"本以亲戚见任，非智勇名将也，今战必败"，对方战败撤军时必定经过挂车和夹石。这两处道路险要，如果用一万兵力断其归路，就能全歼敌军，进而"乘胜长驱，进取寿春，割有淮南，以规许、洛"。孙权对这个计划比较感兴趣，便马上去和陆逊商议，结果陆逊不出意外地表示反对。

这并不表明陆逊胸无大志，以他在夷陵之战的表现，只要机会合适，他是愿意将战果最大化的，但这次的情况有些不同。首先，此战的根本目的并不是吃掉曹休这十万人，而是为孙权称帝造势，陆逊清楚孙权的主要诉求，因此不愿节外生枝。更重要的一点就是，东吴其实没有能力全歼曹休。朱桓这一计划是有些冒险的。在他献计时，曹休已经抵达皖城，大战一触即发，这时候去断后路的意义并不大，断后路的前提是曹休战败，而按照朱桓的要求，这支奇兵要有万人，这会导致兵力分散，让本就人数较少的吴军在兵力上更占劣势，同时也降低了取胜的概率。

如果前线不能获胜，断后路又有什么意义呢？夷陵之战期间，陆逊派韩当和朱然攻打涿乡以断刘备后路时，前线已经胜券在握了，而且当时吴军完全掌握了制江权，可以轻松深入敌后。但这一次情况有所不同，从皖城北上到夹石口，大部分路程都需要走陆路，东吴强大的水军完全没有发挥的余地。另外，贾逵所部动向不明，孤军深入敌后的话很可能会被这部分敌军打击，后来事情的发展也证明了这一点。

其实，从皖城北上还有其他路线，就是过无强口，这是最主要的交通线，之前曹休南下就是走的这条路。因此，朱桓的计划就有一个漏洞，既然曹休的撤军路线并非只有一个选择，这样一来单单阻断夹石口就没有意义了。那朱桓为何对无强口只字未提呢？关于这点，暂且先卖个关子，后面会详细说明。总之，出于以上这些原因，陆逊清楚这次并不具备打歼灭战的条件，集中兵力于前线以击溃敌人才是最具可行性的，石亭之战就是在这种背景下爆发的。

这场战役虽然被称为石亭之战，但双方第一次接触并不在石亭，具体位置史书没有明确记载，据推测应该在皖城附近。当时，皖城一带已被曹魏占据，曹休算是主场作战，他打算布下埋伏以逸待劳，但这对陆逊丝毫不起作用。当地全是平原地形，很难隐藏伏兵，陆逊见状立即做了针对性的部署。他亲自率领中军三万人，令朱桓、全琮分别率领左、右翼各三万人，三路齐发向魏军发起猛攻。

按照曹休的预想，应当是在他与陆逊打得难解难分的时候，伏兵杀出，一举击溃吴军。但陆逊偏偏不让他如意，一上来就直接与曹休的伏兵接战，这样就打乱了曹休的计划，使他陷入了被动。随着战局的发展，东吴逐渐开始占上风。此时，曹休彻底认清了现实，这次是不太可能占到什么便宜了，能全身而退就不错了。于是他下令大军脱离战斗，退往石亭宿营。而吴军在陆逊的率领下"追亡逐北"，紧紧跟了上来。

此地距离皖城数十里，至于魏军为何不退入皖城防守待援，大概是因为皖城是魏吴反复争夺之地，双方在此都没有驻扎大军以长期占领的打算，所以城内囤积的粮草必然不多，难以供应十万大军太长时间。此外，曹休也不得不以小人之心度君子之腹，贾逵会不会公报私仇、见死不救？他无法确定，所以还是尽快北撤更稳妥，只可惜陆逊是不会给他这个机会的。

由于白天作战不利，魏军将士不仅归心似箭，精神也高度紧张。终于，最可怕的事情出现了，军营里发生了夜惊。这次夜惊很可能就是东吴夜袭导致的，吴军趁势掩杀，一直追到夹石，最后大获全胜。据《三国志·吴书·陆逊传》记载，这场战役魏军损失万余人，而且被"牛马骡驴车乘万辆，军资器械略尽"，可见，魏军所受打击之严重。其实，在正面战场上魏军倒没吃大亏，主要的损失都是在追杀过程中发生的。

曹休带着残兵败将狼狈撤退，果然如朱桓所料走夹石山路，那么他为什么没有选择无强口的大路呢？原来，东吴这边已经派了一支部队先将此处占领了，这支部队甚至超额完成了任务，连夹石都拿下了。这下，曹休无路可走，彻底成了瓮中之鳖。这就是朱桓当初献策时根本就没提到无强口的原因——东吴已经提前针对这条路做好部署了。这是为了逼曹休走更为险要的夹石口，因为这样必会拖慢他的行军速度，方便陆逊追杀。

那么问题又来了，陆逊是不愿意分兵的，堵截无强口的这支部队从哪里来的呢？当初，贾逵认为东吴会削弱东关的守备力量以加强到皖城一线，他的判断非常准确。堵截无强口和夹石口的这支吴军很可能就是从那里调过来的，而不是来自陆逊手下的九万人。从各部队的地理位置来看，也只有如此才能做到先据无强口，后断夹石口。

由于贾逵的援军赶到，曹休终于逃出生天，陆逊已经完美地实现了作战目标，继续交战没有意义，于是两军非常默契地各自罢兵，石亭大战至此宣告结束。

石亭之战是一场硬碰硬的正面对决。曹休是百战名将，他先是在汉中击败张飞而崭露头角，被调往淮南后又连败东吴，并非名不副实，但陆逊出马后高下立判。白天的战斗在陆逊的指挥下，东吴以少胜多，正面击退了魏军，而之后的夜袭战更是导致魏军的夜惊乃至崩溃，他的军事指挥艺术深得《孙子兵法》中奇正之术的精要。一直有一种观点，认为东吴擅长防守和水战，不擅长进攻和陆战，但石亭之战足以证明吴军在进攻作战和陆战方面还是有一定能力的。不过，这也得看是谁来指挥，陆逊是周瑜之后唯一有这种能力的人，若是孙权亲自指挥，那恐怕就是灾难了。从这点来看，孙权主动放权倒也体现出他的明智。

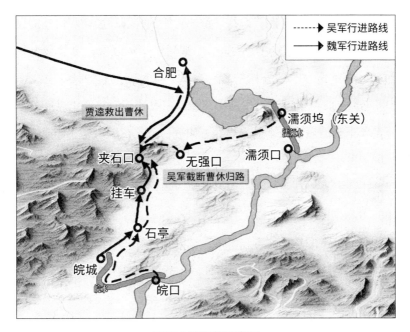

石亭之战形势示意图

发生在黄武七年（228年）秋天的石亭之战，虽然知名度并不高，但规模极为宏大，双方投入的总兵力多至二十万人以上，远远超过官渡之战和夷陵之战。而同一时期诸葛亮发动的北伐之战虽然名气大，但规模远不能与石亭之战相比。而且，此战所造成的影响非常深远，战后大司马曹休郁郁而终，令曹魏的宗室势力大为削弱，直接改变了曹魏的政治格局。同时，此战获胜也为孙权的称帝大业彻底扫平了道路。

11 孙权称帝

黄武八年（229年）春，随着百官纷纷劝进，统领江东已近三十载的孙权即将走向他人生的顶点。

石亭之战大获全胜后，东吴取得了空前良好的外部环境，不仅和蜀汉早已重新结盟，而且曹魏无力再次南征。石亭之战后二十年以上，曹魏都没有针对东吴发起过大规模的进攻。这一切的背后少不了东吴英杰们的长期奋战。从兴平二年（195年）年底孙策渡江讨伐刘繇开始，东吴几乎没有停止过对外征伐，终于在三十多年的苦战后换来了这一局面。如今，孙氏在江东建立帝业的时机已经成熟。

四月丙申日，孙权在武昌南郊即皇帝位，史称东吴大帝，随后改元黄龙，并大赦天下。

但有些不同寻常的是，称帝一事依照惯例要进行三辞三让，而孙权似乎仅在黄武二年（223年）击退曹丕第一次南征后推辞过一次，这次没有再推辞，这又是为什么呢，难道他真的迫切到这个程度了吗？其实，这还真不是孙权心急，称帝虽然是他梦寐以求之事，但他还是非常有耐心的，否则就没有必要多等六年了，因为曹丕在那次铩羽而归后，已经无力再对东吴造成严重的威胁了。

孙权称帝之所以要比魏蜀两家晚这么多，并且没有完成像曹丕那样完整的三辞三让的流程，是东吴的先天缺陷导致的。王夫之在点评三国时提出："蜀汉之义正，魏之势强，吴介其间，皆不敌也。"大意是：蜀汉的帝业依靠的是继承汉室血统，曹魏的帝业依靠的是雄踞中原。也就是说，蜀汉以前朝血胤为正统，曹魏以前朝旧都为正统，而东吴论血脉不如蜀汉，论实力又不如曹魏，两者都不占，这就非常尴尬了。

所以，孙权才会拒绝第一次的劝进，当时他对群臣说了这样一句话："孤内嫌其有挟，若不受其拜，是相折辱而趣其速发，便当与西俱至，二处受敌，于孤为剧，故自抑按，就其封王。"孙权表示自己担心两面受敌，因此被迫称臣于曹魏并接受册封，这就体现了他夹在魏蜀两国之间，处境艰难之下的那种微妙而谨慎的心态，他只好强行压制称帝的野心。不过，这个问题迟早还是要解决的。东吴称帝无法理可依，是孙权面临的最大困难。究竟如何塑造东吴的天命？若不能解决这一问题，即使强行称了帝也难以名正言顺。

其实，东吴政权向来是比较重视正统性的。早先孙氏集团是一个依附袁术的半独立性质的武装团体，虽然孙策在渡江后实力暴增，但也没有立刻和袁术脱离关系。但在袁术僭越称帝后，孙策第一时间就发出了和袁术决裂的声明，以表达自己匡扶汉室的决心，这是东吴政权发生的第一次质变，此后东吴便开始有了一定的正统性。之后的二十多年里，孙策和孙权都担任汉朝任命的职务，并在此基础上建立了自己的幕府，以汉室忠臣自居。

然而，情况在魏蜀纷纷称帝后发生了改变，继续坚持东汉正统已经没有意义，那样会同时否定魏蜀两家的正统性，在当时的局面下会成为天下公敌，这是务实的孙权绝不愿面对的。而承认蜀汉的正统性更不可能，当时孙刘双方的矛盾已经激化到极致，刘备不会因为孙权在口头上服软就放弃东征，所以孙权只有一个选择，即承认曹魏受汉朝禅让的正统性，在此基础上向其称藩，做曹魏体系下的吴王。

曹魏接受汉朝禅让，在法理上是名正言顺继承汉朝的，承认曹魏的正统性有理有据。不过，这只是在短期内解决了问题。长期来看，未来必然要脱离曹魏，到时仍将面临法理不足的问题。如今问题就摆在眼前了，当初孙权是承认过曹魏的，现在要将其抛弃，必须拿出一个说得过去的理由。其实，这个问题也可以等价为如何处理汉朝，是恢复汉朝，继承汉朝，还是另起炉灶？处理方法是大不相同的。

首先，恢复汉朝是不可能的，当初已经承认过曹魏代汉的正当性，相当于将汉朝彻底抛弃了，现在却来恢复汉朝，明显是打自己的脸。另外，这样做又将蜀汉置于何地呢？若是恢复汉献帝代表的汉朝，那就相当于否定了蜀汉，平白无故在同盟间制造矛盾；而若支持刘禅代表的汉朝，那倒是不用恢复了，但东吴在名义上就变成了蜀汉的附庸，这更是不可接受的。

那么，选择继承汉朝行不行呢？毕竟，魏蜀两国都是这么做的。乍一看确实有一定的可行性，虽然东吴不像蜀汉一样有汉朝血胤，但可以效仿曹魏，甚至在某些方面具备曹魏没有的优势。曹丕为了禅让一事煞费苦心，甚至连自己的祖先都改了，强行和舜扯上关系，打造出魏代汉如同舜承尧这一理论依据，并利用五德说进行修饰。

孙权却没必要这么麻烦去改祖先，因为他的祖先真的是舜，至少在明面上是这样的。江东孙氏自称孙武之后。根据欧阳修在《新唐书》中的考证，孙武是田完之后。田完即陈公子完，逃亡到齐国后改为田氏，田氏后人鸠占鹊巢取代姜姓，占据了齐国。这样的话，孙氏应该出自陈氏，而陈氏正是无可争议的舜帝后裔。因此，如果孙权要想继承汉朝的话，也可以效仿曹魏利用尧舜禅让这一典故。

他最初是有类似想法的，孙权的第一个年号黄武就是一个体现，五行中黄色属土，以土德继承炎汉之火德，和曹丕那个黄初的年号是一个道理。然而，倘若孙权用这一方法塑造天命的话，将有一个致命缺陷，那就是无法像曹丕一样接受汉朝的禅让，这就少了最关键的一步，会让自己变成东施效颦。

既然如此，孙权就只有第三种选择了，那就是既不继承汉朝，更不承认曹魏，干脆另起炉灶，打造属于自己的天命。正因为如此，孙权才没有像曹丕那样进行三辞三让，他称帝的理论依据和曹丕的完全不同。在孙权即位时发布的告天文书中，他主要强调了这四点：第一，汉朝气数已尽，天命将从汉朝转移到东吴；第二，斥责曹丕、曹叡父子为"孽臣"，否定汉魏禅代的合法性；第三，自己战功赫赫；第四，各种祥瑞频出。

前两点对脱离曹魏做出了合理的解释——天命在吴而不在魏，这是上天的旨意。孙权还特意强调自己"生于东南"，要知道，东南有天子气一说是从秦末开始就流传的理论，至此时已有几百年，这成为孙权弥补自己偏安东南这一缺陷的最大法宝。

至于战功，汉末以来群雄割据，孙权平定东南，这些年又连续击败曹魏这个最大的篡逆，有大功于天下，算是众望所归，因此东吴才是真正可以"代汉"的那个"涂高"。

最后一点中的祥瑞则是对东吴天命合理性的一个补充，比如黄龙这个新的年号，虽然和黄武一样也是黄，但宣扬土德的意味就少了很多，更多体现出的是祥瑞。至于孙权后来使用的嘉禾、赤乌和神凤这三个年号，也都代表着祥瑞。在年号选择上如此重视祥瑞，不仅在以往的政权中绝无仅有，在以后的政权中也是极为罕见的。出现这种情况，归根结底是因为东吴在正统性上的缺失，孙权没有其他选择。

另外，还应注意的一点是，孙权在告天文书中只强调了曹魏的非法性，却完全回避了对蜀汉的态度。按理说天命这个东西是具有排他性的，但孙权选择性地无视了蜀汉，这就体现了他的政治智慧。目前两国结盟抗魏，这些名分上的东西没那么重要。关于这一点，蜀汉的执政者诸葛亮和孙权有着类似的认识，二者在此事上达成了良好的默契，前来祝贺的蜀汉使者陈震更是与东吴明确了共灭曹魏、两分天下的大方针，甚至连如何瓜分曹魏国土的具体方案都拟定好了。

至此，孙权称帝一事顺利完成，实现了一个阶段性的重大目标。东吴朝廷建立后，孙权需要在大战略方面做出新的调整。之前提到孙权迁都武昌主要是出于防御上的考虑，因为当时荆州面临着来自魏蜀两家的巨大压力，所以武昌虽是国都，但更多体现出的是其军事价值。不过，现在情况不同了，在没有防备蜀汉这一目的后，建都武昌的意义已经小了很多，因为曹魏在东线造成的压力要更大。另外，江东的根本在扬州，无论是孙氏皇族还是江东士族，他们的根基、家业也在扬州。因此，在外部环境得到改善的情况下，将都城迁回建业是东吴上下一致的诉求。

不过在迁都之前，孙权还有些犹豫，毕竟长江防线过于绵长，防守起来容易顾此失彼，建业太靠近长江下游，难以顾及荆州，而武昌位于长江防线的中段，有着重要的作用，不可轻易放弃。于是，孙权召开了一次军事会议，专门讨论这一问题，要求群臣集思广益，无论尊卑贵贱，都可以提出建议。

当时，大多数人都比较消极，比如有人提出用栅栏封锁夏口，甚至有人提议采用铁索横江的策略。这些消极防御的战略牺牲了夏口的进攻职能，因为从夏口可以溯着沔水逆流而上进攻襄阳，配合江陵从两个方向发起钳形攻势。如果把夏口封锁，相当于自废武功。更何况，铁索横江就能守得住吗？自古以来，无论是公孙述、孙皓，还是后来的太平军，都用过这一策略，但无一例外都被破解了。

就在孙权对诸将的保守策略感到不满的时候，小将张梁站了出来，他提出应该主动派兵与曹魏争夺沔水的控制权，控制了水道，曹魏必然无法来攻。同时，他建议在武昌设置精兵万人，令一名足智多谋的主将镇守，并利用快船的机动性随时准备支援各地。这是一种主动防御的策略，正所谓固国不以山溪之险，只要严阵以待，即使打开门等着曹魏来攻，对方也不敢轻举妄动。孙权对此非常满意，便采纳了张梁的建议，这下他可以放心迁都建业了。

其实，张梁策略的核心就是令一名智将镇守武昌，保留其军事上的作用，这个人几乎就要掌管荆州的一切军政大权了。从能力和资历两方面来看，陆逊都是不二的人选。于是，孙权拜陆逊为上大将军、右都护，掌管荆州、扬州、豫章三郡，董督军国事。不过，将荆州全权交给陆逊，孙权能否放心呢？事实上，这么多年来，孙权从未完全信任过谁，他所谓的君臣互信都是有限的，虽然能做到知人善任，但一定会对下属进行制约。比如，用程普制约周瑜，用孙皎制约吕蒙，用朱桓制约陆逊等。

这些年来，陆逊在东吴的地位持续攀升，可他出自江东士族的身份是敏感的，孙权虽然愿意与江东士族合作，但始终没有放弃对他们的防备。之前外部强敌环伺，孙权尚能压抑这种情绪，可如今随着帝业的建立，孙权的声势到达了顶峰，此时的他逐渐暴露出自己的本性，早年间从善如流的一面在消退，刚愎自用的一面占据了上风，东吴内部矛盾的种子就此生根发芽了。

12　太子孙登

一切矛盾都要追溯到孙权立储的那一刻。当初他受封吴王后，随即立长子孙登为王太子，这也拉开了孙权统治后期残酷政治斗争的序幕。

早年间，孙权在母亲吴夫人主持下娶了会稽大族谢氏之女为正妻，孙权对其非常满意。不过，很快事情就发生了变化，孙权有了新欢。究其原因，还是孙权骨子里的凉薄。在他的择偶观里，姿色相比于门户是更为重要的，对方的出身贵贱基本不在考虑之中。比如，潘夫人就是死刑犯之女。

然而，美人终有年老色衰的一天，这一择偶观导致孙权的爱来得快去得也快。原配谢夫人逐渐恩宠不再，孙权很快又娶了徐夫人。这一举动还是颇有些离经叛道的，因为徐夫人的祖母是孙坚的妹妹。虽然两人的血缘关系没那么近，不属于近亲结婚的范畴，但论辈分，孙权却高了一辈。如此无视封建礼法，难怪《三国志》评价孙权"闺庭错乱"，真是一点都不冤枉。不过，按照孙权喜新厌旧的秉性，徐夫人的好日子也无法长久。

当初，孙策扫荡庐江时抱得美人归，孙权也没少得好处。他发现在俘获的数万人中，有一位来自淮阴步氏的姑娘，此女和步骘同族，生得美貌出众，孙权一眼就相中了她。从此，步夫人得宠，徐夫人也渐渐步了谢夫人的后尘，被打入冷宫。不过，虽然同是失宠，谢夫人很快就郁郁而终，但徐夫人坚持了很久。这倒不是因为徐夫人性格更坚强，而是因为她的心中有更多的牵挂，也有更多的希望。

话说孙权前三个宠爱过的妻妾都没能为他生下儿子，他的前两个儿子孙登和孙虑的生母不详。因此，可以推断她们的身份非常卑贱，连妾都算不上，或许只是一个奴婢，孙权对其应该不会有多喜爱，否则按理说应该抬高她们的位置，不会让她们连名字都无法记载于史册。由于孙登的生母地位过低，所以在成为继承人后，必须为他找个体面一些的养母才行。当时，徐夫人还没有完全失宠，而且身份也是孙权的正妻，因此便做了孙登的养母。

不久后，徐氏被打入冷宫，虽然境遇悲凉，但至少还有一个儿子，这成了支撑她活下去的最大的支柱。徐夫人对孙登的身份也有提升作用。儒家思想在立嗣方面讲究嫡长子继承，虽然孙登和孙虑都不是嫡子，但孙登毕竟有个尊贵一些的养母，再加上年纪更长，便成为孙权的第一个太子。孙登想不到的是，这对他来说未必是什么好事。

其实在魏蜀吴三国中，或多或少都出现了立储风波，但曹魏和蜀汉分别只涉及两人，而东吴在这一问题上最为复杂，孙权的七个儿子中，前后有四人直接卷入了立储争斗。因此在诸子争位这件事上，东吴的激烈程度要远超过另外两国，而且后果也严重得多，孙登的前途注定一片坎坷。

早先孙权对这个儿子是非常喜爱的，当时孙登是一个十二岁的少年，孙权对他的教育非常重视，为他精心挑选了老师。出于让孙登全面发展的目的，孙权不仅让他学习儒学，还重视孙登对史学等实学的学习。孙权本身就博览群书，自然希望儿子能像自己一样。比如孙登早期的太子太傅程秉，此人师从大儒郑玄，才学出众，孙权征辟他教导太子。而另一位太子太傅张温，出自江东大族吴郡张氏，亦有大才，这两个人应该负责的就是孙登在儒学方面的教育。孙权又让精研《汉书》的张昭将心得体会传授给儿子张休，之后又让张休转授给太子，其实相当于让张昭做了太子的老师。孙登就这样受到了非常全面的教育。

同时，孙权又为孙登安排了不少优秀的宾客，其中最著名的就是诸葛恪、张休、顾谭、陈表四人，被称为太子四友。诸葛恪是诸葛瑾之子，张休是张昭之子，陈表是陈武之子。这三人虽然出身不尽相同，分别出自士人和武人家庭，但都是淮泗人，只有出自吴郡顾氏的顾雍之孙顾谭来自江东。在太子四友中，淮泗人是占优势的，这些人明显就是孙登将来登基后的基本班底，孙权希望让淮泗二代继续成为东吴上层中的主流。这体现了孙权对江东士族的政策既合作又警惕的两面性。在其他宾客谢景、范慎、刁玄、羊衜（dào）等人中，只有刁玄一人是江东人，其他人都是北方人，而且刁玄还不是出自什么大家族。另外，孙权为孙登选的太子妃是周瑜之女，一样拥有淮泗背景。种种迹象都表明孙权是绝对不想让江东士族对太子产生什么影响的。

其实，孙权有此想法和曹操有一定的关系，他虽然和曹操斗了十多年，但两个人既是对手又是知己，曹操称赞孙权"生子当如孙仲谋"，而孙权在某种程度上对曹操也有一种崇拜之感。有一次虞翻在宴会上触怒了孙权，孙权扬言要杀他，并表示说："曹孟德尚杀孔文举，孤于虞翻何有哉？"虽说是酒后之言，但仍能体现孙权内心的想法，他其实将曹操视为自己的榜样。后来有一次他又向诸葛瑾表示，曹魏政治以曹操时代最好，之后就一代不如一代。

曹操是"揽申、商之法术"的，那么孙权推崇的自然也是法家治国了。在对世家大族的防范和利用方面，两个人也有颇多类似之处。对于太子孙登，孙权希望他不仅在思想上延续自己的风格，同时也能处理好和世家大族的关系，既不像孙策时期那样冷淡，又不能太过倚重。

经过多年的培养，孙权或许认为孙登接受的教育已经很成功了。到黄龙元年（229年），孙登已二十一岁，在孙权看来，作为一个成年人，孙登的价值观大概率已经定型了。因此，孙权在称帝并迁都回建业后，让孙登留守武昌，任其自己发展。然而，事情的发展大大偏离了他的预期。在武昌，陆逊受命辅佐太子，可以说他是孙登的另一位老师。孙权如此安排，应该是希望一个成年的太子可以对陆逊形成一定的制衡，不让陆逊在荆州一家独大，同时也让孙登向陆逊学一些治军的本领。孙登最终确实从陆逊这里学了不少东西，可惜完全不是孙权想要的。

当时，太子宾客谢景提出先礼后刑是无法教化民众的，刘廙（yì）倡导的先刑后礼才是对的，这明显是孙权喜爱的法术思想，他也一直利用这种思想影响孙登。但陆逊听说此事后，对谢景严厉地批评道："刘廙就是诡辩，扭曲先贤的真意。你作为太子宾客应该帮助太子树立良好的道德，那种歪理就不必多说了。"可见，陆逊是个传统的儒家士人，对法家学说不屑一顾。

或许是陆逊的人格魅力过于强大，孙登一下子就被吸引了，他最终还是跑偏了，没有成为孙权所希望的那种人。在陆逊的影响下，孙登已经完全不像孙家人了，孙权身上那种不拘泥于礼法，兼具些许冲动和任性，同时又冷酷无情且崇尚权术的特点在他身上丝毫没有体现，孙登成了一个德行俱佳的谦谦君子。

这在孙登对养母徐夫人的态度上有着明显的体现，虽然她当时已经失宠，但孙登对她的感情一点都没少。当时，受宠的步夫人因为没有儿子，唯恐有朝一日自己也将地位不保，于是拼命拉拢孙登，经常送他礼物。孙登不敢拒绝，怕步夫人在父亲那边吹枕头风，那样自己肯定没有好下场，只好接受了，不过也就仅此而已。徐夫人送来的衣服，他要沐浴后才会穿着，孙登始终还是心向徐夫人，一点趋炎附势的心态都没有。

后来，孙登还冒着触怒父亲的风险为徐夫人求皇后之位，可见他极为重视孝道，这又是儒家思想的一个体现。其实，如果更务实一点的话，孙登可以选择抛弃徐夫人转和步夫人结盟，但他终归还是没有这么做。

孙登在执政方针上也与儒家思想高度契合，他不仅主张仁爱宽刑和轻徭薄赋，甚至在用人方面也主张全面实行举荐制度，而不是像孙权一样还重视自己从底层提拔人才，这明显是儒学士大夫的作风。

其实，作为一个统治者，孙权这种风格明显不是以陆逊为代表的士大夫群体所希望的。这么难伺候的君主，既不方便他们实现抱负，又会对他们攫取政治和经济上的利益形成阻碍。如果能将太子改造成自己的同类人，未来不就一片光明了吗？

虽然孙登这种做派完全可以使其成为一个合格的守成之主，但孙权无法接受的是江东士族和太子高度捆绑，更过分的是，他们连自己的后宫之事也开始干涉了。从徐夫人失宠开始，孙权就一直想把步夫人扶正，而徐夫人有着太子养母的身份，这件事实在不好处理。虽然孙权一直想立步夫人为皇后，但她既没有生男丁，又不是正妻，没有什么说服力。在此事上，群臣几乎一致支持徐夫人，孙权和他们斗争了十几年都没有结果，究其原因就是太子孙登的存在，群臣支持的表面是徐夫人，其实支持的是太子。

这下，孙权是真的有些忌惮了。如今虽已称帝，功业到达顶峰，没想到新的烦恼又来了，自己大力栽培的太子却成了江东士族的代言人，这和北方士族支持的曹丕有什么区别？要知道，孙权是很看不上曹丕的，他自然不想在自己百年后让孙登成为第二个曹丕。现在江东士族势力强大，不好和他们公开对抗，于是孙权干脆就冷处理，将立后一事搁置一旁。但不立皇后问题也很严重，没有皇后就没有嫡子，而没有嫡子就没有名分，大家都是庶子，谁比谁优越呢？这正是东吴立嗣之争异常激烈的主要原因。

不过，孙权不在乎这些，在他看来，立皇后一事可以这么拖着，而太子的问题却不能不解决，面对江东士族的压力，孙权绝不会坐以待毙。孙权虽对孙登越来越不满意，但他清楚废太子是不可能的，至少短期内不可能。孙权称帝后没多久，次子孙虑就病逝了，除了孙登外，年纪最大的儿子孙和也才不到十岁，年龄过小是一方面，在太子没有失德的情况下将其废黜，也不可能得到支持。要想解决这一问题，孙权还得耐心等待。

因此，在孙权称帝之初，孙登的地位暂时还是安全的，真正的博弈还远未开始。就在这段时间，孙登曾经的老师张温去世了，他孤独地死在了自己的家中，无声无息。或许他的死毫无波澜，但他却涉及数年前的一桩大案。这起案件虽然知名度不高，但产生了深远的影响，为孙权统治后期的残酷政治斗争埋下了伏笔。

13　暨艳案

早在黄武年间，东吴内部就开始有了矛盾的隐患，矛盾一步步扩大，终于引发了吴宫四大案，即暨艳案、张温案、隐蕃案和吕壹案。其中，暨艳案作为第一件大案，对探究孙权统治后期复杂的政治形势有着重要的意义。

跟张温相比，暨艳并不太为人熟知。即使对他略有耳闻的人，大多也只能理解其中的表象，认为暨艳是一个正直的官员，只因不愿与不尽职守、贪赃枉法的官僚同流合污，最终触动了太多人的利益，孙权为了向他们妥协，只好将暨艳当作牺牲品。

其实，事情绝非这么简单，如果仅仅把暨艳看作一个不向恶势力低头的孤勇者，那么他的结局说明孙权对政局的控制力不强，文臣武将几乎都是铁板一块，朝政已经腐败透顶。不过，这和事实不符，作为一个尚处于上升期的政权，东吴没道理在黄武初年就腐烂成这个样子，况且孙权的平衡术也施展得极为娴熟，局面完全没有失控。

事实上，暨艳的所作所为不只代表他个人，其背后暗含着复杂的纷争，权力之争早已展开。谈到暨艳案，就离不开案发前两年的丞相之争。话说孙权受封吴王后任命了东吴首任丞相，这个人选一公布却让众人惊讶不已，丞相之职竟给了孙邵。这一决定令人不解，因为几乎所有人都认为丞相之位非张昭莫属。

从资历来看，张昭是从孙策时代就开始效力的元老，一晃已过二十多年；从功劳看，孙权继位之初，作为和周瑜平起平坐的两位托孤重臣，张昭帮助孙权稳定局势，之后孙权出征平叛时，他坐镇后方，一样是劳苦功高。而孙邵的履历就平平无奇了，他最初是孔融手下的功曹，后来跟刘繇来到江东，刘繇被孙策击败后，孙邵又加入了孙氏集团，并在孙权上位后担任他的车骑将军府长史。担任长史后，孙邵下一次出现在史书中已经是二十余年之后的事了。这样一个长期默默无闻的人，突然击败了众望所归的张昭，被提拔为丞相，确实让人很难理解。

不过，以孙权的权谋手腕，他肯定不会无的放矢。在他看来，张昭是绝对不能做丞相的，其中的原因有很多。

首先，孙权对他的丞相是有要求的，必须要听话才行。随着孙权年纪的增长和权势的扩大，他对诤臣的忍耐力日趋下降。可是，张昭这个人性格刚直，经常直言进谏，这令孙权无法接受。

其次便是旧怨。当初孙策遇刺后，张昭曾支持过孙翊，之后又有意接受曹操提出的委派人质的要求，再加上赤壁之战前的主降，孙权对他产生意见也在情理之中。据《江表传》记载，孙权称帝时，曾调侃张昭说："如张公之计，今已乞食矣。"足见他对张昭的怨恨之深。因此，后来孙邵去世，江东士族的势力进一步抬头时，孙权再次拒绝了众臣对张昭的提名，而将丞相之位给了顾雍，他对张昭的厌恶是无法消除的。

最后一点也是最重要的，那便是出于对江东士族进行压制的目的。可能有人对这一观点表示不解，张昭明明是淮泗人，用他做丞相不是正好对抗江东士族吗？其实，这一点在赤壁之战部分介绍张昭为何主降时已有所提及，这一阶段士大夫之间地域的区分愈发模糊化了。张昭作为儒学士人的代表，在思想和阶级上都与江东士族有一定的一致性，二者开始逐渐趋同化了。这个道理并不复杂，江北士人在江东没有地方上的根基，军事能力又有限，在对外战争中建功立业的机会不多，自然会和气质类似的江东士族相互吸引，二者逐渐走到一起，以便互相提携照顾。

在政治立场上，张昭其实和江东士族已经非常接近了。他后来提出孙权刑罚过重、反对崇尚法术的为政理念，这一点和出自江东士族的顾雍完全一致。后来当孙权盛怒之下打算亲征公孙渊时，张昭再次激烈反对，又和江东士族站在了一起。为什么大家都推举张昭做丞相，甚至江东士族也支持他？原因无他，在他们看来，张昭现在已经和自己人无异了，让他上位没有坏处，而且孙权也容易接受。只不过，他们还是把孙权想得太简单了。与此类似的还有薛综，作为一个江北儒学士人，他几乎就是张昭的翻版。

这样的事在一些江北二三代的人物身上体现得更明显，随着时间的推移，许多江北士人的子孙逐渐被彻底江东化了。后来的两宫之争中，非江东士族出身的诸葛恪和滕胤都支持孙和，这就很能说明问题。甚至张昭的曾孙张闿和薛综的孙子薛兼，连籍贯都改到了江东丹阳，说明他们的家族已经在江东扎根了，和江东士族有了共同利益。更让孙权感到震惊的是，连陈武之子陈表这样的江北武人之后都开始和江东人搅在一起，可见，江东士族的势力在东吴朝堂中膨胀的速度之快。

这种局面是孙权无法接受的，他想起了当年孙策诛戮英豪和自己继位早期延续兄长政策的事，当时这些行为造成的激烈反弹给他留下了深刻的印象，江东士族的能量之强更是让他感到忌惮。因此，孙权之后的很多年都在有意压制江东士族，不让他们在朝堂中身居高位，直到黄武年间这一政策才有所松动，此后陆逊和顾雍等江东士族的代表人物开始崛起。

孙权虽然清楚统治江东必须与当地的士族合作，但也不能放任其发展，威胁自己的权力。更何况，江东士族吸纳了一些江北士人后，形成了更加庞大的儒学士人群体。如今，淮泗派凋零的速度之快已经超出了孙权的想象，不仅儒士文臣和江东士族开始合流，武将阶层更是青黄不接。在被迫让陆逊、朱桓等江东士族出身的武将掌握兵权后，孙权对他们的制约手段越来越少，他必须要做些什么了。

任命孙邵做丞相就是第一步，张昭的个人荣辱不算什么，保持政权的稳定才是第一要务。要是总和江东士族站在一起的张昭做了丞相，指不定要给自己制造多少麻烦。至于这个丞相为什么选孙邵来做，最主要的一点在于他与江东士族的关系不佳。

以孙邵这个身份地位，在《三国志》中没有单独立传是不太正常的，究其原因是《三国志》的重要史料来源《吴书》里没有他的传记。其实，《吴书》最初在项峻、丁孚主导编纂的阶段是有《孙邵传》的，其中明确记载着孙邵和出自吴郡张氏的张温关系不睦。后来，韦昭接替了主编之职，由于他和张温走得近，为泄私怨，这才删除了孙邵的传记。至于薛莹的传记中提到的项峻、丁孚所作的初稿水平太差，无法采用，不能成为不为孙邵立传的理由。他们写得不好重新写一篇就是了，直接删除是没有道理的。总之，孙邵是江北士人中少数仍能为孙权所用的人，用他对抗江东士族非常合适。

不过，江东士族的反击很快就来了，孙邵为相不符合他们的利益，而张昭几乎到手的相位没了，自然也不会满意，于是双方便走到了一起。孙邵作为江东士族和张昭共同的对手，是必须要打倒的，但这件事无论是张昭还是江东士族中的上层人物都不适合直接出面，否则必然会触怒孙权，所以他们决定推出一个代言人。

这个人就是张温。此人进入东吴官场的时间不详，顾雍对他大为称赞时已经身为太常，结合顾雍本传来看，必然是在孙权受封吴王之后，那么张温出仕的时间点应该就是黄武初年。不过，《三国志》有一条记录令人疑惑，当时张昭握着张温的手亲切地说："老夫托意，君宜明之。"这句话说得没头没脑，张昭到底托付了张温什么心意呢？以张温的出身，江北士人的代表张昭和他一见倾心，恐怕用地域因素是解释不通的。所以，这又是张昭与江东士族合流的一个佐证。

从后续发展来看，张昭和以顾雍为代表的江东士族托付给张温的第一件大事应该就是扳倒孙邵，为此他们下了很大的功夫。张温出仕后，官职如火箭般蹿升，这肯定是他们推动的结果。张温是个聪明人，前辈们不会白白提携自己的，他必须有所回报，而自己一个人又有些势单力孤，他决定找一个帮手，于是黄武年间第一桩大案的核心人物暨艳就粉墨登场了。

暨艳是吴郡人。其实，暨氏并非寒门，虽然名气和实力比不上顾陆朱张四家，但也是有一定影响力的大家族。吴郡暨氏的悲剧缘于一次站队错误，当初孙策渡江时，暨氏和孙策站在了对立面，想必遭到了不小的打击。出身这样的家族，暨艳的前途自然是一片暗淡。张温正是看上了他这一点，暨艳不仅仕途渺茫，渴求进步，而且还和自己一样是个清议之士，这样的人可以利用。

清议之风源自东汉时期，一些清流名士以维护正义为目标，以言论批判为武器，针砭时弊，抨击朝中不正之风。这本来不是什么坏事，但以舆论为武器操纵政治，会对皇权构成严重的威胁，因此皇帝对这群人必然是反感的。东汉时期党锢之祸和曹魏浮华案的爆发都是出于类似的原因。在张温和暨艳这样刚直不阿的人看来，恐怕即使没有上面的吩咐，弹劾孙邵这样尸位素餐的庸人也是他们的分内之事。

跟张温、暨艳共进退的还有徐彪。徐彪是广陵人，没什么太深的背景，虽然他也非江东士族出身，但估计是为了追求进步，同时政治立场偏激进，便和张温等人走到了一起。只不过，一时间的疾恶如仇所造成的后果绝不是他们所能承受的。

他们的第一个打击目标自然是丞相孙邵。遭到弹劾后，孙邵立刻称罪请辞。从孙邵的表现来看，他很可能确实有行为不端之处，而且其惊慌失措的表现也证明此人能力平庸，身为丞相竟然丝毫没有反击的手段。此时，孙权想必对孙邵是失望的，但是没办法，谁让他是自己的亲信呢？硬着头皮也得支持他。于是，孙权一声令下，孙邵官复原职。其实，到这里就已经明确表示孙邵身后站着的就是孙权，张昭和江东士族也清楚这一回合的交锋没希望了。

弹劾孙邵虽然失败，但张温和暨艳等人没有因此停下脚步，他们的下一个目标是鄱阳太守王靖。这个王靖虽然也是徐州广陵人，但应该和徐彪不太一样，估计是个实干派，才会被派到地方任职。到底是清议之士，王靖这种人和自己不是一路人，再加上当时鄱阳郡发生民变，肯定得拿他开刀。自己治下发生动乱，王靖身为太守脱不了干系，他无法为自己脱罪，只好密谋投靠曹魏，最后事泄，阖族被诛，这是张温和暨艳的第一个胜利。

不过，张温也就到此为止了，他还是比较理智的，况且有家族做靠山，日后前途也不是问题，没必要行事太过激烈。虽然是清议之士，但他知道什么人能动，什么人不能动。然而，暨艳和徐彪就不一样了。尤其是暨艳，在孙邵和王靖这两件事上他产生了一种错觉，那就是地位高的人动不了，地位一般的人可以动。他认为自己和张温不一样，张温出自吴郡张氏，而自己已经家道中落，如今担任选曹尚书，有遴选举荐、整顿吏政之职，不在任上做出点成绩是说不过去的。于是，事情就在暨艳的手上一发不可收拾。暨艳注意到郎署的问题很大，可以做一做文章。

所谓郎署就是五官中郎将、左中郎将、右中郎将所负责的三署的合称，这一制度是承袭自东汉的。由于郎官没有定员，一些官宦子弟便可凭各种理由混进去，自然冗员极多，将这一机构弄得乌烟瘴气。后来赤乌二年（239年）时，朝廷特意下诏说"自今选三署皆依四科，不得以虚辞相饰"。可见，早先三署确实非常黑暗。

很快，暨艳就对三署进行了大刀阔斧的整顿，稍有问题的官员就降职处理。据《三国志》记载，当时"其守故者十未能一"，能保住官位的十不足一，足见暨艳的动作之大。一时间郎官们遭到了沉重的打击，一些问题严重的比如贪赃枉法、道德败坏的人，直接被贬为军吏。

暨艳错了吗？从原则上看，他做得没错，将这些害群之马清除掉有什么问题呢？然而，这是和孙权的理念背道而驰的。当时天下三分，东吴面临着强大的外部压力，在和曹魏的竞争中无法取得优势的情况下，如何吸引人才投效呢？孙权的手段就是不拘贵贱，忘过记功。所谓不拘贵贱，这和曹操的唯才是举的理念很类似，只要有才就加以任用，这些人将成为自己的铁杆班底。忘过记功则是有功重奖，有错少罚。

虽然这种做法有赏罚不明之嫌，但孙权没有办法，不以此手段收买人心，谁会心甘情愿为他效力呢？潘璋生活奢靡，以至于违制，后期竟发展到杀人越货的地步，但孙权因其功勋卓著未加惩罚；陈武于合肥战死沙场，孙权命其妾为陈武殉葬，以示痛惜。这些是孙权发自内心去做的吗？当然不是，孙权是个刻薄寡恩的人，连亲儿子都能当作权力的工具，何况是部下呢？对此，孙盛评价得好，说孙权就是在玩弄权术，收买人心罢了，一切都是"世祚之促"。此言得之！

三署的黑暗，孙权不可能不知道，他却放任不管，说明他是有意为之。允许官宦子弟混在其中并行不法之事，就是他给功臣的福利。而且其中大多应是江北子弟，即使有江东人也是出身不够显赫的，因为如果江东士族子弟如此枉法，孙权就有正当理由打压他们了。而江东士族本来就家大业大，上升途径更多，完全没必要做这些得不偿失的事。孙权在淮泗派日益衰落的背景下，以这样的手段拉拢人才，抗衡逐渐壮大的江东士族，是一种无奈之举，如此心态也不足为外人道也。然而，这件事却被暨艳破坏了，孙权岂能不怒？

其实，孙权的心理瞒不过所有人，许多人心里都跟明镜似的。比如，陆逊的弟弟陆瑁对孙权的用人之道就理解得非常透彻，他劝暨艳说："现在应该效仿汉高祖，用人不能因一点瑕疵就加以否定，搞清议那一套不合时宜。"五官郎中、侍御史朱据说得更是直白："如今天下未定，应记功不记过，不要太苛刻，这么是非分明，恐怕要招致祸端。"后来，连江东大族的代表人物陆逊也来劝暨艳，可他依旧我行我素。暨艳对他们来说是自己人，他做的也是打击政治对手的事，可陆逊等人对他的具体手段并不赞成。他们才是深谙官场之道的人，清楚在这件事上和孙权作对绝没有好下场，为自己争取利益要慢慢来。

然而，暨艳对这几乎明示的劝告置若罔闻，他的悲剧命运也就此注定。孙权见时机已经成熟，怨恨暨艳并对其诬告诋毁的人也越来越多，于是借着这个由头逼迫暨艳和徐彪自尽。其实，暨艳案的本质就是党锢之祸的重演，是孙权为了维护自己的权力有意制造出来的，只不过他有所克制，波及的范围不大。

但是，孙权的对手依旧强大，和部分江北士人合流后，江东士族已经逐渐不再受地域限制了，成为一个以共同思想为纽带的儒学士人群体。和他们的冲突贯穿了孙权的余生，这便是孙权执政中后期政治斗争的主线。

虽然明知他们是暨艳背后的势力，但孙权不便与他们决裂，毕竟双方日后还要合作。然而，对暨艳的举荐人张温则不能轻易善罢甘休，因为此人的问题更加复杂，而斗争也在逐步升级。

14　张温案

在东吴黄武初年掀起的这场政治风暴中，暨艳和徐彪的案件只不过是个开胃菜，张温案才是重头戏。与整个东吴的历史相比，张温的仕途是短暂的，他犹如一颗流星，其崛起与坠落之迅疾令人唏嘘不已。

按照《三国志》的描述，孙权先严肃处理了暨艳和徐彪，然后以张温与此二人关系密切为由向他问罪。再结合之前二人联手弹劾丞相孙邵一事，恐怕绝大多数人都会产生张温案与暨艳案应合为一案的观点。然而，如此草草地下结论很可能不能还原事件的本质，因为张温的性质和暨艳有着极大的不同。

那么，张温为何会遭到孙权的残酷打击呢？这还得从张温出仕说起。在《三国志·吴书·陆逊传》中，陈寿如是写道："逊年二十一，始仕幕府。"从措辞来看，他似乎认为陆逊二十一岁才开始为孙权效力，有些晚了。而张温出仕的时间更晚，晚得有些不同寻常。张温步入官场的时间是黄武初年，当时年龄已经三十有二。

要知道，孙权在建安年间虽然更重用江北人，但仅限于核心位置而已。随着政权的发展，仅从淮泗派中选材是难以满足需要的，因此中层里已经有大量的江东士族成员了，除了上面提到的陆逊外，顾邵和朱桓出仕也比张温早得多。根据张温的传记，似乎是他因声名显赫，引起了孙权的关注，这才加以征辟。事实上，张温从年少时期起就很有名气了，不是年过而立才出名，他没道理这么多年都默默无闻。

同是江东士族出身，为何孙权一直不愿起用张温呢？其实，原因在于上一辈的旧怨。在顾陆朱张四大家族中，顾氏和朱氏在孙策渡江后顶多是冷眼旁观，并未亮明态度。关于陆氏，早年孙策进攻庐江太守陆康，与之结下仇怨，但那毕竟是孙策为袁术效力时的事，彼时各为其主罢了，后来双方的关系早就缓和了。至于张氏，虽然也有张敦这一支早早为孙权效力，但唯独张温不行。当初，孙策杀死名士高岱，高岱有个好友名叫张允，此人正是张温的父亲。或许高岱和孙家有过嫌隙，加上父亲夹杂其中，张温才一直未能入仕。

结合孙权召见张温前后，各位重臣对张温的赞许，可以推断或许孙权并非突然想起用他，而是因为得到了诸臣的推荐。作为被儒学士人群体推上前台的人物，张温有其优势，他不仅才华横溢，而且善恶分明，可以作为一把攻击政敌并实现某些政治诉求的武器。然而，这对张温本人来说是一把双刃剑。张温很清楚众人推举提携他的目的，但为了自身的仕途，他不得不被当枪使，毕竟，肃清吏治是每一个士人愿望。但随着暨艳越来越激进，张温逐渐与他划清界限，他比暨艳更清醒，清楚其中的利害。正因为如此，张温和暨艳除了初期共同对付孙邵外，没有其他的深入合作。

陆逊等人在劝阻暨艳时都没有提到张温，说明核检三署很可能是暨艳的个人行为，张温没有深度参与。虽然张温最初举荐了暨艳，二人也算秉性相投，但理智告诉张温，应该和此人保持一定距离。尽管如此，张温依然没有躲过此劫，孙权还是对他动手了。按照张温传记的说法，似乎是他出使蜀汉归来后，因过度美化别国引起了孙权的不满，再加上他的名声太大让孙权心生忌惮，所以才会借暨艳案对其打击。不过，此时的孙权已经是一个成熟的政治家了，他不可能像刚上位不久时那样，为这点小事就残酷地对待一位名士，孙权严厉地处置张温另有原因。

在孙权给张温定罪的文书中，他首先总结了张温的罪状，即"图凶丑""挟异心"。这个定性显然太过模糊了，没有足够的说服力，因此孙权随后提到了暨艳，认定张温是他的后台。紧接着孙权就下了一个结论："非温之党，即就疵瑕。"意思是说，只要不是张温的党羽，张温就会加以打压。为了论证这一点，孙权举了殷礼、贾原、蒋康三个实例，认为他们都是张温的党羽。至于张温受命在豫章讨贼时贻误战机一事，看上去更像是旁枝末节，就是顺带一提。因为这件事的前因后果都没有说清，不知道张温是故意抗命还是遇到了什么困难。这样一来，张温的罪名就呼之欲出了，那就是结党营私。

张温获罪后，文武百官大多没有为他说话，江北武人或者宗室亲贵出身的官员自然是看笑话，儒学士人们也不愿出头，因为孙权对张温的态度已经亮明了孙权的立场，他这是在杀鸡儆猴，他们自然不敢多言。这时候，唯有偏将军骆统出来为张温说了几句公道话。他认为张温确实犯了错，不过那是因为能力不足，在忠诚上是没有问题的。骆统说，张温才干卓著，因此引人妒忌；张温喜爱针砭时弊，因此招人嫉恨。所以，张温的问题未必属实，很可能是他人构陷。

不过，这些理由还不够，如果按骆统的说法，张温和当年被孙权杀掉的沈友没什么区别，沈友难逃一死，张温凭什么得到赦免呢？他必须就张温结党一事给出解释。于是，骆统又进行了补充。在他看来，如果因暨艳家族当年的黑历史和此人接触就是禁忌，那应该提早说明。连朝廷都曾重用暨艳，张温和他结交又有什么问题呢？

关于另外三个人——殷礼、贾原和蒋康，骆统又逐一分辩，但孙权并未因此宽恕张温。那么张温是否有结党呢？这个事就得辩证地去分析了。看看张温的几个"党羽"吧，暨艳、殷礼、贾原和蒋康这几个人几乎都是小角色，其中有一个大人物吗？连张温都算不上是上层人物，这个所谓的张温党能有多大的能量呢？因此，从事实的角度出发，说张温结党营私未免不公。

不过，从全局来看，张温不仅有党，而且规模还大得吓人。之前我们分析过，江北士人和江东士族通过儒学思想这一纽带逐步合流，形成了一个庞大的儒学士人群体。虽说君子群而不党，但群和党之间本来就没有那么明显的分界线，甚至可以说这些儒学士人已经结为一党也不为过，这才是孙权最大的对手。

张温作为其中的一员，他的某些做法非常具有这一群体的代表性。比如殷礼，孙权认为张温为他造势并加以提拔就是在结党。从骆统分辩的内容来看，他只说张温在蜀汉宣扬殷礼是为了体现东吴人才济济，并未反驳孙权提出的相关事实，可见此事并非捏造。

殷礼是云阳人，云阳即曲阿，说明殷礼是张温的吴郡同乡。同时，殷礼最初又是顾雍之子顾邵提拔起来的，他是顾氏门生，而张温又得到了顾雍的提携，张温为殷礼晋升铺路，显然是在投桃报李。更重要的一点是，张温和顾氏还有姻亲关系，他的妹妹嫁给了顾雍的孙子顾承。这样以出身地域、人情往来以及姻亲关系为纽带形成的人脉网络极为紧密，再加上以儒学作为舆论武器，通过清议抨击不正之风，和东汉党人的作风几乎如出一辙。因此，可以说当初的党锢之祸在东吴又重演了，暨艳只不过是个小角色，甚至连张温都算不上真正的主角。

说张温结党，并不是冤枉他，他的行为确实有此嫌疑。然而，张温绝非党魁，他远没有这个资格。真正的大人物顾雍、陆逊等，孙权短时间内根本拿他们没办法，如果与他们决裂，那就相当于把整个儒学士人群体置于对立面。而得不到他们的支持，孙权肯定会面临无人可用的窘境。这些人同气连枝，利益均沾，有自己品评士人的标准，于是干预官吏晋升，对朝廷的人事任免造成重大影响，孙权自然痛恨他们。势均力敌的党争不是帝王们最担忧的，他们最怕的是形成一个连自己也控制不住的庞然大物。

如今，孙权并不具备当初汉桓帝那样的条件，来掀起一场大规模的党锢之祸，但无动于衷是肯定不行的，只能选择缩小打击面。暨艳和徐彪作为明面上的人物，本身也没什么背景，自然不能轻饶，但在张温的处理上仍需谨慎。

张温所在的"大党"根深蒂固，肯定是动不了的，但孙权可以打造一个以张温为首的"小党"的概念，以此作为打击对象。也就是说，这个"小党"根本不存在，是孙权为了处理张温有意炮制的。理由很简单，当初朱治也举荐过暨艳，陈表和暨艳关系也很亲密，为何不说他们也是同党呢？只因他们并非儒学士人罢了。说张温结党不假，但当时恐怕没有多少人可以独善其身而不结党吧。

孙权对结党深恶痛绝，从他对曹魏的看法就能略知一二。他认为曹叡既不像曹操那样有威望，能驾驭群臣，又不像曹丕那样可以通过恩赏收买人心，陈群等人必然会结党营私。有这样的认知，孙权必然会对这种倾向进行一定的打压。张温撞到枪口上是他的不幸，借张温震慑他背后的那些大人物，让他们收敛一些就可以了，这件事到此为止。另外，对张温的处置也不能太过严厉。毕竟，他不像暨艳，吴郡张氏是大家族，多少得给些面子。因此，孙权最终免去了他的死罪，将其和两个弟弟一并罢官。

最后，从张温个人的角度来看，他为什么会得到这样的下场呢？虞俊和裴松之认为张温是为名所累，其本人华而不实，这并未谈到本质，诸葛亮评价张温"清浊太明，善恶太分"，这才是根本原因。张温不是对政治不敏感，否则也不会逐渐减少和暨艳的合作。他也不是只会耍嘴皮子的清谈之士，毕竟出使蜀汉的任务，他完成得很完美。能力他是不缺的，限制他的恰恰是节操。

如果张温想在仕途上有所建树，又不想成为替罪羊的话，他唯一的选择就是脱离原有的群体，彻底倒向孙权。只要他把握好尺度，别朝着酷吏的方向上发展，大概率结局会好得多。若如此，虽说在史书上必然会留下一个奸臣的形象，但鱼与熊掌不可兼得。只不过，正直的张温肯定是不会做出这种选择的，这是士人的风骨。作为孙权和儒学士人斗争的牺牲品，张温只能接受这一结果。被罢黜六年后，他郁郁而终，激烈的政治斗争也暂时缓和下来。那段时间，顾雍担任丞相，而后陆逊负责辅佐太子孙登，就是东吴政治氛围开始缓和的具体表现。

然而，儒学士人的力量实在太强大了，只要稍微一放松，孙权就很难招架。太子和后宫，他们样样都要插手，孙权不得已只能再次出手打压，这时发生的又一桩大案给了他一个极好的机会。

15 隐蕃案

黄龙二年（230年），一个叫隐蕃的青州人从曹魏叛逃到东吴。最初这件事并没有引起孙权的重视。或许此人犯了什么罪，又或许是他怕受到什么牵连，总之，这种事情在当时并不罕见。

然而没过多久，孙权收到一封上书，作者正是隐蕃。他在上书中自称叛魏归吴是出于道义，为此不惜抛家舍业，他还胸怀锦绣，希望求见孙权以献计献策。孙权暗自称奇，既然毛遂自荐，或许有几分本事，于是召隐蕃入宫。经过一番交谈，孙权发现此人对时事政务的观点颇有见地。

待隐蕃退下后，孙权立刻向自己的顾问、侍中胡综询问意见。适才召见隐蕃时，胡综也在旁听，但他对此人有些看法。胡综认为，隐蕃"大语有似东方朔，巧捷诡辩有似祢衡，而才皆不及"。东方朔和祢衡不能说他们无才，但就是小聪明而已，并非什么治国良才，归根结底就是文化程度较高的俳优，因此他们也没有得到重用。至于隐蕃，胡综觉得在建业给他安排一个不怎么重要的职位就可以了。

不过，孙权不这么看，他认为隐蕃还是有能力的。在交谈中，孙权发现隐蕃精通刑法诉讼，这一点很对提倡法术治国的孙权的胃口。这个人在东吴没有背景，还是江北人，只能依附皇权。而他又精于刑律，完全可以让他对付儒学士人。于是，孙权没有听从胡综的劝告，任命隐蕃做廷尉监。廷尉属九卿之一，专门负责司法，廷尉监是廷尉的属官，孙权已经准备让隐蕃成为日后政治斗争的武器了。

他没想到的是，这一任命正中隐蕃的下怀，因为这一切都是早有安排的。其实，这件事的始作俑者还是东吴。之前，孙权听说曹魏的振威将军、都督河北诸军事吴质遭到朝廷猜疑，于是命胡综伪造了三封降书栽赃吴质。不过，等这三封降书在曹魏流传开后，吴质已经被召到洛阳去做侍中了。当年曹丕是非常信任吴质的，他登基后立刻将吴质召到洛阳做北中郎将，随后又晋升其为河北都督。但吴质出身寒门，身份上低了一筹，他又仗着曹丕的宠信肆意妄为，得罪了不少人，弄得自己名声很差。再加上一朝天子一朝臣，曹叡登基后肯定要培养自己的班底，他便将吴质召回中央做个闲职，吴质继续掌握地方上的实权是不可能了。后来，吴质去世后谥号为丑侯，得到这种恶谥，说明吴质在曹叡这里已经失宠了。

可是，当初在地方掌权时吴质都没有谋反，失宠进京后怎么反而要谋反了呢？这明显不合常理，东吴的离间计也就不攻自破了。这种有些上不得台面的诡计让曹叡非常愤恨，既然东吴先挑衅，那自然是有来无往非礼也，在这一背景下，隐蕃粉墨登场。作为一名间谍，隐蕃被曹叡寄予厚望，他希望熟悉刑律的隐蕃能凭借自己的才能在东吴得到廷尉一职。到时候就可以靠手中的权力构陷和处罚东吴的重臣，制造混乱。黄龙年间的暨艳案和张温案，想必曹叡已经有所耳闻。通过这些事件，他对东吴内部有了一定的了解，清楚孙权和儒学士人们的斗争迟早会再次升级，孙权需要的正是隐蕃这种人。

隐蕃确实没有辜负曹叡的期望，他的行动比较成功。虽然暂时还没做到廷尉，但被任命为廷尉监也算成功了一半，而且他的顶头上司、廷尉郝普非常看好他，认为他有王佐之才。郝普是蜀汉降臣，对和他身份类似的隐蕃，自然会产生亲近感。再加上隐蕃确实有才能，因此郝普已隐隐有把他当作自己的接班人培养的打算了。

而且，隐蕃的本事不光是能取得上级的信任，他的社交才能更是厉害。

此人口才出众，人缘极佳，很快就成了大家争相结交的人物。太常潘濬之子潘翥（zhù）与隐蕃来往密切，并赠予他不少钱粮。不仅如此，与隐蕃友善的还不乏一些大人物，比如左将军朱据和卫将军全琮就是其中的代表。朱据和全琮可不是一般人，他们都是孙权的女婿，以一个降臣的身份，能在短时间内结交到这样的人物，可见隐蕃的本事之大。

然而，这件事是不寻常的，隐蕃的一切举动让人不禁想到另一个人，他和当年的名动邺城的魏讽实在太像了，一样能言善辩，一样善于社交。魏讽最终因叛乱未遂被曹丕所杀，隐蕃会不会也有问题呢？或许他的人格魅力让大家忽视了其中的隐患，却瞒不过所有人。比如，太子中庶子羊衜与宣诏郎杨迪坚决不和隐蕃来往。对隐蕃有所怀疑的人中，最有名的就是潘濬。

当时，潘濬正在荆州率兵讨伐武陵蛮夷，听说儿子和隐蕃来往密切后震怒，当即写信斥责他结交曹魏降臣的行为，并要求潘翥索回赠予隐蕃的粮饷，然后来自己这里受杖一百。众人都不理解潘濬的做法，认为他太上纲上线了。其实，潘濬才是有大智慧的人，就如同当年识破魏讽底细的刘晔一样。隐蕃太高调了，高调得有些不正常。一个敌国叛徒，本应夹着尾巴做人，他却如此张扬，不怕被针对吗？他的行为肯定有目的。潘濬的判断非常准确，他的先见之明让自己的家族躲过了一场祸患。

不过，隐蕃也是个聪明人，他不知道自己这样会引起怀疑吗？隐蕃当然知道，但他仍要故意为之。按照最初的计划，隐蕃要先谋取廷尉一职，然后再找机会迫害东吴重臣。可是，这一计划周期比较长，虽然郝普信任自己，但是取代他绝非一朝一夕的事。于是，隐蕃改变了最初的计划，他准备尽快扩大东吴内部的裂痕。前文说到，曹魏对东吴政局必然是有一定了解的，派隐蕃来卧底，自然有激化孙权与儒学士人之间矛盾的目的。不过，孙权对儒学士人的态度在不断地摇摆修正。自从张温案后，孙权和他们的关系尚处于缓和期，新一轮的矛盾还没有爆发，或者说孙权还没有找到爆发的借口。于是，隐蕃便来给他添上一把火。

我们可以注意到，隐蕃主要结交两类人，第一类是荆州降臣（潘濬和郝普），只不过他的底细被潘濬看透了，未能成功；第二类就是江东士族成员，而且是他们中和孙权关系最为密切的人（朱据和全琮）。孙权对江东士族既打压又重用，希望能从中拉拢一些人成为自己的亲信，这样不仅能拉近和他们的关系，还能在一定程度上对这一集团进行分化瓦解，这就是孙权招朱据和全琮为婿的原因。

隐蕃结交的人之所以罕有江北人存在，就是要给孙权营造一种江东人和荆州人打成一片的印象。江北人是孙权更加信任和倚重的，而和疏远一些的人成天掺和在一起，这会不会有什么阴谋呢？要知道，孙权是最忌讳结党的，这些人即便与孙氏结下姻亲，却仍然显得不是那么忠诚，以孙权玩弄权术的手段，他肯定不会善罢甘休。这样一来，隐蕃的目的就达到了。当然，这样肯定会招致孙权的怀疑，但隐蕃的使命感让他完全顾不得这些了。

没过多久，隐蕃谋反一事就案发了。他究竟是如何暴露的呢？隐蕃只是个廷尉监而已，手中没什么力量，只要他头脑正常，就不会发起毫无胜算的叛乱。因此，他要么是被逼无奈，要么是另有图谋。

一种观点认为隐蕃暴露一事和东吴发动的一次诈降行动有关。黄龙三年（231年），孙权命中郎将孙布向曹魏扬州刺史王凌诈降，骗他发兵来迎，东吴则派大军守株待兔。这其实就是周鲂断发赚曹休的翻版，但王凌一开始还真信了，后来发觉不对才撤了回去。有人将隐蕃一案和这件事联系在一起，认为他飞蛾扑火般的叛乱是在向王凌示警。

不过，笔者认为这有些太牵强了，没有任何史料支持这两件事有联系。从潘濬在外公干时给儿子写信一事来看，黄龙三年（231年）年初隐蕃还未暴露，那么案发时间应该就是这一年的下半年，倒是与诈降王凌的时间吻合。但问题是王凌发觉东吴的计谋并非由于隐蕃的示警，而是另有原因。当初王凌收到孙布的降书后，立刻向上司扬州都督满宠请求发兵。王凌和满宠一向不和，他暗中诋毁满宠年老体衰，不堪大任，只要等朝廷将他调走，自己就可以独享功劳，取而代之了。这种急功近利的心态令他明知很可能中计，却依然铤而走险。

满宠深知其中有诈，便瞒着王凌直接给孙布写信搪塞，而且在朝廷将他召回调查时特意嘱咐不要拨给王凌军队。王凌求兵不得，只好命人率步兵和骑兵七百人前去迎接孙布。这让东吴大失所望，七百人还不够塞牙缝的，那支正在埋伏的大军也用不上了，孙布直接对王凌的小部队发起袭击，将其消灭大半。由此可见，满宠的警惕才是王凌没有吃大亏的原因，与所谓的隐蕃示警没有半点关系。笔者认为隐蕃叛乱一案根本没有真凭实据，孙权很可能只是有所怀疑才将他拿问的。因为隐蕃并没有实际行动，按照记载，他只是"谋叛"而已。

隐蕃被捕后受尽拷打，但此人是条硬汉，始终拒不交代自己的同党，于是孙权亲自审问他："何乃以肌肉为人受毒乎？"意思是：公事而已，何必为别人承受这皮肉之苦呢？隐蕃却道："丈夫图事，岂有无伴！烈士死，不足相牵耳。"结果他至死都没有再说半句话。最初隐蕃是作为生间来东吴卧底的，需要活着回去为国效力。而当隐蕃为了提高效率改变计划后，他就变成了一名死间。

隐蕃案发后，郝普在惶恐下自尽，而朱据被禁止出入宫殿，被孙权疏远，过了很长时间才被解禁，唯独全琮没有受到什么惩罚，想必是妻子全公主为他求了情吧。因此，隐蕃的计划已经很成功了，他确实达到了离间东吴君臣的目的，而且在遭到怀疑的情况下，即使死也不承认自己的身份，因为他不可能再次得到信任，甚至有可能在不经意间变成为敌所用的反间。如今诸事已毕，是时候发挥一名死间最后的价值了。

至于隐蕃临死前说的那番话，就是为了在孙权心里留下一个疙瘩。他声称自己有同党，他所谓的同党一天挖不出来，孙权就一天不能安心，他对群臣的不信任感又增强了。其实，隐蕃到底还有没有同党呢？这个谜底已经被隐蕃带进坟墓了，但没关系，只要孙权觉得有就行了。不是还有同党没被揪出来吗？那就继续深挖吧，这件事给了他动手的理由。

隐蕃作为三国时代的顶级谍报人员，以自己的生命为代价，完美地完成了任务，直到临死前仍算计了孙权一次。隐蕃案虽然暂时结束了，余波却远未平息，在此案的影响下，东吴的政治斗争很快将进一步升级。

16 吕壹案

　　1996年，长沙市五一广场走马楼西侧的建筑工地内出土了大批文物。其中包括十七万余片简牍，这批被称为"走马楼吴简"的宝贵资料成为研究东吴历史的重要参考。

　　在这些简牍中，有一枚编号为4−1296的残缺竹简引起了广泛的关注。该简上写道：中书_校事_。经过历史学家和考古学家的研究，最终确定原文应该是：中书典校事吕壹。这一结论得到了各界的广泛认可。中书典校事是一个什么职位，吕壹又是什么人呢？若想解开这一疑问，必将牵扯到东吴中后期的一桩大案。与此案相比，之前的暨艳案、张温案和隐蕃案都是小巫见大巫了。

　　当初暨艳案和张温案告一段落后，孙权和儒学士人群体的紧张关系稍有缓和。一方面他严惩张温，杀鸡儆猴，另一方面又很快任命顾雍为丞相，这样恩威并行，使东吴朝堂内部暂时重归稳定。后来，随着抗击曹魏入侵的战役连连获胜，孙权顺利登基称帝，这些不和谐便被掩盖了。但这只是暂时的，问题并没有得到彻底解决，孙权只是在蛰伏等待。

　　孙权推崇法术，而儒学士人推崇德治，双方在政治理念上有极大的分歧。而更为根本的矛盾是权力之争，孙权作为一个独裁者，是绝对不会容许有一个可以和他分庭抗礼的政治团体存在的。双方的矛盾不可调和，迟早会再次爆发。

　　孙权虽和曹操是对手，但二人在某些方面颇有共鸣，比如他崇尚法术就是深受曹操的影响，在驭下手段上，他也效仿曹操。曹操称魏王后，为了独揽权力，又为了方便监视百官乃至铲除异己，便施行了恐怖的特务政治，具体手段就是设置校事。

　　这个被称为校事的官职，便如同明代的厂卫，级别不高，甚至连官都算不上。据曹魏重臣程昱的孙子、齐王曹芳时期贾门侍郎程晓的说法，校事其实只是小吏。但校事的权力大得惊人，比如曹操手下最大的两个特务头子卢洪和赵达，他们作为曹操的耳目和走狗，直接对曹操负责，曹操利用他们对百官进行严密监察和检举，弄得人心惶惶。据《魏略》记载，当时甚至有"不畏曹公，但畏卢洪；卢洪尚可，赵达杀我"这样的歌谣，可见二人权柄之大。

这样的政策实在太对孙权的胃口了，儒学士人的力量越来越大，为了对其进行压制，孙权也建立了东吴的校事制度。不过，孙权没有完全照搬曹魏，而是做了一些改良。东吴校事在编制上隶属中书省，从制度来看，比曹魏更完善，这说明孙权更重视这一统治工具。

东吴的校事官中，史书有明确记载的是吕壹、秦博和钱钦三人，吕壹就是孙权的头号爪牙。按照《三国志·吴书·张顾诸葛步传》的记录顺序，在顾雍担任丞相并提议减轻刑狱后，便有吕壹等人作威作福的记录，说明这两件事有一定的联系。

黄龙年间（229—231年），孙权将都城迁回建业，命陆逊在武昌辅佐太子孙登。按照《三国志·吴书·潘濬陆凯传》的记录，此时他也在武昌和陆逊一起处理政事，吕壹从这时起已经开始操弄权柄了。以上这两件事证明东吴的校事制度大约就是从黄武后期（225—228年）开始的。提拔吕壹就是孙权为将来向儒学士人开战做的准备，只要一有机会，他便会再次掀起一场政治风暴。

黄龙三年（231年）隐蕃案发，这个时间点非常敏感，因为吕壹最猖狂的阶段就是从此时开始的。隐蕃案不仅牵扯到一些士人子弟，朝中出了这么大的一个间谍，竟然长达一年都未被发现，这给了孙权强化监察的借口。于是，吕壹就在孙权的授意和放纵下开始无法无天。吕壹身份不详，大概率出身卑贱。

从黄龙末年到嘉禾末年的长达七八年中，吕壹一伙始终兴风作浪，东吴朝堂在他们的淫威下瑟瑟发抖。校事系统虽只属于监察机关，但在实际运作中形成了调查、检举以及处理等一条龙的独立机制，并且掌握了一切解释权。以吕壹为首的校事为了讨好孙权，巩固自己的位置，往往无中生有，对朝臣进行不择手段的迫害。

首当其冲的就是丞相顾雍，他因遭到吕壹的检举，一度被软禁。按照《三国志·吴书·张顾诸葛步传》的描述，步骘在上书中希望孙权能对顾雍、陆逊和潘濬等社稷之臣"宜各委任，不使他官监其所司"。可见，当时顾雍等已经被剥夺了一定的权力，由他人监管，处境相当恶劣。

另一位江东士族成员、左将军朱据也好不到哪里去，当初他因隐蕃案受到牵连，过了几年情况才有所好转，结果马上又被吕壹盯上了。当时，朱据的部曲应当领取兵饷三万缗（mín，一千文铜钱穿成一串为一缗），一名负责铸造大钱的工匠王遂做假账贪污军饷，吕壹认为此事和朱据有关，并将主管粮饷的官员严刑拷打，致其死亡。朱据不忍他无辜受刑，便将其厚葬，结果招致吕壹的疯狂报复。吕壹抓住这件事不放，硬说此人是为朱据掩盖罪行。朱据为此多次被孙权责问，只好躺在草席上待罪，以期自证清白。

顾雍贵为丞相，朱据是孙权的女婿，这样的大人物竟被吕壹这等卑贱小人构陷，必然是与孙权的纵容分不开的，甚至可以说这就是孙权的意思。于是，吕壹等人愈发嚣张，打击面越来越广。吕壹攻击的对象不只是朝中高官，地方官也没有放过。当时，江夏太守刁嘉就被吕壹诬告，硬说他诽谤国政。孙权就此事询问群臣，却几乎无一人敢站出来说句公道话，据《三国志》记载，当时"群臣为之屏息"。可见，东吴朝堂上的紧张气氛已经达到令人窒息的地步。其实，孙权难道不清楚是吕壹从中作梗吗？他当然知道，群臣表面上怕吕壹，实际上是怕他，所有人都因为恐惧而不敢说真话，这正是孙权希望达到的效果。然而，终归还是有人不肯出卖良心，侍中、中执法是仪就是其中一个。是仪为官谨慎，清清白白，连吕壹也找不到他的破绽，他的坚持成为黑暗中不多的一缕光明。

如果说上述行为在一定程度上代表了孙权的意志，那么对建安太守郑胄（zhòu）的陷害就完全是吕壹在公报私仇。吕壹的宾客因犯法被郑胄抓捕入狱，他怀恨在心，便诬告郑胄，最后郑胄全靠潘濬和陈表苦苦求情才得以赦免。

以上这几人是明确曾被吕壹攻击的，实际上受其所害的还大有人在。早先，陆逊和潘濬对吕壹为非作歹一事忧心忡忡，后来受到校事系统的严密监督。后来吕壹失势后，孙权命使者袁礼慰问诸臣时，他们仍深感不安。据《三国志》记载，朝臣们"怀执危怖，有不自安之心"，生动形象地描绘出当时他们的状态。另一位重臣诸葛瑾被孙权疏远，直到吕壹风波平息后，和孙权交流的通道才得以恢复。可见，这三人很可能也是受害者。

通过以上这些事例可以看出，孙权利用吕壹打击的对象不只局限于江东士族，来自江北的士人如诸葛瑾这样的老臣也逃不过，只不过受害程度略轻一些。因此，这次是孙权对士大夫们的全面开战。在这一轮交锋中，孙权以吕壹这等酷吏为武器，占据了绝对上风，士大夫们只能苦苦支撑。

然而，光明只靠等是等不来的，只有拨开云雾方能重见青天。为了对付吕壹，士大夫们采取了各种手段自救。其中，有比较激进的，比如潘濬曾想在宴会上当众手刃吕壹，为国锄奸，吕壹听说后吓得称病不敢前来。后来，吕壹听说如果顾雍被罢免相位后很可能由潘濬接任，更是心生忌惮，便放弃了对顾雍的迫害。还有比较温和的，比如步骘曾利用天象灾异对孙权示警。

然而，这些方式不能从根本上解决问题，吕壹作恶，孙权不可能不知道，即使潘濬能得手，还会有下一个吕壹出现。扭转局面的关键不是让孙权醒悟，而是让他有所顾忌。因此，当某些人被构陷后，其他人就要为之声援，不能各自为战，这一策略的终极手段就是将太子孙登拉入自己的阵营。这些年，孙登在陆逊的培养下深受儒学熏陶，他对孙权利用吕壹实施恐怖统治也感到不满，于是代表群臣发声。

这下，孙权便不得不正视这一问题了。太子势力已成，是轻易动不得的，士大夫们的反击之强超过了他的预期，权衡之下，他只得再次缓和双方的关系。此时，孙权需要一个台阶，群臣推荐了李衡。李衡是襄阳人，出身寒微，这样毫无背景的人当然不会白白得到举荐，他是带着任务来的。

他的任务就是扳倒吕壹。于是，李衡见到孙权后，立刻就将吕壹的恶行逐一陈述。其实，这就是走个形式而已，李衡是士大夫们的口舌，他作为局外人说出这些话，表明既不是群臣逼宫，又不是孙权主动低头，面子上可以过得去，这是一个双方都比较能够接受的形式，吕壹的命运就此注定。作为一名酷吏，得罪人是不可避免的，为了平息众怒，君主一般都会选择将其推出去当替罪羊。吕壹只知死心塌地为孙权效命，不像满宠那样懂得给自己留后路，还拥有其他方面的才干，所以吕壹只配做一个工具人，用完后就会被无情抛弃。

吕壹获罪下狱后，长期受其迫害的朝臣激愤不已，纷纷主张用酷刑严惩吕壹。不过，阚泽和顾雍非常理智，他们清楚这件事还是尽快了结为好。孙权同意铲除吕壹给大家一个交代，已经算是重大让步了，他们不能得寸进尺。将吕壹速速处决灭口，不仅可以避免暴露他和孙权私下里的猫腻，又能维护孙权的颜面。因此，阚泽反对酷刑，且在吕壹被收押进廷尉府，顾雍亲自前往审理此案时，顾雍不仅对吕壹没有任何刁难，还阻止旁人辱骂吕壹。难道顾雍真的那么大度吗？要知道，他曾经被吕壹害得很惨，深仇大恨岂能轻易放下？他能如此收敛，更能证明对吕壹的最终处理方案只不过是孙权和士大夫们相互妥协的结果。

此时的吕壹对自己的下场已经有所觉悟。他自知难逃一死，便不再做无谓的挣扎，不发一言。从这个角度来看，他临死前仍不忘维护孙权的颜面，倒是个称职的走狗。当然，这或许是因为孙权给了他某种承诺，比如"汝妻子吾自养之"等。吕壹被处死后，孙权特意下诏罪己以宽慰群臣，但他的态度并不诚恳，完全是在推卸责任。在诏书中，孙权提到众臣未能像管仲那样对齐桓公直言进谏。这是在歪曲事实，因为众臣的谏言他从没听进去过。

吕壹案的风波就这样结束了，但东吴的校事制度依然被保留了下来。孙权虽然可以暂时与儒学士人们缓和关系，但不会放松对他们的警惕。在未来的某个时刻，新一轮的政治风暴还将再次展开。孟子曰：生于忧患，死于安乐。自黄武以来，外部环境的改善让孙权有充分的精力进行内部斗争，东吴国政在持续恶化。孙权决不会甘心被士大夫们左右，他会在不动摇国本的前提下使用一切手段对其进行打压，出身寒门阶级导致他永远不可能融入儒学士人这一群体。

虽然这在一定程度上维护了孙权的统治，加强了他的权威，但负面影响是巨大的。在和儒学士人们的长期斗争中，孙权变得愈发曹操化了，当年那个从善如流的少年英主已经消失不见，取而代之的是一个刚愎自用的君王。其实，斗争本应是手段而不是目的，但有些时候孙权本末倒置了，其所作所为变成为了斗争而斗争。这不仅形成了巨大的内耗，同时又导致孙权执政中后期产生了一些重大的决策失误，最终为东吴的由盛转衰埋下了伏笔。

17 报聘辽东

嘉禾二年（233年）年底，几名东吴军吏在阔别建业近一年后，终于回到了自己心心念念的故乡。听到这一消息，孙权大喜过望，对他们大加褒奖，皆拜为校尉。孙权为何会对这些名不见经传的小角色如此重视呢？原来，这几个人引出了东吴嘉禾年间的一桩大事——报聘辽东。

作为一个颇有作为的君王，孙权在统治后期虽然沉迷于政治斗争，在国家内部造成了严重的危机，但他仍雄心不减，保持着对外的开拓进取，这种心态贯穿了孙权的一生。当年，鲁肃为其谋划的帝王之业，孙权始终铭记于心。如今虽已经称帝，但这种帝业并非名副其实，和鲁肃所描绘的那种总括九州的汉高祖之业相去甚远，所以他仍想更进一步。但一统天下谈何容易？以曹魏之强，尚且和吴蜀两国拉锯了四十年以上，孙权凭借三州之地能挡住魏军的兵锋就已经不错了，进取中原更是遥不可及。

于是，在正面战场未能打开局面的背景下，孙权开始另辟蹊径，这一策略在黄武年间便开始了。黄武五年（226年）士燮去世后，交州刺史吕岱铲除了以其子士徽为首的不安定因素，平定了交州。随后，吕岱向南海诸国宣扬东吴的风俗教化，一时间扶南、林邑、堂明（均在三国时期并存于今越南、老挝等地）诸国纷纷遣使朝贡。孙权尝到了甜头，同时又在海外远航方面积累了相关经验，打算再接再厉，开辟夷洲和珠崖。

所谓夷洲和珠崖，就是今天我国的台湾和海南。当时此二岛岛上尚处于原始社会，并无统一的政权，孙权意图开拓，主要目的是获取人口。尤其是夷洲，相传岛上有数万户土著，这引起了孙权极大的兴趣。如能将其收入囊中，也不失为一件开疆拓土之功，也能加强他帝王的权威。

这件事激起了不少反对的声音，以陆逊和全琮为首的众多臣僚认为海外蛮荒之地毒瘴横行，劳师远征很可能得不偿失。不过，孙权一点都没听进去，执意派卫温、诸葛直以万人舰队出海，还将目标珠崖换成了亶洲。亶洲到底是韩国的济州岛还是日本的九州岛难有定论，但这里是传说中秦始皇派徐福寻找的蓬莱神山的所在之地。由此可见孙权心态的变化，在权力的浸染下，他愈发笃信天命符瑞，甚至开始有追求长生不老的倾向了。

最终的结果自然是悲剧的，虽然从夷洲俘获了数千土著，但军中因水土不服导致疫病流行，士兵损失十之八九，且连亶洲的影子都没看到。这让孙权大发雷霆，他没有选择直面错误，而是将责任推给卫温、诸葛直，随便找了个借口，将二人处死了事。这次出海远征因小失大，对国家几乎没有半点积极意义，同一年孙权还在合肥被满宠击败，更是让他颜面扫地。在一系列的打击下，孙权没有反思自己，反而将目光投向了辽东，准备酝酿一次更大规模的行动。

当初，辽东公孙氏趁着汉末中原动乱之际形成割据，距今已有四十多年。虽然其实力远比不上魏蜀吴三国，但也是一支不可忽视的力量。其实，孙权早在建安年间就开始与辽东往来了，只不过当时公孙氏的当家人公孙康不愿和江东接触，便杀掉了孙权的使者，双方的联系暂时中断。多年后形势发生了变化，孙权又打起了辽东的主意。

黄武七年（228年），公孙渊夺取叔父公孙恭之位成了辽东太守，随后他遣人出使江东。公孙渊给孙权的上表中写道："前后裴校尉、葛都尉等到，奉被敕诫，圣旨弥密。"由此可知上次孙权的使者到辽东时，双方曾有一番密谈。虽说这次会谈的内容不为人知，但考虑到当时公孙渊还没上位，于是可以推测，这或许是孙权用一定人力和财力对公孙渊进行了某种支持，使他最终得以推翻公孙恭，因此他才会在即位后第一时间联络孙权。也就是说，公孙渊可能是被东吴扶植起来的。

辽东使者到了后，孙权又在次年安排了一次回访，命校尉张刚、管笃前往辽东，目的是宣扬他称帝一事。此后，双方一直保持着友好的关系。公孙渊的实力不是那些南海小国可比的，如果能让其臣服，更可以塑造出一种君临四海、万国来朝的局面，从而加强他帝王的权威，这便是孙权的追求。

另外，东吴历来缺战马，而战马正是辽东最丰富的资源之一。后来，曹魏使者提出用马匹换取江东特产，孙权欣然接受，可见他对马匹的渴望。至于结盟抗魏一事，或许孙权不会看得过重，毕竟连蜀汉都无法对曹魏造成太大的威胁，更不要说辽东了，公孙渊能制造点小麻烦就很不错了。

于是，嘉禾元年（232年），孙权派遣将军周贺、校尉裴潜再次前往辽东，应该是探讨称藩和购买战马一事。孙权没想到的是，他的行动早就被人盯上了。此时，曹魏已经察觉到公孙渊首鼠两端的本质，便命汝南太守田豫都督青州兵马，准备征讨辽东，虽然最终因跨海远征难度过大而未能成行，但田豫准备了第二计划。

当时，航海技术并不发达，船队的航行路线只能沿着海岸线而不能走直线。因此，他算定东吴使团返回时必然要靠岸补给并躲避风浪，最佳地点就在山东半岛的最东端成山（今山东省威海市成山角）。田豫在此守株待兔，他所料一点不差，成功等来了东吴船队。最终，魏军当场斩杀周贺，东吴使团大部被俘，只有裴潜等少数人逃了回去。

不过，好消息倒不是一点没有，仅仅一个月后，公孙渊的使者校尉宿舒和郎中令孙综就来到江东，表示愿意称藩，并赠送了大量礼品。当年，孙权向曹魏称臣，对曹丕来说算是一个极大的功绩，这也是他不听劝告执意给孙权封王的原因之一。如今，辽东向孙权称臣也是同样的道理，这使孙权的帝王之业更加名正言顺了。

大喜过望之下，孙权决定派出一个规模空前的使团前往辽东册封公孙渊，不仅为了宣示国威，同时也能尽量避免像上次那样小部队被魏军吃掉的悲剧。一石激起千层浪，朝中的反对声远比之前征讨夷洲大得多。张昭当即指出公孙渊反复无常，不可信任，他惧怕遭到曹魏的打击，才利用江东为外援，到时候很可能会翻脸不认人。而且，出动这么多人风险太大，一旦有闪失，损失巨大不说，还会成为天下人的笑柄。

此时的张昭早已失宠，虽然地位仍然很高，但刚愎自用的孙权根本不信任他。据《三国志·吴书·张顾诸葛步传》记载，当时"昭意弥切，权不能堪，案刀而怒"，足见他有多么恼火。张昭却尽显士大夫的风骨，他对孙权的过激反应丝毫不惧，反而指出正是因为当初吴夫人临终时遗命托付，才直言进谏，孙权听后这才作罢。

另一位出言反对的重量级人物是丞相顾雍，他表示要以死相谏。顾雍这么沉稳的人，这次却表现得如此激动，可见孙权的决定是多么危险。当初，公孙渊上位前或许得到过东吴的支持，但那早就是过去时了，辽东鞭长莫及，东吴根本不可能控制得了他。这本是很浅显的道理，但孙权利令智昏，根本听不进忠言，反而命人将顾雍赶出去了。张昭和顾雍分别是江北士人和江东士族的代表，他们异口同声反对此事，恐怕就不能以江东人没有开拓进取之心来解释了，这就是思想观念的问题。

孙氏父子出身寒门，以军功起家，又靠法术统治江东，他们的观念和儒学士人是大有不同的。儒学士人主张以民为本，轻徭薄赋，施行德政，体现在军事策略上自然是偏保守。在他们看来，即使要去辽东，派个几百人就足够了。

然而，他们的观点和孙权的帝王之业有着不可调和的矛盾。虽说士大夫们显得有些缺乏进取之心，但具体在辽东这件事上，他们是正确的。报聘辽东风险大，收益也大，但那只不过是孙权一个人的收益罢了，而不是国家的收益。不过，这时的孙权已经无法退缩了，或者说他硬着头皮也得坚持下去。称帝以来，孙权就没遇到什么好事，在军事领域一直没有任何突破，如果这一次再被士大夫们压一头，他的威信何在？

最终，孙权还是在嘉禾二年（233年）三月，派太常张弥、执金吾许晏、将军贺达和虞咨、中郎将万泰、校尉裴潜等率领一支庞大的舰队出发，前往辽东册封公孙渊。这支舰队号称万人，实际约七八千人。经过漫长的航行，东吴舰队于七月初抵达位于辽东半岛最南端的沓县（今辽宁省大连市金州区一带），在港口沓津停泊。沓津也叫沓渚，就是后来著名的深水良港旅顺港。东吴使团抵达辽东后，出于防范，没有全体登岸。他们分成两部分，张弥、许晏、万泰、裴潜等人带四百人前往襄平（今辽宁省辽阳市市郊）会见公孙渊，贺达、虞咨则率领剩下的人留在船上等待。其中，张弥、许晏负责册封事宜，万泰、裴潜主要办理另一件大事，即购买马匹。

此时的公孙渊早已心怀不轨，一年前田豫大败吴军一事对他造成了极大的震慑。他已经看出东吴无法在实质上给自己什么援助，一旦惹恼了曹魏，到时候面对征讨的大军还得他自己应付。既然如此，接受东吴册封又有什么意义呢？至于说公孙渊贪图财物，或许倒不至如此，因为这些礼品本来就是要送给他的。

其实，公孙渊的判断大体不错，两头讨好的手段已经失灵了。只不过，他唯一失算的一点是，到了如今这个地步，曹魏解决辽东这个后顾之忧已经势在必行，他即使一心一意向曹魏称臣，也难逃被剿灭的命运，此时他唯一的出路就是交出兵权，到洛阳以一个富家翁的身份度过余生。只不过，让一个土皇帝变成土财主，他岂能接受这个落差？

最终，公孙渊还是下定决心和东吴决裂。不过，东吴方面太谨慎，第一批只有四百人上岸，他只能退而求其次，先吃掉这支小部队再说。此时，张弥等人见公孙渊似乎不是很情愿的态度，就已经察觉到不对劲了，但可惜为时已晚，公孙渊早就设下了天罗地网。据《魏略》记载，待公孙渊一声令下，只见"金鼓始震，锋矢乱发"，张弥、许晏、万泰、裴潜四人被当场杀死，其余士卒无力反抗，只好投降，最终被流放到边疆。

由于袭杀吴使是秘密进行的，留在船上的贺达和虞咨毫不知情，于是公孙渊决定将他们骗到岸上一网打尽。为此，公孙渊命韩起率大队人马前往沓县埋伏，长史柳远以设宴加名引诱贺达和虞咨下船，并携带大量马匹等物资，做出互市的样子。贺达和虞咨为保险起见，没有亲自带主力下船，而是命五六百人前往互市。公孙渊看东吴使团戒备心太强，将其全部消灭是不可能了，再没必要遮遮掩掩，埋伏好的大军一举杀出。可怜那五六百士兵惨遭灭顶之灾，最终三百多人当场被斩杀，还有两百多人被赶到水中淹死，其余的则逃亡到深山里不知所终。

这一幕都被留在船上的人看得真真切切，他们的心中只有庆幸，庆幸上岸的不是自己。如今大势已去，他们只好立刻返回江东报信去了。最终，这次失败的报聘辽东行动以损失千余人和大量财货而告终。

不过，事情没有就此结束，当初被公孙渊流放到边疆的士卒中，有六十人被安置在玄菟郡，这些人以秦旦、张群、杜德、黄疆为首，他们不愿受辱，决心全力死战以报国耻。可是玄菟郡在襄平以北约二百里，这里远离海岸，想杀出一条回乡的血路谈何容易？或许这就是他们怀着必死决心的原因吧。他们没想到的是，正是这置之死地而后生的精神让他们看到了希望。

他们在玄菟郡待了四十多天，观察到这里的防备并不严密，玄菟太守王赞手下只有三四百人。于是，众人秘密约定在八月十九夜里起事，对玄菟守军发起突袭，先是放火烧城制造混乱，然后寻机杀掉王赞等主要官吏。然而，这个计划被打乱了，他们中间出了个叛徒张松，此人将计划全泄露了出去，于是王赞立刻命人关闭城门，搜捕他们。

一番血战过后，众人勉强杀出城去，当时张群膝部生疽，痛得无法行走，杜德坚持扶着他不离不弃。道路崎岖无比，就这样艰难前行了六七百里，张群再也无法坚持，便对杜德说："我伤病严重，死期将至，你们还是速速离去为好，这样陪我落难，最后一并死于荒野之中又有何益？"杜德却说："我们离乡万里，理应生死与共，怎能将你抛弃呢？"一番商议后，秦旦、黄疆决定带人先走，杜德留下来照顾张群。

接下来的日子里，杜、张二人相依为命，杜德采集野果为食，二人苦苦支撑。而秦旦等人找到了高句丽的都城，并见到了高句丽王。经过一番商议，他们认为要想脱离险境，必须得依靠高句丽，现在公孙渊已经原形毕露，干脆将结交对象换成与他有些摩擦的高句丽，这样便能得到他们的支援。听到吴使的来意后，高句丽王大喜过望，立刻奉诏称臣，还派人去接杜德和张群。至此，他们终于脱离了险境。从高句丽都城沿着鸭绿江向南，即可到达鸭绿江出海口西安平（今辽宁省丹东市振安区九连城镇一带），他们终于可以回家了。

几个月后，秦旦等人历尽艰险，终于回到了江东。几位勇士身陷异邦而不辱使命，万里奔波而彼此不离不弃，比起当年的博望侯张骞也不遑多让，足以被树立为正面典型，但这件事背后的奇耻大辱是孙权绝对无法接受的。这是一次比远征夷洲的失败更大的打击，不仅损失巨大，还让东吴国威尽丧。虽说孙权未必想不到这个结果，但作为一个威震东南的帝王，自己的颜面竟被公孙渊这样的跳梁小丑践于足下，他岂能容忍？盛怒之下，孙权决定发兵亲征辽东以雪此恨。

其实走到这一步，孙权本人的责任最大，他为了帝王的权威一意孤行，最后丧师辱国也是意料之中。此时的孙权早已不复当初理智务实的心态，变得像一个输红了眼的赌徒，以这样的心态，怎么可能有好下场呢？怒而兴师是兵家大忌，之前的刘备就是一个鲜明的例子。

辽东虽然实力弱小，但也不是泥捏的，后来司马懿以四万精兵征讨尚且用时一年，东吴若想平辽，所需的兵力和时间不可能更少。何况以当时的技术手段和后勤补给能力，根本不可能支持数万人出海远征，一万人已经是极限了，孙权的计划完全不现实。眼见君主陷入疯狂，南北士人们再次站到一起，陆逊、陆瑁、薛综等人苦苦劝谏。好在孙权最终还是保持着一丝理智，打消了这个不切实际的念头，让东吴免去了一场浩劫。

后来，司马懿出兵辽东，公孙渊走投无路之下再次向孙权求援，虽然孙权口头上奚落了他一番，但还是派出了援兵。只不过，孙权的本意根本就不是援救他，因为援兵第二年才赶到，那时公孙渊早就覆灭了。最后，东吴捞了一点便宜后返回，算是挽回了一丝损失。

打通和高句丽的关系是报聘辽东一事中唯一的收获，两国开始了外交往来。虽然高句丽也是有马匹的，孙权却再也不敢派大规模使团前往辽东了，由于船只不足，东吴使者只带了八十匹马回来。不过，这样小规模的交往也被曹魏破坏了。嘉禾五年（236年），高句丽在曹魏的强大压力下杀死孙权的使者胡卫，东吴和高句丽的邦交宣告终结。至此，报聘辽东行动彻底失败。

不仅如此，孙权在正面战场也连连受挫。嘉禾二年（233年），孙权率军再攻合肥，没想到满宠在远离施水的地方修建了合肥新城，孙权不知所措，在船上停留了二十天不敢轻举妄动。满宠估计孙权不会这么无功而返，至少也得上岸炫耀一下武力，于是暗中埋伏精兵六千，等着吴军自投罗网。吴军果然上当，被当场斩首几百人，还有不少人被赶到水中溺毙。第二年，孙权为配合诸葛亮第五次北伐，再次对合肥发起进攻，结果又一次为满宠所败，侄子孙泰战死。孙权见难有进展，又恐曹叡亲率的援军即将赶到，便灰溜溜地撤退了。

在军事和外交领域接连失败，让孙权的心理更加失衡。由于自己的权威连遭打击，他唯恐儒学士大夫会因此得势，从而威胁自己的统治，所以他用一切手段对其进行打压，吕壹在嘉禾末年的崛起就是在这一背景下发生的。这种激烈的政治斗争，说好听点是帝王心术，其实是走了邪路。为此影响国策，做出不理智的判断更是不明智，只有上下一致，在对外战争中取得胜利，才是正途。

于是，吕壹案风波结束后，孙权逐渐回归理智，缓和了内部关系，准备再次将精力放在对魏战争上。如今，曹芳初登大位，曹魏主少国疑，正是一次好机会。可惜理想虽好，残酷的现实却再次给了孙权当头一棒。

18　北伐受挫

赤乌四年（241年）年初，时任零陵太守的殷礼上书孙权，其中提到的内容引起了他的兴趣。在上书中，殷礼提出了一个规模极为宏大的四路进军计划。其中，最西面交给蜀军，让他们进攻陇右和关中；荆州一线由诸葛瑾和朱然进攻襄阳；扬州一线由陆逊和朱桓进攻寿春；最东面由孙权亲自统率，进攻青徐一线。

当年，殷礼随张温出使过蜀汉，和诸葛亮见过面，得到了对方的称赞。诸葛亮历来是主张吴蜀两国协同进攻的，想必殷礼受到了一定的影响，认为应该延续这一策略。在殷礼看来，想要取得进展，必须全力以赴，只有如此，才可能在局部战场重创魏军，而被迫分兵多个战场抵抗的魏军则会因此土崩瓦解。为了达到这一目的，必须进行全国总动员。

其实，孙权早有重启北伐的意愿。改元赤乌以来，新的祥瑞似乎让他转了运。孙权先是用一封罪己诏平息了吕壹案的风波，紧接着在曹魏平定辽东后，派兵去占了点便宜，挽回了些许颜面，之后又顺利剿灭了波及荆南和交州数郡的廖式之乱，国内重归稳定。而当时曹魏内部政局动荡，曹芳登基后不久，曹爽和司马懿二人辅政的局面就被打破了，司马懿虽被尊为太傅，实则明升暗降，遭到排挤。孙权认为这是个良机，重新燃起了对外征伐的斗志。

不过，殷礼所言虽有道理，但其中有两个问题是他没有考虑到的，一是蜀汉不一定愿意配合，二是进行总动员会引起国内的强烈不满。尤其是第二点，这是孙权不得不顾及的，国内对这一政策的反应会如何呢？要知道，士大夫们向来都主张德政，如此进行总动员将会压榨民力，必然招致反对。孙权刚刚和他们缓和了关系，肯定不愿意在大战前制造矛盾。如果强行动员，赢了还好办，要是输了怎么办呢？岂不是又要威信扫地吗？另外，殷礼当年还被划为张温一党，虽然他没有被张温案波及，但孙权对他多少还是会有些成见，所以最终没有采纳他的意见。

而蜀汉也确实没有配合作战的意思，因此在最终的计划里，虽然仍是四路北伐，但改变了具体的进攻方向。其中，诸葛恪进攻六安，全琮进攻寿春，朱然进攻樊城，诸葛瑾进攻柤（jū）中。其实，这个四路进攻的计划也可以看作两路进攻，大军被分为东西两路，东路扬州军和西路荆州军在其内部又进行了一次分兵。

先说东线，这一次孙权在战术上做了改变。由于曹魏在远离施水处新修了合肥新城，水军对进攻合肥的支持作用有所下降。不过，这也并非全无好处，合肥新城远离水边，自然难以对东吴的水上补给线形成威胁，吴军以部分军队监视魏军即可，吴军主力能够继续北上。这便是孙权采取越过合肥直攻寿春这一略显激进的计划的其中一个原因。

另一个原因是之前镇守寿春的曹魏扬州都督满宠被召回洛阳了，取代他的是原扬州刺史王凌。满宠是个厉害角色，曾让孙权吃了不少亏，而王凌呢？在孙权看来，他比满宠好对付多了。之前诈降一事他就轻易中了计，如今升为扬州都督，不过是因为曹爽要拉拢地方上的实权人物罢了，想必此人是个泛泛之辈。

至于进攻庐江郡六安这一路，则有两个目的，一是对正面战场进行牵制，二是进行掳掠。早在嘉禾二年（233年）的北伐中，全琮就曾率领偏师进攻六安，不过那次孙权撤得太快，全琮这边没有什么发挥的余地。庐江作为魏吴争锋的前线，虽然多数时期为曹魏所占，但他们没有在此地投入太多的力量。因此，东吴对其进行劫掠是常用的手段，当初吕蒙就是这么做的。

当时，手下建议全琮掳掠当地百姓以邀功，但被全琮拒绝，他表示此举白白降低本国威望而于敌无损，宁可获罪也不愿如此。从这点也可以看出掳掠庐江百姓是一贯的政策了，东吴没有打算长期经营发展这个比较鸡肋的地方。嘉禾六年（237年）东吴派全琮和朱桓再征六安，这次是因为曹魏庐江主簿吕习愿做内应开城迎接吴军，但吴军还没到，事情就败露了，于是全琮等人只好撤兵。当时朱桓率兵断后，全琮觉得再次无功而返有些面上无光，也不管是不是打脸，这次多少得抢一笔，才算对上下有个交代。可是，全琮更改计划没有和朱桓商量，结果导致二人发生冲突，弄得很是狼狈。

鉴于前两次对六安的军事行动颗粒无收，这次孙权派出了有相当丰富的庐江作战经验的诸葛恪，他曾经在庐江屯田，也有劫掠舒县的成功案例，很适合执行这一任务。不过，诸葛恪这一路的成败无伤大雅，主要还得看进攻寿春的主力部队。当时，王凌的副手是扬州刺史孙礼。孙礼本是曹爽的大将军长史，由于性格刚直，不被曹爽喜欢，便被打发到地方任职。

孙礼和王凌的背景情况虽然不尽相同，但有一点是相同的，他们都是新官上任，亟须证明自己，因此他们憋足了劲，誓要打好这一仗。全琮大军有数万之多，而且来得非常突然，王凌没想到东吴会直接进攻寿春，所以准备不足，很多士兵还在轮休，并未归队，曹魏这边兵力相当缺乏。

王凌和孙礼一商量，认为死守寿春太过被动，不如趁敌军立足未稳主动出击。于是，他们率领少量精兵对吴军发动进攻，双方在寿春之南的芍陂一带展开了一场血战。这一仗从清晨打到日暮，魏军死伤过半，一度陷入危机，但孙礼一直冲锋在前。据《三国志》记载，当时孙礼"犯蹈白刃，马被数创"，可见战况之激烈。为了激励士气，孙礼亲自擂鼓助战，终于扭转了局面，东吴中郎将秦晃所部千余人被全歼，随后双方各自罢兵。

到了这一步，东吴的进攻基本没什么盼头了。东吴本来的计划是出其不意，趁曹魏在寿春兵力不足，一举将其攻下。可现在出师不利，等稳住阵脚后魏军援兵也到了，再耗下去没多大意义。而且，既然主力部队已经铩羽而归，诸葛恪的偏师自然也无用武之地了。从战损来看，东路军似乎和对手不相上下；但从战略目的来看，如此兴师动众却徒劳无功，肯定是失败的，唯一的收获是烧掉了魏军一座粮仓。

再看西路荆州一线，如果说东路只是小挫，西路军则是大败了。魏吴双方在荆襄地区和庐江一样，都采取了收缩防御的策略，在前线未部署太多力量。因此，自襄阳南至江陵北广大的沔水流域都是比较空旷的地带。之所以这么说，是因为自从东吴占据江陵以来，在荆州的历次战争中，魏吴双方都没有在对方的进军路线上进行阻击，而是放任对方长驱直入。当初关羽统治江陵时期，两军在寻口、汉津、荆城等地反复拉锯的场景已经不复所见了。这就造成一种情况，进攻方虽然推进得更加容易，但是面对坚壁清野的处境，最后的临门一脚更加困难了。

诸葛瑾进攻柤中的偏师就是为了缓解这种情况。柤中位于襄阳西南的夷水（今湖北省襄阳市南漳县蛮河）流域。当时，此地有夷王梅敷兄弟三人，统率部曲万余户。诸葛瑾的任务应该就是劫掠他们，以加强对主力部队的补给。东吴发动进攻的时间点是在初夏，正是水位上涨的时候，强大的东吴水师可以轻易掌握沔水的制水权，从而忽略南岸的襄阳，直接将北岸的樊城重重包围。如果能拿下樊城，襄阳就是囊中之物了，这一点和当初关羽北伐的策略一致。

现在樊城面临的局面和当初曹仁时代类似，只能苦苦支撑，若想解围，非得依靠援兵不可。第一批赶来增援的是荆州刺史胡质，虽然兵力不多，但至少可以让城中的魏军知道朝廷没有放弃他们，军心也能安定下来。不过，单凭这个是不够的，若想解围，还得硬碰硬地打一仗才行，就像当年徐晃在樊城附近的四冢之战中击败关羽一样，这次扮演徐晃这一角色的是司马懿。

当时，多数人认为樊城暂时没有危险，不必立刻前去救援，最好利用坚城消耗吴军的斗志，到时再发起进攻才是事半功倍。但司马懿考虑得更多，如今诸葛瑾正在进攻沔水南岸的柤中，当地人民见樊城危急，很可能会丧失斗志，不再抵抗，从而投降东吴，那就大事不妙了。

于是，司马懿说了一句很自信的话："将能而御之，此为縻军；不能而任之，此为覆军。"意思就是：主帅才能出众却受到管制，那是为军队制造束缚；主帅无能却任凭他自由发挥，那军队就会覆灭。在司马懿看来，他自然是前一种，所以他不能受到束缚。其实，司马懿主动请战，曹爽是喜闻乐见的。因为这样会让这个竞争对手远离朝廷中枢，不再影响自己大权独揽，如果司马懿再因为年事已高而病死于征途，就再好不过了，因此曹爽没有为他设置半点障碍。

夏末六月，司马懿率军出征。由于南方天气炎热，时间久了北军可能会水土不服。于是，司马懿决定速战速决，他在主力未到之时先命一支轻骑兵前去挑战。如果吴军无动于衷，对方自然士气受挫；如果发起反击，轻骑也可以凭借机动性第一时间撤退，让吴军白白消耗体力却得不到任何斩获，可谓两全其美。最终，谨慎的朱然选择按兵不动。与此同时，司马懿要出招了，他挑选了一支精锐，准备发动猛攻。之前胡质和司马懿的轻骑两次挑衅，朱然都未能做出反击，再加上包围樊城近两个月没有进展，吴军士气已经受挫，朱然无奈之下只好下令连夜撤兵。

朱然虽说也是一名优秀的将领，但和司马懿相比还是太稚嫩了。他按部就班地沿着沔水撤退，司马懿等的就是这一刻，待吴军行至淯（yù）水（今白河）和沔水交汇处的三州口时，魏军发动了雷霆一击。这一战吴军猝不及防，被斩首及俘虏的多达万余人，还丢掉了大批物资。如果朱然能谨慎一点，先把部队撤到沔水南岸，想必就不会遭此惨败了吧。至此，赤乌四年（241年）东吴的两路北伐彻底宣告失败，孙权一统天下的雄心壮志再次遭到打击。

其实，这些年魏吴两国的情况都差不多，那就是谁发动进攻，谁大概率就会失败。当年曹丕如此，现在孙权也好不到哪里去。归根结底是实力的原因，双方国力没有拉开差距，谁都无法一战定乾坤，神州大地重归一统的时机尚未到来。

就在这次战争期间，一个人去世了，他的死让本就暗流涌动的东吴朝堂再次掀起巨大的波澜。

19 孙登之死

赤乌四年（241年）五月，太子孙登病重，即将走向生命的尽头。

孙登是一名合格的太子，在他被立为储君的十余年里，在众多贤臣悉心教导下，不仅成为一个体恤百姓的仁者，还是一名干才，他充分地展示过自己的执政才能。嘉禾三年（234年）孙权出征合肥时，曾让孙登留守后方总理政事。那一年天候不佳，东吴国内出现大面积歉收，许多人因饥荒被迫做了盗贼。孙登当机立断，明定律法，很快平息了动乱。倘若孙登可以成为国家的统治者，那一定是东吴之福、百姓之福。

然而，这并不是孙权想要的，或者说正是因为如此，导致孙登即使身体健康也很难顺利继位。要知道，孙登并不是孤家寡人，而是身后站着许许多多笃信儒学的士大夫，这是一股庞大的力量，孙权对他们是忌惮的。曹魏的例子就摆在眼前，在孙权看来，曹操去世以来，那些中原士族再无束缚，势力迅速膨胀，他生怕这种情况在东吴重演。

这些年来，孙权屡屡对儒学士人们发动政治攻势，就是为了打压他们。自己活着的时候尚能掌控局面，但自己百年之后就不好说了，他怎么可能容许未来的继承人被士大夫们绑架呢？因此，孙权发现这一趋势后不久就开始行动了。他虽然不能贸然废黜孙登，但可以故意针对他的地位制造不稳定的因素。

所谓"子以母贵，母以子贵"，在皇室内部，太子和皇后的地位是相互支持、相互加强的。太子因身为皇后所出而地位稳固，反之亦然。即使太子不是皇后亲生也无妨，只要建立宗法上的母子关系就可以了，孙权正是要围绕这一点来做文章。不过，群臣也看到了这一点。因此，他们多次提出立孙登的养母徐夫人为皇后，目的就是要巩固孙登的地位。而孙权始终不许，坚持要立步夫人，双方为此拉锯了十多年。孙权这么做除了不喜欢徐夫人而偏爱步夫人外，主要原因就是针对孙登。没有一个身为皇后的母亲，太子之位就没那么名正言顺了，这便是孙权对孙登有所不满的一个佐证。

既然不满，那么孙权肯定是有换太子的想法的。别管能不能实施，准备工作要先做起来，孙登最初的替代者是孙权的次子孙虑。据记载，孙虑从小机敏聪慧、多才多艺，孙权对其极为喜爱。而且，他的表现似乎也和兄长孙登有所不同。孙权将都城迁回建业后，孙虑和孙登一起留在武昌接受陆逊等人的教导，但孙虑的表现没有孙登那么好，他一度沉迷斗鸭，遭到陆逊严厉的训斥。如果是一般的父母，肯定不愿看到儿子玩物丧志，但孙权不是一般人，他是一个政治家，他考虑的事情要更多。

虽然孙虑最后还是听了陆逊的话，将斗鸭栏拆除了，但从此事可以看出，孙虑受儒学士人们的影响没有孙登那么深。而且从另一个角度看，孙虑玩物丧志虽然不是什么好事，但孙权自己也好不到哪里去。他喜爱射猎，又对滑稽嘲戏情有独钟，更是经常酗酒，诸如此类的坏毛病多得很。与此相比，孙虑这点小爱好根本算不上什么。在孙权看来，这种微末小节无伤大雅，只要不耽误正事就可以了。孙虑这种做派说不定他还更喜欢，因为这说明孙虑更"肖父"，这往往也是君主选择继承人的标准之一。所以，孙权已经暗暗地将孙虑作为继承人的备选了。

孙权的态度，丞相顾雍看得一清二楚，于是顾雍在黄龙二年（230年）提出封孙虑为王。他这么做当然不是针对孙登，仅仅是投孙权所好而已，因为皇帝给非继承人的其他儿子封王是常规操作，并不会影响太子的地位，而且这样更能把孙权和孙虑的君臣名分确定下来，对稳固孙登的地位有好处。当时，暨艳案和张温案的风波已经过去，报聘辽东事件和隐蕃案尚未发生，这期间孙权刚刚在朝臣们的大力支持下称帝，双方的关系正处于缓和期。

然而，孙权在深思熟虑下没有答应，他还是想留个余地，再观察一段时间。于是，孙权封孙虑为镇军大将军，驻半洲（今江西省九江市一带）。将其调离武昌，也有让孙虑远离儒学士人的目的，孙登已经被"带坏"了，可别让孙虑也步了他的后尘。孙虑在任上确实干得不错，年仅十八的他遵奉法度，敬爱师友。不过，孙权没有高兴太久，仅仅两年后孙虑就去世了，年仅二十岁。孙权为此悲痛不已，难过得饭也吃不下。

身在武昌的孙登意识到这是一个修复父子关系的机会，当然也不排除他是得到陆逊等人的指点。总之，孙登得到消息后立即前往建业觐见孙权。他哭着求父亲以国事为重，不要为此伤了身体，表现得孝顺至极。当然，这不是孙登在故意表演，他本身就是深受儒学熏陶的，这些应该是他发自内心的表达。别管孙权喜不喜欢这个儿子，孙登的话确实是有道理的，人死不能复生，而生者还要继续活下去。

十几天后，孙权的悲痛渐渐缓解，便让孙登回武昌去。孙登却表示自己长时间远离父亲，无法尽孝道，陆逊忠诚勤勉，武昌那边有他就足够了，自己想留下弥补这个缺憾。看着孙登诚恳的表情，孙权心软了，如今孙登已经是自己唯一一个比较年长的儿子了，眼下也只能指望他了，便同意他留下。因此在短期内，孙登的地位还是比较安稳的。

然而，随着时间的推移，东吴的政治局势不断恶化，吕壹一伙人的得势让士大夫们人人自危，而孙登又主动站出来为士人们说话，这再次让孙权对其心生不满。孙权的不满有两个原因：一是孙登不仅不能领会他的意图，反而和他唱反调；二是太子的势力已经有些大了。孙登为大臣们出头抨击吕壹，明显说明他已经成了儒学士大夫的代言人，具备了一定的实力和孙权分庭抗礼。权力是排他的，孙权这样的帝王绝不能接受任何人对他形成威胁，哪怕是自己的儿子也不行。至此，孙权对孙登彻底失望了，二人的关系迅速恶化，再无挽回的可能。

孙权开始物色新的继承人，逐渐长大的孙和便成了他的首选。当初，孙权最宠爱步夫人，虽然她直至赤乌元年（238年）去世时仍未完全失宠，但毕竟没有儿子，而且逐渐年老色衰，恩宠终究还是被旁人分去了一部分。后来，孙权开始宠爱王夫人，对她所生的儿子孙和也是爱屋及乌。在孙权看来，他就是替代孙登的最佳人选。孙和长期陪在孙权左右，所得的各种赏赐远超其他皇子，孙权为孙和选的老师阚泽也很有讲究。虽然阚泽是江东人，但他并非世家大族出身，家境贫寒，世代务农，喜好读书，但并不是只尊儒学，他涉猎非常广泛，甚至天文历法也非常精通。阚泽最推崇贾谊，而贾谊并不是纯粹的儒学信奉者，他的为政理念是儒法并行，这一点就很对孙权的胃口，他可不想孙和成为下一个孙登。

以上种种迹象都证明孙权正在酝酿改立太子一事，这让孙登不得不产生危机感，他清楚自己的地位已经摇摇欲坠，如今必须展开自救了。首先，武力夺位是不可能的，别说他不具备这个实力，就算他有可能做到，多年来所受的儒家正统教育也不允许他行此大逆不道之事。

既然如此，孙登只能退而求其次了。他对孙和表现得毕恭毕敬，仿佛孙和才是兄长一样，甚至一度有让位于他的意思。作为儒家的信奉者，孙登对孔子极度推崇的泰伯奔吴一事肯定再熟悉不过了。当年，泰伯为了给弟弟季历继位扫除障碍而主动出奔。只要能让国家稳定，尽可能消除废长立幼的不良影响，孙登心甘情愿做这个牺牲。

但是，这只是孙登不切实际的幻想罢了，主动让贤自保哪有那么容易？虽然成功的案例不是没有，但和孙登的情况都不尽相同。当初，光武帝的太子刘强能够顺利让位，主要是因为当时存在两股势力，即刘强之母郭圣通背后的河北豪族势力和后来加入的南阳豪族势力。刘秀本身出身南阳，再加上河北势力太过庞大，刘秀才要将其排挤出权力中枢，并扶植南阳势力。刘强让贤就是在这一背景下发生的，这符合刘秀的帝王平衡术。

而现在东吴的情况就不同了，国内并没有两股势力，反而是儒学士人一家独大。因此，单单换个太子意义有限，孙权的终极目标是打压士大夫。刘强提出让位，肯定是能得到部分大臣支持的，刘秀更是喜闻乐见。孙登却不能，因为士大夫们一定会坚决反对，他们怎么能眼睁睁地看着自己培养的代言人轻易下台呢？孙权这边也不会这么简单就同意，以孙权的冷酷，他肯定会借着废立太子一事掀起一场政治风暴，从他后来的表现看，这并不是危言耸听。到时候孙登岂能有好下场？

后世唐睿宗李旦之子李成器主动让位，是由于李隆基的实力太强，各方势力都愿意顺水推舟，和孙登的情况仍有很大的区别。如今孙登已经骑虎难下，处于权力斗争的旋涡中心，他不可能平稳落地。如果孙登没有早逝，恐怕结局反而会更加凄惨，戾太子刘据就是前车之鉴。即使孙权能放他一条生路，但孙登毕竟得罪过步夫人，他这种仁义君子，怎么可能是狡诈的全公主的对手？孙登的结局注定是个悲剧。

好在赤乌四年（241年）五月，孙登因病去世，年仅三十三岁。孙登在此时病逝对他来说既是不幸又是万幸，虽说壮年而逝甚是遗憾，但毕竟是寿终正寝，总好过死于非命。这对孙权来说也是恰逢其时，至少在表面上维持了孙家父慈子孝的形象。

按照传统观点，孙登之死对东吴是一个重大的损失，从此孙权愈发老迈昏聩，他听信谗言、杀戮忠良，如此倒行逆施导致东吴开始由盛转衰。但事实很可能并非如此，因为即使孙登不英年早逝，也无法避免这样的乱局。任用奸佞、激化政治斗争都是孙权一贯的做法。这些政策早在黄武年间就开始施行了，和孙登之死并无直接关系，他即使活下去也不能避免东吴滑向深渊，甚至这对他本人来说极有可能是一个更大的悲剧。

其实，孙登不是没有机会，如果他当初逐渐和士大夫们划清界限，同时抛弃徐夫人，接过步夫人递出的橄榄枝，孙权在步夫人的影响下对他的印象多少会有些改观。但若要孙登行此不义之事，恐怕他宁愿一死。孙登临终前仍心系国家，他在上书中提到：希望孙权早立孙和为太子，同时任用贤良，轻徭薄赋，体恤百姓。若能如此，他死而无憾。鸟之将死，其鸣也哀；人之将死，其言也善。这是孙登临终前最后的悲鸣！换作任何一个人，哪怕是铁石心肠，恐怕也会有所触动吧。然而，孙权就是这么绝情，对自己的儿子也不例外，此时此刻他的眼中只有权力。孙登死前连孙权的面都没见到，直到他死后这封上书才被送到孙权的案头。而孙权也只是难过了一阵子而已，孙登这番肺腑之言，他完全没有放在心上，之后仍是我行我素。

孙登之死虽然让东吴避免了一场"巫蛊之祸"，但该来的总会来。为了维护自己的权力，孙权这个冷血的帝王是不会手下留情的。当初，吕壹一伙势单力孤，短期尚能一用，长期来看，和背景深厚的士大夫们相比仍是螳臂当车。既然如此，孙权决定扶植一个更强的傀儡，一场更加惨烈的斗争由此拉开了序幕。

20　二宫之争

太子孙登病逝后，孙权的第三子孙和于次年正月登上了储君之位。孙和的母亲王夫人非常受宠，他本人又得到孙权的喜爱，孙和上位也符合儒家立长的思想，一切似乎都是那么顺理成章。

然而，平静的背后暗潮汹涌，一场新的危机正在酝酿之中。仅仅八个月后，孙权下令封四子孙霸为鲁王，不仅如此，孙权还对孙霸放纵有加，给他的待遇、地位与太子不相上下，形成了二龙夺嫡之势。本来一切安好，孙权却人为地制造了这场继嗣危机，其目的是什么呢？

对此，裴松之认为袁绍、刘表也有废长立幼之心，但他们的目的比较明确，就是要立贤。但孙权不同，他纯粹是因为老迈昏聩，自取祸端。孙权确实和袁绍、刘表不同，但绝非因昏聩才行此举，他的头脑一直清醒得很。

有一种观点认为，二宫之争的性质是江东士族和淮泗派的纷争，拥护太子的大多是江东士族，支持鲁王的主要是江北人，孙权借此对江东士族进行打击。不过，这一观点有个问题，支持太子的除了江东士族外，江北人也不在少数，且鲁王一党的主要人物之一全琮却是江东人。所以，单从地域的角度出发，恐怕难以解释二宫之争的本质。

其实，二宫之争并非单一事件，它只是之前诸多事件的升级，无论是黄武年间的暨艳、张温案，还是后来的报聘辽东事件和吕壹案，都是二宫之争的预演。孙权虽然承认和士大夫合作的重要性，但作为一名帝王，他对皇权旁落异常警惕，二者注定不会永远和谐下去。多年来，孙权在处理与士大夫的关系上一直采取一种波浪式的方法，在双方关系比较稳定时，孙权不介意扩大矛盾，只有在矛盾很大时，他才会试图缓和。

黄武初年，孙权和士大夫合作良好，在击败刘备和曹丕的战争中，士大夫出了大力，于是他们在政权中的地位大幅提高，这是双方的第一个蜜月期。不过，这种时候孙权肯定会动手打压，而不会继续推动双方关系发展，暨艳案和张温案就是在这样的背景下发生的。以上两案发生后，孙权为了缓和关系，任命顾雍为丞相，之后又让陆逊镇守武昌并辅佐太子，双方的关系走出了低谷。然而好景不长，孙权又开始无事生非，吕壹顺势登场。数年后，吕壹激起公愤，孙权看火候差不多了，便草草将吕壹灭口，双方的关系再度恢复正常。

如今，孙权已经年逾花甲，他对身后之事的顾虑越来越重，唯恐继承人成为专权士大夫的傀儡。他为削弱潜在的威胁，更加激烈的斗争即将开始。吕壹案是之前双方斗争的一个小高潮。孙权虽然开始占上风，但由于儒学士人们紧紧抱团，又有太子声援，他这边只有吕壹等几个小小的校事。权衡之下，孙权认为继续对抗下去没有好处，于是舍弃吕壹，暂时缓和了关系。

既然单凭校事，自己不是士大夫们的对手，那么孙权只能扶植一个更强大的力量与之对抗。至于太子和鲁王，虽然都是自己的爱子，但和权力相比，儿子又算什么呢？因此，二宫之争的本质就非常明显了，就是吕壹一案的升级版，也是东吴政治斗争的最高峰。事情的发展和孙权的预料相差不远，很快朝中就形成了以太子孙和与鲁王孙霸为旗帜的两大派系，二者泾渭分明，史称"举国中分"。

先看看太子党的主要成员。

首先就是陆逊，在顾雍死后，他在士大夫中，无论资历和地位都是最高的，无可争议地成为太子党的领袖。陆逊恪守儒家礼法，先后成为两任太子的支持者，并坚决反对孙权长幼不分的行为。

其次便是以顾陆朱张为首的江东士族成员，比如顾谭、顾承、顾悌、陆胤、朱据、张纯等。其中，顾谭是前丞相顾雍的长孙，在祖父去世后接替他平尚书事的职位，进入权力中枢，而朱据文武兼备，又是孙权的女婿，他们是太子党中地位较高的人。顾承、陆胤、顾悌、张纯等人虽然地位、资历不足，但都代表了其家族的态度。然后就是江东的普通士族，比如丁密、吾粲、姚信、纪陟（zhì）等，他们可以算是江东一等家族的附属力量。

最后是江北士人，包括诸葛恪、滕胤、是仪、张休、屈晃、羊衜等。他们虽不是江东人，但逐渐在江东扎根，在文化和思想上与江东士人们趋同化了，从之前的报聘辽东事件和吕壹案中可以很明显地看出这一点。除上述诸人外，还有两个籍贯未知的人——陈正和陈象，他们也明确表示过要支持太子。

从上面这些情况可以看出，太子党的属性比较单一，其成员虽然来自不同地域，但几乎都是儒学士人出身。这一派系以陆逊为领袖，朱据、顾谭等江东士族成员以及诸葛恪、是仪等江北士人中的佼佼者为中坚力量，具有较强的实力。

那么，太子党的对手情况又如何呢？来看看鲁王党的成员都有谁。

　　鲁王党中地位最高的是全琮，他出身于钱塘全氏。钱塘全氏虽然也是一个大家族，但是在家风方面与顾陆朱张等家族有些不同，全氏似乎并不以儒学见长，而是在军事领域有一定的建树。孙策渡江之初，全琮之父全柔立刻举兵响应，其卖力依附孙家的态度，也是全氏一族和其他江东大族有所不同的一个佐证。全琮也是如此，他并非文官出身，靠着征讨山越起家，后来长期活跃在战场上。他曾倾尽家财资助他人，美名远播，其做派和鲁肃相似，可以视为一名江东出身的豪族武将。直接与鲁王联系的是全琮之子全寄，他早就是鲁王的宾客了，全琮是他背后的支持者。

　　另外，鲁王党中还有几类人。比如，吕岱和吕据是江北出身的武将，步骘是江北士人，孙弘是江东出身的寒门，孙峻是宗亲，吴安是外戚。除此之外，就是杨竺和孙奇这两个身份不是很明确的人。由此可见，鲁王党的成分和太子党的明显不同。不过，虽然其成员比较复杂，但可以大致看出一些端倪，即这一派以武将为主，还包括一些宗亲和寒门人士。

　　鲁王党中有一位特例，那就是步骘。步骘出身于大族淮阴步氏，他熟习经学，明显是儒学士人。他早先在立场上和其他士大夫们并无不同，也曾支持过太子孙登，在吕壹案中也与他们并肩作战。那为何到了二宫之争时，步骘却一反常态地站在鲁王党这一边呢？

　　裴松之虽然提出过这一疑问，但是未给出合理的解释。这就涉及一个问题，即鲁王党的领袖是谁。

　　鲁王党的领袖其实既不是步骘，也不是全琮，因为这一派系成员松散，众人在阶级、利益上不尽相同，步骘和全琮无法将他们串联在一起，而唯一能做到这一点的竟是一个妇人，她就是孙权的长女孙鲁班。当初，孙权宠爱步夫人，无奈步夫人没有诞下男丁，孙权便爱屋及乌，对步夫人生下的两个女儿孙鲁班和孙鲁育宠爱有加。后来，孙鲁班下嫁全琮，孙鲁育下嫁朱据，因此分别被称为全公主和朱公主。

　　孙家素有妇人干预军国大事的传统，当初孙策渡江前，他姑姑就提出用芦苇制作舟筏辅助渡江的建议，后来孙策统治时期和孙权统治初期，他们的母亲吴夫人也多次辅助治国理政。全公主也不例外，她虽是女儿身，却有一颗男儿心。她长期出入宫闱，颇有政治野心，而两宫之争为她实现自己的政治野心提供了一个非常好的舞台。

后来，步夫人年老色衰，孙权逐渐移情王夫人。或许嫉妒心不强的步夫人不会有什么不满，但全公主对夺走母亲幸福的王夫人恨之入骨，王夫人之子孙和就成了全公主的眼中钉，全公主欲除之而后快。步骘作为步夫人的族人，肯定与全公主有着不错的交情，因此她才能将步骘这位重量级人物拉拢到鲁王的阵营中来。这样一来，步骘在私交和阶层文化之间选择了前者，倒也不是不能理解。

与此同时，全公主的丈夫全琮也对太子党有所不满。在赤乌四年（241年）的北伐中，全琮长子全绪、从子全端与张休、顾承二人因争功发生了严重的矛盾，而张休、顾承又是太子党成员，全琮父子便和他们结下了仇怨。之后，全琮的儿子全寄依附鲁王，陆逊便写信给全琮说："卿不师日磾，而宿留阿寄，终为足下门户致祸矣。"陆逊这话是什么意思呢？我们先看看金日磾做过什么事。当初，金日磾之子得到汉武帝宠爱，长期出入宫廷，后来因为调戏宫女，金日磾一怒之下将其杀死。陆逊的本意是想拉拢全氏，想让全琮管管儿子，别让他和鲁王多接触，但他说话的方式有些问题，容易让人产生误会。俗话说疏不间亲，劝人家杀了自己的儿子，这到哪里也讲不过去。虽然陆逊很可能不是这个意思，只不过例子举得不太恰当，但全琮听来肯定是深感不满，于是二人便开始结怨。这样的背景下，全公主和全琮夫妇二人有了共同的立场，他们携手站在鲁王一边就很容易理解了。

最后就是孙峻，还记得当初孙权刚继位不久发生的孙暠之乱吗？孙暠是孙权的堂兄，出自孙坚的弟弟孙静一支，他不服孙权，意欲夺取会稽郡自立，后来被虞翻吓住，主动放弃了叛乱计划。事后孙暠被软禁起来，这一支此后一直默默无闻，到他的孙子孙峻这一代时终于重新崛起。孙峻年少时便弓马娴熟，精明果敢，此时孙暠一事已经过去了几十年，影响早已消散。于是，孙权就开始重用孙峻，先后将其晋升为武卫都尉和侍中，孙峻逐渐走入了权力核心。

其实，孙峻在两宫之争的阶段还很年轻，也就二十多岁。他固然有些能力，但恐怕还不足以得到孙权的破格提拔，他能够平步青云大概率还是全公主在背后发力。论辈分，孙峻比全公主要小一辈，算是她的族子，但二人有着不可告人的关系。据《三国志》记载，孙峻"奸乱宫人，与公主鲁班私通"。虽然私通也有私下勾结的含义，但前一句既然提到孙峻淫乱宫廷，那二者大概率是相互对应的。虽说二人从何时起有了奸情不得而知，但孙峻和全公主素来关系密切是肯定的，而且，他依附鲁王应该也是因为全公主。作为回报，全公主很可能在孙权面前给他美言，于是孙峻开始步步高升。

至于吕岱，他加入鲁王一党或许与他跟陆逊的矛盾有关。他曾在武昌和陆逊共事过一段时间，可能这期间二人生出了龃龉。

鲁王党中，虽然全琮和步骘地位较高，似乎是核心人物，但这一党真正的核心是全公主，她才是将主要人物串联在一起的纽带，而且她深受孙权喜爱，在孙权那里也能说得上话。

不过，这还不是鲁王党的全部，单凭他们几个并不是士大夫集团的对手，二者之所以能够长期对抗，是因为鲁王党的背后正是孙权本人。鲁王党便是当初吕壹一伙的升级版，其中囊括了武将、士人中的少数派、宗亲等。孙权以全公主为代言人，将一切可集中的力量整合在一起，成为全面对抗士大夫的武器。至于出身低微的孙弘，则被孙权当成了下一个吕壹来使用。

二宫之争是孙权有意挑起的一场纷争，也是君权和臣权最高级别的碰撞，其过程注定不会风平浪静，其结局也必然是惨烈无比，太子和鲁王只不过是两个可怜的牺牲品罢了，皇位对他们来说只是虚无缥缈的诱饵。

如今，两党已经准备就绪，全局尽在孙权的掌控之中，一场好戏即将上演。

21　陆逊之死

赤乌六年（243年）冬，丞相顾雍病逝，享年七十五岁。这位老臣一生兢兢业业，小心翼翼地侍奉孙权，终于在暴风雨的前夜安然离开人世。

顾雍死后，陆逊接替他的丞相之位。为了彰显拜相兹事体大，孙权还派专人将丞相印绶从建业送至武昌陆逊处。一般来说，丞相应该在朝中处理政事，但陆逊是个例外，他的荆州牧一职仍被保留，拥有都督一州的大权。此时的陆逊无论权力还是声望都达到了顶峰。不过，孙权既然如此看重陆逊，那为何二人最后会决裂呢？

其实，孙权总体来说对陆逊是信任的，这些年他屡立战功，孙权也给了他相应的回报。以丞相之职掌握一地军政大权，对于非权臣的臣子来说是很难得的。陆逊始终恪守臣责，坚定地贯彻了陆氏一门"忠"的家风。可如今顾雍已逝，陆逊成了儒学士人们唯一的领袖，他只能站出来扛起这面大旗。孙权和士族从来都是既合作又对抗的状态，只是在不同的阶段侧重点不同。早先，孙权在对外战争中倚重陆逊，这让他的恩宠无以复加，而当外部威胁消退时，冲突便不可避免地发生了。

二宫之争初期，太子党其实形势尚可，一度有王夫人即将被立为皇后的趋势。这当然不是孙权的本意，大概率是士大夫们反复谏言的结果。孙权本就有意扶植鲁王，让他和太子分庭抗礼，怎么可能会立太子之母为皇后，加强太子的地位呢？孙和被立为太子后，王夫人荣宠更甚，后宫中其他曾受宠的姬妾，都被迁出宫外居住，如今又有立后的趋势，这让她的死对头全公主产生了深深的危机感。自从走上与孙和母子对立的道路，全公主就只有一个选择，那就是将太子拉下马，否则一旦太子继位，她绝不会有好下场。于是，全公主对王夫人拼命诋毁，立后一事打了水漂。孙权能因为女儿的一面之词轻易改变主意，恐怕也是立王夫人为后并非他本意的一个佐证。

见孙权这个态度，鲁王孙霸认为太子失去了信任，于是产生了不切实际的幻想，他竟有和边将结交的打算。孙霸的目标是朱然之子施绩。朱然原名施然，本是朱治外甥，过继为其子，后朱治有子朱才，朱然之子朱绩改回其本姓。当时，朱然驻守江陵，位高权重。此人虽是江东人，但其父朱治早年间跟随孙坚东征西讨，因此身上被烙上了深深的淮泗印记。再加上他是武将出身，和士大夫并非一个群体，如果通过施绩将朱然拉拢进来，鲁王党的影响力也会扩大。为此，孙霸亲自前往施绩的官署，并坐在他旁边，想和他套交情，施绩却从座位上站起来，拒绝了他的好意。这应该也是朱然的意思，他和两党都没有利益冲突，不愿蹚这浑水，只想明哲保身。况且，他又不像全琮那样有这么硬的后台，如此选择再正常不过了。

其实，孙权虽然在打压太子，但又何尝想让孙霸发展起来？他扶植孙霸，只是为了对付士大夫，绝不可能让他成尾大不掉之势，如果孙霸的势力越来越强，对他同样是个威胁。因此，孙权准备敲打一下两个儿子，顺便把二宫对抗的气氛缓和一下，毕竟这不是什么光彩之事。很快，孙权便下令禁止太子和鲁王与外界往来，让他们专心向学。

这条命令明显对太子党的影响更大。太子是士大夫们的旗帜，当初在吕壹最猖狂的时候就是孙登站出来为他们说话，才让孙权有所顾忌。如今，孙和被软禁，太子党的主心骨陆逊又不在建业，长此以往，太子党岂不成了一盘散沙？而鲁王党有孙权的支持，其核心人物全公主随时可以上达天听，这一优势是太子党不具备的。

为此，羊衜上书建议恢复太子及鲁王与外界的交往。羊衜原来是孙登的人，孙登去世前推荐过他，便顺理成章加入了太子党。羊衜不愿让太子孤立无援，但为显示自己没有私心，同时也提到了鲁王。孙权闻言自然是心中冷笑，对方那点心思他看得一清二楚，于是这份上书也就石沉大海了，这是赤乌七年（244年）的事。总体来说，当时的形势还算平静。在此期间，是仪多次劝鲁王就藩，孙权并未震怒，也没有回应，对他来说目前还没到摊牌的时候。然而到赤乌八年，形势却突然急转直下，短短一个多月内，东吴国内发生了惊天巨变。

这年年初，孙权得了重病。孙和到太庙祭祀时，由于太子妃叔父张休的府邸离太庙很近，张休便邀孙和前来做客。全公主敏锐地意识到这是一个打击孙和母子的好机会，便对孙权说太子不在太庙里，却去张休家里密谈，王夫人不仅对您的病情毫不关心，反倒喜形于色。此时孙权已年过花甲，又身患重病，本就非常恐慌，再加上全公主的刺激，顿时怒不可遏。自己还没死呢，这就开始搞阴谋了？

很快，王夫人被废，不久后忧惧而死，而太子孙和也彻底失宠。其实，孙权应该只是一时被怒火弄得丧失了理智，他病愈后如果平静下来仔细想一想，应该能明白这是全公主在搬弄是非。可孙权仍然没有宽恕孙和，说明这只是一个表象，孙和失宠的真正原因是他和当初的孙登一样，变得愈发士大夫化了。孙权当初对孙登不满，现在对孙和同样不满，千防万防还是没防住孙和的"变形走样"。

孙和最终走上了兄长的老路，这一点从孙和命韦昭作《博弈论》一事就能看出。所谓博弈究竟具体是个什么游戏，现在已经不太好考证了，大体应该是六博或者早期的围棋之类。诸葛恪的弟弟诸葛融对此就非常喜爱，他举办宴会时，会询问宾客擅长什么游戏，比如樗（chū）蒲、博弈、投壶等，然后根据大家的特长和爱好分别组局进行游戏，可见当时博弈风气之盛。孙和的儒家正统观念很强，他很看不惯这种现象，为了制止这种风气，他精心安排了一个计划。

一次宴会中，孙和主动把话题转到博弈上，他认为博弈此道只能浪费光阴，毫无用处，白白消耗精力，最终一无所获。当然，他也承认人不可能没有欲望，都会喜爱娱乐，但应该进行一些高雅的娱乐，比如饮宴、读书、弹琴、骑射等，没必要只盯着博弈，随即命身旁的八人各自就博弈一事作文章，以矫正时弊。这八篇文章中，有七篇都失传了，甚至连作者的名字都无从考证，唯独韦昭的《博弈论》留传下来。

　　韦昭这篇《博弈论》和孙和的理念基本一致，他认为人生在世，为了实现自己的价值就要立功名。若要达到这一目标，就必须在加强学习儒家思想的同时注重个人道德修养，而博弈空耗时间精力，毫无价值。对娱乐的看法上，韦昭和孙和一样，都持有儒家传统的高雅娱乐观念，比如儒家六艺也算是一种娱乐，比博弈强得多。总而言之，韦昭作《博弈论》相当于他成为孙和的发声筒，替孙和宣扬提倡高雅娱乐、反对低俗娱乐的理念。

　　孙和对博弈的批判只是一个表象，他反对的其实是儒家高雅娱乐以外的所有玩物丧志的东西。再看看孙权本人的喜好吧，他爱读书不假，但同时也有酗酒、游猎、滑稽嘲戏等诸多爱好，这在传统儒士看来是很不入流的。比如，虞翻就曾因此在宴会上和孙权发生过冲突，险些被当场格杀。

　　孙和的理念不只代表他本人，而是代表了一个群体的看法。这个群体的成员，比如顾雍，很传统，拘于礼法，孙权就表示：宴会上有顾雍在，就让人没法尽兴。再比如陆逊，当初他在武昌时就对孙虑热衷斗鸭并专门修建斗鸭栏一事进行斥责，说这玩意没有一点益处，要求他多读儒家经典。潘濬曾反对孙权射雉（zhì）的爱好，因为射雉这种活动几乎已经偏离了田猎的范畴，完全变成了一种游戏。

　　总之，孙和的理念和士大夫们是一脉相承的。如果只有孙和反对还好说，现在孙和与来自各地的儒学士人们都在反对低俗娱乐，这让孙权认识到士大夫们已经成了太子的坚实后盾，这不得不让他心生忌惮，出手打压已经势在必行。

　　王夫人被废是太子党陷入危机的重大信号，建业的士大夫们无力扭转局面，只能将希望寄托在陆逊身上。当时，吾粲站出来为太子说话，可不仅没有任何结果，反而得罪了鲁王及其党羽杨竺。吾粲没办法，只好立即将京中的险恶形势通知陆逊，他本人则做了最坏的打算。果不其然，没过多久，吾粲就因为杨竺进谗言被下狱处死。不仅如此，陆逊的三个外甥顾谭、顾承和姚信都因鲁王党的陷害被流放至交州。在那个年代，被流放到毒瘴横行的蛮荒之地，几乎等于半只脚踏进了鬼门关。

　　远在武昌的陆逊急得心似火烧,作为太子党中资历最深、身份最高的元老,他必须站出来做点什么了。经过这些年的腥风血雨,以陆逊的智慧,不会对孙权的心思捉摸不透。如果他像朱然一样坚持明哲保身,不再过问朝中之事,大概率能逃过这次劫数。可是,多年来所受的儒家正统教育让他不能无动于衷。不惧生死,直言进谏,这是士人的风骨,陆逊也以实际行动完美地诠释了这一点。

　　陆逊多次上书,甚至请求前往建业亲自向孙权陈情,但都遭到了拒绝。而且,他的一次上书又带来了新的麻烦。一次,孙权召见杨竺,屏退左右后与杨竺谈到孙霸的事。杨竺认为这是个进言的好机会,就拼命称赞孙霸文武双全,应当被立为太子,于是孙权便答应了。当然,这并非孙权的本意,他应该只是随口一说罢了。

　　令人意想不到的是,当时并非没有第三者在场,床底下还藏着一人。此人是皇宫中的下人,也是孙和的死士,他听到这一信息后立刻向孙和报告。此时的孙和已经病急乱投医了,本来他最正确的处理方式就是闭门谢客,低调到极致,那样或许还能逃过一劫,他却打算寻求陆逊的帮助,这又犯了孙权的忌讳。一个失宠的太子还在结交重臣,到底想干什么?于是,孙和再无翻盘的可能,终于在数年后被彻底软禁,这是后话。

　　当时,陆逊的侄子陆胤正好要到武昌公干,临走前去向孙和辞行。孙和倒是很谨慎,没有公开和他会面,而是在车里和陆胤密谈,约定好让陆胤将消息传给陆逊,让陆逊上表劝说孙权。没过多久,陆逊的上书便到了,孙权一看这么机密的事被泄露了,这怎么得了?于是,立刻将杨竺叫来质问。杨竺吓坏了,连连解释说不是他泄露出去的,可他又没法解释这件事,杨竺想来想去开始怀疑陆胤,因为只有他最近去了武昌。

　　孙权便派人询问陆逊是如何知道自己想改立孙霸的,陆逊没办法,他不可能出卖太子,只能把陆胤推出来顶罪。陆胤知道自己在劫难逃,干脆一不做二不休,一口咬定是杨竺告诉他的,他想跟杨竺同归于尽。孙权直接将两个人一起下狱，严刑拷打。陆胤虽是读书人，但有一身硬骨头，他受尽酷刑却绝不屈服。而小人杨竺撑不住了，很快屈打成招，最后被孙权处死，抛尸江中。

不过，孙权也没想就此放过陆逊，他多次派使者前往武昌斥责陆逊，这让陆逊心中悲愤不已。如今太子的位置岌岌可危，亲友们一个个被流放或者下狱，他做了自己能做的一切，却依旧无力回天。当年君臣相和、共创基业的场景历历在目，如今却变成这副光景。士可杀不可辱，孙权这番苦苦相逼给了陆逊最后一击，他胸中激愤难耐，很快就去世了，享年六十三岁。陆逊究竟是病逝还是被隐诛，我们已经不得而知，但有一点可以肯定，陆逊是被孙权逼死的。

虽然二人一度有过亲密无间的合作，但那是当时的共同利益造就的，双方的阶层有区别，文化有差异，注定要发生冲突。陆逊无论是政治观念还是军事思想都是统一的，他主张宽刑罚、轻徭役，体现在军事领域就是以保境安民为主。虽然这看上去缺乏进取之心，却是最切合实际的，因为以东吴的实力北伐几乎没有胜算，孙权多次失败已经证明了这一点。

孙权对此却不认可，他始终做着九州归一的美梦，在政治和军事上任何与他意见相左的人都会遭到打击。陆逊深知不可能改变孙权，只能寄希望于孙权的继承人，但这点更让孙权厌恶。自己活着的时候陆逊尚且多次唱反调，自己百年之后会怎么样呢？孙权比陆逊还大一岁，他为身后之计，生怕自己的继承人无法驾驭陆逊这样位高权重的臣子，恐会沦为陆逊的傀儡，所以势必要将其铲除。

陆逊之死是他与孙权在文化、政治以及军事领域全面冲突的结果，也是他难以逃过的宿命。孙权逼死陆逊，虽然表面上获得了内心的安宁，却严重破坏了君臣关系，动摇了国家的统治基础，也让东吴走向了衰亡。几年后，孙权在召见陆逊之子陆抗时，对此事深表后悔，直言对不起他们父子，或许这也不全是惺惺作态吧。

陆逊一生出将入相，建功立业，始终保持高尚的道德操守，不愧是古代士人的典范。他虽然死得冤屈，但后世会给他一个公正的评价。作为国家重臣，陆逊死后竟然家无余财，足以称得上和诸葛武侯比肩的人臣之楷模。陈寿称其为社稷之臣，洪迈称其为国之柱石，丝毫不为过。

陆逊之死令太子党陷入了低谷，而斗争远未结束。

22　孙亮上位

赤乌九年（246年），步骘接替病逝的陆逊担任丞相。这又是孙和已经全面失势的具体表现。虽然步骘常年驻守西陵，并不在朝中处理政事，但任命鲁王党的核心成员为丞相足以证明孙权的态度。

不过，这就说明孙权准备改立孙霸为太子了吗？当然也不是，孙权对这件事有着清晰的认识，孙霸是绝对不能当太子的。孙权挑起二宫之争，其根本目的是打压儒学士大夫，但仅仅是打压而已，让他们无力威胁自己的统治就可以了，而不是要彻底打死，那样将导致自己无人可用。如果废孙和，立孙霸，将来孙霸登基后就很可能出现两种情况，一是孙霸为了维护自己的统治，对曾经的太子党成员大肆清算，二是有人利用废太子做文章反对孙霸，两种情况都会让国内陷入动荡。有一次，孙权和政坛新秀孙峻谈话时说道："子弟不睦，臣下分部，将有袁氏之败，为天下笑。一人立者，安得不乱？"他觉得二宫之争既然已经到了这个地步，那么无论是孙和还是孙霸都不能做太子了。由此也可以看出在孙权心中，孙霸只不过是他实现政治目的的工具罢了，可惜孙霸本人没有这个觉悟。

孙权透露的这个信息对鲁王党来说是一条极为重要的情报，想必孙峻会第一时间将其报告给全公主，让她不得不开始重新审视局势。经过多年的斗争，全公主和太子已经到了势同水火的地步，二人的矛盾无法化解。如今，她最担心的就是太子重新得势，那样等将来孙权百年后，孙和登基，她们这一伙人都不会有好下场。太子如今只是失宠，但并未被废，事情会如何发展还很难说。而且，孙权已经透露了即使废掉太子也不可能立鲁王的意思，那么继续支持鲁王就没有意义了。

退一步来讲，即使孙霸能继位，也不太符合全公主的利益。全公主参与政治斗争的根本目的是想弄权，所谓报复王夫人只是一个顺带的理由，以孙霸的年龄，他如能继位，必然会亲政，到时候哪里还有全公主说话的余地呢？而且，更让全公主担心的事情发生了——步骘去世后，太子党的重要人物朱据竟然当了新一任丞相。按照以往的惯例，东吴丞相的人选是比较重要的政治信号。当初，孙权不用张昭而用孙邵，没多久就引发了暨艳案和张温案；而步骘担任丞相后，太子的地位越来越危险。总之，丞相的人选代表了孙权的态度。大概就是儒学士大夫们担任丞相时，孙权会稍微收敛一些；而非士大夫群体的成员担任丞相时，斗争则会有所加剧。

至于步骘，他已经改变了固有的立场，可以视作脱离了士大夫群体。步骘这个丞相没做多久，赤乌十年（247年）就病逝了，在任也就大约一年的时间。不过，在这之后东吴似乎有两年多没有设置丞相，这应该就是孙权对二宫之争反复思考的具体表现，也与他对孙峻表达的意思相对应。到了赤乌十二年（249年），朱据成为新任丞相，这会不会又是孙权改变态度的一个信号呢？朱据虽然在仕官生涯的大部分时期都是武将，甚至担任丞相后还挂着骠骑将军一职，但他文武双全，仕途的起点也是文官，再加上吴郡朱氏这个出身，朱据可以被视为同时具备儒学士人和武将双重身份的人，和陆逊类似。另外，朱据不仅是太子党的主要人物，而且他的妻子朱公主孙鲁育和全公主有很深的矛盾。

话说全公主和朱公主虽是一母同胞的亲姐妹，但她俩之间几乎没有姐妹情。在二宫之争中，全公主自然是全力反对太子的，她一度想将妹妹拉拢到鲁王党中来。不过，朱公主没有答应，至于具体原因，除了丈夫朱据的立场外，应该与她不愿深度卷入政治斗争有关。生于帝王家，很多时候是身不由己的，朱公主没能逃脱这个宿命。由于她的不配合，全公主开始恨上了这个妹妹。如今妹夫做了丞相，她岂能不担忧呢？

这个女人确实是政治斗争的一把好手，政治嗅觉非常敏锐，而且深知不能被动等待的道理，趁着目前孙权还在犹豫中，她准备主动出击，帮孙权下这个决心。不过，孙霸是不能再支持下去了，全公主已经看透了他工具人的身份，在孙和与孙霸之外另选一个继承人才是最合适的。至此，孙霸已经被他曾经的支持者抛弃了。

全公主的选择有三个人，即孙奋、孙休和孙亮，这是除了二宫之外所有孙权还在世的儿子。孙奋首先被排除了，他的生母身份过于低微，孙权对其也没有多重视，应该不会同意让他做太子。至于孙休和孙亮，全公主在一番考量后认为孙亮更容易被孙权接受。不仅是因为孙权对这个小儿子极其关注，而且孙亮年纪最小，以后也便于自己控制。

全公主深谙宫斗之道，决意效仿当年西汉长公主刘嫖与汉武帝之母王夫人联姻共同对付太子刘荣这一策略，先给孙亮寻一门亲事。至于这个要联姻的"陈阿娇"，则由全公主在夫家全氏一族中选择。最终，全公主选定自己非常喜爱的全琮的侄子全尚之女，将这个姑娘推荐给孙权，让她嫁给孙亮。在全公主的不断活动下，孙权废太子的决心越来越坚定，终于将孙和软禁起来。

至此，形势已经到了万分凶险的地步。面对这样的情况，朱据不愿坐以待毙，便和尚书仆射屈晃等人带领众多官吏在头上抹泥，并将自己捆绑起来，接连几天到宫门外为孙和求情。朱据恳切地劝道："春秋时期晋献公用骊姬而太子申生不存，汉武帝信江充而太子刘据冤死。臣窃惧太子不堪其忧，当年汉武帝在太子冤死后醒悟过来建了思子之宫，但也于事无补了。"任用奸佞，打压太子，古往今来这样的悲剧还少吗？毕竟，父子连心，到时悔之晚矣！

然而，这种行为令孙权非常反感，这不是向自己逼宫吗？于是，他在盛怒之下先将陈正、陈象两个出头鸟满门抄斩，张纯也被斩首示众，以此来杀鸡儆猴，然后将朱据、屈晃拖进大殿，杖责一百。朱据在受了杖刑后，丞相一职也被免去，直接被贬为新都郡丞。但即便如此，全公主一伙仍不想放过他。

据记载，朱据还没来得及去赴任，中书令孙弘就诋毁他，并趁着孙权卧病在床，矫诏逼迫他自尽了。虽然无明文记载此事有全公主的参与，但以她睚眦必报的性格，这件事应该不会和她没有关系。这个事件让士大夫群体遭到了沉重的打击，除了朱据和屈晃外，群臣中因劝谏被牵连的有几十人，孙和也被废黜，随后被贬至丹阳郡故鄣（zhāng）。

不过，孙霸也没有笑到最后，而且他的结局比孙和更凄惨，直接被赐死。孙和多少还因母亲王夫人受宠而得到过孙权的喜爱，但孙霸自始至终就是被孙权利用的工具。他不仅没有相应的觉悟，反而还产生了不切实际的幻想，结党营私，犯了孙权的忌讳，最后落得一个悲惨的下场也在意料之中。

赤乌十三年（250年）十一月，孙亮登上太子之位，其母潘夫人被立为皇后，东吴的立嗣之争终于尘埃落定。不过，对于全公主来说，她的斗争尚未结束，因为她的权力之路仍非一条坦途。孙亮年幼，潘夫人却不是盏省油的灯，她心胸狭隘，又好嫉妒。孙亮登基后，贵为潘太后的她肯定不会容许全公主弄权，两人势必会产生冲突，既然如此，不如先下手为强。论起宫斗的手段，潘夫人和全公主相比根本就不是一个段位，自不量力的她很快就要付出代价了。

太元元年（251年）冬天，孙权在南郊祭祀归来后便病倒了，潘夫人就开始想入非非，竟然向中书令孙弘询问当年吕后称制之事。但不巧的是，潘夫人自己乐极生悲，在侍奉孙权的时候累病了。按照《三国志》的记载，潘夫人在昏睡时居然被身旁的下人活活勒死，东吴方面为了掩盖这桩宫廷丑闻，对外宣称她是暴病而亡。对于这件事，胡三省认为这并非单纯的恶奴弑主事件，背后一定有阴谋。在他看来，随着潘夫人的地位越来越高，她周围的人阿谀奉承还来不及，怎么会将其害死呢？这对自己完全没有好处，潘夫人应该是被"用事之臣"所害。

所谓的"用事之臣"是谁呢？自然是全公主一伙。孙权还没死呢，这就开始要学吕后称制了，要是光想想也就罢了，竟然还透露给孙弘，难道她不知道孙弘是孙权的亲信吗？孙权听了以后会怎么想？当然，这时候孙权可能已经病入膏肓，管不了这么多了。但孙弘和全公主一伙走得更近，这件事传到全公主的耳朵里，她必然会视潘夫人为最大的威胁，欲除之而后快。因此，害死潘夫人的那些下人，大概率是被全公主等人收买的，事后直接被灭口了事。

潘夫人死后，全公主终于扫清了一切障碍，她距离走上权力巅峰只有一步之遥了。此时，躺在病榻上的孙权却陷入了深深的自我怀疑。自黄武年间的暨艳案开始，他同儒学士人的斗争已经持续了二十多年，虽然如今他们遭到重创，短期内难以对孙氏的统治形成威胁，但一个新的势力崛起了，那就是宗室。这些年女儿玩弄权术，他都看在眼里。但孙权依旧纵容她，除了全公主的所作所为确实符合他的心意外，另一个原因就是全公主作为一个妇道人家，不可能威胁到自己。但孙亮就不一样了，自己过世后，这个七八岁的孩子大概率会沦为傀儡，那同样不是自己想要的结果。

思来想去，孙权感到有些后悔，正所谓国赖长君，立年长的孙和才更加稳妥。如今，士大夫们已经被打压下去了，想必孙和可以控制局面了吧。然而，孙权还是想得太简单了，随着他病入膏肓，局面已经彻底失控了。因为全公主是绝不可能允许孙和继位的，她必然会全力阻挠。此时，孙权和外界联络的渠道应该已经被全公主等人切断了，卧病在床的孙权就算想下诏也没有途径了，他只能任凭女儿摆布。否则，如果孙权仍掌握决策权的话，怎么会被全公主等人三言两语就劝得改了主意呢？

曾经的一代雄主，竟在垂死之际被禁于深宫，为妇人所制，这是何等悲哀！可这一结果是不是又与孙权多年来的一意孤行密不可分呢？搞了半辈子权力斗争的孙权，虽然斗垮了对手，但他自己也没能成为胜利者，一切的辛苦都为别人做了嫁衣。

23　孙权托孤

太元二年（252年）二月，东吴大赦，并改元神凤，应该有以祥瑞为孙权祈福之意。然而，在病榻上躺了几乎半年之久的孙权始终没有好转的迹象，如今他感到自己大限将至，身后之事的安排已经刻不容缓了。

在全公主等人的干涉下，幼主继位已成定局，他只能被迫接受这一现实。年幼的孙亮既然无法亲政，那么辅佐他的托孤大臣自然必不可少。于是，一个规模空前庞大的五人辅臣团便出炉了，他们分别为大将军诸葛恪、中书令孙弘、太常滕胤、荡魏将军吕据、侍中孙峻。

孙权没想到的是，从他死后的第一天开始，托孤大臣们的矛盾便爆发了。之后数年里，五人之间发生了血腥的火并，最终竟然全军覆没。究竟是什么原因导致这样惨烈的结局呢？让我们先分析一下辅政班底的几位成员吧。

这五个人中，诸葛恪和滕胤是江北士人，孙弘是寒门，吕据是江北武人，孙峻是宗室，虽说他们属于不同的群体，但没有一人属于江东士族。这说明在二官之争中，江东士族已经遭到彻底的打压，他们的领袖陆逊被逼死，朱据、张纯、顾谭、顾承等代表人物也是处死的处死，流放的流放，受到沉重的打击。这一结果是孙权和全公主等人都喜闻乐见的，所以辅政大臣中没有江东士族的身影也就顺理成章了。

至于江北士人，虽然他们一度也是孙权的斗争目标，但从总体上来看，孙权对他们的打击程度要轻得多，这也是从当初吕壹案开始延续下来的政策。虽然江北儒学士人很多时候和江东士族的政治立场相同，令孙权非常头疼，但在那个察举制盛行的时代，地方上势力的大小是很重要的。所谓"乡举里选"，地方上没有根基的话，家族势力的扩张要受到很大的限制。江东士族在本地发展了上百年，根深蒂固，江北流寓士人家族毕竟南渡时间尚短，又脱离了乡里，自然在官员选拔方面很难和江东士族竞争。孙权正是看到了这一点，才从中选一些比较符合心意的人加以提拔，争取分化士大夫群体，诸葛恪就是其中的代表。

也就是说，分析东吴这个五人辅政班底，一定要从诸葛恪入手。从出身来看，作为诸葛瑾之子，诸葛恪自然也是一位儒学士人，但此人的作风和儒学群体格格不入，算是一个异类。诸葛恪从小就才思敏捷，著名的"诸葛子瑜之驴"的故事广为流传，从那之后他的神童之名无人不知。

诸葛恪长大后更是能言善辩，有一次孙权问他："你父亲和你二叔谁更优秀啊？"诸葛恪毫不迟疑："当然是我父亲。"孙权问："这是为何？"诸葛恪回答："因为父亲知道辅佐明主，而我叔叔不知道。"这无声之屁拍得孙权心花怒放。

之后有一次蜀汉使者前来拜见，孙权对他说："诸葛恪爱骑马，回去告诉你家丞相，给他的侄子选一匹好马吧。"诸葛恪听后，立刻拜谢。孙权说："马还没到，你急着谢什么呢？"诸葛恪回答："蜀国就是陛下的马厩，您发话了，马还能不到吗？"又是一顶高帽送上去了。诸如此类的事还有很多，总之，诸葛恪毫无疑问是一个反应极快、异常聪明的人。

不过，有时候，诸葛恪的聪明没有用在正经的地方。他特别喜欢插科打诨，嘲弄别人，好好的青年才俊，却弄得像一个宫廷俳优，这一点老臣张昭和蜀汉使者费祎都曾领教过。不过，他这个不拘小节、轻视礼法的作风偏偏很对寒门出身的孙权的胃口。孙权喜欢滑稽嘲戏，对诸葛恪非常喜爱。于是，这位江北二代便成了孙权提携的首选，黄武以后诸葛恪逐渐在政坛上崭露头角。

当初孙登被立为太子后，诸葛恪立刻成为太子宾友，这对提升他的政治地位有很大的帮助。此外，孙权还重视培养诸葛恪处理具体军务的能力，命他掌管军中的粮谷文书。诸葛恪虽然聪明，但性格轻佻粗疏，有些华而不实，这等繁杂细致的事务非其所长，于是孙权便让他去领兵了。其实，诸葛恪务有自己的想法，他渴望建功立业，树立威望，达到这一目的最便捷的途径就是征讨山越，陆逊、贺齐、朱桓等名将都是以此起家的，这方面的建树诸葛恪首屈一指。

山越是困扰东吴多年的问题，尤其是丹阳郡，这里是东吴国都所在地，而且又临近曹魏统治区，容易被敌国煽动，再加上地势险阻，易守难攻，此地的山越是东吴的心腹大患。如果直接进剿，险峻的山区是山越的主场，最后大概率收效甚微。因此，诸葛恪并不急于进攻，而是采用釜底抽薪之计。山区是无法种粮食的，耕地只在平原，诸葛恪先按兵不动，等到秋收时立刻出击，抢收山民的粮食。这样一来，对方如果出来对抗，不是东吴官军的对手；对方如果不出来，就面临着断粮的困境，久而久之就纷纷投降了。

这一次的征讨行动成效极大，诸葛恪仅用一年多就基本解决了问题，山越从此以后不再成为威胁。他收编山民，得到精兵数万，大大增加了东吴的兵员。孙权对他的表现极为满意，拜他为威北将军、都乡侯。以征讨山越获此殊荣是非常少见的，从此，诸葛恪成了东吴政坛上一颗冉冉升起的新星。

在接下来的二宫之争中，诸葛恪面临着人生的第一次重大考验。他这么聪明的人，不会不清楚孙权的真实态度，可要他支持鲁王，同样不现实。太子党中其实有两类人：一类是陆逊、朱据、顾氏兄弟那样全力支持太子的，他们付出了很大的代价；而另一类只是名义上支持太子，实际上没出什么力的人。诸葛恪就属于第二类人。

诸葛恪与太子孙和之母王夫人是琅琊同乡，肯定早有往来。更重要的一点就是，诸葛恪是孙和的太子妃张氏的舅舅。但为了不触怒孙权，诸葛恪采取了比较消极的态度，史书中并无他支持太子的明确记录便是一个佐证。在这一点上，滕胤和诸葛恪非常类似，同是孙权的女婿，滕胤和朱据的做法完全不同。

不仅如此，诸葛恪还想耍个小聪明，当骑墙派，他的儿子诸葛绰竟加入了鲁王党。这种鸡蛋不放在一个篮子里的小把戏自然瞒不过孙权，他之前的态度其实可以让孙权满意了，孙权只是希望他和江东士族划清界限，并不需要他支持鲁王，诸葛恪这么做有点弄巧成拙了。在得知孙权希望自己管教一下儿子的态度后，诸葛恪有些害怕了，他唯恐失去孙权的信任，干脆横下一条心，将诸葛绰毒死，全琮没做的事让他给做了。这就有点多此一举了，诸葛绰若没有父亲的授意，岂敢和鲁王交往？孙权一眼就能看出诸葛恪是在丢卒保车。虽然诸葛恪和孙权是同一类人，为了自己，丝毫不在乎牺牲一个儿子，但诸葛恪如此不择手段让孙权有些担忧。因此，后来诸葛恪虽然依旧官运亨通，接替陆逊成为大将军镇守武昌，却没有进入权力中枢的迹象。

孙权临终之际，虽然诸葛恪辅政的呼声很高，但孙权仍然很犹豫。此人为了权势不惜杀子，会不会不是金日碑反而是王莽呢？然而，这个时候孙权已经无法像之前那样一言九鼎了，他在一定程度上受到全公主等人的控制，之前重立孙和一事在全公主等人的阻挠下被迫作罢，这次选辅政大臣，孙权也没法一个人说了算。比如，孙峻就极力请求诸葛恪担任辅政大臣，这应该也是全公主的意思。

不过，这就奇怪了，作为原鲁王党的成员，全公主应该和身为太子党的诸葛恪水火不容，为何反而要将其拉入辅臣中呢？其实，这就涉及全公主的利益，她的最终目的就是在弄权的同时将太子党一网打尽。孙峻是自己的提线木偶，吕据只是个杂号将军，在鲁王党中本来也不是什么大人物，而孙弘就有点麻烦了。这个人是孙权的亲信，虽然在某些事上和自己有过合作，但终究无法掌控，他的存在对全公主来说是个制约。

更麻烦的是诸葛恪，他跟孙和关系那么密切，又是地方上的实权人物，只要他在一天，全公主就一夕不能安寝。假如诸葛恪拥立孙和谋反怎么办？一旦事成，自己将死无葬身之地。思来想去，全公主等人决定支持诸葛恪成为辅政大臣，他进入中央后不仅会失去地方上的势力，更好对付，而且能挑唆他和孙弘，加剧二人之间的矛盾，这样就能坐收渔利了。孙权无奈，只好接受了这一安排，并诏令诸葛恪一统诸事，其地位相当于首辅。

诸葛恪受命，即将从武昌前往建业，临行前大司马吕岱或许想到了什么，于是对诸葛恪说："世事艰难，希望你每遇到什么事都要反复思考十次。"这话让诸葛恪很不以为然，他回道："古人说三思而后行，现在你让我十思，是不是看不起我啊？"吕岱一看诸葛恪根本听不进去，就摇摇头不说话了。当时，吕岱已经年过九旬，姜还是老的辣，他一眼就看出了诸葛恪此行的凶险。

五人辅政的格局，虽说表面上以诸葛恪为首，但他能否坐稳这个位子终究是要看实力的，而局面其实始终牢牢掌控在全公主的手里，诸葛恪躲过了二宫之争，却躲不过接下来的劫数。

不过，这些孙权已经看不到了，神凤元年（252年）四月，这位一代雄主走到了生命的尽头。他年少临危继位，坐断东南，纵横捭阖，完美地解决了兄长去世后留下的乱局。他壮年开拓进取，面对魏蜀大军压境而临危不乱，通过隐忍和谋略夺取荆州，完成了榻上策的第二步。他老年冷血多疑，为了手中的权力不惜掀起残酷的政治斗争，为国家的衰败埋下伏笔。

曾经从善如流的少年英主在权力的浸染下，最终堕落成一名暴君，这似乎是历史的惯性，也是令人惋惜的悲剧。然而，比悲剧更悲剧的是悲剧仍在继续，二宫之争并不会因立储之争尘埃落定而结束。

第四部分
走向灭亡

01 东兴之战

孙权去世后，幼主孙亮登基。孙权生前无论如何也预料不到的是，五位辅政大臣竟然第一时间就发生了火并，甚至连完成孙权的葬礼都等不及。立嗣之争虽告一段落，无论是当初的太子党还是鲁王党都已经失去了存在的意义，但他们这批人中的大部分还在，所以冲突和争斗不会结束。孙亮时期血腥残酷的政治斗争的本质仍是二官之争的延续。

五位辅政大臣可以分为泾渭分明的两个派系，即以诸葛恪、滕胤为代表的前太子党和以孙峻、孙弘、吕据为代表的前鲁王党，两个派系之间的矛盾是东吴朝堂的主要矛盾。诸葛恪和滕胤自不必说，他们代表的是士大夫，而另外三个人就复杂多了。

在鲁王党中，按照后续发展，似乎孙峻才是主导人，但据《三国志》记载，孙峻"素媚事全主"。由此可知，他极度缺乏威信，他的权力完全建立在全公主的支持上。虽然全公主一个女子可能没什么了不起的，但她背靠全氏、步氏两大家族，在宗室里比较吃得开，实力不容小觑。于是，孙峻只能唯全公主马首是瞻，实际上全公主才是幕后操控者。历来人们多认为诸葛恪和孙峻之争是单纯的权力之争，甚至胡三省认为孙峻本无杀诸葛恪之心。其实这并不确切，因为这种观点忽略了全公主的存在，他们的矛盾不仅在于权力，还在于对孙和的态度，就凭诸葛恪与孙和密切的关系，全公主就不可能与他和谐共处。

而孙弘与孙峻有所不同，他不是宗室成员，更不像孙峻和全公主有不可告人的关系，孙弘能上位只因他是孙权的亲信。虽然他和全公主等人在很多事情上曾有过密切的合作，但终归不是一路人，所以，前鲁王党成员并不是铁板一块。至于吕据，他的立场也有所改变。他和太子党本无全公主那样的深仇大恨，立储之争尘埃落定后，二宫之争对他来说已经结束了。他本就和全公主代表的宗室力量没什么关系，况且他和诸葛恪、滕胤同为淮泗二代，更没必要和他们闹矛盾，所以他的态度偏中立。

总之，二宫之争演变到这时，就成了全公主和诸葛恪之间的冲突。不过，最先坐不住的是孙弘，他是心态最矛盾的。这个人有野心，但实力不足，没有了孙权，他什么都不是，这让孙弘很不甘心。而且，孙弘和诸葛恪素来不睦，如今诸葛恪做了首辅，孙弘想想当年做的那些坏事就心惊胆战，唯恐遭到清算，便打算先下手为强。他的计划是不对外公布孙权的死讯，一边秘不发表，一边发动政变，以矫诏的方式除掉诸葛恪。

这件事必然会闹出很大的动静，以孙弘的实力是很难办到的，于是他想到与孙峻合作。双方之前合作过多次，他想当然地认为这次也没问题。不过，孙弘还是太天真了，此一时彼一时，之前双方合作是因为孙弘的背后是孙权，如今孙权已死，孙弘本身又是一个不稳定的因素，孙峻及其主子全公主不仅没有与他合作的必要，反而动了除掉他的念头。

诸葛恪身为首辅，在地方上也有一定势力，不是可以轻易除去的，现在和他摊牌还不是时候，全公主只能从长计议，之前孙权托孤时，她通过孙峻提请诸葛恪担任辅政大臣，假意示好，双方的关系一度还算和谐。这次孙弘既然自己找死，不如将他卖给诸葛恪，不仅能借诸葛恪的手除掉一个隐患，还能再卖他一个好，消除他的警惕。愚蠢的孙弘就这样成了牺牲品，孙峻将孙弘的计划全部告诉了诸葛恪。于是，诸葛恪设计将其杀死，孙弘成了辅政大臣中第一个出局的人。

刚来建业没多久就发生这样的事，是诸葛恪万万没有想到的，京中形势竟然如此复杂，他深感不安，在写给弟弟诸葛融的信件中提到"是以忧惭惶惶，所虑万端"，这充分体现了他极度担忧的心态。对于全公主等人的态度，诸葛恪是有一定认识的，因为他想到一件往事。当年汉武帝去世后，同样是诸大臣辅政，汉武帝之女鄂邑长公主联合燕王刘旦、左将军上官桀、御史大夫桑弘羊等合谋，欲诛除霍光。当时，霍光成功渡过了危机，但自己能成为第二个霍光吗？诸葛恪没有信心。

首辅只是个名义，能不能坐稳这个位子，终究要看实力。没有绝对的实力为基础却身居高位，就如同被推上浪头的一叶孤舟，只能独自承受压力，任凭暴风雨拍打，最后就是众叛亲离，粉身碎骨。诸葛恪初来乍到，实力有所欠缺，为了巩固自己的执政地位，他不得不行一些激进之举，可一旦太过激进，甚至违背了客观规律，失败就难以避免。这才是他最后悲剧的命运的根本原因，性格上的缺陷只不过加速了他的灭亡。

或许，诸葛恪此时已经理解当时吕岱话中的真实含义了吧。可是，既然来了就没有回头路，他只能继续走下去。诸葛恪的具体措施有三个。第一是改革。废除孙权时期的一些苛政，比如取消臭名昭著的校事、减免税赋等。这些政策不仅迎合了士大夫，更减轻了百姓的压力，得到了社会各界的拥护。不过，这还远远不够，后面才是重点。

第二就是迁都。诸葛恪上任后下令开始重修武昌宫，他打算迁都武昌，避开形势复杂的建业，将政治中心转移到自己深耕多年的荆州。而且，诸葛恪还有不可告人的阴谋，这个我们先按下不表。不过，迁都的阻力实在太大了。建业是以全公主为首的东吴宗室的大本营，当初她建议诸葛恪辅政就是为了让他远离自己的基本盘，怎么可能再放他回去呢？而且，江东士族的根基也在扬州，他们同样不会愿意迁都武昌。总之，迁都这件事极难推进，诸葛恪到最后也没能办成。

既然如此，诸葛恪只好使出最后一招了，那就是通过对外征伐建立自己的威望，加强自己的权力。建兴元年（252年）十月，诸葛恪主持重修东兴大堤，由此拉开了吴魏两国大规模战争的序幕。

东吴早前在濡须水上修建了濡须坞，后来为了更好地阻击魏军，孙权在黄龙二年（230年）修建了东兴大堤，将濡须水彻底截断。修筑大堤的好处多多，不仅能阻挡曹魏的水军进攻，还能使濡须水上游和巢湖蓄起水位，扩大水域面积，方便东吴的水军发挥优势。然而，理想和现实差得很远，由于孙权北伐战败，为了将水军撤回来而不得不拆毁东兴大堤。后来，两国战事不再那么吃紧，东兴大堤就被废弃了。

这次，诸葛恪为北伐做了精心的准备，全新的工程更胜以往。他不仅重修了东兴大堤，还沿着大堤两端一直将工事修到了七宝山和濡须山上，在两山上各筑山城一座，分别由全端和留略率千人驻守。工程修建完成后，诸葛恪就领兵返回了，他应该是尚未完成北伐的准备。诸葛恪的一系列举动引发了一个人的愤怒，他就是司马懿死后继任魏国大将军的司马师。

司马师和诸葛恪差不多同时上位，作为威望不足的执政者，他也有急于证明自己的诉求。如今，诸葛恪重修东兴大堤，在司马师看来，这就是一种挑衅。如果不做出回应，他的颜面何存？那将非常不利于他的统治。况且，当时已经入冬，如果拖到第二年，东吴水军趁着春涨时主动出击，那就更加被动了，不如速战速决。这年十一月，司马师大举南征，他调集了七万大军，命弟弟司马昭任大都督，率征东将军胡遵和镇东将军诸葛诞等伐吴。

诸葛恪的反应不可谓不快，他闻讯后立刻率丁奉、吕据、留赞、唐咨等人以四万兵力迎战。可惜，他最终还是慢了一步，胡遵命人修建了浮桥，魏军通过浮桥抢占了东兴大堤，然后分兵两路进攻濡须山和七宝山上的东西二城。幸好城高山险，此二城一时未被攻克。暂时的安全让东吴众将产生了盲目的乐观，在他们看来，魏军听闻诸葛太傅亲率大军赶来增援，必会闻风而遁。这些人的自信不知从何而来，本方兵力更少，而敌军士气正盛，怎么可能轻易撤退呢？于是，老将丁奉出来给他们泼了盆冷水。

当时，丁奉已经是江表十二虎臣中硕果仅存的一位了。他资历较浅，而且大器晚成，这一战成了他人生中最光辉的时刻。在丁奉看来，司马师调集了这么多军队南征，肯定早有全盘计划，怎么可能空手而归呢？想要退敌就免不了要打一场硬仗。诸葛恪非常认可丁奉的观点，因为他本人也不是一个作战风格保守的人，于是命丁奉、吕据、留赞和唐咨为先锋，立即上七宝山，从西面进攻东兴大堤上的魏军。

　　然而，走陆路的行军速度还是过于缓慢，丁奉一看这样不行，他决意一个人带兵走水路先行，跟众将表示："现在大军一起行动走得太慢了，敌军已经占领了东兴大堤，如果东西二城再丢了，让他们有了立足之地的话，我们就太被动了。"说罢，丁奉立即率领三千人马绝尘而去。隆冬之际，北风呼啸，丁奉只能逆风航行，饶是走水路也足足花了两天，这才赶到东兴以南不远的徐塘。

　　当时正天降大雪，胡遵认为天气恶劣，吴军难以发动进攻，就暂缓了对东西两城的攻击。此时，魏军从上到下弥漫着一股懈怠的情绪，他们完全没有身处战争中的紧迫感，竟然在大摆酒宴，纵情享乐。丁奉见魏军防备稀疏，立刻意识到这是个绝佳的机会。他大呼一声："大丈夫立功名就在今日！"说罢，令手下士兵脱去铠甲，丢弃长兵器，手持短刃爬上大堤。

　　魏军见来敌衣衫不整，纷纷大笑不止，也不用心列阵迎战。他们可不知道，吴军中有不少士兵出自山越，精通山地作战，动作极为敏捷，再加上老将丁奉一马当先，全军上下士气高昂，转瞬间就攻上大堤。这下魏军可笑不出来了，在丁奉疾风骤雨般的打击下，很快魏军前部便被击溃。这时吕据等人的后续部队也赶到了，他们登上西城，从七宝山上杀下来，对东兴大堤上的魏军形成两面夹击。这时魏军终于扛不住了，他们彻底崩溃，士卒们慌不择路，争相从浮桥上逃跑。可是，小小的浮桥短时间内又能通过几人呢？再加上朱异水军的猛攻，浮桥很快便垮了。只见大批魏军士卒落入水中，他们虽拼命挣扎，却无济于事，最终被冰冷的河水无情吞没了。

　　这场东兴之战，东吴取得了空前辉煌的胜利，魏军损兵数万之众，丢弃的骡马、辎重不计其数，这是石亭之战以来东吴在对外征伐中取得的最大一场胜利。除了歼敌数量极多外，东吴还在这场战役中杀掉了叛徒韩综，这次诸葛恪用他的首级告慰了孙权的在天之灵，也算了却了他的一个心愿吧。

　　诸葛恪初次指挥大兵团作战就获得了重大胜利，这对他是一个极大的鼓舞。虽然此战的首功应该算在老将丁奉头上，但若不是诸葛恪有先见之明重修东兴大堤，魏军也不会主动发起进攻。而且，诸葛恪应对神速，第一时间出兵支援，他的表现是非常不错的。战后，诸葛恪因功受封阳都侯，加荆、扬二州州牧，督中外诸军事，权力和声望都达到了顶峰。全公主和孙峻完全没想到诸葛恪竟然能立此殊勋，如此背景下，他们不敢轻举妄动，只能继续蛰伏。

可以说，如果诸葛恪的军事行动到此为止，之后重新将重点转移到内部的改革和建设中，那将是一个绝好的机会。遗憾的是，空前的大胜让诸葛恪膨胀起来。他在对外战争中尝到了甜头，于是过于高估了自己，对魏强吴弱的客观形势没有一个清醒的意识。盲目的自信让诸葛恪不惜将全部的筹码压在下一场豪赌之上，他的命运就可想而知了。

当初司马师出兵前，尚书傅嘏（gǔ）以吴王夫差和齐湣（mǐn）王一时威震天下，最后却身死国灭的先例说明好的开始不一定会有好的结果。其实，这句话用在诸葛恪身上也非常合适，乐极终会生悲，飞升与坠落仅在一线之间。

02 新城之战

取得东兴大捷后，诸葛恪彻底尝到了对外战争的甜头，认为这是一个扭转自己不利政治局势的绝佳途径，不仅能给自己带来巨大的声望，还能扩充实力，实乃一举两得。盲目乐观之下，诸葛恪根本没有见好就收的意思，还想主动出击。

然而，这是一场庙算不足的战争，兵法的奥义是先有了胜利的把握才寻求同敌人交战，而非同敌人交战后企图侥幸取胜，可这些诸葛恪根本没有想过。事实上，对于即将发动的北伐战争，从各个角度来看，东吴都不占优势。首先，在满宠修建合肥新城后，由于远离水道，东吴水军之利便难以发挥了，再加上客场作战，优势在骑兵战力更强的曹魏一方。其次，诸葛恪对自己的对手判断有误。在他看来，司马懿死后，"其子幼弱，而专彼大任，虽有智计之士，未得施用"。他认为司马师不足为虑，司马师还任人唯亲，不能人尽其才。所谓"幼弱"，自然不是说司马师年纪轻，因为这个时候司马师已经四十五岁了，他的意思是指司马师在资历和执政经验上的不足。

当初，司马师因浮华一案遭到魏明帝的厌恶，仕途一片暗淡，直到曹芳时期才得以出仕，而那时他已经年过三旬了。因此，司马师是在短短十年左右内蹿升到目前的位置的。这便是诸葛恪轻视他的原因。其实，这是一个非常错误的判断，司马师虽然在政坛的资历尚浅，但他的才干是一流的，他将朝政处理得井井有条。而且，在王凌畏罪自尽后，此时新一批反司马的势力尚未形成，曹魏朝局比较稳定。

另外，诸葛恪对自己也没有一个清醒的认识，他的局势比司马师的凶险多了。诸葛恪和以全公主为首的宗室的矛盾是难以化解的，如果他想巩固自己的地位，势必要拉拢其他的势力。事实上，诸葛恪在这方面是有先天优势的，因为他同时具有儒学士大夫和淮泗集团双重属性。由于文化和阶层，他与江东士族可以很容易地站在同一阵线；而且由于出身籍贯，他又不会被淮泗集团的武将排斥。然而，诸葛恪凭着一系列让人看不懂的操作，眼睁睁将潜在的盟友推向了自己的对立面。

诸葛恪为了这次北伐，足足征发了二十万大军。要知道，在东吴灭亡时的那次统计中，全国也就二十三万军队。各地还要留下一定兵力驻守，诸葛恪这次要想凑够这个人数，必然要征召大批的新兵。这一政策对拥有大批人口的江东士族是非常不友好的，招募新兵他们肯定要付出代价，这触动了他们的利益。于是，诸葛恪在改革中积累的好名声就被消耗殆尽了。

而且，诸葛恪和淮泗武将的代表施绩的关系也在恶化。当初，施绩和诸葛恪之弟诸葛融约定好配合作战，结果诸葛融违约，导致施绩战败，这让施绩和诸葛兄弟的关系更加恶劣。可诸葛恪不但丝毫没有缓和双方关系的意思，反而公报私仇。在接下来的这次北伐中，他召施绩参战，却不让他亲临前线，把他留在荆州和扬州交界处的半州。不仅如此，他还让弟弟诸葛融兼任施绩从前的职务，将施绩排挤出去。这样不留余地，相当于和施绩彻底决裂了。

诸葛恪的所作所为让自己陷入了空前孤立的局面，这也是他执政经验不足的一个体现。总之，诸葛恪既对敌人没有准确的判断，又对自己没有清醒的认识，相当于"不知彼，不知己"，自然没有胜算。

最后一点，则是诸葛恪对战争没有明确的规划，而是抱着走一步算一步的心态。发动一次大规模战争是要进行长期准备的。诸葛恪只知道叔父诸葛亮频繁出师北伐，却不知他如何休养生息和把握出兵的频率。东吴军队在建兴二年（253年）二月才从东兴前线返回，结果三月就要再次出征，相当于几乎没有休整，如此穷兵黩武堪称疯狂。在具体的战略战术方面，诸葛恪也没有细致的安排，甚至连作战目标都不明确，这就导致开战后他反复动摇，最终自然是满盘皆输。

总而言之，这是一场在客观条件不利的情况下，发动的准备不足且仓促至极的战争。在尚未出兵之时，东吴在此战中的前景就被蒙上了一层阴影。以诸葛恪的才智，本不该如此糊涂，可惜身处局中的他却被利益蒙蔽了双眼，忽视了背后的隐患。在威望不足、实力不济的情况下，对外战争确实是个扭转局面的不错选择。但战争是一柄双刃剑，打赢了一切都好说，获得的战功和俘获的人口、物资可以让所有反对者闭嘴。但倘若战败，一切矛盾都会爆发。

诸葛恪一意孤行进行军事冒险，如同在钢丝上行走，一旦有差池，最终必然是众叛亲离，万劫不复，可惜当时诸葛恪并没有这个觉悟。为了说服反对者，诸葛恪特意写了一篇文章，全文的核心思想就是：天下一统是大趋势，不会长期分裂，所以割据自保无法长久。现在曹魏还没到最强的时候，等敌人彻底发展起来，我国就难以抗衡了。

平心而论，他这个观点是没错的，但问题在于他为论证自己的观点而举的一些例子不怎么合适。

首先，诸葛恪用秦灭六国来论证割据称王是不可取的。从结果看确实如此，但考虑到当时的历史背景，中国在秦朝以前从未有过大一统，六国的君主自然也不可能有这么超前的思想。

其次，他又举了刘表坐视曹操灭袁氏、吴王夫差放任越国复兴以及刘邦出关中伐楚的三个例子来论证北伐机不可失。其中，前两个例子是反面的，阐述的是由于麻痹大意最终养虎遗患的教训；第三个例子是正面的，凸显刘邦是因为主动抓住战机才获胜的。但不管怎样，他找的案例中，无论是刘表、夫差还是刘邦，当时都是优势一方，是掌握主动权的，但此时是魏强吴弱，形势正好相反。况且，也不知道他所谓的"十几年后曹魏壮丁将增长一倍，我国则会减少一半"是如何得出的。总之，这篇文章表面看上去慷慨激昂，其实是强词夺理，完全是为诸葛恪的一己私欲服务的，实际上没有任何价值。

大家虽然看得清清楚楚，但都不愿为此触怒诸葛恪。至于全公主等人，更是巴不得他兵败后声名扫地，自然也是冷眼旁观。当然，诸葛恪的身边还是有一些忠于他的人的，比如好友聂友就认为东兴之战是靠防守反击获胜的，主动出击的话就没那么好的条件了。而且，现在形势一片大好，完全没必要节外生枝。可诸葛恪连解释都不想解释，直接让聂友去看自己写的文章，表示他看完后就能领会自己的思想了。聂友是以一个朋友而不是下属的身份善意地劝说，诸葛恪却如此傲慢，可见当时他那骄矜的心态之甚。

另一个来劝说的人更有分量，他是同为托孤大臣的滕胤，他在聂友的言论上更进一步，指出："且兵者大事，事以众济，众苟不悦，君独安之？"大意是：对外征战需要上下一心，如果人心不齐，单靠主帅一人则无济于事。滕胤直接阐明了目前鲜有支持者的不利处境。滕胤当初和诸葛恪同属太子党，又一样都是来自江北的儒学士人，再加上二人是儿女亲家，可以说滕胤是诸葛恪最亲密的战友。然而，诸葛恪连他的这番肺腑之言也听不进去，反而有些恼火，埋怨道："别人反对出兵也就罢了，他们都是一些苟且偷安的人。凭我们的关系，连你都不站在我这边吗？"由此可以看出当时诸葛恪的处境，他已经变成了一个孤家寡人却不自知，反而在不切实际的野心下走上了一条不归路。

诸葛恪不听良言，坚持北伐，他还制定了一个不切实际的目标，在战争的初始阶段，他似乎有一举拿下淮南的想法，一时间在淮南横行无忌。由于深入敌境，诸葛恪采取的是"重地则掠"的战法，驱赶、劫掠淮南百姓以补充军需，实际效果却非常有限，于是众将献策说："我们大军深入，敌国百姓大多逃亡，单凭劫掠难以支持，不如围点打援，包围合肥新城以逸待劳，等魏军来救再将其击败。"这一方案得到了诸葛恪的认可，而这也说明诸葛恪对战争的准备何其不充分，作战计划不断改变。

建兴二年（253年）五月，吴军将合肥新城包围得水泄不通，而被诸葛恪轻视的司马师早预料到了这一局面。当初，很多人建议应该分兵守卫各水路口岸，司马师却认为水路口岸众多，分散兵力的话守不住，且难以集中兵力打败敌人。诸葛恪好大喜功，肯定把宝全押在合肥新城，其他地方不足为患，而今果如其言。去年东兴大败，司马昭作为替罪羊被夺了爵位，这次肯定不能再用了，可是别人又不一定信得过。司马师经过深思熟虑，决定派他的三叔、太尉司马孚领兵。此次司马孚统率二十万大军出征，兵力与诸葛恪旗鼓相当。魏军一路东进，进驻寿春，但司马孚没有立即进攻，而是准备借合肥新城消磨吴军锐气。

自从合肥新城建成后，东吴在孙权时代曾对这里发动过三次大规模的进攻，结果无一例外铩羽而归。由此可见，合肥新城经受过战火的考验。当时，新城的守将是张特，新任扬州都督的毌（guàn）丘俭慧眼识人，让他去守新城，这一决定成了胜负的关键。由于吴军来得太突然，后方来不及往新城调集太多军队，当时城中守军只有三千人。面对六十倍以上的敌军，张特依旧顽强地坚持着。但坚持是有限度的，吴军前后猛攻了三个多月，如今守军伤亡过半，已经到了崩溃的边缘。

张特见形势危急，心生一计，他派人去见诸葛恪，表示："虽然我们已经快撑不住了，但将士们还有很多人不愿投降，只能慢慢甄别，慢慢劝说，所以请您先收下印绶作为信物，同时暂缓攻击，给我一夜的时间。"连续数月的苦战，东吴这边也是困难重重，由于已经入夏，天气酷热再加上水土不服，吴军将士多生疾病，非战斗减员极其严重。连日来疫病横行的报告堆满了诸葛恪的案头，令他非常恼怒，以为是手下为了避战而故意欺骗自己，便声称要将上报疫情的人斩首，结果就再也没人敢多说一句了。其实，真实的情况诸葛恪心知肚明，只要在军营里巡视一番就能一清二楚。他明知自己已经焦头烂额了，却为何还要装糊涂呢？道理很简单，此时的诸葛恪已经骑虎难下了。

这场战争是诸葛恪为了个人的仕途和命运进行的一场豪赌，失败的后果他一清二楚，他根本就输不起。如果兴师动众，无功而返，他将成为一个笑话，之前一切的努力都会付诸东流，他承受不起这个代价。现在新城传来消息说魏军即将投降，这对诸葛恪来说如同溺水者眼前的浮木，对这块浮木，他只能选择相信。其实，这是非常明显的缓兵之计，以诸葛恪的才智却轻易中计，只能理解为他已经被胜利的渴望蒙蔽了双眼，失去了理智，利令智昏！

而张特这边利用一个晚上的时间拆毁房屋，将之前城墙的破损之处全部修补完毕。等到第二天，诸葛恪翘首以待的开城请降并没有出现，城头上魏军已经休整完毕，再次严阵以待。诸葛恪得知中计后，气得暴跳如雷，狼狈撤退是不可能的，他只能硬着头皮继续赌下去。就在这时，朱异提出一个可以帮诸葛恪解套的方案，他认为夺取合肥新城已经无望，应立即撤退，挥师豫章，夺取石头城。但诸葛恪拒绝了他的提议，朱异大怒道："不用我计，而用傒（xī）子言！"

这件事看起来有些莫名其妙，让我们来分析一下。首先，这个石头城并不在建业，而在豫章南昌附近，据《水经注》的记载，应该是赣水中的一座江心洲。那么傒子又是什么呢？所谓傒子，指的就是豫章境内的古代楚人后裔，他们被称为傒人。比如，东晋大司马陶侃就是傒人，被桓温蔑称为"傒狗"。据《搜神记》记载，诸葛恪曾经遇到过一个叫傒囊的精怪。虽然这只是一个传说，但可以推断诸葛恪和傒人有一定的关系，甚至很有可能傒囊就是诸葛恪有意虚构出来的，为的就是塑造一个神祇，在当地蛊惑人心，培植自己的力量。朱异希望诸葛恪将这支力量剿灭，用他们当替罪羊，为这次失败背锅，这本来是个不错的主意，但问题是诸葛恪很难接受。

首先，诸葛恪一直在地方做官，他的根基也在地方。比如，诸葛恪曾在距南昌不远的柴桑驻扎过不短的时间，因此"偃子"很可能就是这期间诸葛恪在豫章培植的势力。如今朝中形势复杂，地方势力是诸葛恪不多的本钱，如果将其抛弃甚至剿灭，自己岂不成了无根浮萍？

其次，朱异是朱据从子，出自吴郡大族朱氏，是江东士族的代表人物。当初，朱据和诸葛恪同是太子党的主要人物，按说朱异和诸葛恪的关系不可能有多差，但现在他提出这个建议，诸葛恪自然会怀疑他的动机，对其有所怨恨就再正常不过了。很快，诸葛恪下令剥夺朱异的兵权，从此刻开始，他与江东士族的关系就彻底恶化了。这件事后果非常严重，没过多久，都尉蔡林因多次献计都未被采纳，大失所望之下投奔了曹魏。

这下，吴军疫病横行的消息泄露了，司马师和司马孚敏锐地抓住了战机，命前线魏军出击，以文钦为先锋，进击合榆，阻断吴军的归路，毌（guàn）丘俭紧随其后。听闻魏军杀来，诸葛恪大为震惊，他急忙撤退，但为时已晚，文钦进兵神速，转瞬之间杀到眼前。一场大战过后，魏军斩首万余，诸葛恪大败而归。

这个结果并不令人意外，诸葛恪开战前就弄得民怨四起，战争中又刚愎自用，不仅不听良言，还丝毫不肯体恤士卒，最终得到了一场可耻的失败，将之前东兴之战的大好局面彻底葬送。其实，诸葛恪是败给了自己，以他个人的条件和当时的形势，他根本做不了这个首辅。可一旦上了位，谁又愿意放弃到手的权力呢？于是，他只能一条路走到黑，对外征战这条捷径就成了他的首选，直至无法回头。

这次惨败让诸葛恪声望大跌，彻底失去了人心，可他仍在自寻死路，丝毫没有防备和补救的措施。如今，大祸就在眼前，诸葛恪的末日不远了。

03 权臣落幕

新城之败，吴军直接损失多达上万，非战斗减员更是数不胜数。时值七月，正是酷暑难耐，头顶上的烈日和身后的魏军追兵就像两座大山，将东吴将士们压得喘不过气，他们的士气已经颓丧至极。撤退的路上，军中疫病横行，伤病者被遗弃，成批倒毙在路旁，还有大量的将士因劳累过度掉队，最终被魏军俘虏，吴军上下一片悲鸣，宛如人间炼狱。

然而，诸葛恪对这一切视若无睹，在他眼中，底层士卒只是自己功名路上的消耗品，如今他脑中想的只有如何掩饰这场惨败而已。这场豪赌的失败令诸葛恪人心尽丧，这种现状他心知肚明，他无法向皇帝和百官解释。再加上他在朝中本就根基不深，因此更担忧有什么针对自己的阴谋，于是索性不回建业，在江心洲上住了一个月。

在此期间，诸葛恪仍在为今后何去何从做打算，他愈发担忧，便产生了不再回去的想法。诸葛恪打算在寻阳先安顿下来，这里位于蕲春郡，距离他曾经驻扎过的武昌和柴桑都不远，在他的势力范围内，还是比较安全的。这是诸葛恪的最后一次机会，如果坚持下去的话，或许反对派还真拿他没什么办法。可惜，诸葛恪最后还是动摇了。

就在诸葛恪于自己的江心别墅中思前想后的时候，全公主和孙峻等人在积极研究对策，诸葛恪在外是一大隐患，必须尽快把他召回。所幸皇帝还掌握在他们手中，只需要一道诏书就够了，诸葛恪想必不敢抗旨。当时，中书令名叫孙嘿，正是负责替皇帝下达诏令之人。孙嘿虽然具体情况不详，但从他的姓氏来看，很有可能是富春孙氏的远房族人，为宗室力量对付诸葛恪打头阵。于是，全公主等人暗中指使孙嘿，数次下诏召诸葛恪回朝，万般无奈之下，诸葛恪只好受命。由此也可看出诸葛恪在朝中的孤立无援，皇帝被对手控制，皇帝的近臣也是对手安插的，此去着实凶险无比。

八月，诸葛恪返回建业。为了重塑权威，摆脱政治困境，他采取了许多措施。首先，就是一路上大张旗鼓，摆足了排场，充分展现大将军的威仪，至于兵败合肥一事则闭口不提。其次，就是找人开刀立威，诸葛恪当面呵斥孙嘿，指责他是擅自下诏。由于此时将诸葛恪召回的目的已经达成，全公主等人无须再保孙嘿而导致矛盾激化，而且这样还能让诸葛恪放松警惕。于是，孙嘿主动称病请辞，算是遂了诸葛恪的心意。这让诸葛恪变本加厉，他将出征后朝廷任命的官员全部清洗。他为显示威严，一点小事就要责备下属，弄得人心惶惶；又把宫中守军的将领都换成了自己的亲信，这才算稍微安心一些。

然而，诸葛恪的目标不止于此，他一直在酝酿一个巨大的阴谋。当初，诸葛恪刚刚当上辅政大臣时，曾以不想诸王处在长江沿岸的前线纷争之地为由，提出将他们迁走。其中，孙奋从武昌被迁到豫章郡，孙休则从虎林（位于庐江郡）被迁到丹阳郡，后来干脆迁到会稽郡。孙奋对此曾表示不满，在诸葛恪一番威胁后，他只好乖乖从命。诸葛恪这个操作并非无的放矢，虎林距离皖口这个长江沿线的重要据点很近，武昌更是上游荆州的军事要塞，这里有驻军，更有两个有资格继承帝位的藩王，一旦有人以孙奋和孙休的名义拥兵作乱该当如何？这个隐患不能不重视。

诸葛恪的处理虽然有理有据，但问题是有一个人被他选择性地忽视了，那就是孙和。虽然诸葛恪在二宫之争期间为了自保，并没有像陆逊和朱据那样全力支持孙和，但毕竟他是孙和之妻张氏的舅舅，孙和绝对是孙权诸子中与诸葛恪关系最亲密的一个。目前，皇帝孙亮不在自己的掌控之中，反而被对手利用，对自己形成掣肘，这是诸葛恪力图要改变的局面。在他看来，令孙和取而代之是最佳的选择。

当初诸葛恪初到建业辅政时，曾对张妃的信使、黄门陈迁说了这样一句话："为我达妃，期当使胜他人。"这句话就说得颇为暧昧了，可以把它理解成诸葛恪表态以后会特殊照顾张妃，但更进一步理解成他想让张妃母仪天下亦无不可。

而且，结合诸葛恪想迁都武昌的意图，答案无疑是后者。孙和被废为南阳王后，前往长沙就藩，而长沙距离武昌并不远，诸葛恪力主将孙奋和孙休迁走，却单单没有动孙和，他想干什么已经不是秘密了。况且，民间也有此传言，并不是空穴来风。因此，迁走诸王和迁都武昌其实都是为了达成同一个目的所做的准备，即废孙亮、立孙和，将朝廷中枢转移到诸葛恪有一定根基的荆州来。

不过，这件事毕竟阻力过大，一时间难以办成，为了提升自己的威信并争取更多的支持，诸葛恪才进行了这次军事冒险。只要能取得胜利，他就有机会通过牢牢掌控的兵权来强行迁都。但惨痛的失败给了诸葛恪当头一棒，他只能暂时打消这个念头。不过，只要朝廷还在建业，皇帝还是被全公主等人控制的孙亮，诸葛恪就一刻也不能安心，他只能在这条路上继续走下去。而这一次，诸葛恪的代价是全族的性命。

很快，诸葛恪下令士卒整装待发，准备再次大举北伐。这次他放弃了淮南，将目标转向青徐。此时已经是深秋，等大军出动后就要入冬了，冬季水浅，再加上进攻徐州的必经之路中濊水本就有淤塞的情况，诸葛恪这一军事计划与自杀无异。当初曹丕征广陵是如何狼狈，诸葛恪自然心知肚明，但他忽视了这一点，执意出兵。可见，他为了实现自己的野心已经彻底丧失了理智。

另外，全公主和孙峻始终没有对他表现出敌意，这很可能让诸葛恪对局势的判断出现失误，他只知道形势艰难，却没料到已经险恶如斯。事实上，如果不是孙峻告密，当初诸葛恪能否过孙弘那一关都很难说。在此背景下，潜藏于深处的敌人感到时机成熟，即将发动致命一击。一番密谋后，全公主和孙峻最终决定让皇帝孙亮邀请诸葛恪赴宴，孙峻在酒宴上当场将其斩杀。

赴宴的前夜，诸葛恪心中感到莫名的烦闷。一夜无眠后，又发生了一系列的怪事。早上他在洗漱时闻到水里有一股腥臭味；之后侍者递给他更换的衣物，他闻出衣服上也有臭味；等他要出门时，一条狗咬住了他的衣服，赶都赶不走。这些玄之又玄的描述或许并不完全可信，但俗话说得好：魔由心生。诸葛恪一定也感到此行恐怕有问题。最终，诸葛恪粗疏的性格还是害了他，或许他认为禁军将领全是自己的心腹，没人能把他怎么样。

到了宫门口，孙峻怕诸葛恪察觉到什么，于是故作谦卑地说："如果您身体不适，可以回府休息，我向陛下禀报即可。"毫无警惕的诸葛恪果然被瞒过了，他坚持自己去面君。这时，诸葛恪的亲信张约、朱恩传了张条子出来，上面写道：今天宫中部署不同往常，恐有变故。这下，诸葛恪立刻警醒，准备返回，但他刚准备走就遇上滕胤。由于事情还不明朗，诸葛恪没有说实话，只是随便编了个理由说自己腹痛，无法赴宴。滕胤却说："您自出征回京后还未拜见过陛下，今日陛下设宴，不可不去。"于是，诸葛恪又改了主意。

这就有点奇怪了，张约、朱恩能看出有问题，滕胤没道理看不出，但《三国志》说："胤不知峻阴计。"而《吴历》描述的版本正好相反，按照《吴历》的说法，滕胤劝诸葛恪回去，但诸葛恪说："孙峻这小子还能干什么，无非就是在酒里下毒。"于是，诸葛恪就自己带酒进去了。从《三国志》后面的记载来看，诸葛恪确实是自带了酒水，这说明《吴历》有相当的可信度。

而且，滕胤性格谨慎，陈寿《三国志》评价他"遵蹈规矩"，韦昭《吴书》也说他对奏疏特别注意，绝不委派他人，这样细致的人不会忽视这些不寻常之处。孙盛《魏氏春秋》也提出，以滕胤和诸葛恪的关系，诸葛恪有大事不该瞒着他，更没道理因为他的劝说去冒险，这确实是中肯之言。总之，这里《吴历》的说法更加可靠，滕胤应该确实是尽力了，无奈诸葛恪自寻死路，良言难劝。

宴席开始后，宾主落座，诸葛恪怕宫中的酒有问题不敢饮用，孙峻一看，马上顺着他说道："您的病还未痊愈，自带药酒也是理所应当。"见孙峻如此恭顺，诸葛恪彻底放下了警惕之心。酒过三巡，孙亮按照事先安排悄悄退入内室。孙峻见时机已经成熟，便借口如厕，脱去行动不便的宽大长袍，改着短衣。待他返回后，径直走上前来，取出诏书高声叫道："天子有命，拿下诸葛恪。"诸葛恪闻言大惊，想要拔剑，无奈没有身着短衣的孙峻行动敏捷，结果当即死于非命。这时禁军闻讯冲入殿内，孙峻道："天子有命，只诛诸葛恪一人。如今首恶已死，余者不问。"禁军们立刻作鸟兽散。

　　诸葛恪还是太大意了，或许禁军将领都是自己的亲信，但前提是自己还有发号施令的机会。如果对手采取斩首行动，禁军们群龙无首之下肯定一哄而散。玄武门之变时，东宫和齐王府的军队也进行过激烈的抵抗，但当尉迟恭将太子和齐王的首级扔出来时，他们就立刻崩溃了，二者的道理是相同的。

　　诸葛恪死后，他的儿子诸葛竦和诸葛建想带着母亲逃往魏国，结果一齐被擒获，最后和诸葛恪的外甥张震以及党羽朱恩等被夷灭三族。施绩、孙壹、全熙则发兵攻打诸葛恪的弟弟诸葛融。施绩曾和诸葛恪兄弟有过仇怨；孙壹是宗室成员，应该是被宗室领袖全公主拉拢进来的；至于全熙，自然更是对叔母唯命是从。最终诸葛融被迫自杀，三个儿子全被处死。诸葛恪的另一个弟弟诸葛乔（曾过继给诸葛亮）之子诸葛攀，将身份恢复为诸葛瑾的后代，诸葛瑾一系才免于被灭族的命运。

　　诸葛恪父子三人被枭首示众后引发了数万人围观，骂声不绝。虽说诸葛恪倒算不上什么大奸大恶之人，但他因为自己的野心和私欲害得成千上万的无辜士卒枉送性命，再加上他又有废立之心，确实大逆不道，最终落得这个下场倒不算冤枉。其实，除了进行军事冒险，诸葛恪并非无路可走。虽然他最开始时根基尚浅，但通过改革已经收拢一些人心，倘若沿着这条路走下去，情况是可以改善的，只不过见效会慢一些。

　　不过，这时诸葛恪性格中除了粗疏外的另--个弱点也暴露了，按照陈寿给他的评价就是"骄且吝"。这是《论语》中的一个典故，孔子说："如有周公之才之美，使骄且吝，其余不足观也已。"大意是：即使才比周公，倘若骄且吝的话，那便不值一提。对上级或同僚盛气凌人就是骄，对手下刻薄寡恩就是吝，这两点诸葛恪都占齐了。他曾不顾尊卑和太子打嘴仗，又曾不敬尊长拿张昭开玩笑，此即为"骄"；而对手下小错大罚则体现了"吝"的一面。这些都让他的形象受损，于收拢人心大为不利。

　　诸葛恪死后，孙和失去了庇护，全公主再无顾忌，矫诏将其赐死，至此二宫之争才算彻底平息。孙峻和诸葛恪之争是二宫之争的余波，这场持续了超过十年的纷争以太子党的覆灭和全公主的获胜而告终。虽然身为一个女人，而且没有太后之类的身份加持，全公主无法直接掌控权力，但她通过控制孙峻做到了这一点，一度成为东吴政权的真正统治者，她的权谋和手段在历朝历代有干政野心的女子中都是佼佼者。

二宫之争虽然结束了，但东吴的内讧不会停歇。走上顶峰的全公主没能高兴多久，一个意外让她瞬间跌落谷底。

04 姐妹之争

诸葛恪之死，标志着东吴士大夫在政坛遭到了沉重的打击，此后，东吴进入宗室成员独揽权柄的时代。

起初，士大夫阶级还将希望寄托在滕胤身上，希望能以他为代表，继续在政坛施加影响。作为同是江北士人出身的政治人物，滕胤和诸葛恪却有不同之处。他不像诸葛恪那样为了发动战争而丝毫不体恤民力。尽管和诸葛恪关系密切，但他反对盲目北伐，而且听到有关民间疾苦的报告都会为之垂泪，可见滕胤是秉持着行仁政的儒者之风的。正因如此，滕胤在诸葛恪死后才立刻成为士大夫们拥戴的对象。当时，群臣共同推荐孙峻为太尉，滕胤为司徒，有让二人并驾齐驱的意思。

滕胤在士大夫群体中的呼声如此之高，令孙峻感到了威胁，他理所当然地反对提高滕胤的地位。当时，有人建议孙峻一定要让宗室力量掌握最高的权力，要是让滕胤的地位提升了，以他的名声必然会成为将士大夫统合在一起的一面旗帜。此言深得孙峻之心，他便让党羽们表自己为丞相，而没有晋升滕胤。此举令士大夫阶级大失所望。当初除去诸葛恪一事他们并不太反对，毕竟诸葛恪倒行逆施，众叛亲离，没人会同情他。但如今见滕胤受到孙峻的压制，这不是他们愿意接受的结果，双方之间的裂痕就这么开始扩大了。

对于当前宗室力量的强大，滕胤心知肚明，他不愿也无力挑起冲突，因此只能退让。于是，滕胤以自己和诸葛恪是儿女亲家为由主动请辞。没想到孙峻没有答应，他表示诸葛恪的罪名不会牵连到滕胤，让滕胤安心，并将其晋爵为高密侯。孙峻此举是为了维持宗室和士大夫共同执政的和谐表象，来证明他并没有独揽大权，以免授人话柄。但实际上此时权力已经基本掌握在宗室手中，滕胤可以说只是一个吉祥物，他在政治和军事上的地位远远无法与当初的诸葛恪相提并论。

然而，孙峻仍无法就此高枕无忧，他本人能力有限，名声又差，再加上他完全是依靠全公主的支持才上位的，权力并没有那么稳固。因此，朝中渐渐生出一股反对孙峻的力量，新一轮的斗争又开始了。

之前全公主和孙峻为了斩草除根，密谋害死孙和，令许多人感到不满。于是，前司马桓虑以此为由纠合力量，以前太子孙登之子孙英的名义准备发动政变，铲除孙峻。桓虑身份不详，但从孙英身上可以看出一些端倪。孙登生前德才兼备，名声甚佳，深得士大夫们的支持。桓虑不选孙权之子孙休，偏偏选择了和士大夫渊源最深的孙登一系中的一个晚辈，这有些不寻常。再加上他提出给孙和鸣不平的口号，要知道孙和也是士大夫们积极支持过的人，这些都说明他背后的支持者很可能就是士大夫阶级。毕竟，桓虑实在太不起眼了，这样一个小人物倘若没有人支持，有什么能力发动政变呢？

不过，这次草率的政变还在密谋阶段就被孙峻察觉了，桓虑等人被杀死，孙英也被迫自杀。关于这件事，史书的记载有些矛盾之处，《三国志》说孙英也是同谋，而《吴历》则说孙英本人压根不知情。笔者认为孙英应该就是主谋之一，如果他被蒙在鼓里，那么他没必要急着自杀，毕竟他与全公主、孙峻并无仇怨，还是可以做一番合理的辩解的。而且，如果桓虑没有和孙英商议过，当他起事后发现孙英并不支持他，岂不更尴尬？

孙和与孙英都和这次政变有关，这就让事情更加复杂化了，因为此事的性质似乎就成了士大夫与部分宗室联合发起的一场政变。此时，孙和与诸葛恪都已死于非命，当初两宫之争中的太子党早就分崩离析。孙英虽然有意愿站出来反对全公主和孙峻，但以他在宗室中的身份显然还是有些不够资格，他是无法挑起大梁的，因此，可以推断他的背后也有支持者。这个人不仅在宗室中有一定的威望，同时还和士大夫阶级关系不浅，只有如此才能将二者串联在一起，而且此人还得和全公主等人是敌对关系。这样一来，答案就呼之欲出了，这个人很可能就是孙权的另一个女儿朱公主。

当年二宫之争期间，朱公主与姐姐全公主支持鲁王的立场相反，她选择站在丈夫朱据这边支持太子孙和，之后这对亲姐妹便因政见不合反目成仇。由于朱据的缘故，朱公主和士大夫尤其是江东士族应该保持着比较密切的关系，而且她本人在宗室中也有一定的影响力。之前孙权挑起二宫之争，朱公主选择站在士大夫一边，孙权对此并无反应，说明这是他的有意放纵。虽然孙权最终的目的是打压士大夫，但这并不代表他会允许宗室力量过于庞大。两个女儿不和，想要压倒对方就只能寻求父亲的支持，这样一来，局面都在他的掌控之中。只不过，孙权想不到的是，最后局势失控了。

为此，孙权给了朱公主类似其胞姐的待遇，她也有一定干预政治的能力。若非如此，全公主不太可能仅仅因政见不合就对亲妹妹产生这么大的仇恨，大概率还是争权争宠的缘故。孙权为了维护自己的权力，不惜将儿子玩死玩残，反而对女儿倍加放纵，任由她们干政，最终酿成惨剧。总之，孙英谋反案大概率和朱公主脱不开干系，可以说这仍是二宫之争的遗留问题。

孙英谋反案最终虽被扼杀在摇篮中，但这件事让全公主感到很不安，除掉诸葛恪、逼死孙和是不够的，来自自己的妹妹威胁还在。于是，全公主又一次动了杀机。没过多久机会就来了，五凤二年（255年）七月，蜀汉使团即将到东吴进行国事访问，将军孙仪、张怡、林恂等几人打算在这次大会上寻机除掉孙峻。

张怡和林恂情况不详，但孙仪的身份很不寻常，他和孙峻同出自孙坚的弟弟孙静一系。孙仪之父孙皎和孙峻的祖父是亲兄弟，论起来孙峻应该是孙仪的从子。既然同出孙静一系，二人的关系应该是不错的，但为何双方会发生如此激烈的冲突呢？其实，这很可能跟私人恩怨有关。孙皎当年和诸葛瑾的关系非常好，两家很可能成了世交，使得后辈孙仪与诸葛恪也有很深的交情。孙仪之所以密谋除掉孙峻，大概率是对诸葛恪被其害死一事深感不满。

当然，孙仪的这次政变同样胎死腹中，几个主谋纷纷以自杀告终。这给了全公主一个下手的机会，她趁机污蔑朱公主与此案有关，最终将其害死。由于孙仪案和孙英案的性质不同，朱公主并未参与其中，据《三国志》记载："全主因言朱主与仪同谋，峻枉杀朱主。"可见，她是被冤杀的，这是史书定性过的。

全公主的冷酷无情令男人都感到汗颜，她对亲妹妹的处置残忍至极。据《搜神记》记载，朱公主死后被葬于石子冈，也是当初诸葛恪被杀后抛尸的地方。后来，孙皓继位后打算重新将其安葬，结果根本分辨不出朱公主的墓穴在哪里，最后靠朱公主显灵才得以辨认。虽然这样的神怪故事不足取信，但可以证明一点，那就是朱公主被随意埋在了乱坟岗。不仅要将妹妹置于死地，甚至在她死后还要极尽羞辱。要知道，连杀兄屠弟的李世民都会做做样子给兄长追封为王并厚葬，全公主的手段之残酷可见一斑。

朱公主的惨死让孙休惶惶不可终日，孙休和父亲一样，也娶了自己的外甥女，而且他比孙权更进一步，他的妻子是姐姐朱公主和朱据所生的女儿，连五服都没出。为了避免被迫害，孙休立刻让妻子离开自己的封地回到建业，和她撇清关系，以示自己的清白。如今，孙奋已经被废为庶人，孙休也彻底匍匐在自己的脚下，孙和一系基本已经遭到沉重打击，全公主终于扫清了权力之路上所有的障碍。

她为了维护自己的权力，大力扶植夫家全氏一族。当时，全氏一门有五人封侯，不仅握有兵权，其余家族成员还担任侍郎、骑都尉，宫廷宿卫等。全氏成了东吴显赫一时的家族，也成了全公主弄权的一大依仗。目前，唯一的不足之处就是明面上的执政者孙峻威望不足，因此他们被迫走上了诸葛恪的老路——对外战争。

几个月前,曹魏爆发了声势浩大的第二次淮南之乱,扬州都督毌丘俭率文钦等人起六万精兵讨伐擅自废立的司马师,双方近二十万大军在中原展开了一场血战。虽然最终毌丘俭寡不敌众兵败阵亡,但文钦非常幸运地逃了出来,而且正好遇到北上的东吴大军。

听说曹魏发生了这么大的动乱,正欲建功立业的孙峻肯定不会放过这个机会。不过,或许是东吴在淮南的情报机构不够给力,又或许是因为犹豫,浪费了一定的时间。总之,孙峻在毌丘俭起事二十七天后才出兵,很显然最好的战机已经过去了。等东吴大军开到东兴时,孙峻已经听闻淮南军战败,但他可能觉得魏军不会这么快杀到寿春,于是继续进军,终于在出兵十日后,到达离合肥东面不远的橐皋(今安徽省巢湖市西北柘皋镇),就在这里遇上了前来请降的文钦。

由于之前文钦有大破诸葛恪的辉煌战绩,所以孙峻对其非常器重。将有实力的降将培养成自己的嫡系,是对抗朝中反对势力的好办法。对于文钦来说,他在曹魏那里完全没有了后路,除了给孙峻死心塌地卖命外别无选择。这次孙峻虽然错过战机,没能在淮南分得一杯羹,甚至还折损了老将留赞,但至少招降了文钦,还得到数以万计前来躲避战乱的淮南百姓,也算有不小的收获。

初来乍到的文钦对于自己的处境非常清楚,他明白自己在东吴最大的意义就是领兵伐魏,便劝说孙峻起兵北伐,而孙峻上次也尝到了对外用兵的甜头,于是二人一拍即合。太平元年(256年)八月,孙峻发动了一次规模宏大的北伐,镇北大将军文钦、骠骑将军吕据、车骑将军刘纂、镇南将军朱异、前将军唐咨都参与了此次出征。

当时,孙峻和滕胤在石头城为诸将践行,在军营里见到吕据帐下的士兵军容齐整,这令孙峻心里很是厌恶。吕据由于出身问题,在孙峻和诸葛恪之争中基本保持中立,他的态度让孙峻很不满意。如今,看到吕据手下兵强马壮,他这个心胸狭隘的人自然不会开心,便借口心脏不适离去,可谁也没想到孙峻当天夜里竟然真的因病猝死了。

这下轮到全公主慌了，虽然她有实力有手段，可她毕竟只是一个公主而已，不可能光明正大地掌握权力，她必须要通过一个傀儡来实现目的，自己的姘头孙峻就是最佳人选。如今孙峻已死，皇帝孙亮也在一天天长大，她的权力还能维持到什么时候呢？

05 孙綝弄权

孙峻的猝死让全公主始料未及，突然失去了这个提线木偶，她的权力之路变得扑朔迷离起来。由于孙峻是孙恭的独子，没有亲兄弟，他似乎又没有子嗣，所以临终之时只好将大权交给堂弟孙綝，以他为侍中、武卫将军，领中外诸军事。

对全公主来说，这是个不得已的选择。费尽千辛万苦压制了政敌，将大权揽于己手，岂能轻易放弃？她只能延续宗室掌权这一路线。然而，孙綝毕竟不像孙峻那样多年来和自己有亲密的关系，他会那么听话吗？答案显然是否定的，孙綝年仅二十六岁，正是年轻人血气方刚的年纪，他怎么可能愿意受制于一个女人呢？

而且，年轻人自然有思虑不周之处，这将导致孙綝得到的来自宗室和外戚家族的支持大大减少。孙綝实在太过年轻，资历和威望还远远不如孙峻。要知道，孙峻在孙权时代就已经是天子近臣了，后来还做过托孤大臣，而孙綝此前只是一个偏将军，仅比校尉高出一点，他根本无法服众。因此，孙綝上位之初地位并不稳固。

由于在二宫之争期间江东士族遭到孙权选择性的残酷打压，目前他们还处于蛰伏期，基本不直接参与斗争。因此，当时东吴朝堂上文化和阶层方面的差异被淡化了，江北人不再因士人和武将的区别而被分为两类，而是逐渐抱团，出身地域成为结盟的第一要素。这就是吕据和滕胤走到一起的原因。

当初，吕据虽然是鲁王党的成员，但史料中并无其明显支持鲁王的记载，因此吕据很可能只是因为武将的身份才被拉拢进鲁王党，他本人对党争并不热衷。吕据对于诸葛恪被消灭可以冷眼旁观，但这不代表他对孙峻弄权无动于衷。孙峻对滕胤的打压令吕据心生不满，而吕据的态度也让孙峻很有意见，二人只是维持着表面上的和谐。

孙峻死后，吕据对孙綝这个乳臭未干的小辈更加不屑。当时，孙綝虽然接过了孙峻大部分的职权，但不包括丞相这一职位。于是，吕据抓住这一点，与其他将领联名上书，表滕胤为丞相，希望以此分割孙綝的权力。孙綝见招拆招，他清楚自己在朝中根基尚浅，滕胤偏偏是众望所归的人物，对自己的地位威胁很大。为了独霸朝纲，孙綝以滕胤为大司马，代替刚刚去世的吕岱驻守武昌，意图将他赶出朝廷。此举激怒了吕据，由于孙峻已死，北伐不了了之，他当即发兵回师讨伐孙綝，顺便派人通知滕胤一同起事。其实，滕胤对此也无法接受，在孙峻掌权的时代，他与孙峻二人在明面上并无矛盾，但孙綝做得太绝，这越过了滕胤的底线，他和吕据一拍即合。

刚刚掌权就遭到挑战，对孙綝来说是一个严峻的考验。不过，孙綝也不是盏省油的灯，他从容应对，很快就掌握了主动权。如今，吕据领兵在外，滕胤留在建业，二人身居两处，沟通不畅，正好给了孙綝各个击破的机会。孙綝首先让从兄孙宪与丁奉、施宽率军在江都阻击，截断吕据的归路，避免他杀回都城。同时，又让其余几位北伐的将领一起围剿他。

这就到要站队的时候了，刘纂、文钦、唐咨、朱异等众将纷纷打着自己的算盘。对刘纂来说，如何抉择并不复杂。之前在妻子朱公主冤死一案中，刘纂并没有受到牵连，这背后很可能代表孙峻拉拢了他，刘纂接过了对方递出的橄榄枝，这也是孙峻让他领兵的原因，他是不可能站在吕据一方的。

而文钦的想法要稍微复杂一些。作为一个降将，他在江东毫无根基，必须要有一个有力的靠山，如今最信任自己的孙峻已死，吕据又和他关系不睦，孙綝是文钦唯一的选择。另一名更早投奔江东的降将唐咨的想法就更简单了，他只需听命行事即可，没有必要深度卷入冲突之中，肯定不会盲目地跟着吕据作乱。

几人中唯一没有明确表态的就是朱异。朱异代表着江东士族，偏偏这一阶段江东士族对宗室和江北人之间的斗争冷眼旁观，所以他也不愿意卷入纷争。不过，朱异这样的态度最终害死了他，这是后话。

吕据急于起事，准备得相当不充分，导致他立刻陷入了孤立无援的境地，灭亡只是时间问题。至于滕胤，孙綝对他还是相当忌惮的，这也是孙綝一定要把他赶出朝廷的原因。滕胤不只是个文官，他在当时还担任都下督一职。所谓都下督，顾名思义应该是在都城驻军的都督，这是当初诸葛恪任命的，目的是在自己出师北伐时，国都能有人坐镇，不生动乱。因此，滕胤手中的兵权对孙綝来说是一大隐患。

为了不战而屈人之兵，孙綝派侍中、左将军华融和中书丞丁晏作为使者拉拢滕胤，要他一同讨伐吕据。不过，滕胤的头脑很清醒，他知道政变这种事开弓没有回头箭，绝没有妥协的可能，与其将来遭到清算，还不如拼死一搏。于是，滕胤整兵自卫，并将不愿配合的华融和丁晏斩首。这时，滕胤和吕据无法及时沟通的弱点就暴露出来了，孙綝清楚吕据已经成为瓮中之鳖，于是可以从容不迫地调兵包围滕胤的府邸。滕胤对此却毫不知情，他谈笑自若，丝毫不见慌张，还对吕据的援兵寄予厚望，白白错失了良机。

夜半时分，手下人建议滕胤可以带兵前往太初宫东面的苍龙门，宫中禁卫军见状很可能会慑于他的职务和威望俯首听命，从而对孙綝反戈一击。这个计划其实是有可能成功的，趁夜色突围总好过等到白天，况且当时孙綝的队伍还未集结完毕，这已是滕胤最后的机会。

不过，滕胤有一个顾虑，他大概是不确定自己能否突围，即使能突围也不知道能否说服苍龙门的守军开门，因为一旦不能进宫，一切都是白费，到时失去府邸围墙的掩护更是死路一条。再加上他仍然对吕据将带兵来援一事深信不疑，最终错失了机会。当时，滕胤只好安慰部下说吕据快到了，众人闻言士气高涨，终无一人叛逃，可他们苦等了一夜，也没能等来那虚无缥缈的援军。

天亮后，集结完毕的孙綝对滕胤府邸发起了总攻，滕胤寡不敌众，当场战死。三天后，走投无路的吕据不愿降魏，最终被迫自杀。至此，东吴托孤五大臣在激烈的火并中全军覆没，而这离孙权逝世也只有四年多而已。平定吕据、滕胤之乱后，孙綝的声势大增，升任大将军、假节，封爵永宁侯。这次胜利让年轻的孙綝变得倨傲起来，他认为自己就是那个天选之子，任何阻挡他的力量都是螳臂当车，他根本无须受制于任何人。

孙綝的态度令全公主大为不满，他和孙峻不同，已经完全不受自己的掌控了，于是全公主产生了除去孙綝的念头。具体方法是从他的身边人入手，全公主就这样暗中制定了一个针对孙綝的阴谋。这个人就是之前负责阻击吕据的孙宪。不过，根据《三国志》孙綝本传的记载，他的名字叫孙虑。这个问题不难解释，我们知道，孙权有一个儿子就叫孙虑。一般来说，同一家族不会起重复的名字，考虑到"宪"和"虑"二字的字形有些相似，可以判断"孙虑"很可能是误记，他的名字应该还是以孙宪为准。据史书记载，孙宪感到孙綝对自己有所冷落，便心生不满，于是与将军王惇密谋发动政变，最后事情败露，被迫自杀。

这件事有些不寻常，孙宪早先是孙峻的亲信，当初孙峻诛杀诸葛恪时，孙宪出了不少力，之后因功官至后将军。而到孙綝掌权的时代，他仍被委以重任，孙綝对其信任有加，命他领兵阻击吕据。因此，孙宪认为孙綝薄待他一事并不成立。而且，此时孙綝的地位比他刚刚掌权时更加稳固了，如果孙宪真的有心作乱，这绝对不是一个好时机。况且，孙宪这次密谋看上去简直如飞蛾扑火一般，他势单力孤，盟友只有一个名不见经传的王惇，这成功率实在太低了。

孙宪当然不是自寻死路，他之所以敢反对孙綝，大概率是因为背后有人撑腰。从实力和动机上来看，此人都直接指向全公主。作为当初孙峻的亲信，孙宪毫无疑问与全公主也保持着密切的关系，这样的人拉拢起来再合适不过了。所谓的孙宪对孙綝不满并不成立，更可能的是全公主许给他更丰厚的回报，比如取孙綝而代之类似的承诺。孙宪和孙峻、孙綝兄弟一样，都是出自孙静一系，既然他们能够掌权，想必孙宪认为自己也有这个资格，可惜这不切实际的野心最终葬送了自己。

孙綝的警惕性极高，很快就将这次政变扼杀在摇篮中，这让全公主不得不重新审视这位骤然身居高位的年轻人，自己还是低估他了。就在全公主盘算着接下来如何对付孙綝的时候，孙綝的反击来了。前面说过，孙綝在政变中取得一系列胜利后，变得异常膨胀。在他看来，无论是江北文武大臣还是江东士族都已遭到重创，不会对他的统治造成威胁，如今到该肃清宗室内部的时候了。其实，孙綝的想法大错特错。当初诸葛恪一度风光无限，最终却身死族灭，造成这一悲剧的根源正是他孤立无援。既没有江东大族的支持，又与宗室搞对立，同时还得罪了施绩等武将，这样岂不是自取灭亡？目前，孙綝正是在走诸葛恪的老路。事实上，在整个孙綝掌权期间，他的地位稳固程度都不如孙峻，针对孙綝的政变接连不断，这与他争取到的支持很少有极大的关系。因此，即使孙綝想摆脱全公主独掌大权，也应该循序渐进，不能太过急躁。

要知道，全公主此时大约已经年近五旬，比他大二十岁不止，就算比寿命，孙綝也是有极大优势的一方。如果孙綝能够放低姿态，像孙峻那样对这位姑姑毕恭毕敬，他以后的路会好走很多。可以说，只要孙綝和全公主不发生冲突，东吴皇权的衰微必然是长期趋势，甚至发展到小宗取代大宗的地步并非没有可能，这便是孙权晚年所犯的一系列错误的消极影响。不过，当孙綝决意与全公主决裂时，东吴宗室逐步退出历史舞台便已成定局了，一度强大的宗室力量在成功压制对手后，最终因内讧走向衰落，这对东吴政权来说反倒是一件好事。

为了对付全公主，孙綝费了不少脑筋，这个女人在宗室中辈分较高，不仅有丰富的政治斗争经验，还拥有夫家钱塘全氏的支持，确实是个强敌。为了稳妥起见，孙綝决定不直接对全公主下手，而是先剪除她的羽翼。如果没有了钱塘全氏的支持，全公主的力量将大大减弱。不过，钱塘全氏作为显赫家族，实力不容小觑，族中成员多在朝为官，且掌握兵权，绝不是那么好对付的。

正当孙綝无计可施时，一件突如其来的变故给了他绝佳的机会。

06 兵败寿春

太平二年（257年）五月，建业迎来了一批特殊的客人。他们来自淮南，以朱成为首，献上了曹魏扬州都督诸葛诞的降表。为表诚意，诸葛诞称愿将儿子诸葛靓和长史吴纲等将佐子弟送往江东做人质。

原来，就在东吴朝堂上的斗争正激烈无比时，曹魏内部也发生了巨大的变故。大将军司马昭对坐镇淮南的征东大将军诸葛诞产生了猜忌，趁着司空卢毓病逝之际，下令召诸葛诞入朝接任。这是一个无解的阳谋——如果诸葛诞答应了，他将失去一切权力；如果不答应，那就是抗命，朝廷就有合理的借口讨伐他。

接到诏书的诸葛诞立刻陷入了恐慌，几年前被召回朝廷的好友夏侯玄没过多久就死于非命，他岂能不怕？况且，这道任命名义上是从二品征东大将军升为一品司空，但三公只是个虚名，如何比得了掌控一州生杀大权的都督？诸葛诞坐拥近二十万大军，粮草堆积如山，他不甘心将命运交给别人，遂起兵作乱，这就是淮南三叛中的最后一叛。作为一个实用主义者，诸葛诞吸取了之前毌丘俭孤军奋战而惨遭失败的教训，第一时间联络东吴作为外援。

诸葛诞起兵的消息传到东吴，朝野上下跃跃欲试。要知道，东吴曾在淮南方向发起过多次北伐，却几乎次次铩羽而归，只有曹魏出现内乱时，东吴才有可能取得突破。之前毌丘俭起兵时，东吴本想趁火打劫一番，无奈毌丘俭败亡得太快，东吴军队又有些拖沓，最终错失良机。这次诸葛诞并未主动出击，而是固守寿春，凭此坚城，想必他可以支撑很久。这样一来，东吴介入此次战争的余地就很大了。

目前，派兵参战已成定局，但具体如何操作就有讲究了。孙綝恰好从中发现了一个"好机会"，这便是他在此次战争中做出一系列迷之操作的根本原因。如今，孙綝的首要目的是打倒全公主，一统宗室力量，其次是继续压制士族，最终实现一人独大的目标。为此，他将不择手段，最终把战争变成争权的工具。对孙綝来说，目前威胁最大的便是掌握了一定兵权的全氏家族，如果没有全家的支持，全公主的势力将被大大削弱。于是，孙綝策划了一个阴谋。

六月，孙綝命文钦、全怿、全端、唐咨、王祚等众将，率领第一批援军共三万人先行出发，援救寿春。能有建功立业的机会，全家军自然欣然领命，可他们不知道，自己已经落入了一个巨大的陷阱。战争讲究集中兵力，在局部取得优势才是王道。目前，淮南战场上集结了四十多万大军，这三万人加入战局连个水花都激不起来。吴军的正确做法应该是集结一支十万人以上的大部队，然后缓缓行至寿春外围，与诸葛诞的淮南军形成掎角之势，如此便可以对司马昭的包围圈造成巨大的威胁。可孙綝仅仅派了三万人便急匆匆地出发了，这和让他们送死有何分别？

这里便可看出孙綝的阴险之处。几名将领中，王祚情况不详，我们不做讨论，但另外四个人的选择就很有目的性了。其中，文钦和唐咨是降将，在江东没什么背景，牺牲掉无所谓。而全怿、全端是全氏一族中的重要人物。尤其是全怿，他是全公主的亲生儿子，如果全怿战死沙场，全公主将失一臂助；如果兵败被俘，全公主将会颜面扫地，无论如何都会对全公主造成重大打击。

然而，事情的进展有些出人意料，预期的交战并没有发生。当时，魏国豫州刺史、镇东将军王基率领司马昭征讨大军的先锋率先抵达寿春外围，或许是因为兵力不足，包围圈不够严密，寿春城北的八公山成了其薄弱之处。在扬州混迹多年的文钦很快就注意到这一点，他对当地的地形极为熟悉，便趁机带队翻山越岭进入寿春城，和诸葛诞会合。只不过，自以为得计的文钦却不知自己已经落入死局，这是后话。

其实，这很有可能是王基有意为之。这三万人虽不多，却可以加速消耗寿春城的粮草。本来够二十万人吃一年的粮草，现在只够二十三万人吃十个半月了。同时这样也可以避免这支吴军和后续部队会合，把第一批援军先放进城，等后续部队赶到时，魏军的包围圈已经完成，吴军便会陷入无法集中兵力的窘境。但孙綝对此毫不在乎，从后来他在这场战争中的表现来看，孙綝根本就没有想打赢这场战争的打算，他的主要目的就是借着战争铲除异己。

现在全家军虽然暂时无恙，但已经陷入重围，前景不容乐观。接下来，孙綝开始准备对付下一个目标了。孙綝的第二个目标是压制江东士族，此时士族的代表人物便是朱异。在之前的吕据、滕胤之乱中，几个参与北伐的将领纷纷领命讨伐吕据，唯有朱异没有表态，这令心胸狭隘的孙綝心生怨恨。从此，朱异便成了他的眼中钉，欲除之而后快。于是，趁这次外出作战的机会，孙綝设计了一个针对朱异的阴谋。

在出征寿春前，孙綝曾命朱异去讨伐驻扎夏口的孙壹。孙壹同样出自孙静一系，他的父亲是孙静的第四子孙奂，论起来，孙壹还是孙綝的从父。但孙壹的身份有点特殊，之前发起叛乱的滕胤和吕据都是他的妹夫。此时，孙壹的弟弟孙封已经因恐惧而自杀，孙壹也惶惶不可终日——朱异的讨伐军已经在前往夏口的路上了。孙綝之所以在孙壹并未有明确的反心时就先动手，主要还是因为之前孙宪的事让他产生了忌惮。以孙壹的身份背景，实在是被全公主拉拢的不二人选，与其等他叛乱时再出兵镇压，还不如先下手为强，免得到时更被动。孙壹见东吴已无自己的容身之处，只好带领亲属和部曲千余人逃亡到曹魏去了。

可接下来事情的发展就有些奇怪了，按说朱异完成任务后应该回归北伐军主力，孙綝却命他以三万人单独驻扎在寿春以南的安丰城，并未让他与主力部队合兵一处。这是一个不合常规的安排，如果说第一波援军属于仓促集结，人数不多尚可理解，第二波援军明明有集中兵力的条件却硬要分兵，应该任何一个头脑正常的指挥官都不会做这样的事。兵法有言："倍则分之。"也就是说，只有兵力达到对方的两倍时才有分兵的条件，否则就将被对手各个击破。孙綝这样的添油战术面对司马昭的二十多万大军如同以卵击石，所以可以断定他就是故意让朱异去送死。果不其然，没过多久，朱异便在阳渊被曹魏兖州刺史州泰所败，损兵两千人，兵败南撤的朱异才得以在巢湖北岸的镬（chuò）里和孙綝的主力军会合。见到孙綝后，吃了败仗的朱异自然是低人一头。接下来，失去话语权的他只能任由孙綝摆布了。

其实，对比当时双方的形势，淮南军和东吴一方占着优势，不仅总兵力更多，而且吴军近十万的主力在外，对魏军的威胁是很大的，因为围城的魏军也不知道东吴援军什么时候会出现。吴军最正确的做法不是急于进攻，而是依托江淮之间的水道进行补给，做好长期战争的准备，他们只需要按兵不动就可以了。只要吴军不主动挑衅，魏军就不会主动进攻，这必然会导致寿春包围圈崩溃，给淮南军争取宝贵的战机。等到淮南军因粮尽突围，或者魏军发起总攻之日，就是吴军加入战局之时。

然而，孙綝令朱异都督丁奉、黎斐等领五万兵马再次出击，摆明就是要为难他。最终，朱异不出意外地在寿春以南不远处的黎浆水北岸和五木城连续两次被魏将石苞击败。这还不算完，一次更严重的打击即将到来。朱异大军的粮草辎重囤积在黎浆水以南不远处的都陆。这个安排本身倒没什么问题，但毕竟东吴的北伐很少深入到寿春一带，对当地的地理形势不甚了解，而唯一熟悉地形的文钦还不在军中，于是被魏军抓住了漏洞。

为了这一天，时任泰山太守的胡烈已经等了很久了。几年前他的父亲车骑将军胡遵在东兴之战中为东吴所败，这次胡烈终于得到了为父亲雪耻的机会。他率五千奇兵，躲过吴军的监视，迂回到其背后，对都陆发动奇袭，将吴军的粮草辎重焚烧殆尽。这下朱异彻底打不下去了，只好班师返回大军驻地镬里，可他不知道的是自己已经半只脚踏进了鬼门关。

孙綝见朱异归来后，又命他领兵三万出战。这个命令从各个角度来看都是不可理解的，吴军已经连败四场，士气低迷，绝没有再贸然开战的理由了。就算要继续打，那也得孙綝亲自带队、全军出击才有一点机会。孙綝这么做的理由只有一个，那就是他其实已经放弃援救寿春了，他真正要的就是朱异的命。这一次孙綝就是要让朱异两难，接受命令则必败无疑，那么就以军法处斩；若朱异拒绝，就直接以抗命为由处斩，左右都难逃一死。之前，陆抗看出情况不对劲，同为江东士族成员，他不愿见朱异去送死，便劝他别去见孙綝，可惜朱异不听，最终因拒绝孙綝的无理命令惨遭杀害。

朱异死后，孙綝很快就返回建业了。他只留下弟弟孙恩摆摆样子，鼓舞一下淮南军的士气，但直到寿春城破也没有发挥什么作用。孙綝之所以急于回京，是出于几方面的原因。首先，连续作战不利，击退魏军已经不可能，不必再浪费精力。其次，他借着这次战争打压以朱异为代表的江东士族的计划已经成功了。至于最后一点最为重要，因为这是他针对全氏家族阴谋的最后一步。

这次救援寿春的行动，全氏出了很大力气，全怿、全静（全琮孙）以及全端、全翩、全缉（全琮从子）等几名宗族将领都带兵出征了。可偏偏在太平二年（257年）十二月，全怿两个留在建业的侄子全辉和全仪因为与家人发生争执，竟闹到公堂上，之后他们竟然携带家眷和部曲投奔曹魏了。这件事极不寻常，这本身不是什么大官司，不可能会闹到逃亡敌国的地步，所以这必然是一个针对全氏的阴谋，其背后的主使者不言自明。

孙綝极为阴险，他不仅要政敌在战场上失败，还要将他们整个家族彻底钉在耻辱柱上。他暗中迫害全辉和全仪，逼迫他们逃亡，而这对寿春城中的全氏将领们造成了巨大的影响。很快，这件事就被司马昭的智囊钟会利用了，他献计让全辉和全仪给寿春城内的全氏将领们写了一封密信，说东吴朝廷怪罪他们久战不利，要诛杀全氏家眷。其实，这并不是什么多么高明的计策，但它准确地抓住了全氏诸将的心理弱点。本来被围了几个月，全氏将领们已经人心惶惶，偏偏又得到家族将被清算的消息，这便是压死骆驼的最后一棵稻草，他们顿时战意全无。很快，全端和全怿就率领几千名部下出城投降了。

这次成建制的投诚对淮南军的士气造成了极为沉重的打击，不久后，寿春城内发生内讧，文钦被害。至此，诸葛诞失败的命运已成定局。诸葛诞之乱本是一次东吴破局的绝佳机会，东吴方面若能和诸葛诞精诚合作，击退司马昭的讨伐军并非不可能。到时候，诸葛诞降吴，淮南大片的土地唾手可得，这可是孙权梦寐以求的局面。然而，这一切都因孙綝的一己私欲被葬送了。他为了争权夺利，打击异己，不仅错过了这次千载难逢的良机，还造成了吴军的巨大损失。其中，寿春城内的三万精兵竟然被打包送给了曹魏，岂能不令人心痛？如此行为与资敌叛国无异，孙綝已经成了东吴上下的公敌。

对此，志得意满的孙綝却毫不自知，他以为打击了政敌，可以唯我独尊，殊不知自己已经走上了绝路。如今，无论是宗室还是士族，都走到了他的对立面。

07　孙綝废帝

正所谓天欲其亡，必令其狂。这句话用在孙綝身上再合适不过了，就在灭亡的前夕，孙綝迎来了他最后的疯狂。

到太平三年（258年）下半年，东吴的政治形势跟一年多前相比发生了明显的变化。首先是曾经不可一世的全公主一派的力量被大幅削弱。随着全氏家族多名主要成员和众多部曲在寿春之战中被迫降魏，这个一度荣宠无以复加的家族衰落了，全公主失去了她最大的依仗。就在宗室内部斗得如火如荼时，一个曾被忽视的力量开始重新崛起，在野心家们惨烈搏杀的背后，东吴的皇权逐渐复苏了。

最初，孙亮被全公主视为傀儡，她希望通过控制少主来实现弄权。但小皇帝总有长大的一天，在权力的夹缝中成长起来的孙亮开始有了自己独立的想法。孙亮聪慧过人，这也是孙权极为喜爱他的原因，巧断鼠屎的故事充分体现了这一点。

根据《吴历》记载，一次孙亮命黄门官去库房取蜂蜜为他泡青梅蜜饯，黄门官和库管有私怨，便在蜂蜜中投入老鼠屎，以此污蔑他保管不善。孙亮得知此事后命人将老鼠屎剖开，发现其外湿内干，断定必是刚刚放进去的，黄门官才是罪魁祸首。不过，在《江表传》中，此事有另一种版本的记载，说孙亮让黄门官去取的不是蜂蜜，而是交州送来的甘蔗糖。根据裴松之的推断，还是《江表传》的说法更为可靠，假如黄门官用的是新鲜的老鼠屎，孙亮就无法用上述方法断案了，所以《吴历》应该是为了凸显孙亮的智慧进行了艺术加工。但不管怎么说，以孙亮的聪明才智，他必然不愿意被权臣摆布。

太平二年（257年）四月，十五岁的孙亮开始亲政。其实，对权臣来说，只要实力够强，皇帝亲政就根本构不成威胁。但孙綝的权力明显没有那么稳固，他尚不能一统宗室内部，更何谈控制皇帝呢？从这时开始，孙綝的日子就开始不好过了，他上奏的事情，常常受到孙亮的责问、诘难，令他颜面扫地。

同时，孙亮开始发展自己的力量，他征召十五岁以上、十八岁以下的军人子弟共计三千余人，并任命年轻的将门子弟做他们的统帅，终日在皇宫内苑中操练。孙亮弄出这么大的动静，无论是全公主还是孙綝都不可能不知道，却没有加以制止，这说明他们正忙于内斗，已经无力抑制孙亮了。

孙綝急着借对外战争打击异己，经过寿春之战，可以说他的计划基本成功了。朱异被杀，钱塘全氏遭到重创，无论是江东士族还是全公主一派对他的威胁都已经大大减小了。不过，江东士族可以暂时蛰伏，避开孙綝的锋芒，等孙綝自取灭亡。但全公主不行，她没有士族那样深厚的根基，一旦彻底失势，将再无翻身之日。作为一个品尝过权力滋味的人，全公主不甘心就这样退出权力的舞台，于是在这样的背景下，全公主和孙亮为了共同的利益走到了一起。

当时，孙綝对自己的处境没有十足的信心，对这位十六岁的皇帝，孙綝丝毫不敢小觑。要知道，当初他还是个孩子的时候，就曾和堂兄孙峻谋划，深度参与了铲除诸葛恪的政变。自己会不会是下一个诸葛恪呢？孙綝越想越怕。但孙綝想出来的对策就有些不妥当了，他居然选择了鸵鸟政策，干脆躲出朝廷。孙綝先是称病不上朝，同时在朱雀桥南建了一座府邸，让弟弟孙据守卫太初宫东侧的重要出口苍龙门，弟弟孙恩、孙幹、孙闓分别带兵守卫诸营，希望借此把持朝政并自保。

这就有些异想天开了，离开了朝廷还怎么把持朝政呢？除非他有足够的实力另起炉灶。比如，曹操称魏公后就在河北新建了魏国，把昔日丞相府的班底升级为魏国的臣子，国家中枢也从许昌转到邺城。孙綝就差得远了，他只是个大将军、永宁侯而已，远远无法和曹操当初的地位相提并论。现在孙綝离开了朝廷，自己又没有一套代表国家意志的合法班底，如今从皇帝孙亮那边下达的才是合法的政令。这样一来，孙綝就从一个权臣变成了一个只有兵权的大将军。

其实，孙綝希望把兵权握在手中，以掌控朝政，从原则上来讲确实没错，但这并不够，若不能掌控皇帝，就会给反对派大量对付他的机会和口实。更何况，孙亮本人也有重塑皇室权威的意愿，必然会拉拢一切可以拉拢的力量为他所用，到时候，孙綝就会在朝廷的意志下成为千夫所指的国贼。

见孙綝因寿春之败威信扫地，再加上他胡作非为弄得天怒人怨，孙亮认为时机已经成熟，他准备动手了。一天，孙亮和全公主会面，他一上来就开门见山地问朱公主的死因。这件事已经不是什么秘密了，没有人不知道全公主和朱公主有仇，全公主指使孙峻将其害死。现在孙亮重新把这件事搬出来，难道他要和全公主算旧账吗？其实并非如此，如今孙綝是最强势的一方，二人联合对付他才是最优选，打压全公主对孙亮没有半点好处，那样只会便宜了孙綝，二人走到一起是水到渠成的。孙亮此举的目的就是要给全公主一个下马威，让她认清形势，以便自己在接下来的政治同盟中占据主导地位。

此时强弱之势互易，全公主早已没有了当初的资本，孙亮这个自己扶植起来的傀儡，如今却成了自己要依附的对象，心理落差之大可想而知。再加上朱公主之死，全公主本就是第一责任人，她心里有鬼，只好解释道："此事我毫不知情，都是朱熊和朱损告诉我的。"她将责任推给朱熊和朱损，说他们诬告，这样她就从主谋变成失察，罪名也轻了很多。朱熊和朱损是朱据之子，虽并非朱公主所生，但从宗法角度来看，朱公主就是他们的母亲。朱据和朱公主夫妇并无任何不和谐之处，在二宫之争中，朱公主全力支持丈夫，为此和姐姐反目成仇。作为朱据的儿子，朱熊和朱损没有道理会与朱公主产生矛盾，更不会去诬告她，尤其对象还是朱家的仇人。因此可以断定，全公主这番鬼话完全是她捏造出来的。

那么为什么全公主会说出这两个人呢？这应该是她在打击报复，想借机除掉曾经的政敌的儿子。以孙亮的头脑，他是不可能相信全公主的，但他需要借着为朱公主平反一事打压全公主的威信，将她和孙峻一并否定。于是，孙亮并没有揭穿全公主的谎言，他下令将朱熊和朱损二人逮捕并处死，罪名仅仅是他们二人当时未能规劝孙峻。

如今孙峻已死，无法追责，只能让他们承担责任了，毕竟朱损是孙峻的妹夫，处理他们也勉强能说得过去。为了达到政治目的，孙亮不惜牺牲两名无辜的人。由此看来，这个十六岁的少年倒是得了父亲的真传，小小年纪便如此冷酷。孙亮这样的处理方式肯定不符合全公主的利益，但此时她已经没有选择，不追究她害死朱公主一事已经是格外开恩，她无法再奢求什么了。更何况，孙亮之母潘夫人之死很可能也与全公主脱不开干系，她唯恐此事败露，届时下场会更加凄惨，所以只能对孙亮俯首听命。

孙亮这一突如其来的大动作让孙綝感到恐慌，因为他的权力来自堂兄孙峻，如今孙亮否定孙峻就相当于在否定他。为此，孙綝特意去觐见孙亮，为朱熊和朱损兄弟求情，但遭到了孙亮的拒绝。这时掌控朝堂的重要性便体现得淋漓尽致，诏令终归要出自皇帝，这就是程序正义。而孙綝自己放弃了对朝廷的掌控，使得孙亮可以按自己的意志下诏，这诏令又是合法的，他没有任何理由不遵从。虽然孙綝不见得没有强行抗命的实力，但那样就相当于和孙亮公开决裂，与谋反无异。也许孙綝本人不是没有这个心思，但当时的他应该还没完全做好准备。因此，孙綝只能眼睁睁地看着自己的权威受打击而毫无办法。

这次试探取得初步胜利后，孙亮产生了一种孙綝不过如此的感觉，于是开始谋划发动总攻，打算一举干掉孙綝。其实，孙亮的想法不算错，孙綝的地位并不稳固，但可惜他在实际操作上出了问题。这次政变的参与者除了全公主外，还有将军刘承和太常全尚。刘承的履历不详，此处不做探讨，但全尚值得一说。

全尚是孙亮的岳父，当初力主让全尚之女嫁给孙亮的正是全公主，如今全家式微，他们只能同舟共济了。而全尚还有另一层身份，此人是孙峻的姐夫，也就是孙綝的堂姐夫。全尚本人自然没有问题，但他周边的人就不好说了。不过，孙亮对此有所防范，他在召见全尚之子全纪时特意叮嘱一番。按照孙亮的部署，全尚将为中军指挥，他本人率领禁军亲临朱雀桥，随后包围孙綝的大将军府，到时命令孙綝属下军队缴械投降，则大事可成。

这其中最关键之处就是不能泄密，针对这一点，全纪确实听命行事了，可无奈全尚思虑不周，竟将此事完完整整地告诉了妻子。全尚之妻转眼就派人去给堂弟孙綝报信了。至于《三国志》的孙亮本传中提到孙亮的一个妃子因孙綝从外甥女这一身份去报信的说法，应该不太可靠。孙盛认为孙亮颇有智慧，没道理会把这么机密的事泄露给和孙綝有一定关系的妃子，这一结论还是很有道理的。

如今，孙綝已经被逼到绝路，除了起兵自救外别无选择。关键时刻，孙綝还算果断，他先下手为强，连夜拿下全尚，又让弟弟孙恩在苍龙门外斩杀刘承，之后亲自带兵逼宫。见孙綝竟敢起兵谋逆，孙亮大怒道："孤乃大皇帝之子，如今临朝五年，谁敢不从？"他打算亲自领兵出战。

其实，孙亮此时并非没有一战之力，他拥有三千多亲自训练的士兵，又有宫中近卫协助，一旦他出现在战场上，孙綝手下的将士见自己竟要攻杀皇帝，很可能会弃甲倒戈。然而，孙亮的弱点暴露无遗，当年除掉诸葛恪时，他就提前退场了，还叫道："非我所为！非我所为！"由此可见，孙亮虽有些智谋，但胆略还是差了许多。

在周围人的劝说下，孙亮最终还是没敢迎战，他在宫中徘徊了两天，坐立不安，便开始迁怒全皇后，责备她："都是你的父亲坏我大事！"随后，孙亮又命人把全纪找来，可全纪认为自己辜负了皇帝，无颜面圣，最终自杀身亡。

其实，孙亮还是有些操之过急了，他已经通过朱熊和朱损事件在树立自己威信的同时打击了孙綝，而且孙綝当时尚不敢摊牌，一切都在朝着对孙亮有利的方向发展。此时，孙綝已经失道寡助，时间是站在孙亮这边的，他应该做的是一边积累自己的实力，一边等着孙綝犯错，而不是急于求成。如今已经到了兵戎相见的地步，君臣之间的矛盾被彻底公开化，无论如何也掩饰不过去了，二人再无和解的可能，孙綝除了废帝外，没有其他选择。

太平三年（258年）九月，动乱平息后，孙綝在苍龙门召集群臣，他以孙亮荒淫无道为由当场宣布将其废为会稽王。至于全公主，则被贬到豫章，彻底退出了东吴的政坛，此后她的事迹便消失在史书中。作为三国时期对国家政局影响最深的女人，全公主虽然掌权的时间不长，前后只有几年，但她对东吴政局造成了极为深远的影响。虽然始作俑者是孙权，但她依然可以称得上是这一系列政治斗争的主角。全公主在经历了长达十几年的血腥斗争后，作为最终的失败者居然得以善终，相比那些死于非命的人来说算是相当幸运了。不过，对于全公主这样嗜权如命的人来说，这个结局其实与死亡无异。

废黜皇帝是孙綝灭亡前最后的疯狂，虽然他平安渡过了这次危机，但在大方向上他依然在延续诸葛恪的老路。孙綝只不过是个善于搞阴谋、胆大妄为的野心家罢了，好运气不会永远伴随他。他既缺乏硬实力，又没有大智慧，即使爬得再高，灭亡之日也不会太远了。

08　孙休锄奸

孙綝废黜皇帝孙亮后，权势达到了顶峰，他也将面临另立新君的问题。其实，孙綝的选择范围已经很小了，当时孙权诸子中还有资格继位的只剩下孙奋和孙休二人，其他人或死或废。对于一个希望掌控皇帝的权臣而言，立孙休显然是更合适的，因为孙奋的野心太大了。

当初，孙奋被诸葛恪压制，被强制迁移封地，后来当他听说诸葛恪的死讯后，就打算第一时间赶往建业以观其变，还将劝谏他的谢慈杀害，最终被废黜王位，贬为庶人。如此不安分的人，孙綝怎么能放心呢？而孙休就好得多了，这些年他无论受到什么打击都逆来顺受，当岳母朱公主被孙峻和全公主所害时，他为了撇清关系，立刻将妻子撵走。如此胆小怕事的人，想必更好控制吧。再加上手下也如此劝说，孙綝最终决定迎立孙休。只不过，孙綝还是看走眼了，这个貌似懦弱的孙休在短短两三个月内就让他死无葬身之地。就在废黜孙亮的第二天，孙綝便命宗正孙楷与中书郎董朝前往孙休的封地会稽迎请他来京即位。

不过，孙休的警惕性很强，孙綝的所作所为他必有耳闻，此人倒行逆施大失人望，他的权力能稳固吗？如果有人支持孙亮发起反扑，到时孙綝一旦失败，自己岂不成了附逆？因此，他对这天上掉下来的好事尚存疑虑。最后经孙楷和董朝苦劝了一日两夜，才决意出发。但是，孙休心里仍然没底，所以这一路上走得极慢。太平三年（258年）九月初三，孙楷和董朝来会稽迎接他，直到十月十七日孙休才到达曲阿，足足花了四十多天的时间，而此地距离建业仍有两百里左右。孙休的速度实在慢得出奇，当初司马懿从辽东班师时为了见魏明帝最后一面，一夜就狂奔四百里。虽说该数据可能有夸张的成分，但骑马赶路的话一天走几十里总是不成问题的，这说明孙休仍在观望。

可就在这段时间，孙綝竟然有些反悔了，他竟生出了更大逆不道的念头。孙綝看孙休一直没来，便想要进宫。根据《会稽典录》记载，孙綝此举是"图为不轨"，他很可能已经打算要自立了。当时，百官慑于孙綝的淫威，都不敢多说一句，唯有虞翻之子虞汜出言相劝，才让孙綝打消了这个念头，东吴也躲过了一场浩劫。

此时，在曲阿的孙休仍拿不定主意，突然有个老者拦住孙休叩头说："事情拖久了恐怕会生变，如今天下人对您殷殷期盼，希望陛下尽快前行。"这个老者应该不是普通人，平民百姓很难有此番见识，他很可能是孙休在建业的眼线，这次是来传递情报的，他确认建业局势稳定后才建议孙休前往。由上述事迹便可看出孙休的性格，一是善于韬晦，二是小心谨慎，这成了他能成功铲除权臣的关键原因。

得到确切的消息后，孙休当即出发，行进速度骤然提升，当天就赶到距离建业不远的布塞亭（今江苏省镇江市句容市一带）。第二天，孙休便入京正式登基，改元永安，是为东吴景帝。孙綝的地位也更进一步，三天后孙休下诏将其晋升为丞相、荆州牧。同时，他的弟弟们也纷纷高升，孙綝一门权倾朝野。此时的孙綝认为举国上下再无对手，行事便愈发狂妄起来。

有一次，他进献牛、酒给孙休，可孙休没有接受，他只好转送给左将军张布。对孙休拂他的面子感到不满，结果在酒席上孙綝竟然失言道："之前废少主的时候就有人劝我称帝，只不过我没答应。所以说若不是我，今上是做不了这个皇帝的，没想到陛下对我丝毫没有优待，看来我得另作打算了。"这一次孙綝真的太冲动了，张布是孙休的亲信，是在孙休做琅玡王时就跟随在身边的老臣了，对这样的人吐露真心必有后患。果不其然，张布很快就将此事报告给孙休。

对于孙綝专权，孙休肯定是极为不满的，但前任皇帝孙亮的下场摆在眼前，他不敢轻举妄动，只好通过示弱来麻痹孙綝。于是，在当年（258年）十一月，孙休三天内连下两封诏书。第一封诏书再次肯定了孙綝的拥立之功，提出要尽快为参与此事的功臣加官晋爵，第二封诏书则是将孙綝的弟弟孙恩晋升为侍中。当有人密报孙綝谋反时，孙休二话不说，立刻将这个人交给孙綝处置，表示自己对这些风言风语完全不相信。

不过，经历过多次政变的孙綝政治嗅觉还是比较敏锐的，他从中闻到了一些"将欲取之，必先与之"的味道，他开始担心起来。此时的孙綝本应提高警惕，通过自己掌握兵权的优势加强对建业的控制，然后直接派兵入宫监视皇帝的一举一动，可他想出一个馊主意——自请出镇武昌。孙綝素无人望，只是个年轻的宗室权贵，他全靠着掌控皇帝才能延续自己的权势。他在地方上完全没有根基，即使到了武昌又能怎么样呢？

要知道，长期在荆州领兵的上大将军施绩对孙綝乱政早有不满，甚至在联络蜀汉作为外援。如今他都督荆州西部巴丘至西陵的广大地区，一旦孙綝有异动，他肯定会第一时间起兵讨伐。因此，只要孙綝去了武昌，他就彻底掀不起什么风浪了。于是，孙休很痛快地答应了孙綝的要求，并让他带着自己掌管的一万精兵，武器也是要什么给什么，这下孙綝的警惕性又降低了。其实，这应该是孙綝为自己留的后路，因为孙綝在得到许可后并未立刻离开建业，他还是想再观望一番，等形势真的恶化到不可挽回的地步再走。可是他就没想想，到那个时候，他还走得了吗？

就在这时，孙休正和张布就如何铲除孙綝进行着最后的商议。之前孙亮的失败是一个教训，想寻找盟友必须得万分可靠才行，否则不如不找。于是，张布提出了一个人选，他就是丁奉。之所以选择丁奉，除了他确实有勇有谋而且胆略过人外，还有两个原因。

首先，丁奉之前奉孙亮之命诛杀朱损、朱熊一事，丁奉未必不知道朱氏兄弟是冤枉的，但他依旧奉命行事，可见此人有忠君之心。另外，杀死朱氏兄弟是孙綝极力反对之事，在孙亮被废后，难保孙綝不会对丁奉怀恨在心，有此顾虑的丁奉是有理由反对孙綝的。其次就是之前援救寿春期间，丁奉是极少数取得过胜绩的人，虽然具体有何战果史书并未明确记载，甚至有可能战果只是微乎其微，但他已经是表现得相对最好的了。眼见着吴军因孙綝一己私利损失惨重，自己的奋斗都化为泡影，丁奉必定会恨透了这个害群之马。有了这两点原因，再以皇帝的名义为国锄奸，想必丁奉是极为乐意的。

果不其然，丁奉受命后立刻答应下来。不过他提出，孙綝的几个兄弟都掌握着兵权，其他的党羽也非常多，很难一举将他们制服，不如借着腊祭大会的机会，请孙綝前来参加，然后用皇帝的亲兵将其当场斩杀。丁奉此计是当年孙峻诛诸葛恪的翻版，虽然孙綝掌握兵权，但进宫参加腊祭大会时防卫自然会放松，这是他防备最弱的时候，正好可以将其一举拿下。

腊祭的前一天，建业城中已有传言说明天将有重大变故，孙綝听说后非常害怕，打算称病不去。但孙休连续派了十几拨人来请，孙綝实在推辞不过，毕竟作为丞相，连这样的重大祭典都不参加，实在说不过去。于是，他想了个主意，吩咐手下人一会儿在府里点火，到时候自己就能以救火为由回府了。孙綝从掌权开始几乎就延续着诸葛恪的路线，虽然一度在政变中取得过胜利，但随着对外战争的惨败和人望的丧失，最终走上了一条不归路，从他决定入宫的那一刻起，他的命运就注定了。

就在腊祭大会期间，众人突然望见太初宫南面的丞相府方向升起了浓烟，孙綝见状大喜，立刻请求回府救火。他本以为这个简单的要求孙休会轻松答应，可当他望向孙休的那一刻，从孙休身上察觉到一股陌生感。此时的孙休早已没有以往软弱可欺的样子，只听孙休微笑道："宫外驻军颇多，此等小事何必劳烦丞相亲往？"孙綝闻言顿感大事不妙，当即从座席上起身，连忙往门外冲去。可宫内早就布下天罗地网，他已经成了瓮中之鳖。

只见丁奉和张布使了个眼色，左右卫兵立刻冲上来将孙綝制服，这个嚣张跋扈的权臣就这样成了阶下囚。被五花大绑的孙綝早就没了往日的风光，此人对待政敌时残忍狠辣，当自己面对死亡时却硬气不起来了，他跪在地下苦苦哀求："请陛下将我发配至交州。"可孙休轻蔑地回道："你当初为何不把滕胤和吕据发配交州？"孙綝还不死心，又求道："我愿被罚为官奴。"孙休大怒："你当初为何不让滕胤和吕据做官奴？"说罢便令左右将孙綝推出斩首，这个东吴历史上最大的权臣就此落幕，时年二十八岁。

孙綝的败亡并不令人意外，他只是表面风光，权力并不稳固。或许他在都城内能够掌握主要的兵权，但只能维持秩序而已，因为他对宫内的掌控极为有限，甚至都做不到在皇帝身边安插耳目。事实上，当初若不是有人报信，说不定孙亮已经把他除掉了。孙綝能够祸乱朝政两年之久，靠的不是实力而是运气，但运气不可能帮他一辈子。将孙綝处死并夷灭三族后，孙休并没有扩大打击范围，对其同谋数千人都加以开释。孙綝已死，他的党羽自然树倒猢狲散，如今赦免他们自然是收买人心的明智之举。

当初，孙权为打压士大夫而挑起了两宫之争，这场争斗在他死后继续扩大化，最终导致了宗室权臣秉政而皇权衰微的恶果。如今经历了数年之久的血腥厮杀，东吴皇室终于重新掌握了权力。为了塑造皇室的权威，必然要对孙峻和孙綝等人加以否定，于是，孙休将孙峻和孙綝从族谱中除名，又为诸葛恪、滕胤和吕据等人平反，国家暂时重回安定。

然而，这些年连续的内乱让东吴的实力不断被削弱，出师北伐又屡遭败绩，这些损失是轻易无法弥补的。曾在诛除孙綝一事中英明果决的孙休也未能保持住良好的作风，东吴政权最终还是向着深渊滑去了。

09 二奸当政

孙綝被铲除后，孙休摆脱了傀儡的身份，东吴内政重归安定。孙休是一个颇有能力的君主，虽然谨慎小心，但该出手时绝不犹豫，铲除奸臣时的果决颇有其父孙权之风。尽管如此，孙休却不是孙权那种崇尚法术的暴君，他本人有着深厚的儒学素养。

早年间，孙休曾在射慈、盛冲的教导下学习。这位射慈值得一提，他很可能就是因劝谏被孙奋所杀的那位谢慈。据《三辅决录注》记载，刘备手下的扶风射援就来自北地谢氏的分支。一次，射援的先祖谢服即将领兵出征，天子认为这个名字不太好，于是赐名为射咸，此后他这一支就以射为姓。射慈也出自这个家族，因此也被称为谢慈。

出身名门的射慈是一位大儒，在他的影响下，孙休也成了一个儒学气息浓厚的君主。他不仅对研读儒家典籍很是热衷，而且儒家的理念在其执政风格上也多有体现。孙休刚刚登基后不久就下诏，如果一家有三至五名男丁在官府或军队中服役，家中无人经营的话，就可以在父亲和长兄中任选一位留在家里且免除税赋，这明显是一大仁政。在除掉孙綝夺回权力后，孙休又下了一封诏书，提出要着力兴办教育，置学官、立五经博士，并招募官吏和将领子弟中的有志之士就学，经考核后加以任用，以此来改善社会风气。第二年（259年）三月，孙休再次下诏，要求重视农桑，减轻百姓负担，这与法家"弱民"的思想相悖。而且，孙休提出只有老百姓安居乐业，才会爱惜自己，进而社会的犯罪率才会降低，这又与孟子"有恒产者有恒心，无恒产者无恒心"的理念一致。总之，孙休的执政理念被打上了深深的儒家烙印。

尽管孙休在处理国政时充满儒风，但这并不代表士大夫政治就能复兴。此时，江北士人随着诸葛恪和滕胤等主要人物的死去已经严重衰落，江东士族也未在朝堂上重新占据一席之地。在防备士大夫上，孙休和孙权一脉相承。当然，孙休也不是完全不用江东士族，比如陆逊之子陆抗就被拜镇军将军并都督西陵，负责自关羽濑至白帝城广大地区的防务，而陆凯、陆胤兄弟分别驻兵长江中、下游。但总的来说，他们还是被局限在地方，最高军事长官大将军仍由出身江北的武将丁奉担任。但此时宗室力量已经被一网打尽，士大夫又没能崛起，究竟是什么人填补了权力的真空呢？

这便是孙休执政期间最令人诟病之事，他宠信奸佞，任人唯亲，导致东吴政局并未往好的方向上发展。孙休在帝王心术上与父亲孙权一脉相承，他非常善于收买人心。之前孙休在丹阳时，太守李衡曾多次依法对其进行制约。这位李衡便是当初弹劾吕壹的人，由此也能看出他刚直不阿的作风。孙休继位后，李衡非常恐慌，他担心遭到报复，一度打算逃到魏国去，经妻子阻止才罢休。不过，他多虑了，孙休根本没有这种打算，反而将其封为威远将军。

如果说对宽待李衡是为了做姿态，那他后面的表现就无法用相同的理由来解释了，他有不小的私心。孙綝一伙倒台后，孙休立刻大肆封赏，着力培养自己的班底。除了立下首功的丁奉外，孙休重点提拔的就是昔日自己做琅玡王时的亲信张布和濮阳兴。

早年间孙休在会稽时，张布就侍奉在他身边，孙休承继大统后自然一人得道鸡犬升天，张布也成了左将军。不过，当时孙綝正如日中天，张布的权力有限。直到孙綝伏诛，张布便取代了孙綝之弟孙恩的中军督一职，成为宫中禁军的统帅。于是，张布和丁奉一内一外，孙休在他们的协助下掌握了全国的兵权。

另一位得到孙休宠幸的近臣是濮阳兴。濮阳兴在身份上和张布略有不同，他是在孙权时期出仕的，其仕途早期和孙休并无交集，直到担任会稽太守才和孙休结下了深厚的交情。濮阳兴祖籍陈留，从成分上来讲，他应该算是出身江北的士人。不过，他的父亲濮阳逸一度贫困，还曾得到陆瑁的资助，可见其出身较低，至少和张昭、诸葛瑾等家族无法相比。因此，濮阳兴身上更多体现出的仍是孙休藩邸旧臣的属性。对自己的亲信旧臣，孙休百分百地信任，但濮阳兴是个奸佞之臣，这下问题就来了。

永安三年（260年），都尉严密提议修建丹阳湖田，筑浦里塘。孙休诏令百官商议此事，众人都认为要耗费大量工时，还不能保证湖田一定能修建成功。但濮阳兴好大喜功，坚持将工程继续下去，孙休听之任之。于是，濮阳兴召集众多士兵、百姓加入此项工程，结果耗费了海量的人力物力却收效甚微，兵民死的死、逃的逃，还有的被逼迫自杀。因此，百姓十分怨恨濮阳兴。其实，以孙休轻徭薄赋的执政理念，他对这种劳民伤财的事肯定是不愿为之的，但他仍放纵濮阳兴，这说明在孙休眼中，还是维护自己的统治最重要。

如今，朝中对此事反对声一片，背后必然有江东士族们在支持，孙休又延续了以往的政策，在政坛上压制他们，势必要有一个人出面跟江东士族对抗。这样一来，濮阳兴就成了首选。目前，他成了士人们眼中的公敌，只能全心全意地为孙休效命。

修田筑塘之事，濮阳兴办得极差，按说他应该受到惩罚，可孙休丝毫不以为意，反而将其晋升为丞相，这就很能说明问题了。

张布和濮阳兴身居高位，相互勾结，举国上下颇有怨言，据《三国志》记载，已经到了"邦内失望"的地步。所谓"邦内"，主要还是指江东士族的立场，平民百姓又有什么话语权呢？唯有士族因政治空间被挤占，才会心生不满。然而，当时张布和濮阳兴如日中天，孙休就是他们最大的后盾，士族只能继续蛰伏，等待机会。

不过，张布和濮阳兴有一定的危机意识，他们眼下虽然是皇帝面前的红人，但未来的事情不好说，因此他们对孙休身边发生的事情异常警惕。孙休热衷儒学，经常与韦昭、盛冲等人进行学术方面的探讨，这让张布很是担心。这两人都是耿直之臣，尤其是韦昭，他在之前的二宫之争中可以算是太子党成员，再加上他本就是吴郡出身，自然和士族们走得很近。在张布看来，如果他们在皇帝面前说自己的坏话该怎么办？就算没到这一步，一旦皇帝对他们越来越亲近，自然也影响自己的地位。

于是，张布便在孙休面前花言巧语，试图阻止他与韦、盛二人亲近。可孙休没有答应，还直接点名了张布的意图，说他就是担心韦昭等人说出臣下有作奸犯科等不法之事，所以不想让他们入宫。孙休的态度让张布有些慌了，他唯恐自己会失宠，立刻辩解说，他的意思其实是担心孙休热衷于学术而耽误政事。没想到孙休却说政务和学术互不干扰，而且对张布干涉他的行为表达了不满。当然，孙休颇知驭下之道，毕竟张布是自己的亲信，以后还要加以利用，点到为止即可。张布的心思他一清二楚，但不愿为这点小事让张布疑虑，生出二心，最终答应了他的请求，停止了学术探讨，不再让韦昭和盛冲等人入宫了。

孙休如此宠信奸佞之臣，难道说他已经变成一名昏君了吗？当然不是，此时孙休只有二十余岁，远未到老迈昏聩的年纪。他登基前后既谨慎又果决的表现，丝毫没有一个昏君的样子，他没道理这么快就堕落。只有一个解释，那就是孙休在搞制衡。他提拔身边的亲信小人，通过他们掌控朝政，对士大夫进行压制，这其实和孙权当初重用吕壹、扶植鲁王党没有本质的区别。况且，孙休的手段比孙权要柔和得多，他的尺度把握还是很不错的，远没酿成当日之祸。

由此可见，孙权当初对继承人儒家化的担忧有些多虑了，这一点在孙休的身上就有体现。孙休是一个以儒家理念治国的皇帝，但他在权力制衡方面也做得不错，丝毫没有出现孙权担心的那种沦为士大夫傀儡的局面。在防止君权旁落方面，相比起文化，年龄才是最大的隐患。一旦太子登基成为皇帝，其心态很可能会发生变化，皇帝和太子的立场毕竟是不同的。

不过，这并不是说孙休就没有值得批评的地方，他本有更好的选择。有一点张布说得没错，治学并不是当务之急，孙休是皇帝而不是学者，他应该将主要的精力集中在政务上。扳倒权臣后，孙休本有机会励精图治，但他任用奸佞，自己懈怠国政图清闲，最终错过了富国图强的机会。在孙休眼中，如今国家内部的隐患基本已经消除，又创造了相对稳定的局面，完全可以安心享享清福了。然而，逆水行舟不进则退，外部环境不会永远保持静止，局势无时无刻不在发生变化。

这些年，吴蜀权奸当道，国势衰退，多年的平衡已被打破。随着一场大战的开始，东吴的好日子到头了。

10 永安之战

就在东吴内部因争权夺利而持续衰落时，外部的形势也在发生着剧变。永安六年（263年）十月，一名来自蜀汉的使者抵达建业，带来一个令人震惊的消息，蜀汉已经面临着亡国之危了。

原来，就在不久前，司马昭经过近一年的筹备共调集了十八万大军，随后对蜀汉发动了一场灭国之战。八月，钟会所部主力约十二万人从洛阳誓师出发，与邓艾、诸葛绪所部各三万余人兵分三路，以泰山压顶之势杀向益州。九月，魏蜀两军开始接战，先是姜维在阴平作战不利，之后钟会大军轻而易举地杀入汉中，蜀汉形势已经危如累卵。由于无力独自抵挡魏军，蜀汉只好向东吴求援。

对于这场战争，东吴方面虽然有所耳闻，但孙休远没料到事态竟然恶化到了这等地步。想想也是，当年曹爽十几万大军征蜀，一样折戟于骆谷，秦岭之险就如同蜀汉先天的屏障，怎么会被轻易突破呢？可他不知道的是，固国不以山溪之险，秦岭之于蜀汉便如长江之于东吴，没什么天险可保江山永固，蜀汉的今天便是东吴的明天。

铲除孙綝以来，孙休逐渐沉迷于研习儒家典籍，经常和士人们讲经论道，对国政愈发懈怠，大权落入张布和濮阳兴两位佞臣手中。之前，孙权在位时虽重用校事，令百官苦不堪言，但当时东吴对国外形势的变化极为敏感，荆州有任何风吹草动都瞒不过孙权，这也是他能轻易策反糜芳和士仁的原因。可后来的东吴由于连续内乱，消息越来越闭塞，只知埋头内斗，两耳不闻窗外事。之前毌丘俭起兵时，东吴就因信息的滞后浪费了宝贵的时间，这次他们同样对魏蜀之战的详情了解甚少，若不是蜀使来访，或许不久后孙休将直接收到蜀汉亡国的消息。

如今事态紧急，东吴方面又未做什么准备，面对千里之外的战场，发兵相救根本来不及，仓促之下孙休只好采取围魏救赵之策，伪装出大举北伐的样子，希望能让曹魏投鼠忌器。按计划，吴军兵分三路，东路丁奉率军进攻淮南，中路丁封、孙异出兵沔中，西路由留平和施绩从江陵北上。

按照胡三省的说法，沔中本是曹魏的领土，是东吴这次的预定攻击目标。但这种观点可能值得商榷，因为孙贲之子孙邻曾担任沔中督，这表明沔中在东吴的控制下，估计应该是沔水下游的某处。这说明一个问题，那就是丁封和孙异根本没有正式出兵。留平和施绩那边也是一样，二人才开始商议对策而已。这又从另一个侧面证明了东吴此次行动是何其仓促，完全是临时起意。

军情如火，此时才开始行动犹如激西江之水救涸辙之鲋，根本是远水难解近渴。随着邓艾偷渡阴平，诸葛瞻战死绵竹，蜀汉再也无力抵挡魏军的铁蹄。十一月，刘禅献城投降，蜀汉正式灭亡。一场灭国级别的大战竟然在短短两三个月内就宣告结束，这完全出乎东吴高层的意料。事已至此，围魏救赵之策也没了用武之地，北伐行动只好就此作罢。

此时的蜀汉进入了无政府状态，虽然朝廷已经宣告投降，但各个地方还在观望，并为将来做打算。保卫益州东大门的永安也不例外，皇帝投降的消息传来后永安便发生了骚动，官吏们纷纷准备弃城逃走，城内局势一片混乱。幸好留守永安的巴东太守罗宪临危不乱，他抓住一个反面典型，果断将其处斩，这才让官民安定下来。

然而，危机并未解除，由于罗宪手中的防备力量只剩两千人了，东吴便盯上了他。既然蜀汉灭亡已成既定事实而无法挽救，那么从中分一杯羹也是好的。吴蜀两国虽是战略同盟，但永安毕竟是边防重地，不容有失，为何却只有两千人马驻防呢？原来，罗宪本不是永安地区的最高长官，当地军事长官永安都督的职权要高于太守，罗宪只是个副职。永安都督区是蜀汉一大重要的军镇，朝廷曾先后两次向此地增兵。当初诸葛亮病逝后，孙权担心曹魏趁势伐蜀，便在巴丘增兵一万做两手准备。为了回应东吴，蜀汉方面也在永安增加守备力量，并让宗预出使东吴，最终缓解了两国之间的紧张气氛。

然而，风水轮流转，二十多年后轮到东吴出问题了。由于孙綝残害忠良，胡作非为，施绩担心曹魏趁东吴政局动荡发动南征，便秘密联络蜀汉以防万一。为此，蜀汉朝廷命阎宇率兵五千增援永安，以回应施绩的请求。随着孙綝被杀，东吴政局重归稳定，这支部队最终没有派上用场，只保持着战略威慑的意义。可是这次不一样了，由于形势太过危急，成都方面只好将永安都督阎宇召回，而他把绝大多数的兵力带走了，留给罗宪的便只剩两千人。

这对东吴的诱惑实在太大了，当年夷陵之战后，诸将就打算乘胜追击，只因陆逊从全局角度考虑才放弃了这一打算，最终吴军止步于此。如今，永安的防御空前薄弱，岂能错过这千载难逢的良机呢？第一个动手的是建平太守盛曼。建平郡是三年前刚刚将宜都郡西部分出来单独设立的新郡，盛曼新官上任，建功立业之心无比迫切，便以救援为借口准备撞开城门。

此计被罗宪看穿，他对手下说："如今国家破灭，东吴本为同盟，不仅不思相助，反而趁火打劫，我宁可降魏，也绝不臣服于东吴。现在我们困守孤城，民心动摇，必须与敌人决一死战以安众人之心。"说罢便开始整军备战。当天夜里，罗宪率部衔枚潜行直扑盛曼大营，盛曼猝不及防之下狼狈撤退。待罗宪得胜归来后，永安城内士气高涨，官民无不用命。

其实，东吴此举是一个重大失误，他们本应遣使招降罗宪，而不是以大军压境相威逼。罗宪本意并不是降魏，他听说刘禅投降后仍在犹豫，因此东吴是有机会争取到他的，那样便可不费吹灰之力得到这座重镇。可惜，盛曼急功近利，不仅损兵折将，还眼睁睁地将罗宪推到曹魏一方。

如果说第一次进攻尚属试探，那么第二次进攻便是来真格的了。永安七年（264年）正月，随着钟会之乱的爆发，蜀地出现了一定程度的权力真空，孙休决定再赌一把。若能突破永安，便能如当年岑彭灭公孙述那般一举将益州收入囊中，届时便能达成东吴上下数十年来梦寐以求的"竟长江之极"的目标，那可是超越父亲孙权的功业，这对孙休的诱惑极大。

二月初，西征的命令下达到西陵，时任西陵督的步协受命发兵，再次兵临永安城下，这是《晋书》和《汉晋春秋》中的记载。然而，《华阳国志》记载："泰始二年，吴大将步阐、唐咨攻献，献保城。咨西侵至朐忍。"这说明步协是命弟弟步阐与唐咨一同进军的。但这段记载有值得怀疑之处，副将唐咨早在数年前就降魏了，不可能还出现在东吴的阵营中。总之，第二次永安之战的细节还是应该以《晋书》和《汉晋春秋》为准。至于步阐，应该是兄长步协命他代替自己领兵作战的，这一点倒是问题不大。

当时的局势对罗宪来说相当危急，他亲自带队临江射击吴军，仍无法将其击退。于是，罗宪命手下杨宗去洛阳求援。可还没等杨宗回来，罗先自己就把问题解决了。见固守无法退敌，他再次主动出战，击退步阐，危机又一次解除了。东吴在以众击寡的情况下先后两次失败，况且并不是顿于坚城之下，而是在野战中吃了亏，这就很不寻常了，罗宪区区两千人为何会有如此强大的战斗力呢？

笔者认为根源其实在东吴内部。作为西陵督，步氏一族自从步骘开始，已经在西陵驻扎了三十多年了，荆州西部的宜都郡一直是步氏的势力范围。但三年前朝廷突然将宜都郡一分为二，这就削弱了步氏的势力。因此，步协对盛曼绝不可能有什么好感。盛曼第一次贪功冒进导致失败，步阐也铩羽而归，很可能就是双方不和、各自为战导致兵力分散的结果，甚至双方曾经互相拆台也未可知，最终让罗宪抓住了机会。

不过，罗宪虽然挡住了东吴前两次的进攻，但第三次他将迎来真正的考验。听闻前线一败再败，孙休大为恼怒，于是命陆抗率三万人西征，不拿下永安誓不罢休。陆抗的官职比步协更高，他是整个荆州西部地区的负责人，相比罗宪，他能调集的力量具有压倒性的优势。然而，永安城是一块难啃的硬骨头，它的前身是当年公孙述修建的赤岬（jiǎ）城，经过蜀汉数十年的经营，永安城的城防更加坚固，再加上永安周围地势险峻多山，大军难以展开。因此，在东吴三万兵力的围攻下，永安城坚持了半年仍岿然不动。

不过，永安城此时几乎撑到极限了，城中军民伤病大半，已经无力再战。于是，有人劝罗宪应该想想后路了，罗宪却斩钉截铁地说："我身为主将，为军民所仰仗，当前不能让永安转危为安，反而要弃城逃跑，这岂是君子所为？如今只有毙命于此了。"此时，杨宗已经突破了重重包围来到南阳，见到了曹魏荆州都督陈骞，陈骞见情况紧急立刻将此事向司马昭请示。司马昭亦不愿让永安这座重镇落到东吴手中，况且罗宪又送来了印绶和人质，诚意满满，因此他同意了发兵救援。于是，陈骞命荆州刺史胡烈率两万人马南下。

胡烈此次同样采取了围魏救赵之策，他率兵直扑西陵。作为荆州通向益州的咽喉要道，西陵一旦失守，陆抗的三万大军就会被堵在长江三峡中进退两难，大概此时的陆抗可以对父亲当年在夷陵之战结束后的境况感同身受了吧。万般无奈之下，陆抗只好放弃了几乎到手的永安回师西陵。至此，永安的危机彻底解除了，东吴取益州的计划宣告破灭。

孙休这次真的胃口太大了，虽说魏军在钟会之乱后有所损失，姜维的蜀军也陷入了群龙无首之境，但至少卫瓘（guàn）尚能维持秩序，即使东吴能够突破永安，也不可能轻易夺取蜀地。更何况，司马昭还有十万大军驻扎在长安虎视眈眈，随时可以南下支援，东吴这次自取其辱的军事行动失败完全在意料之中。孙休平时疏于政事，见危机袭来才临时抱佛脚，而且东吴内部也不是铁板一块，这更是降低了效率，此时的东吴相比孙权时代那个开拓进取的政权已经堕落得不忍直视了。

永安之败对东吴晚期的政局影响深远。本来蜀汉灭亡、东吴失一强援后，孙休就忧心忡忡，三次进攻永安却无功而返更让他焦躁不已。急火攻心之下，孙休便一病不起了。

11 立嗣之争

孙休的病情迅速恶化，很快便到了弥留之际。他重病之下口不能言，便写了一封手谕将最信任的近臣濮阳兴召至面前，并命太子孙𩅤前来相见。当时，孙休强撑着病体紧紧握住濮阳兴的手臂，指着太子以后事相托。

孙休此举是效仿当年魏明帝执司马懿之手以曹芳相托。说起司马懿，虽不能说他全无二心，但他辅佐幼主曹芳那些年大体上还算尽职尽责。同样的剧本在东吴却无法重演，年幼的孙𩅤最终未能顺利登上皇位，这又是为什么呢？

原来，此时东吴国内的局势异常复杂，一股强大的力量正在崛起，他们并不愿意看到孙𩅤继位，这股力量便是在东吴政坛蛰伏已久的江东士族。江东士族在孙权统治末期和孙亮时期曾遭到沉重的打击，此后他们便失去了政治上绝大多数的话语权，只能在暗中积蓄着自己的力量。随着江北士人一代的凋零殆尽和二三代成员正在不可逆地进行着江东本土化，东吴士大夫阶层中地域上的区分已经非常模糊了，二者几乎合二为一，这一群体的力量就更强大了。

到孙休在位时期，以吴郡陆氏为代表的江东士族重新抬头。虽然他们的权势远不如当年的陆逊和顾雍，但他们再次崛起的趋势已经无法阻挡了。逐渐恢复元气的江东士族准备夺回曾经属于自己的政治地位，如今的嗣位问题便是至关重要的一步。如果是幼主继位，势必会有权臣当道，之前孙亮时期的乱局便会重现，这些权臣为了自己权力的稳固，必然会继续排斥士族。

濮阳兴虽有江北士人二代的身份，但他身上孙休藩邸旧臣的烙印是更明显的。他的上位不是靠政绩和风评，而是靠君主的宠幸，因此这个人只能被打上奸佞的标签，绝不可能真正融入士大夫群体。之前，濮阳兴已经仗着孙休的宠幸胡作非为，如果再让他控制幼主，他很可能就是下一个孙綝，后果不堪设想。

如果是长君在位，情况就有所不同了。或许这位成年的君主会为了稳固君权而打压士大夫，但只要他头脑清醒，就肯定知道对士大夫除了打压还得利用，否则他就会陷入无人可用的境地。就像孙权时代一样，除了他临终之前那段时间局面失控，此前士大夫们始终在政坛中占有一席之地，即便是宠幸奸臣的孙休也清楚这一点。因此，立长君就是士大夫们的最终诉求。

这一点是一脉相承的。当初在二宫之争中，士大夫们支持的孙和就是一位年长的继承人，他深受儒学影响，而且年过二十，价值观已经成熟，是绝对完美的人选。但这一切都在血腥的政治斗争中灰飞烟灭了，孙和成了牺牲品。不过，孙和虽然被害死，但他的儿子还在，尤其是孙和的长子孙皓，他已二十三岁，不仅年纪符合要求，而且似乎风评不错，是个不错的人选。如果孙皓能顺利上位，再结合孙和当年与江东士族的交情，想必他一定会投桃报李吧，到时候江东士族必将迎来一段黄金发展期。

考虑到孙皓在后世的恶名，或许很多人认为士大夫们的判断有误。事实上，这种观点并不确切，孙皓虽然是个暴君不假，但他绝不是个昏君，江东士族这笔政治投资不能说完全失败。总之，孙皓这个本来没有可能继位的普通皇族最终能身登大宝，绝非偶然，他身后必定有一股力量在支持，可能性最大的就是江东士族。

孙皓的童年并不美满，虽然他一度得到了祖父孙权的喜爱，但随着孙和被废，孙皓的前途也变得一片暗淡。不久后，孙和便被全公主和孙峻所害，孙皓的日子就更不好过了。当时，孙和的王妃张氏被迫自杀，唯有妾室何姬为养育孙和的遗孤坚持活了下来，她便是孙皓的生母。这个坚强的女人独自抚养孙皓和三个异母的弟弟长大，这是孙皓人生中最艰难的一段时光，直到孙休继位后才有所改善。

当时，孙皓被封为乌程侯。就在他前往封地的途中，一个叫景养的人给他看相，说他将来贵不可言，心机颇深的孙皓听到此话后虽然很高兴，但将这个秘密藏在了心底。景养的预言是正确的，孙皓前半生的苦难正是后半生富贵的铺垫，现在属于他的机会来了。

不过，江东士族想立孙皓并没有那么容易，濮阳兴和张布这关没那么好过，尤其是濮阳兴，作为托孤大臣，他有义务百分之百地执行孙休的遗命，这也是最符合他利益的。时间不等人，若想有所行动，必须一切从速。等到孙𩅦正式登基便万事皆休，江东士族一定要在皇位空缺的短暂窗口期说服濮阳兴和张布才行。

为了让他们改变心意，江东士族准备找一个人做说客，这个人必须能作为双方的媒介。于是，孙皓的亲信万彧便粉墨登场了。之前孙皓被封为乌程侯时，万彧正好是乌程县令，二人便结下了交情。万彧这个冷灶算是烧对了，随着孙皓成为江东士族支持的皇帝人选，他的飞黄腾达近在眼前。不过在此之前，他还得出些力帮助孙皓跨过这最后一步，在这一点上，万彧和江东士族有着共同的利益。由于万彧和濮阳兴、张布一样都是出身于藩邸旧臣，类似的身份应该让这三个人有一定的亲近感。这样一来，三个人之间就好说话多了。

为了帮助自己的主人登上帝位，万彧使出了浑身解数，他反复夸赞孙皓才识过人且多谋善断，很有当年孙策的风采，又说孙皓聪明好学、遵守法度，比孙𩅦更适合做皇帝。早年间的孙皓应该有着不错的名声，否则万彧的夸赞就无从说起了。只不过，他有一点说对了，孙皓在喜爱杀戮方面倒是和孙策有类似之处。

这个方案对濮阳兴和张布来说却不是最优选，若不是幼主继位，他们怎么有机会继续弄权呢？即使孙皓像当初的孙休一样是个佛系皇帝，那他也会优先将大权交给自己的亲信，这样一来，一切的努力相当于都是给万彧作嫁衣，这对他们没有半点好处。令人意外的是，濮阳兴和张布偏偏就被万彧说动了，这又是为什么呢？其实，根源就在于二人以佞臣的身份上位，他们的统治基础相当薄弱。

此时，东吴所面临的局势相当恶劣。早在一年多前伐蜀之战尚未开始时，司马昭就在为伐吴做准备了。当时，他命唐咨监制大型海船，打算开辟一条南征的新路线。永安七年（264年）四月，魏国果然来袭，魏将新附督王稚率水师渡海袭击会稽句章，掠取官吏、财货，及男女百姓二百余口。七月，海盗又攻破海盐，杀死司盐校尉骆秀。与此同时，魏军大举南下，对荆州西部重镇西陵造成巨大的威胁。不仅敌对势力在外部虎视眈眈，东吴内部也危机重重。一年前，交趾郡吏吕兴煽动军民造反，并杀死太守孙谞（xū），随后据城自保并向曹魏求援。后来，豫章郡又发生了张节之乱，叛军多达上万人。

内外交困之下，能力平平的濮阳兴和张布根本无力解决问题，再加上他们本就名声不佳，若不能迅速稳定局势，很可能会众叛亲离。要知道，连掌握一定兵权的诸葛恪和孙綝都死于非命，何况是他们呢？因此，他们只能寄希望于一位有能力的君主出来主持大局。为此，即使让长君继位也没办法了。

孙皓身后必然有士族的支持，这一点濮阳兴和张布心知肚明，否则单凭万彧的三言两语，远不足以说服他们。这种情况下，如果强行让孙𩅉上位一定会遭到士大夫们的强烈反击，他们二人势单力孤，根本无法承受这个压力。到时候若出了什么变故，身家性命都不一定保得住，与其那样，还不如让出一部分利益，至少还能保留一部分权力。

反复权衡之下，濮阳兴和张布最终接受了万彧的这个建议。此时，孙休的知遇之恩在他们心中已经变得一文不值，托孤时的殷殷期待被全然抛在脑后。孙休所托非人，效仿曹叡托孤之举终究还是成了一个笑话。目前，孙皓继位的最后一个障碍就是朱皇后了，如果她不松口，这件事就很难办成，因为她很可能掌握着皇帝的玉玺。令人意想不到的是，她竟然也答应了，这又是为什么呢？

当时，濮阳兴和张布苦劝朱皇后改立孙皓，朱皇后表现出一种极为淡定的态度，她说："我一个寡妇，哪里会考虑什么社稷大事？只要国家无碍，宗庙祭祀有所依靠就可以了。"这样的态度让人难以理解，因为朱皇后迟早会变成朱太后，太后的地位又来源于皇帝，所以她本不可能让侄子取代亲生儿子的皇位。其实，朱皇后虽然自称妇道人家，不会考虑社稷大事，但这毕竟也是她的家事，无论如何她都无法置身事外。她很可能已经对当下的局势深思熟虑过了，认为儿子孙𩅉难以得到太多支持，坐不稳皇位。即使孙𩅉能登基，肯定也会沦为傀儡，那样的下场自然不会多好，废帝孙亮就是前车之鉴。

而且，朱皇后本就是个性格软弱之人，当初她的母亲朱公主被害，丈夫孙休在恐惧之下将她送到建业以示撇清关系，没想到孙峻又把她送回了封地会稽。整个期间，朱皇后始终逆来顺受，任凭摆布，从不多说一句。后来，孙休继位，朱皇后也没有对被流放到豫章郡而彻底失势的全公主动手。要知道，她的母亲就是直接死于全公主之手，父亲朱据和两个异母兄长朱损和朱熊之死也与全公主脱不开干系。面对如此血海深仇竟然全无报复之心，她的性格可见一斑。

这样一个女子，显然是没有野心也没有能力帮助儿子掌控权力的，她只想图个安稳，只要新皇帝看在往日的情分上能够庇护他们母子就可以了。毕竟，自己的母亲朱公主当年支持过孙皓的父亲孙和，有这层关系，想必孙皓会念及旧情吧。只不过，残酷的事实证明她完全想错了，当然这是后话。

如今，朱皇后、濮阳兴和张布三人都认可孙皓继位，再加上江东士族的推动，这件看似不可能的事竟然意外地办成了。永安七年（264年）七月，孙皓正式登基，改元元兴并大赦天下。这位新君能否如众人期望的那样带领东吴摆脱危局呢？

12　过河拆桥

作为东吴历史上最后一个皇帝，孙皓在位十六年，时长仅次于孙权，东吴皇权旁落的局面终于得到了改善。之前，孙休虽然除掉了宗室权臣孙綝，但他懈怠国政而沉迷学术，导致濮阳兴和张布两个奸臣掌控大权。孙皓登基后，这种情况注定要改变了。

孙皓留给后人的大多是一个荒淫无道的暴君形象。事实上，孙皓虽然残暴不假，但他确实有一颗积极进取的心，而且其权谋手腕很有独到之处。这一点我们必须客观公正地看待。从执政风格来看，孙皓与孙权颇为相似，或许这就是当年孙权非常喜爱这个孙子的主要原因吧。以孙皓的性格，他是绝对不可能允许权臣出现的，于是，濮阳兴和张布就成了他的眼中钉。他们两人以为凭借拥立之功便能保住自己的权势，殊不知孙皓和孙休是完全不同的。

不过，孙皓虽决意扫除权臣，但没有打算立刻行动，而是要先塑造自己的权威，为此事做铺垫。于是，孙皓在元兴元年（264年）登基后仅仅一个多月就实施了自己的第一项重大举措，那就是为父亲孙和平反。此时，孙和去世已经超过十年了，诛除孙綝也有五年多了，但孙休在位的几年里始终没有给枉死的孙和一个说法。

其实，这也不难理解，孙和作为前太子，虽然他被害的根本原因是和全公主在私人恩怨与权力竞争中的种种矛盾，但明面上他是受诸葛恪牵连而死的。也就是说，当时东吴官方给孙和定的罪名应该就是他勾结诸葛恪谋反，最终孙峻派人逼他自杀。而孙休是孙峻的堂弟孙綝迎立的皇帝，虽然孙休撇清了和孙峻、孙綝的关系，并将他们逐出宗族，但孙休登上帝位的过程是无法改变的。如果给孙和平反，提高他的地位，岂不是宣告自己得位不正吗？这非常不利于孙休的统治，因此他只能搁置这件事。

不过，孙皓登上帝位后情况就完全不同了。对他来说，为父亲平反不仅能彰显自己的孝心，在一定程度上可以抚平长期以来因幼年丧父造成的精神创伤，而且更能树立自己的威信，向天下昭告自己这一系的正统性，实乃一举多得之事。于是，他下令追封孙和为文皇帝，尊母亲何氏为太后，随后又将父亲改葬于明陵，并设置专门守陵的机构，规模多达二百户，还配有正副官员，非常正规。此举便是通过提高孙和的地位，为将来给他立庙做准备。

至于朱太后，她已经失去了利用价值，被贬为景皇后，并在一年后被孙皓逼死，她的四个儿子中两个年纪稍长者也被孙皓杀害。

孙皓为父亲孙和平反并追封其为皇帝一事相当于三国时期的一次"大礼议"事件，和后世明代嘉靖皇帝并无本质区别。这件事虽然从情理上可以理解，但从礼法上是有些说不过去的。孙皓以小宗入主大宗，在宗法上他应该以孙休为父，而他的生父孙和从未做过一天皇帝，奉儒学为圭臬的士族们按说应该是反对此事的。

然而，事情总有特殊性，很多时候礼法在利益面前根本不值一提，此时的士大夫阶层远没有千余年后的明清时代那么强大，他们无法单独对抗皇权，在此事上和孙皓合作对他们来说才是最有利的。孙和作为二宫之争的焦点人物，一度受到士人阶层的广泛拥戴，甚至其中的许多人因孙和事件丧命，他们已经被深深地与孙和绑在了一起。如今，为孙和平反相当于提高了他们的政治地位，自然是皆大欢喜。至于可怜的朱皇后母子，谁会去在意他们呢？这也是孙皓的诉求得以轻易实现而嘉靖皇帝受到极大阻力的原因。

这件事最终得到了士大夫们的认同，且几年之后，在薛翊、孟仁、姚信、陆凯等人的大力支持下，孙和立庙一事终于得以实现。其中，孟仁是荆州名士，曾受过朱据的提携和陆逊的照拂，自然是士族圈子中的人；姚信是陆逊的外甥，二宫之争中太子党成员之一；陆凯则是陆逊的族侄，亦为士大夫阶层的重要一员。此外，孙皓还做了两件事。一是对曾参与迫害其父者加以报复。这相当于打击了士族的政敌，他们自然喜闻乐见。二是将之前被埋在乱坟岗的朱公主重新安葬。作为前太子党的主要成员之一，朱公主在士人心中有一定的地位，孙皓这一举动也能收买人心。

不过，孙皓在清算时是有所收敛的。比如纪陟，当初孙和被贬为南阳王后，孙峻想斩草除根，便命纪陟前去责问孙和，并逼迫他自杀。不过，纪陟没有从命，而是暗中让孙和上书申诉。虽说纪陟做事留有余地，但按照孙皓的作风，纪陟与迫害孙和一事有所关联，那他就肯定不会有好下场。但是，纪陟的身份有些特殊，他出身的丹阳纪氏虽然远比不上顾陆朱张等大家族，但在江东也是排得上号的名门。后来，东晋时期他的儿子纪瞻与顾雍之孙顾荣、贺齐曾孙贺循等人齐名，并称为"五俊"，可见丹阳纪氏的家族地位之高。这里孙皓宽恕了纪陟，明显就是卖士族一个面子。

总之，追封孙和一事是孙皓统治初期的一个重大事件，孙皓凭此巩固了皇权，士族的地位也相应提高，双方各取所需，这是一次成效明显的政治合作。对孙皓来说，士族的大力支持他还是心里有数的，此时自己根基尚浅，需要他们的帮助。因此，孙皓在这一阶段的施政方面一定程度上压抑了自己的本性。

据《江表传》记载，孙皓继位之初下令抚恤人民，又开仓济贫，减省宫女编制，并放生宫内多余的珍禽异兽等，这些政策让他被誉为一时之明主。同时，孙皓又选择了一些清流之士作为自己的近臣，如贺邵、丁固、华覈（hé）、楼玄、王蕃、韦昭、薛莹等。这些人中既有江北士人，又有江东士人，甚至还有贺齐之孙贺邵这样出自大族会稽贺氏的成员。此外，孙皓又封陆抗为镇军大将军，领益州牧；陆凯为镇西大将军，都督巴丘，领荆州牧。陆氏家族的地位比孙休时期又进一步提升。

不过，这些都是孙皓自己的意愿吗？当然不是。孙皓骨子里和孙权是一样的，他渴望独揽大权，建功立业，这就必然和士人们产生分歧。作为一个嗜权帝王，孙皓和士大夫们在执政理念和思想观念上有着根本的区别，权力的排他性导致他和士族不可能永远维持和谐的关系，目前双方的合作只是暂时的。无论是行仁政还是选清流，都是孙皓在羽翼未丰之前为收买人心所行的权宜之举。一旦将来他羽翼丰满，必然会原形毕露，对曾经的盟友大肆打击。

我们在孙皓的一系列政策中可以清楚地看到孙权的影子。当初，孙权称帝之前对士人多有倚重，而到他顺利称帝之后的黄龙、嘉禾年间，双方的关系变得紧张起来，更不要说赤乌年间的二宫之争了。孙氏过河拆桥是有传统的，无论是即将遭到清洗的濮阳兴等人，还是眼下得势的士人们，都逃脱不了这个宿命。总而言之，孙皓并非一开始就暴虐无度，他是经历了一个由"明"转"暴"的过程的，虽然这个过程比较短暂。因为暴是孙皓的本性，而明是为了达到施暴的目的而装出来的假象。

不过，孙皓到底只是个二十出头的年轻人，有些深入骨髓的东西还是难以掩饰的。虽然他在执政方面有所克制，但在个人行为上比较放纵，孙皓很快就表现出粗暴骄横、贪酒好色的一面。这令濮阳兴和张布异常忧虑，现在孙皓已经逐渐树立起皇帝的权威，在政治上又主动向士族靠拢，但从个人的脾气秉性上来看，明显算不上什么仁义之君，看他对朱太后的态度就知道了，孙皓绝对是个薄情寡义之人。如今，自己手中的权力正在逐渐丧失，这样下去将来能否得以善终都是个未知数，濮阳兴和张布感到深深的后悔。

他们还是太天真了，既然走上了权臣的道路，就绝无退路可言，他们只有立孙霬一种选择，然后通过控制幼主掌握权力。自从他们决意违背孙休的遗诏时，悲惨的结局就已经注定了。濮阳兴和张布虽对迎立孙皓一事感到后悔，但这种心态肯定是不足为外人道的。孙皓已经做好了一切准备，除去二人之心愈发强烈，他们无论怎么隐藏都是没有意义的。这时，万彧摸清了皇帝的心态，便趁机将濮、张二人悔恨立孙皓为帝之事上报。孙皓正愁找不到借口，这下问题可以解决了。元兴元年（264年）十一月，孙皓召濮阳兴和张布入朝，将他们收监并发配岭南，随后又在半途追杀二人，并夷灭三族。从此，东吴历时十余年的权臣当政的格局被终结了。

然而，若要彻底地重塑皇权，仅仅解决内部问题是不够的。当初，朝野上下期待长君继位就是希望出现一名有作为的君主带领东吴走出内外交困的境地，因此，接下来孙皓还将不得不面对来自外部的压力。

13　天命之争

就在孙皓登基这段时间，外部形势又发生了重大的变化。随着钟会之乱的平息，益州之地尽入魏土，三国鼎立已成为历史。吴甘露元年（265年）十二月壬戌，魏帝曹奂禅位于晋王司马炎，晋吴两国南北对峙的新格局形成了。

新生的西晋王朝三分天下有其二，比当初的曹魏更强大，而且晋受魏禅，相当于又继承了汉祚，因此他们更是自诩为天朝正统，将东吴视作僭伪之朝。在西晋看来，东吴割据东南一隅，名不正言不顺，在实力上更是远远不如自己，灭蜀一战如摧枯拉朽，东吴如何能不受震撼？若是他们在重压之下纳土请降，那样不费一兵一卒便可一统天下了。其实，早在司马家尚未受禅之前，他们就开始为此事做准备了。当时，司马昭还在世，他得知吴主孙休病逝，孙皓登基后这段时间东吴内部政局动荡，新君孙皓自身的根基也不够牢固，便产生了对东吴发起政治攻势的念头，由此拉开了晋吴双方天命之争的序幕。

元兴元年（264年）十月，就在孙皓忙着给父亲孙和平反时，两名来自中原的使者徐绍和孙彧抵达建业，带来了司马昭给他的信件。徐绍和孙彧都是东吴降将，是之前诸葛诞之乱时在寿春被魏军俘虏的，尤其孙彧还是东吴皇族的旁支，以他们为使者前去劝降更能震慑东吴。为表诚意，司马昭还允诺徐绍和孙彧二人完成任务后可以留在东吴，他们在中原的家眷也可以带走，不必当作人质。

至于信件，由司马昭的亲信荀勖（xù）代笔，信中向孙皓阐明利害，描述了灭蜀一战中绵竹之役时蜀军的惨状，并表示现在西晋若出大军南征，自然是摧枯拉朽，但西晋不忍劳民伤财，多做杀伤，这才好言相劝，贵国还是识时务为上。如果说荀勖这封信还算是客气的，那么征东大将军石苞那封信就纯粹是威胁的口吻了。

当时，石苞也想给东吴写一封劝降信，这封信由孙楚操刀。孙楚是骠骑将军孙资之孙，他才华横溢，文采卓绝，这封信在华丽的辞藻下暗藏阵阵杀意。孙楚写道："大魏文臣武将人才济济，军械齐备且兵强马壮，又整编水师、大造战舰。如今百万大军整装待发，东吴若不认清形势、俯首称臣，届时天兵一至则玉石俱焚，东吴宗庙也将为之倾覆。"这封信按计划也应该由徐绍和孙彧交给孙皓，但信的内容如此直白，他们担心孙皓看了后迁怒于自己，于是干脆藏起来没敢给孙皓看。

如此强大的压力让孙皓不得不打起百分之百的精神来面对。孙皓虽是暴君，但此人在执政方面颇有令人称道之处。天命正统对于东吴这个割据政权实在太重要了。当初孙权称帝时就为此煞费苦心，如今对手比当初更强大，天命的重要性就有所提升，若不能在这方面和中原分庭抗礼，内忧外患的东吴便更难坚持下去了。

面对司马昭的恫吓，孙皓毫不示弱，他在给司马昭回信中先是一番夸赞，表示您的美意我心领了，接着话锋一转，说江东距离中原山高路远，因此无缘相见。孙皓以柔克刚，对称藩归降一事闭口不提，但他的态度又不甚明确，比如他没有以东吴皇帝自居，而是放低了姿态，而且他在信件结尾处说会安排光禄大夫纪陟（zhì）和五官中郎将弘璆做一次回访。

其实，孙皓的目的就是拖延时间，司马昭挟灭蜀之余威，此时只可暂避锋芒，且他还有内部问题要解决。于是，孙皓又表达了打算和亲通好的意向，这更是让司马昭有了盼头。他收到消息后对主笔荀勖大加赞扬道："你凭一封信就让东吴俯首称臣，简直堪比十万大军啊。"

然而，孙皓虽然暂时瞒过了司马昭，却瞒不过所有人，他的真实想法很可能被徐绍看穿了。这次访吴后，孙彧应该留在故乡了，徐绍却不愿意留下，经过几年的熏陶，此时他已经彻底心向中原，再也不愿意为东吴效力了。在这次访吴期间，徐绍在谈话时字里行间充满了对中原的赞美，这让孙皓心里很不舒服。

后来，徐绍完成任务后返回洛阳复命，孙皓越想越不放心，此人明显已经成了司马家的忠犬，难保他不会看出什么端倪，如果他回去后将自己并非真心请降一事告诉司马昭，一切功夫就都白费了。于是，孙皓干脆一不做二不休，立刻派人追徐绍，最后在濡须一带将他追回并杀死灭口。反正当初司马昭已经承诺徐绍可以不回洛阳了，到时候问责起来就是死无对证。

另一边，对洛阳回访的纪陟出色地完成了自己的任务。当他刚刚进入曹魏境内时，寿春守将王布便向他炫耀自己的骑射功夫，并示威道："吴中君子能做到这样吗？"纪陟却不屑道："这些一个普通骑兵就能做到，并非君子所为。"王布听了无言以对。等到了洛阳，纪陟先是按惯例觐见魏帝曹奂，随后司马昭亲自设宴相迎。这次宴会极为热闹，群臣百僚几乎无人缺席。宴会上司马昭却给了吴使一个下马威。当时，陪臣将与会者一一介绍给纪陟等人，中间特别提到两位特别嘉宾，一个是安乐公刘禅，另一个是匈奴单于。此举颇有挑衅的意味——连前蜀汉皇帝和匈奴单于都要拜倒在晋王面前，何况是你们东吴呢？没想到纪陟丝毫不为所动，他说："安乐公是亡国之君，匈奴又是边远之国，连他们都能受到如此礼遇，足见晋王恩威远著啊。"

司马昭见纪陟如此淡定，话题一转，问道："贵国边防情况如何啊？"纪陟傲然道："自西陵至江都，五千七百里皆有防备。"司马昭又说："防线如此漫长，恐怕不够稳妥吧。"只听纪陟回答："防线虽长，真正要紧的不过几处，这就如同人有八尺之躯，没有哪里不会受伤，但真正防风御寒的地方也只有几处而已。"司马昭闻言大为赞赏。

他清楚纪陟回答的都是实情，虽然在蜀汉灭亡后中原已经对东吴形成巨大优势，但在东吴江防稳固而己方又没有可以与之匹敌的水师的前提下，灭吴绝非一朝一夕之事。纪陟便如同当年的赵咨，当年赵咨为孙权出使曹魏，他成功地让曹丕投鼠忌器，不敢轻举妄动。之前孙皓没有因纪陟曾与迫害父亲孙和一事有牵连而怪罪他，这次纪陟便投桃报李，不辱使命，扬威异邦，给东吴大大地长了脸。

由此可以看出，孙皓在外交上确实有些天赋，他不拘泥于那些条条框框，口头上可以服软，但实际上强硬得很，在这方面他颇得祖父孙权的真传。而司马昭就如同当年的曹丕，又被东吴戏耍了一次。从那以后，双方在天命正统方面的竞争就没有停止过，这种情况一直持续到东吴灭亡。

此外，孙皓还非常热衷于制造出各种祥瑞以证明天命在吴，甚至还在阳羡以南的国山搞了一次封禅活动。如此煞费苦心，孙皓最终达到了他预期的效果。就在晋吴对峙期间，有一年出现了奇异的天象，当时斗宿和牛宿紫气充盈，很多人都认为这是东吴强盛不可图谋的预兆。虽然西晋名臣张华对此嗤之以鼻，但显然他的意见并非主流。从这就可以看出，东吴在天命之争方面进行的舆论攻势是成功的。

后来，王濬平吴立下旷世奇功却未得到应有的赏赐，秦秀为他鸣不平时提到："虽以三祖之神武，犹躬受其屈。"意思是说，即使是宣、景、文等三位先帝也吃过东吴的亏。对于宣帝司马懿，应该指的是石亭之战期间他无所作为；对于景帝司马师应该指的是东兴惨败；至于文帝司马昭，大概就是指他在孙皓这吃了个闷亏吧。总之，司马昭妄图以强大的实力为后盾对东吴展开和平攻势的计划算是彻底破产了，东吴并未屈服，此计划到司马炎时期就更不可能成功了。

不过，孙皓也清楚，天命之争说到底还是政治问题，政治上的争端在大多数时候还是要靠国家实力作为后盾来解决的，而战争就是最终的体现。如果在战场上占不到优势，所谓的天命正统也就成了笑话。试想一下，如果东吴北伐连战连捷，吴军越过淮水一线深入中原，那么魏晋即便是得到了前朝的禅让又有什么意义呢？因此，天命之争只是一个辅助，双方迟早还得在战场上见真章。

就在孙皓和司马昭反复拉锯的这段时间，他逐步解决了东吴的内部问题。先是权臣濮阳兴和张布被诛杀，对自己有一定潜在性威胁的朱皇后母子也先后被害死，孙皓逐步将大权收于自己的手中。面对强大的中原王朝，孙皓不愿仅仅守着自己的一亩三分地，仅仅只图一夕安寝，他始终有积极进攻的计划。

纪陟出使洛阳后没多久司马昭就病逝了，之后司马炎即晋王位，折腾了一年多后才终于完成了魏晋禅代的全过程。这是中原的一个动荡期，对东吴来说是个宝贵的机会。于是，在宝鼎元年（266年）正月司马炎称帝一个月后，孙皓便派大鸿胪张俨和五官中郎将丁忠前往洛阳，以吊唁司马昭为借口对晋朝进行了一次试探。这次的试探是有效果的，丁忠回国后带来了一条重要情报：此时晋朝内部不稳，无暇顾及边境，防备有所不足，可以趁机攻取豫州南部的弋阳郡。这件事在东吴朝堂上引起了激烈的争论，当时镇西大将军陆凯认为晋朝兼并巴蜀，势力强大，未可轻图；车骑将军刘纂却认为这是天赐良机，不能轻言放弃。作为一个渴望有所作为的君主，孙皓内心是赞同刘纂的，但他反复权衡之下还是没有动手。

尽管如此，我们仍然可以看出孙皓从始至终没有放弃过与司马氏争夺天下的决心，他骨子里和祖父孙权是一样的。其实，陆凯说得倒也没错，目前并非北伐的最佳时机，因为此时东吴本土仍承受着严重的威胁。若想打破这一格局，孙皓依然任重道远。

14　交州之争

东吴虽然在和西晋的天命争夺中没落下风，但实际局势是不容乐观的。朝堂的乱局导致朝廷对地方的控制正在逐步减弱，尤其是最偏远的交州，已经出现了脱离控制的趋势。结果到永安六年（263年）五月，交州发生了巨大的变故。

前一年年底，孙休曾派察战官邓荀去交州交趾郡征调孔雀和大猪。所谓察战官，就是专门负责监督官民的官员，和之前的校事官有异曲同工之妙，算是东吴特色了。此时，交趾太守孙谞已经在郡内征召了上千名工匠到建业服劳役，而邓荀到了后为了政绩，竟然狮子大开口索要三千只孔雀。当地民众看这势头肯定又要增加劳役，个个都敢怒不敢言。他们这种心态就被一个叫吕兴的交趾郡小吏利用了，他趁机煽动士兵和百姓，并联络周边的蛮夷，最终杀死了孙谞和邓荀，发动了一场大规模的叛乱。

作为区区一个小吏，吕兴为何有如此大的号召力呢？考虑到吕兴起事后很快向曹魏求援，再加上他作乱的时间点非常敏感，正好在曹魏发动灭蜀之战前不久，可以推断这场动乱背后很可能就有曹魏的影子——给东吴制造混乱，为灭蜀之战争取时间。司马昭收到吕兴的求援后，立刻派蜀汉降将霍弋发兵支援。此时，交趾郡南面的九真、日南二郡和东吴本土失去联系，孤立无援下只好投降。而吕兴准备继续向东进军，兵临合浦郡。至此，东吴交州九郡已有三郡沦陷。如此巨大的战果让司马昭很满意，于是封吕兴为安南将军，都督交州诸军事，以南中监军霍弋遥领交州刺史，并给他自行任命交州官吏的权力。

交州三郡的陷落让东吴朝野受到巨大的震动。当时，皇帝孙休因永安之战的失败和自身病重，已经无力再发动一场大战了，只好想了一个权宜之计，下令将目前交州保有的部分单独分出来设立一个广州。如此安排的目的是在交州事实上陷入分裂的情况下，重新设立一个地方政府以稳定局面，而且表明这只是行政划分导致的问题，并不承认领土的丢失，为将来收复三郡做准备。孙休下完这道命令没过多久就一命呜呼了，他的继任者孙皓接过的是一个烂摊子。

如果说之前蜀汉灭亡只让东吴在西和北两个方向受到严重的威胁，而现在东吴就处于被三面包围的困境了，实实在在地感受到了亡国的危机。后来，华覈在上表中提到东吴当时是"胸背有嫌，首尾多难"，可谓非常贴切了。

后来，交州的局势又发生了变化。当时，吕兴已经被功曹李统所杀，于是霍弋先后命爨（cuàn）谷、马融和杨稷为交趾太守。虽然他们都是蜀人，但毕竟蜀汉已经投降，因此到这时交州本土叛乱力量已被中原王朝的势力取代，东吴所面临的挑战更艰难了。

为了摆脱不利的局势，交州三郡是一定要夺回的，这是东吴朝野上下期待孙皓这名成年君主继位的主要原因之一。孙皓解决了一些内部问题后，终于可以将注意力放在收复失地上了。之前，孙皓放弃了进攻弋阳的计划，很可能就是为解决交州问题的军事行动做准备。对孙皓来说，收复交州是他继位后的首次对外战争，绝对不容有失。他在精心准备良久后，终于在宝鼎三年（268年）发动了收复交州之战，由此拉开了晋吴两国在交州大规模对抗的序幕。

为了达到出其不意的效果，孙皓采用了"声北击南"之计，他亲自率军出东兴，并命施绩攻江夏，万彧攻襄阳，丁奉越过合肥进兵芍陂。这次攻势虽然看上去声势浩大，但只是佯攻，吴军并未做和晋军硬碰硬的准备，只是一击即走，他们真正的目标是交州。就在晋军对东吴这次全线北伐严阵以待时，对东吴交州三郡的第一次收复行动开始了。

东吴在南线采取两路进兵的钳形攻势。其中，荆州刺史顾容从北面进攻，发兵郁林郡，交州刺史刘俊和前部督修则从东面合浦进军，直捣交趾郡。计划虽好，执行者却令人大失所望。当时，虽然杨稷很难得到中原的支援，但至少还有南中这个大本营，他并非单凭交州三郡和东吴对抗。得到来自南中的援兵后，杨稷很快就掌握了战场的主动权。这场战役以东吴惨败而告终，其中东路军损失最为惨重，刘俊和修则当场战死，余下兵将四散而逃，等撤回合浦郡才得以重新集结。顾容那一路人马见情况不妙，只好偃旗息鼓了。

不过，东吴没有因为一次失败就停止收复交州的计划。这次计划的提出人是陶璜，他上表讨贼，得到了孙皓的认可。建衡元年（269年）冬，东吴兵分两路，北路军由威南将军薛珝为大都督，虞汜（sì）为监军，陶璜为苍梧太守，从荆州发兵南下；东路军由徐存为督军，李勖为监军，从建安郡渡海前往交州。这次东吴吸取了上次兵力不够集中的教训，按原定计划，两路人马应该在合浦郡合兵一处后，一起进军交趾。

然而，计划赶不上变化，东路军中发生了重大变故，李勖以海陆不通畅为由，杀死先导冯斐，最终擅自撤兵了。北路军只好孤军奋战，再次被杨稷击败。吴军退回合浦郡后，主帅薛珝责备陶璜："你上表讨贼，如今却损兵折将，你的责任在哪里？"虽然陶璜解释说是因为东路军无法配合作战才导致失败，但薛珝根本不听，反而有了撤军的打算。

陶璜没有办法，如今只好靠自己了。于是，当天夜里他以数百人袭击晋将董元，缴获不少宝物，最后满载而归，挽回了一定的颜面。这次胜利让薛珝重拾信心，但同时他感到一阵后怕。东路军擅自撤兵让孙皓动了雷霆之怒，李勖和徐存已经被满门抄斩，若不是陶璜，他恐怕也是这个下场。于是，薛珝立刻去拜谢陶璜，并让他为前部督、交州刺史，负责收复交州的战事。

经过近两年的精心准备，建衡三年（271年），东吴准备对交州发动总攻。

这次薛珝和陶璜得到了朝廷的大力支援，据《华阳国志》记载，东吴出兵多达二十万之众，配合作战的扶严夷兵也有十万人。这个数据当然太夸张了，估计是号称，不过数万人总是有的。此次，东吴下了大力气，誓要毕其功于一役。鉴于前两次进攻交趾都铩羽而归，陶璜认为必须出其不意。于是，大军走海路进兵，大大出乎晋军的预料。

杨稷从未料到敌人会从大海上来，见吴军神兵天降，他命毛炅和孟岳等将在封溪阻击，但由于仓促应战且寡不敌众，这支部队很快就全军覆没了，毛炅等将仅以身免。很快，吴军便兵临交趾郡治龙编城下，将其重重围困。这几年龙编城历经数次战斗，早已破败不堪，杨稷四处召集人马才勉强凑了四千人，加上百姓也不过一万余人，双方实力悬殊。

当时，吴军诸将见龙编城墙多有破损，提议立刻发起进攻，但陶璜怀疑断墙后有伏兵，便以长戟兵在后压阵，小心翼翼地前进。董元果然在断墙后安排了伏兵，双方刚一交锋他就佯败撤退，等吴军发起追击后，伏兵尽出。幸好陶璜早有准备，长戟兵大举压上，一举击败董元。此时，陶璜以两年前缴获的财宝收买扶严夷兵的统领梁奇，又得到万余生力军，吴军已经对晋军形成了压倒性优势。

尽管如此，他仍想不战而屈人之兵，这也是为今后统治交州做准备。陶璜的第一个目标是董元手下的勇将解系。此人有个弟弟叫解象，陶璜成功拉拢了他，让他坐自己的车，大张旗鼓地在城外驾驶，并让他给解系写信。解系本无反心，但这件事让董元对他产生了怀疑，最终董元中了反间计而将解系杀死，自断一臂。如今，这座孤城在吴军的重围下已经岌岌可危了。到七月，城中粮草已尽，军民病饿死者大半。见已经毫无胜算，守将王约暗中联络陶璜做内应，架起梯子放吴军入城。至于《汉晋春秋》记载的陶璜为保吴军仁义之名而以军粮资助城内守军的说法，有资敌引人话柄的嫌疑，并不符合常理，不应采信。

龙编城终于陷落了，杨稷做了阶下囚，后来在合浦病死，这场历时八年之久的晋吴交州争夺战以吴军的大获全胜而告终。不过，此战东吴虽胜，但付出的代价不可谓不多。不仅历时多年，耗费巨大，而且先后两次战败，最后倾力一击才告捷，可谓是一场惨胜。

反观西晋一方，虽然是失败者，但他们从始至终没有对交州下太大力气。从吕兴之乱开始，无论是曹魏还是其继承者西晋，都没有将本土兵力调往交州，而是采取"以蜀制交"的策略，让南中地区的蜀汉降将负责交州方面的战斗。西晋之所以采取这样的策略，主要原因是交州从来就不是灭吴的主攻方向，西晋的进攻重点在荆、扬、益三州。因此，在交州只需牵制东吴即可。

第二个原因是借助东吴的力量削弱南中势力，使其两败俱伤，西晋坐收渔利。和东吴长达八年的对抗中，晋军的主要将领基本都是蜀汉降将。其中，霍弋长期在南中任职，很有威望。董元出身建宁、杨稷出身犍（qián）为，其余爨谷、毛炅、孟干、孟通、爨能、李松等，一看姓氏就可判定他们是出自南中大姓。根据《华阳国志》的记载，这些人在前往交州支援时是带了自己的部曲的。既然用到部曲这个词，说明他们是有一定的半独立性质的。虽然他们在名义上已经归顺西晋了，但对西晋朝廷的统治仍是不利的。正因为如此，西晋在得知交州陷入绝境时才没有出兵救援，而是任其自生自灭，其阴暗的目的就很清楚了。但值得讽刺的是，南中地区虽然由于这场战争损失不小，但并未察觉朝廷的险恶用心，反而加深了对西晋的认同。其中，最有代表性的就是毛炅。他被俘后，陶璜本来想赦免他，但他坚决不投降，至死骂不绝口。由此可见，西晋对南中地区的拉拢、渗透工作是成功的。

总之，东吴长期被牵制在交州，为收复失地投入了大量的国力，而西晋几乎没有消耗自己的力量。这场战争的成败得失其实非常玄妙，东吴很可能并非最终的赢家。而且在某种程度上，交州之争甚至加速了东吴的灭亡，可以说东吴虽胜尤败也不为过。

交州之战的硝烟虽然已经散去，但晋吴两国的战火仍未熄灭，很快双方就将迎来一场规模更宏大的战争。

15 步阐之乱

建衡三年（271年）的收复交州之战是孙皓继位后取得的第一次对外战争的胜利，这让东吴的处境得到了一定的改善。尽管如此，东吴的局势仍不容乐观。蜀汉灭亡后的近十年中，东吴以东南之地独自对抗比曹魏更加强大的晋国，只能苦苦支撑。

司马炎素有一统天下的志向，他若想在长期的拉锯中取得突破，关键点就在荆州。此时，吴属荆州在西和北两个方向受到来自晋国的压力，若能突破东吴在荆州的防线，届时晋军顺江而下，东吴的破灭就只是时间问题了。

为此，司马炎命羊祜（hù）都督荆州诸军事，两国在荆州的全面对抗开始了。羊祜到任后并未立刻开始发展军事，而是做更长远的准备。他先是兴办教育，安抚人民，深得江汉百姓的爱戴。成功收买人心之后，羊祜又致力于开垦土地。在他到任前，魏属荆州兵粮储备比较紧张，存粮尚不够维持百日，但经过羊祜的治理，荆州连获丰收，库中粮米堆积如山，足够十年之用。如今人心已定，粮草已足，这便为最终的军事行动打下了坚实的基础。

东吴一方在建衡二年（270年）大司马施绩去世后，以陆抗都督信陵、西陵、夷道、乐乡、公安各地诸军事，抵御晋国对荆州的威胁。羊祜和陆抗都是旗鼓相当的一时之名将，晋吴两国的对抗看起来也处于均势。然而，晋国的实力本就远在东吴之上，还处在上升期，而东吴因内耗在不断衰退，此消彼长之下，天平已经在向晋国一方倾斜了。

凤皇元年（272年）秋八月，西陵督步阐突然叛乱并举城降晋，由此拉开了西陵之战的序幕。这一事件是毫无征兆的，况且步氏家族在东吴有一定的地位，步阐与其父步骘和兄长步协三人更是在西陵经略了四十三年之久，他为何会轻易反叛呢？这件事还得从七年前说起。

虽然孙皓在登基后杀了濮阳兴和张布两个权臣，又扫除了朱太后母子这个威胁，为自己树立了权威，但他上位受到士族支持这一事实是无法改变的。这是一把双刃剑，孙皓在得到强有力的臂助的同时，必然会受其制约。孙皓自然不是那种任人摆布的懦弱之君，为了摆脱士族的监视与制约并巩固皇权，孙皓决意迁都武昌，这样便能远离江东士族的势力范围了。

迁都一事不出意外没能得到江东士族的支持，朝堂上反对声一片。其中，陆凯的反对最为激烈，他认为迁都是违背上天的旨意，如此骚扰百姓，不是保国安民之道。作为大族吴郡陆氏的成员，陆凯的言论代表了江东士族对此事的态度。

毕竟这件事触动了他们的利益，士族们不愿轻易离开自己的势力范围。陆凯、陆抗等少数人出镇荆州倒是没什么，但如果迁都的话，一些在朝廷中枢任职的江东士族人员将被迫离开扬州，长此以往，家族的根基就不那么牢固了。更何况，这也会让皇帝逐渐脱离他们的掌控，建立起自己的势力。无论从哪个角度来看，迁都武昌都对士族不利，他们强烈反对也就不足为奇了。

不过，孙皓怎么可能因为有人反对就轻易放弃呢？他打算从两方面入手。孙皓找来方士望气，最后得出的结论是王气在荆州，对扬州的建业宫不利。那个年代的人普遍对谶纬之说深信不疑，这样一来就把士族们的嘴堵住了。另一方面，孙皓又找到了一个愿意与他合作的人，此人便是步阐。其实，迁都武昌一事最早就是步阐上表提出的。步氏家族和张昭这样的江北士人不同，他们与江东士族合流的情况不那么明显，甚至还有一定的分歧。具体表现就是在二宫之争期间，士人普遍支持太子，步骘却加入了鲁王党。不管这出于什么原因，步氏家族依附皇权是有传统的。如今，有人愿意支持自己，又有谶纬之说辅助，孙皓终于能强行将迁都一事推行下去。甘露元年（265年）九月，孙皓顺利迁都武昌。不过，迁都的后果是巨大的，其中一个表现如《三国志》所记载："扬土百姓溯流供给，以为患苦。"意思是扬州百姓逆流而上，供应武昌用度，深感痛苦。

这件事并没有完，孙皓的谋划远不止如此。短短一年后，宝鼎元年（266年）十月，扬州建业附近发生了一次大规模的叛乱。当时，永安山贼施但等借着当地百姓苦于劳役，民心生怨，遂聚众数千人，还劫持了孙皓的弟弟、永安侯孙谦，然后又抢走了孙皓的父亲孙和陵墓上的鼓吹曲盖。反叛队伍浩浩荡荡地到达建业附近时，兵力已经发展到万余人的规模了。永安县本是从乌程县分出来的，孙皓在登基前就是乌程侯。因此，可以说施但这股贼军就是来自孙皓的封地。这就有些不寻常了，乌程作为孙皓的龙兴之地，当地人对他应该是有一定归属感的，他本应对此地多施恩惠，收买人心，为何反而劳民动众将当地人逼反呢？而且，施但到达建业时的举动也让人迷惑不解，他没有趁建业空虚抓紧时间发起进攻，而是离城三十里驻扎，号称要选良辰吉日再入城，结果白白错过了宝贵的战机。

只有一个解释，那就是施但之乱其实是一个阴谋，其背后的主使者正是孙皓本人。乌程作为孙皓曾经的封地，当地势力在一定程度上可以为他控制。正因为如此，施但才会在到达建业时迟迟不进城，这很可能就是孙皓导演的一场戏。江东士族的根基在扬州，孙氏家族何尝不是如此？因此，迁都武昌是一件有利有弊的事情。况且，武昌本就是因军事目的而兴起的城市，其政治价值和经济价值远不如建业，所以定都此地并非长久之计。这一点孙皓是非常清楚的，建都武昌只是他为了巩固皇权所行的权宜之计，等时机成熟，他还是要将都城迁回建业的。这次孙皓遥控施但在扬州作乱，就为将都城迁回建业提供了一个借口。

当时，施但以孙谦的名义召留守建业的御史大夫丁固和右将军诸葛靓来降，结果诸葛靓不为所动并斩杀来使，随后便率兵出城，在牛屯（今江苏省南京市东南一带）迎击施但。突然的打击让施但有些猝不及防，这很可能与最初的剧本不同，因为施但所部在建业城外多日备战后竟然军备不足，说明他本来就没有打一场硬仗的心理准备。这也是此事背后有阴谋的一个佐证。施但肯定要被处理，他知道的太多了，更别说他还破坏了孙和的陵墓。以孙皓的性格，除非有必要，否则他不会放过任何一个伤害父亲的人。最终，施但大败而逃，下落不明。倒霉的孙谦做了替罪羊。

身在武昌的孙皓闻讯后很是欣喜，据《汉晋春秋》记载，孙皓认为自己的计谋成功了，等施但之乱被平定后，他命数百人大张旗鼓地进入建业将施但的妻儿杀死，并声称："天子使荆州兵来破扬州贼。"这就和之前的谶言对应上了。这一来不仅为迁都一事做出了解释，还为返回建业做了铺垫，孙皓还顺带除去了一个对自己有潜在威胁的弟弟，可谓一举多得。孙皓的权威经过此事得到了很大的加强。

这里之所以要花这么多笔墨分析孙皓迁都一事，就是为了表明步阐在此事中究竟有什么影响，可以说他的配合给孙皓帮了个大忙。于是此后六年中，步阐继续镇守西陵，地位更加稳固。但这就更奇怪了，步阐如此向孙皓示好，甚至不惜和江东士族站在对立面，他就更没理由反叛了。其实，这件事倒不能全怪步阐，孙皓本身也有不小的问题。

事情发生重大变化的时间节点就在步阐叛乱前不久，当时孙皓突然下令，征步阐入朝做绕帐督。所谓绕帐督，顾名思义就是要围绕在君主左右，这是东吴特有的官职，主要职责是掌握官中的宿卫。这样看来，绕帐督的重要性不可谓不高，这样的天子近臣，不是非常受信任的人是无法担任的，所以孙皓征召步阐入朝一事或许并没有什么恶意。

不过，这件事在步阐看来就没那么简单了。正如前文所说，步氏家族在西陵已经苦心经营了四十余年，骤然被调离自己的根据地，恐怕任何人对此都会心生疑惑。地方大员被征入朝本就非常敏感，就像当初的诸葛诞，若非他摸不准司马昭的真实目的，何至于铤而走险呢？况且，他本就不是什么曹魏忠臣。

对步阐来说也是一样，他无法判断孙皓的本意，因此愈发疑虑，进而开始心生恐惧。步阐的恐惧是有理由的，这又得说回二官之争。当初，步阐的父亲步骘加入鲁王党，与太子孙和站在了对立面，这对步氏家族来说是一个永远也洗不掉的黑点。以孙皓睚眦必报的个性，他能放得下这件事吗？无奈之下，步阐只能做最坏的打算。因此，他全力配合迁都一事，只为了提高自己在孙皓那里的好感，为挽回关系做一些尝试。但步阐发现自己的努力似乎白费了，从明面上看，他至少会因此丧失掌管国家西境重镇的大权。

况且，在之前迁都一事上他已经和江东士族结下了矛盾，自己一旦落难，这些人必定会踩上一脚，那样自己的处境就更糟糕了。步阐越想越觉得恐惧，关于迁都的秘密他应该也是知情者，否则就无法和孙皓密切地配合。如今，另一位知情者施但已经遭到残酷的清算，自己会不会也是同样的下场呢？这次被征入朝到底是吉是凶，他根本不敢去赌，因为代价实在太大了。

反过来从孙皓的角度出发，他是否真有除去步阐的念头呢？笔者认为孙皓其实没有这个意思。虽说孙皓曾清算过父亲的政敌，但他会权衡利弊，而不是一刀切，比如和士族有一定关系且情有可原的纪陟就被他放过了，还被加以重用。对于步阐也是如此，虽然步骘因步夫人和全公主的关系加入了鲁王党，但没有任何史料证明他曾深度卷入过二宫之争。因此，步骘在这场政治风暴中很可能属于那种安分守己、明哲保身的人。也就是说，步骘大概率并未参与过对孙和的迫害。

这样一来，只要步氏家族能为孙皓所用，他就没有必要非得报复步阐。毕竟，孙皓也有建立自己班底的需求，步阐这样的人就是他最好的选择。在征召步阐之前，孙皓已经将都城迁回建业，此时召步阐为近臣，不仅能增加一个亲信，还能消除一定的地方割据的隐患。而且，东吴对步阐叛乱一事是没有思想准备的，据《三国志》记载，之后陆抗在做军事部署时提道："北救必至，至而无备。"意思就是，他认为晋国必然会援救步阐，而己方毫无防备。若是孙皓有意逼反步阐，怎么会完全没有准备呢？

孙皓的心思终究是步阐无法确定的，双方的误会越来越深。由于信任的缺失，步阐在极度的恐惧和求生欲下选择了叛乱，东吴也迎来了一个大麻烦。曾经密切合作的两人还是走向了决裂，这不得不说是一个悲剧，让本就不断衰落的东吴雪上加霜。

16　西陵之战

西晋泰始八年（272年）九月，洛阳城迎来了两位特殊的来客，他们是东吴西陵督步阐的两个侄子步玑与步璇。一个月前，步阐举城降晋，步玑与步璇就是他为表诚意送到洛阳的人质。

西陵对东吴的边防有极为重要的作用，当初东吴在夷陵之战大获全胜后，将夷陵更名为西陵，并设置了西陵都督区，从此西陵成为保卫国家西部边境的重要军镇。因此，步阐的归降让晋武帝司马炎大喜过望，因为之前对东吴展开的和平攻势未能成功，交州也被东吴顺利收复，虽然对手付出了不小的代价，但至少在名义上晋国是落了下风。另一方面，西北的秦凉之变越演越烈，愈发不可收拾。这两年，名将胡烈和牵弘先后战死沙场，这一切都弄得司马炎焦头烂额。如今，东吴一大边防重镇拱手来降，对流年不利的西晋王朝来说可谓久旱逢甘霖，司马炎岂能不喜？

为了表彰步阐，司马炎命他都督西陵诸军事，又授卫将军、仪同三司，加侍中、假节，并领交州牧，封宜都公；步玑监江陵诸军事，又授左将军，加散骑常侍，并领庐陵太守，封江陵侯；步璇加给事中、宣威将军，封都乡侯。他对三个人都大大嘉奖了一番。司马炎这回一改上次对交州的战事不闻不问的态度，当即命荆州都督羊祜和荆州刺史杨肇发兵救援步阐，因为东吴的平叛军队正扑向西陵。另外，晋军还派出了部分益州水师东征。

不过，西陵都督区并非荆州西部唯一的军镇，其主要防区基本在建平郡和宜都郡，东吴在此地还有一个与之重要性不相上下的乐乡都督区。乐乡都督区的范围基本就是东吴的南郡，最初总部在江陵，后来可能是因为江北的江陵承受的曹魏军事压力过强，于是迁移到江南的乐乡，因此被称为乐乡都督区。这两大都督区虽然在名义上是两个平级的军事机构，但在某些时候会出现一边压倒另一边的情况。第一任西陵都督是陆逊，黄龙元年（229年）被征召到武昌辅佐太子孙登后，步骘便接替了他的职务。此后，步氏父子三人开始镇守西陵长达四十三年。乐乡都督区的情况稍微复杂一些，南郡地区防务最早由朱然负责，他去世后由其子施绩继任，直到建衡二年（270年）施绩去世才由陆抗接任。

上面这些人中，陆逊、步骘和陆抗都是都督，朱然是大督，而步协、步阐只是督，职务依次由高到低。至于施绩，他前期和步氏兄弟一样都是督，后期才升任都护督。虽说这些人的官职几乎只有一字之差，但实际的职权是不同的。比如，西陵督或者乐乡督，他们掌握的兵权就只局限于当地，若想控制整个都督区，就要成为都督、大督和都护督。甚至在某些时候，他们有兼管两个都督区的权力，比如当初的朱然和现在的陆抗都是如此。

当初，陆逊和步骘都是统管整个西陵都督区的，但从步协时代开始，步氏家族的势力就因朝廷把宜都郡西部新分出一个建平郡，被局限在西陵周边了。不光如此，从永安二年（259年）开始，陆抗成了步协的顶头上司西陵都督，统管宜都、建平二郡，这就让步家更受掣肘了，更不要说现在荆州从南郡以西都是由陆抗负责了，这种内耗或许也是东吴三次进攻永安都铩羽而归的一个原因。

至此，有两件事已然明了：第一，步氏家族自从步骘去世后势力就大幅减弱了，已不复当年之盛；第二，西陵都督区和乐乡都督区存在一定的竞争关系，这是建业方面控制地方的一种制衡之术，西陵降晋一定会招致南郡的打击。这便是司马炎第一时间发兵相救的原因，西陵受到南郡的严重威胁，步阐势单力孤，若不发兵救援，他支撑不了多久。司马炎清楚西陵的重要性远非交趾可比，若是西陵在手，大军便可从益州顺江而下，东吴的数千里江防必然土崩瓦解，但反过来若是西陵握于东吴之手，东征时便会陷入当年刘备的困境。

陆抗听说步阐叛乱的消息后，为了抢时间，没等向建业方面汇报，第一时间就率左奕、吾彦、蔡贡等众将以三万多兵力奔赴西陵，力争将这次叛乱扼杀在摇篮中。步氏在权力被分割、削弱后，麾下士卒不会太多。战后陆抗清点斩俘时虽然总计数万口，但不可能都是可战之兵，除去老弱妇孺，预计不会超过万人，况且战俘中肯定还有来自益州水师和杨肇所部的，属于西陵驻军的就更少了。

陆抗虽然有三倍左右的兵力优势，但他没有立刻对西陵发起进攻，这又是为什么呢？原来，步氏家族在西陵的这四十三年可不是白待的，他们将西陵经营得固若金汤。最初步骘担任西陵都督期间，曾修建一座城池，后来步阐又修建了一座新城，称为步阐垒。为了区分，当初步骘修的老城被称为步骘城或故市。步阐垒位于靠近长江北岸的郭洲上。郭洲是一座古老的沙洲，长二里，宽一里。

当初，随着蜀汉的灭亡和永安攻略的失败，西陵随时面临着巨大的军事压力。步阐上任后在江心洲上修建新城，敌军即使大举来攻，面对如此地形也难以展开，何况东吴强大的水军也方便支援，这样就可以有效地缓解压力。作为步阐的上司，陆抗肯定对这一部署心知肚明，因为他免不了要参与当初西陵的布防工作。

这样一座坚城绝非可以轻易攻下，如果久攻无果，钝兵挫锐，等晋军援兵赶到时，吴军必将大祸临头，所以不如以逸待劳，围点打援。于是，陆抗下令自赤溪至故市修筑外围防线，范围大约就在西陵的东南方向。西陵东面和北面都是山区，如果晋军前来增援，东南之地是他们的必经之路。陆抗就这样进行着长期战争的准备，他日夜催促赶工，就像敌军已经杀到眼前一样，弄得全军身上下叫苦不迭。

诸将都劝陆抗道："现在我军士气正盛，锐不可当，理应急攻步阐，等晋军援兵赶到时，西陵想必早已被攻克。何必还要劳心劳力地修筑工事，让士兵和百姓痛苦不堪呢？"陆抗将自己的想法向众将解释道："西陵城高池深且粮草充盈，如果急于进攻却不能速胜，到时晋军来了，而我们没有防备，里外受敌，到时又该如何应对呢？"

此时的陆抗正面临着当初父亲陆逊在夷陵之战期间遇到的难题，由于过往缺乏有说服力的战绩，这些打破常规的战略战术很难得到大多数人的支持。诸将纷纷求战，尤其以宜都太守雷谭最为恳切，陆抗这边已经有点控制不住局面了。为了让众将信服，陆抗只好允许他们去攻打一次，最终的结果不出意料，西陵城果然固若金汤。众将见事实摆在眼前，只好放弃了速胜的打算，安心听命修筑工事。陆抗终于渡过了这次信任危机，他的计划得以顺利实施。

然而，新的危机很快就会到来。此时，晋国三路人马已经整装上路，其中羊祜亲率主力五万大军直扑江陵，杨肇以两三万人的兵力前往西陵援救步阐，至于西面的益州水军预计至少也有数千人。晋军总兵力多达八万以上，比吴军的两倍还多。

羊祜大军逼近江陵的消息传来后，东吴军中开始蔓延一种畏惧的情绪，如今南郡精锐尽出，可是不仅西陵没有打下，后方也变得空虚异常，江陵能挡得住晋军的兵锋吗？于是，众将纷纷提议不该将重兵集结于上游西陵一带，应该回师江陵进行防守。

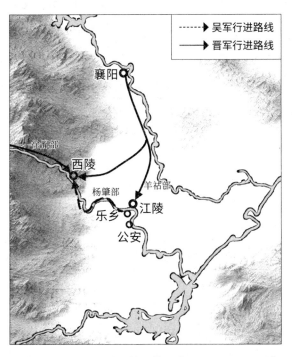

西陵之战形势示意图

　　这是开战以来陆抗面临的最严峻的考验。从常理来看，即使顺利攻克西陵，但若是丢掉重镇江陵，相当于把荆州的江北部分拱手让人，到时候为保大军平安，只能经过南岸夷道撤回乐乡，这样一来西陵还是要丢失。可如果回师江陵，相当于正中羊祜围魏救赵之计，本来兵力就处于绝对劣势，还被对手牵制，这仗就必败无疑了。

　　当年那场波澜壮阔的夷陵之战发生时，陆抗尚未出生，但多年来陆逊在战场上的传奇故事他早就烂熟于胸了。当时，刘备正在猛攻孙桓，陆逊却选择坚决贯彻原定计划，不受任何影响，最终大获全胜。他的理由很简单：第一，孙桓可以挺得住；第二，即使夷道丢了也没有大碍。

　　如今的局势不也是类似的吗？江陵是经受过无数次考验的坚城了，当年曹丕大军强攻半年尚且未能建功，羊祜又能有什么差别呢？即使羊祜能够攻克江陵，损失也必定惨重，届时江陵城防将会遭到严重的损坏，等拿下西陵后，陆抗挥师东进再夺回江陵也不是不可能的事。因此，羊祜兵力虽多，却一时难造成太大的威胁，杨肇才是第一打击目标。在战场上落入对手的节奏中是很不利的，只有出其不意，才能重新夺回主动权。想到这里，陆抗的思路已经越来越清晰了，他最终下定决心不救江陵。由于上一次的预见性，当陆抗这次将自己的想法说出来时，便再也没有人出来反对了，陆抗又顺利渡过了第二次信任危机。

　　其实，陆抗并非盲目自信，除了对江陵坚固的城防充满信心外，他还事先做了其他准备。由于江陵一带地势平坦，道路通畅，行军非常便利，以往魏吴两国在依托襄阳和江陵对抗时，主动进攻的一方一般都能很快兵临对方城下。陆抗经过实地勘察，发现江陵以北一带有许多湖泊，当年楚国便是以这些湖泊为基础开凿了古扬水。于是，陆抗命江陵督张咸在沮水和漳水上筑堤蓄水，很快江陵以北就成了一片泽国。

　　闻听此事，羊祜打算充分利用这片水域，通过船只运送粮草辎重。为了防止东吴搞破坏，羊祜还玩了个心理战术——反其道而行之，故意扬言要拆毁堤坝将水放掉，以便陆军通过。这点小伎俩根本瞒不过陆抗，他力排众议，命张咸毁掉大堤。结果羊祜到达当阳后发现大水已经散去，他费尽心思准备的船只全派不上用场了。当初蓄水，现在放水，这一来一去，迫使晋军耽误了大量的时间，而东吴争取到了宝贵的战机。

到了年底，晋国巴东监军徐胤已经率水军进至建平郡，荆州刺史杨肇也已经逼近西陵。于是，陆抗命张咸固守江陵，公安督孙遵在长江南岸作为预备队，水军督留虑、镇西将军朱琬逆流而上抵御徐胤，陆抗亲自统率主力准备迎击杨肇。

就在这时，又出现了一个小插曲，朱齐、俞赞二将突然叛逃，投奔杨肇。陆抗却不以为意，反而从中抓到一个战机，他说："俞赞在军中资历很深，知道我方虚实底细，现在我们的弱点是夷兵，他们训练不足，战力较弱。俞赞必然会把这些告诉杨肇，那么敌人发起进攻时就必定以此为突破口了。"于是，陆抗将计就计，当天夜里将夷兵的防区调换，全部用精锐老兵来代替。次日，杨肇果然进攻原先夷兵的阵线，陆抗见状立即下令反击，一时间矢石如雨点般砸在晋军的头上。杨肇本以为这次进攻会取得突破，没想挨了当头一棒，这一战晋军死伤惨重，出师不利。

战斗进行了一个月，在此期间杨肇始终没有讨到一点便宜，如今晋军士气已经跌落至谷底，吴军却越战越强。无计可施之下，杨肇只好连夜撤退。此时，西陵战场上陆抗的兵力仍处于劣势，他担心追击杨肇时若步阐出城突围，自己恐怕没有足够的兵力抵挡，就没有让出原有的防线，只是敲起战鼓，摆出追击的样子。晋军连败之下士气低落，本就如同惊弓之鸟，这下更是陷入混乱，只见全军上下纷纷丢盔弃甲，争相逃命。陆抗抓住战机，派一支轻锐部队一路追杀，杨肇惨败而归。羊祜的东路军也完全没有进展，听说杨肇大败，便只好撤兵了。得知援兵已被陆抗击败后，西陵守军的抵抗意志很快就崩溃了。陆抗随即攻克西陵，夷步阐三族，盘踞西陵四十多年的步氏家族灰飞烟灭。

大胜而归后，陆抗不仅毫无骄矜之色，反而谦逊如常，深得将士拥戴。这一战令陆抗名震天下。他作战稳健，在能给对手致命一击的时候异常果断，绝不手软。如此指挥风格与陆逊颇有相似之处，他已经继承了父亲的衣钵。二十多年的光阴过去，当初那个破蜀却魏、一生不曾一败的军事奇才仿佛又回来了。

然而，西陵大捷是东吴最后的回光返照了，一次胜利并不足以扭转晋吴两国的实力差距，具备陆抗水准的名将，晋国也不在少数。以少胜多终究只是个别案例，等下一次攻势发起时，东吴还能抵挡得住吗？

17　暴君孙皓

孙皓继位后虽然面临着严峻的外部环境，但东吴在他的领导下成功渡过了难关，先后平定了交趾之乱和步阐之乱，并取得了西陵大捷这样辉煌的战果。单从军事角度来看，孙皓是要远远胜过孙亮和孙休的。自从孙权后期开始走下坡路以来，东吴已经很多年没有取得这样的大胜了，士人们希望的长君继位看起来的确是有效果的，先不谈文治，孙皓的武功确实值得称道。

然而在内政领域，孙皓给人们留下的是一个截然相反的印象。作为中国历史上有名的暴君，孙皓在史书中声名狼藉，乃至陈寿认为以孙皓的累累恶行应该死无全尸以谢天下，结果他不光没被处死，反而得到善终，竟然还被封了侯，算是便宜他了。

不过，正所谓"三代之善，千岁之积誉也；桀、纣之谤，千岁之积毁也"，人被夸多了，不是英雄也成了英雄；若是被骂多了，不是魔鬼也成了魔鬼。其实，孙皓很可能就是一个被骂了太多年而导致恶名更甚的君主，他担负的骂名超出了他实际的作为。

后来东吴灭亡后，西晋侍中庾峻曾采访做过孙皓侍中的李仁。作为孙皓的近臣，李仁对此事应该是有发言权的，但他表示很多都是以讹传讹。比如，有传言说孙皓不喜欢别人和他对视，只要有人敢如此就会被挖去双眼，其实根本就没有这种事。李仁的回答也得到了庾峻的口头认可，只不过没有被全部记录下来。

在正统的史书中，为了突出西晋灭吴的正当性，就产生了这些比较失真的描写，这是正常现象，这也是庾峻没有认真地记录李仁口述资料的原因。但作为历史研究者，我们还是应该有自己的判断。那么，真实的孙皓是否如大众的认知一般是一个恐怖的杀人魔王呢？

前文曾经分析过，孙皓并非在继位之初就是一个暴君，他曾有过明君之相，而且也没有什么史料显示他中间受过什么刺激导致他性情大变。这说明一个问题，那就是孙皓的本性虽然是残暴的，但是他的头脑非常清醒，知道有些事在自己羽翼未丰之前不宜去做，只能暂时压抑自己的本性。这样一个思维清晰的人，绝不是那种单纯的变态杀人魔，他只会有目的地杀人。

从孙皓的具体屠杀对象来看，大概可以印证这一点，被害的大约有以下四类人：第一是朝廷中枢的权臣；第二是宗室和嫔妃；第三是出身背景一般的士人；第四是失去了利用价值的走狗。

首先看朝廷中枢的权臣，代表就是濮阳兴和张布。此二人无德无能，还曾经擅自篡改先帝遗诏，这样的人无疑对皇权有极大的威胁，孙皓将他们除去并无让人诟病之处。再看宗室和嫔妃，孙皓先后杀死了景帝之妻朱皇后及其子，随后又杀死了自己的两个弟弟孙谦、孙俊。俗话说最是无情帝王家，在权力之争面前，别说是亲戚、兄弟，就是父子之间也没有情面可讲。东吴历史上宗室擅权、女子干政的事件层出不穷，孙皓岂能不有所忌惮？

当初，孙亮被废一事仍历历在目，为将威胁扼杀在襁褓之中，孙皓便把有继位可能的宗室成员杀害，到时即使有野心家想另立新君也很难找到合适的对象。这些被杀害的人虽说不能认为是咎由自取，但客观来讲他们确实对孙皓产生了潜在的威胁。至于孙皓的另一个弟弟孙德，或许是因为比较平庸，最终逃过一劫。这也证明了孙皓的杀戮是有选择性的。

剩下的两类人就复杂一些了，可以合并在一起讨论。之前我们曾分析过，孙皓能继位全靠士人们的支持，这股力量对他来说是一大臂助，同时也是一个威胁。孙皓面临的是和当初他的祖父孙权类似的局面，孙权对士人们不得不依仗，又不得不防范。在无尽的矛盾中，孙权最终铸下大错，酿成了二宫之争的恶果。孙皓在某种程度上就是孙权的翻版，他同样很难接受东吴有一个庞大的集团掣肘自己。因此，孙皓在继位数年、羽翼渐丰后，开始逐步和士人们走向对抗。

不过，孙皓和孙权不同，无论是功勋还是威望，他都远远无法和当初称帝后的孙权相比。所以他虽有独揽大权之心，但其发起的争斗远不如孙权那般激烈。在惨烈的二宫之争中，先是第一个丞相陆逊被逼死，随后第二个丞相朱据又被奸臣孙弘害死，前丞相顾雍之子顾承也被流放到不毛之地而客死异乡，孙权的处罚是极为严酷的。但是到孙皓这里就绵软无力多了，他清楚自己无法和以吴郡陆氏为首的士族们决裂。孙皓不仅是对他们的强大实力有所忌惮，而且陆氏一门是国之柱石，若没有他们鼎力相助，恐怕东吴的边防将会崩溃，这并不是危言耸听。

陆凯曾多次直言劝谏孙皓，甚至忤逆孙皓的旨意，这令孙皓非常不满。而且，陆凯很可能做过一件更疯狂的事。据《三国志》记载，宝鼎元年（266年），有人声称陆凯联络大司马丁奉、御史大夫丁固等几人密谋废黜孙皓，改立孙休之子，但最后因左将军留平坚决反对才没有实施。这件事孙皓并非一无所知，而是深感警惧。关于此事，虽然《三国志》用了"或曰"这样模棱两可的字眼，但很可能并不是空穴来风。因为《吴录》也有相关的记载，而且比《三国志》更详细。

即使陆凯做到了这个份上，孙皓依然不敢动他。据《世说新语》记载，一次孙皓问陆凯："你们陆氏在朝中任职的共有多少人？"陆凯回答："有两个丞相、五人封侯、十多位将军。"孙皓感叹道："你们的家族真是兴盛啊！"陆氏的势力如此庞大，但孙皓根本无计可施。尤其陆抗还是镇守国家西境的大将，若是生出变故，恐怕荆州将有大乱，孙皓只能隐忍，直到陆凯去世后才将其亲属贬到建安郡以泄愤。

至于陆抗，虽然他的忤逆程度远不如陆凯，而且战功赫赫，但其反复上书劝谏孙皓，甚至直接指出孙皓的过失，令孙皓非常反感，陆抗的潜在威胁程度比起当年其父陆逊也不遑多让。但孙皓对陆抗只是搁置不理而已，别说处罚，连像样的批评都没有。这样的孙皓显然是和传统印象不符的，以陆抗的所作所为，放在孙权那里绝对是十死无生，看看陆逊和朱据的下场就知道了。但孙皓偏偏就能容忍，这证明他懂得权衡利弊，保持一定的理智。

然而，对于那些背景不太深厚的士人，孙皓就不会那么客气了。这类人只要令其心生不满，大多都惨遭杀害。比如，王蕃、楼玄、韦昭、贺邵等人先后都被孙皓处死，孙皓刚刚继位不久时任用的那些清流之臣只有华覈一人得以善终。这些人要么是江北士人，要么就是出身江东但家族势力一般的人，杀起这样的人来，孙皓就肆无忌惮了。

当然，孙皓不会只让自己担恶名，他有专门的机构帮自己干脏活。当初孙权设置校事官，成为东吴特务政治的开端，后来这一制度曾被诸葛恪废除，但如今孙皓又将它恢复了。除了前文介绍过的引发交趾叛乱的察战官外，孙皓还设立了"校曹"和"弹曲"两大新机构。这样一来，东吴的特务机关比起当初孙权时期的就更加完善和强大了。

就像孙权用吕壹一样，孙皓也任用一些出身低微的奸佞。他们若想改变命运，就只能依附孙皓，变成为他强化皇权的走狗。其中，知名的有万彧、陈声、何定、张俶（chù）、岑昏等。除了岑昏没有构陷他人的记录外，其余几人都是孙皓残害忠良的帮凶。其中，万彧和陈声都诋毁过王蕃；何定因为李勖不同意与他联姻，借着李勖伐交趾时擅自退兵一事在孙皓面前进谗言，导致李勖被残杀，后来他还多次检举陆凯；张俶也多次滥杀无辜。不过，这些人的命运和吕壹也没什么两样，他们在失去利用价值后还是被无情抛弃了。为了给天下一个交代，他们先后作为替罪羊被孙皓处死，可谓罪有应得。

通过以上这些事例可以看出孙皓欺软怕硬的本性。为了稳固权力，震慑潜在的反对者，对于那些没什么反抗之力的人，他杀起来毫不手软，而且手段极为残酷。但对于家大势大的陆氏家族，他根本不敢动手，这在孙权时代是完全不可想象的。孙皓在一定程度上有些像孙权，甚至他有可能刻意模仿孙权，但终究还是东施效颦。孙权虽然也有隐忍的时候，但他基本不会捏软柿子，对于那些威胁不大的江北出身的士人，他的处理大多是比较温和且留有一定余地的，他主要对付的是江东士族。

总之，孙皓确实是个暴君不假，但他的杀戮行为更多的是为巩固皇权所行的一种震慑手段。由于他本身的实力有限，且东吴国内能制衡他的力量过于强大，导致他不能为所欲为，顶多只能有限地杀戮。孙皓是一个更加"理智"一点的暴君，也是一个更加"软弱"的暴君，和石虎这种彻底大权在握、肆无忌惮的暴君有所区别。

孙皓有意模仿祖父孙权，但在维护皇权方面学了个四不像，结果留下了万世骂名。在执政方面，孙皓同样在效仿孙权，但在这一领域他的表现就好多了。

18　亡国之相

由于东吴末代君主孙皓在史书上留下了荒淫暴戾的形象，导致后人在重读这段历史时往往会忽视他的一些闪光点。

事实上，孙皓虽然是个暴君，但也不是没有可取之处。从某些角度来看，他可以说是三嗣主中的佼佼者。在孙权之后的三个皇帝中，孙亮前期是全公主和孙峻的傀儡，后期是孙綝的傀儡，以至于被废黜；孙休虽然一度铲除了权臣，夺回了权力，但他沉迷于经学儒术，懈怠国政，导致出现了新的权臣，而且在他执政末期，东吴的对外战争接连失败，国家陷入内忧外患的困境。唯有孙皓，他在位期间不仅巩固了皇权，同时在对外战争中也取得了一定的成绩，无论对内还是对外，其实际表现都超越了前两代皇帝。

在内政方面，孙皓的手段颇有值得称道之处。他重新构建了朝廷和地方的权力机构，为稳定政局起到了重要作用，具体方法便是新设大量的郡县、分封诸王。前文合肥之战部分谈过东吴兵制问题，由于孙氏属于外来者，为了收买人心，需要对功臣大加封赏，便有了部曲领受制度。军功将领们得到属于自己的部曲后，又以奉邑、复客为基础，有了长期养兵的能力，最终就形成了袭业领兵制度。

他们世代领兵，所属的部曲从组织到训练乃至后勤都由自己负责，只在实际战争时统归主帅指挥，具有相当的独立性。这不仅导致部队的战斗力下降，还让这些大家族得以长期垄断地方资源，形成了一个个如同独立王国般的小势力。虽然他们势力不大，难以对中央构成什么威胁，但至少会导致朝廷有效统治地方郡县的难度大大增加，这一问题在东吴历史上长期存在。

孙皓即位后，开始逐步调整地方郡县的行政区划。宝鼎元年（266年），孙皓借着乌程、永安发生叛乱一事，颁布了一封诏书，将吴郡的乌程、阳羡、永安、余杭、临水四县以及丹阳郡的故鄣、安吉、原乡、於潜四县分出，合并为全新的吴兴郡，治所定在孙皓的龙兴之地乌程，同时又从会稽郡中分出一个东阳郡，由此拉开了大规模重划郡县的序幕。吴郡、会稽郡和丹阳郡是扬州三个最主要的郡，也是人口、税赋的主要来源地，同时这里也是各大家族长期深耕经营的地区。

这次重划郡县，必然会对地方势力产生一定的影响。因为新设的郡县必然要委任新的地方官员，而具体人选由孙皓本人指定，这样就有利于朝廷对地方郡县的掌控，也使资源可以逐步向朝廷集中。后来，孙皓又下令新设了安成郡、新昌郡、武平郡等。正如贾谊在名作《治安策》中所说"欲天下之治安，莫若众建诸侯而少其力。"枝弱才会干强，孙皓此法确实是提升国力的一大良策。

在新设郡县的基础上，孙皓又大肆分封诸王。在他的三十四个儿子中，除了孙瑾被立为太子之外，其余三十三人都被封为王。其中，前两批二十二位封王者都拥有三千属兵，最后十一人封王时已经到了东吴灭亡前夕，应该只具有象征意义了。也就是说，孙皓时期东吴在地方上至少有二十二个掌控兵权的藩王。这些藩王虽说总体实力不小，但单独来看，远不足以和朝廷抗衡，只能依附孙皓，这非常符合《治安策》中诸侯越小越安定的思想。另一方面，这些藩王们与州郡政府以及地方上的大家族形成了三股势力互相牵制的、相对稳定的政治格局，为孙皓下一步的行动打下了基础。

在做好以上一系列的准备后，孙皓终于可以着手整顿东吴的兵制了，他在位期间逐步废除了袭业领兵制度。孙皓的第一次尝试便是召步阐入朝做官，希望制止同一家族在地方坐大。但这次有些操之过急，虽然他很可能并没有除掉步阐的念头，但此举导致对方对他失去了信任，最终酿成大祸。这让孙皓在之后的行动中变得更加谨慎。

从孙亮时期开始崛起的大将丁奉，在孙皓时期愈发显赫，而在他去世后一段时间里，孙皓突然开始翻旧账，追究他之前有一次出兵未能建功的责任，将其全家都迁移到临川郡。后来镇守荆州的陆抗去世后，大量陆氏子弟被迁徙。陆抗的五个儿子虽然能继续统领父亲的军队，但毕竟被一分为五，相当于兵权被大大削弱了。阖族迁徙是一个釜底抽薪的大杀招，虽然没有具体的处罚措施，但让这些家族离开了长期经营的地区，相当于他们变成了无根浮萍，对朝廷的威胁就微乎其微了。就这样，东吴的袭业领兵制度逐步走向消亡，军队对朝廷的向心力也得到增强。

为了加强对军队的掌控，孙皓开始强化监军制度。监军制度并非孙皓所创，孙权和孙亮时期便分别有钟离牧和冯朝担任监军，但这一制度是在孙皓手上被发扬光大的。之前的监军并不常见，但从孙皓时期开始，监军一职便在东吴军中大量出现了。

作为皇帝信任之人，监军的设立对于提升朝廷对军队的监控大有帮助。在和平时期，地方的军镇大多设有监军。比如，王蕃曾担任夏口监军，孙遨曾担任武陵监军。在战争时期，监军往往也会随军出征。比如，平定交趾叛乱期间，李勖和薛珝都担任过监军，而且显然监军的地位要高于其他将领，这也从一个侧面表明监军一职的重要性。后来晋灭吴后，晋军在统计战果时得到的数据是共计斩俘东吴监军多达十四人，可见这一官职在东吴军中的普遍性。监军制度的盛行成为东吴军制改革的一大重要标志，从此兵权就更加集中了。

从以上这些事例可以看出，抛开残忍好杀不谈，孙皓在执政方面确实颇有作为，对强化中央集权起到了一定的促进效果。再加上在战场上连续取胜，孙皓开始自我感觉良好了，于是东吴的灾难就来了。虽然孙皓执政前中期使国家一度有了中兴的势头，但此后随着他的胡作非为，东吴还是在朝着深渊不断滑落。比如迁都武昌，随后以施但之乱为由又将都城迁回建业，虽然一定程度上巩固了权力，但这一番折腾下来，耗费了大量的资源，得失利弊究竟如何，只能见仁见智了。

不过，孙皓丝毫不以为意，他回到建业的第二年就开始作死了。和众多好大喜功的皇帝一样，孙皓的第一项举措就是大修宫室。更严重的是，孙皓竟然将工程期定在盛夏农忙之时，导致农时被荒废。如此挥霍无度、耗费民力，中书丞华覈甚为忧心，便上奏希望孙皓能停止这种行为。然而，孙皓不仅毫不理睬，反而将华覈贬为东观令，让他负责修史去了。

中书丞作为中书省的副官，是皇帝近臣，有参政议政的权力，责任极为重大，可华覈因直言进谏就被贬为微不足道的史官，可见孙皓的心胸之狭隘。其实，这也是孙皓与儒学士大夫在思想观念上产生冲突的一大体现，和当初的孙权并无二致。孙皓大修宫室和孙权报聘辽东的本质是一样的，都是为了提升自己的威望，营造出一种唯我独尊的氛围，只不过背后的代价是士大夫们不能接受的。

此外，孙皓做的另一件蠢事就是毫无意义的北伐。经过平定交趾之战和西陵之战两场胜利后，孙皓开始自信心爆棚，于是产生了不切实际的幻想。平心而论，有进取心是一件好事，对于东吴这样局限于东南一隅的政权来说，割据自保终非长久之计，主动出击，力争打破局势确实是一种选择。然而，主动出击也需要把握时机。此时晋吴的实力对比并不平衡，东吴防守尚且自顾不暇，何谈北伐呢？只要中原不出现什么大的变故，东吴就只能继续等待。在等待中覆灭至少好过如飞蛾扑火般加速灭亡。

孙皓却不这样想，他坚信自己就是那个一统九州的天命之主。孙皓是个极为迷信的人，以"运命历数"为舆论武器，为自己荒诞的军事行动做铺垫。建衡三年（271年）平定交趾之战进入尾声后，孙皓就等不及了，先进行了一次尝试。当时，刁玄为了迎合孙皓，炮制出一句谶语："黄旗紫盖见于东南，终有天下者，荆、扬之君乎！"意思就是出身东南的孙皓要统一天下。然后刁玄又抓来一个来自中原的降人，授意他说寿春有"吴天子当西上"的童谣。这种无稽之谈正对孙皓的胃口，于是他准备大干一场。建衡三年（271年）正月，孙皓带着数千人马从建业出发，号称自己的车盖将进入洛阳。

但搞笑的是，孙皓这支队伍根本不是什么正式的作战部队，其中有大量的后宫人员，甚至他的母亲何太后和诸多宠妾也随军出发。隆冬之际，寒风呼啸，道路被大雪阻塞，车马根本无法前行。士卒饥寒交迫，苦不堪言，忍无可忍之下，纷纷表示若遇到敌人，立刻倒戈而降。再加上华覈苦劝，孙皓无奈之下，只好下令草草结束这次闹剧般的军事游行。这次北伐闹得灰头土脸，但孙皓还不死心。

当时，有人为他占卜，得到的结论是大吉，庚子年东吴青盖将入洛阳。有了这样的吉兆，兼之西陵之战大胜，孙皓更加坚定了一统天下的决心。但值得讽刺的是，东吴灭亡的那一年正是号称"青盖入洛阳"的庚子年。孙皓最终以另一种方式到了梦寐以求的洛阳。不过，眼下孙皓绝不会想到自己将来的结局，他还做着一统天下的美梦。

凤皇二年（273年），孙皓命薛莹、鲁淑率军北上，其中鲁淑攻弋阳，薛莹攻新息（汝南郡治）。吴军号称十万，声势浩大，不想这次北伐被豫州刺史王浑轻松挫败，孙皓的"宏图大志"遭到当头一棒。由此可见，孙皓统治前期虽有一定的作为，但他在后期明显腐化堕落，沉溺享乐，盲目出师更是加速了自己的灭亡。孙皓本可以内修政理，积蓄国力，可他继续倒行逆施，终于引发了一系列祸端。

当初，孙皓宠爱张布之女，封其为美人。后来张布被杀后，此女气不过，以贼称呼孙皓，孙皓一怒之下命人将其活活打死。但张美人死后，孙皓又开始怀念她的美色，思来想去竟想出一个歪主意。孙皓打听到张美人还有个姐姐嫁给了前卫尉冯朝之子冯纯，便将其豪夺过来，并封为左夫人。孙皓对她宠爱备至，以至于不理朝政。这位张夫人没过多久就病逝了。孙皓万分悲伤，为表思念，不仅以超出规制的礼仪厚葬她，而且长达半年闭门不出。

如此荒唐的行径最终酿成大祸。由于葬礼太过奢华，很多人以为此葬礼是为孙皓举行的，于是东吴国内传出谣言说孙皓已死。更有甚者，因为孙皓舅舅的儿子何都与孙皓长相相似，所以不少人都说现在坐在皇位上的就是何都。这种无稽之谈还真有人信了，临海太守奚熙听此谣言，居然打算起兵讨伐何都，之后被何都的叔父何植平定，动乱这才平息。这种乱局一直持续到东吴灭亡前夕。

总之，孙皓和孙休一样都是虎头蛇尾，他们前期虽有一定建树，但后期迅速堕落。尽管孙皓前期的执政成绩要好过孙休，但相应地，他的堕落程度也严重得多。在孙皓的统治下，此时的东吴亡国之象已经毕露。

19 郭马之乱

据史书描述，晋灭吴一战进行得异常顺利，东吴似乎是突然灭亡。其实，这个政权早已烂到了根上，在最后崩溃之前的几个月，灭亡的前奏就已经开始了。

从孙皓后期开始，东吴上下为了迎合他的喜好开始大造祥瑞。天玺元年（276年）八月，地方上报历阳山中有一块山石，其纹理天然成字，写着"楚九州渚，吴九州都，扬州士，作天子，四世治，太平始"云云。紧接着，人们又在吴兴郡阳羡的国山发现一块长十余丈的、中空的石头，也说这是祥瑞。

这当然是伪造的，但孙皓不管这么多，借着这两件事在国山举办了封禅大典，这是东吴符瑞制造活动的最高峰。封禅大典完成后，孙皓下令次年改元天纪。所谓天纪，就是上天的纪纲。在他看来，之前历阳山中石头上的文字便是上天给他的指示，改元天纪便可与这一吉兆相对应。只不过，他无论如何也想不到，这个天纪就是东吴最后一个年号了。

孙皓这个曾一度有明君之相的东吴末代皇帝此时已经昏聩得无可救药，他对这些虚假繁荣信以为真，对即将到来的灭顶之灾没有任何清醒的认识，还在做着一统九州、成就千秋功业的美梦。据《江表传》记载，一次孙皓又被手下炮制的祥瑞骗得晕头转向，他狂喜道："从大皇帝逮孤四世矣，太平之主，非孤复谁？"可见，其骄矜自大的心态已到了无以复加的地步，他彻底变成了一个活在梦里的人。

或许正因为如此，孙皓才会把任何对自己统治不利的传言视为洪水猛兽，因为这将会打碎他的幻梦。据《汉晋春秋》记载，当时东吴境内流传一则谶语，说："吴之败，兵起南裔，亡吴者公孙也。"这则谶语中有两个关键词，一是南裔，二是公孙。其中，南裔比较好理解，按当时的语言习惯，南裔基本特指交广一带。比如，张昭的儿子张休被贬到交州，《三国志》就称之为"流播南裔"。那么"公孙"指的是什么呢？辽东的公孙氏已经灭亡四十年了，怎么可能威胁到东吴呢？

原来，江东除了顾陆朱张四大家族外，还有八个次等士族。陆机在《吴趋行》中写道："八族未足侈，四姓实名家。"因此，这些家族就被统称为四姓八族。根据唐代学者李善为《昭明文选》做的注解可知，这八族为陈、桓、吕、窦、公孙、司马、徐、傅。因此，公孙氏虽然未有在朝中显赫者，但在东吴也是一个颇具影响力的家族。

听闻这则谶语后，异常迷信的孙皓感到有些恐慌。在他看来，不仅岭南即将发生暴动，而且公孙家的人也会在江东作乱，东吴将遭遇一次里应外合的打击。尤其是公孙氏，他们的族人有不少在东吴的江防部队中任职，一旦他们叛逃晋国并做了带路党，则东吴大势去矣。为了将这次劫难扼杀在摇篮中，孙皓将文武官员中所有姓公孙的人尽数迁徙到广州，不让他们停留在长江沿岸。反正根据谶语，广州的动乱是难以避免的，那干脆将公孙家赶到那里去，到时候等他们发起叛乱再一网打尽。孙皓机关算尽却依旧百密一疏，正如当年秦始皇对"亡秦者胡也"这句谶语产生了误判，认为其中的"胡"指的是匈奴一样，孙皓也误解了谶语中"公孙"的真正含义，这里我们先按下不表。

从那以后，孙皓就对交广二州甚为关注。虽说数年前东吴已经平定了交趾之乱，但岭南二州作为东吴几个地理单元中最不稳定的地区，朝廷从始至终就没能在当地形成彻底的有效统治。后来晋平吴后，前东吴交州刺史陶璜在向西晋朝廷汇报岭南的情状时提到交州"朋党相倚，负险不宾"，又说广州"不宾属者乃五万余户，及桂林不羁之辈，复当万户。至于服从官役，才五千余家"。由此可知，东吴对当地的控制非常有限，交广人多不臣服东吴朝廷。甚至《南齐书》也提到广州土著"楼居山险，不肯宾服"。可见，直到南北朝时期，岭南都没能完全纳入华夏政权的统治。

因此，对于交、广二州出现新的动乱，东吴是有心理准备的，同时也制定了相应的预案，即交、广分治。这一政策在上一次交州之乱中就已经开始实行了。当时，东吴将原交州东部新分出了广州，等动乱平定后，在二州分别设置了都督区，即以交趾郡龙编为中心的交州都督区和以南海郡番禺为中心的广州都督区。按陶璜的话说，交、广二州就是互为唇齿，一旦哪个州生出动乱，另一个州就能第一时间前去支援。

这次谶言显示危机就在眼前，于是孙皓就命人核查广州户口，甄别哪些人有叛乱的可能。孙皓万万想不到的是，他的未雨绸缪之举竟然成了动乱的开始。天纪三年（279年）夏，一名叫郭马的将领以此为借口，煽动广州当地军民作乱，第二次岭南之乱爆发了。

这个郭马只是个小角色，他本是合浦太守修允（修则之子）手下的一个小军官。当时，修允转任桂林太守，但患病未能赴任，在番禺养病，便派郭马领兵五百到桂林安抚各蛮夷部族。修允没过多久就去世了。由于当时孙皓正在逐步废黜部曲袭领制度，修允去世后，其部曲应该分配给其他人指挥。郭马与其余几位将领何典、王族、吴述、殷兴等都是世代从军的老兵，不愿分离，恰好孙皓又在清查广州户口，于是，叛乱就开始了。

郭马起兵后，很快就杀死广州都督虞授，随后自称都督交、广二州诸军事和安南将军，又委任殷兴为广州刺史，吴述为南海太守，并命何典进攻苍梧郡，王族进攻始兴郡。这次叛乱声势浩大，郭马很快又杀死南海太守刘略，并将广州刺史徐旗赶走，整个广州一片大乱。听闻这一消息后，孙皓彻底蒙了，不是说"亡吴者公孙"吗？可这和公孙家的人一点关系都没有，难道自己的判断完全失误了？就在这一刻，孙皓感到了彻骨的恐惧，他有一种预感，这次似乎真的要亡国了，于是便有了"此天亡也"的哀鸣。

孙皓的预感是正确的，因为郭马之乱很可能并非一次单纯的地方叛乱，大概率与晋国脱不开干系。据《晋书》记载，当初杨稷战败后，他和手下一干将领被陶璜擒获。这些人中有毛炅这样至死骂不绝口的硬骨头，自然也有忍辱偷生的人，孟干、爨能、李松三人就是如此。孙皓起初想处死这些降将，但有人劝道："这些人都是食君之禄，忠君之事罢了，双方各为其主，不必过多为难，让他们将功补过就是了。"孙皓一想也对，就将他们迁到临海郡（今浙江省南部及福建省北部一带），以示宽大。

本来捡了一条命，安心过好下半辈子便是，但孟干心有不甘。这些年他为晋国效命，深入蛮荒之地作战，为的是博一份好前程，这种结局自然不是他想要的，他发誓一定要脱吴归晋。思来想去，孟干想出一个主意。众所周知，诸葛亮曾发明了元戎弩，让曹魏甚为忌惮。这样的国之利器，显然令东吴心痒难耐，但蜀汉灭亡后国内熟悉制作方法的工匠都降了晋国，东吴仍无法探知这种强大兵器的奥秘。于是，孟干抓住东吴这种心思，自称他掌握元戎弩的制作方法。等孙皓召他去制作时，孟干趁机出逃，前往洛阳，实现了归晋的夙愿。但这把两个同伴害苦了，孙皓得知被骗后怒火中烧，命人将爨能、李松处死泄愤。

孟干逃回晋国后，上书陈述伐吴大计，司马炎对其表示赞许，封他为日南太守。虽说这是个遥领的虚职，但充分表现了晋国官方对他的嘉奖。不过，孟干有什么"伐吴大计"值得司马炎称赞呢？要知道，他也就是个南中土著，才学见识想必非常有限，难道他有什么高见能胜过司马炎的智囊团吗？这种可能性是不大的。孟干的"伐吴大计"既然得到了认可，那就肯定不是正面进攻，因为常规的方法肯定早就被讨论过无数次了，他说的一定是一些奇计，或许就涉及郭马。

孟干曾和修允父子发生过一系列战斗，修允的父亲修则战死沙场，后来孟干又做了俘虏，双方必定是互相了解的。作为修允的部将，郭马和孟干二人应该也彼此不陌生。孟干很可能在接触中发现郭马这个人不安分，可以争取，才会献策以郭马为突破口伐吴。这大概就是他的计策得到赏识的原因，这是他独有的优势。

另外，郭马之乱发生在夏季，晋灭吴之战虽然发生在十一月，但这么大规模的兵力调动肯定不是简简单单的事，必然要经过长时间的准备，这样看来，二者在时间上也可以相互对应上。因此，郭马之乱背后很可能有晋国的影子，这是一次针对东吴的阴谋。在东吴南部的边疆制造动乱，将东吴的注意力吸引过去，这样就可以达到"声南击北"的目的了。

仅从交广战场的情形来看，东吴实行交广分治，唇齿相依的策略似乎是成功的。当时，孙皓命滕修为镇南将军、假节兼广州牧，率兵万人从东路进讨；陶璜统管交州及合浦、郁林二郡的部队，从西面进军。两路人马东西夹击，共讨郭马，形势一片大好。不过，孙皓可能还觉得这样不够稳妥，又命徐陵督陶濬领兵七千助战。徐陵是东吴长江防线中极为重要的一个军事据点，当初曹丕三次大举南征的目标都是京口，可见它的重要性。按理说京口驻军是东吴国防的重中之重，不到万不得已是不能轻动的，由此可以看出广州之乱对东吴的国防布局造成了多大的影响。

因此，从整体战略的角度来看，晋国才是真正的赢家，东吴赢在一隅却输了全局。据《晋书》记载，当时杜预在给司马炎的上表中如是写道："自闰月以来，贼但救严，下无兵上。以理势推之，贼之穷计，力不两完，必先护上流，勤保夏口以东，以延视息，无缘多兵西上，空其国都。"意思就是东吴的江防兵力已经严重不足，东西不能两全，东吴只能尽力保住夏口以东，苟延残喘，无法把更多的兵力调到西境，以致国都建业空虚。天纪三年的闰月是七月，可见，东吴从夏秋之交开始，江防便开始捉襟见肘了，这正好与郭马之乱的时间相近，这并不是单纯的巧合。

其实，东吴防备空虚，真的全是被郭马之乱牵制吗？其实，倒也并非完全如此。事情弄到这一步，孙皓本人要承担相当的责任。之前我们说过，孙皓曾经大肆分封诸王三十三人，其中有二十二人都得到三千属兵，这就是六万多人。而据晋灭吴时的统计，东吴全国上下就只有二十三万军队而已。孙皓将超过四分之一的宝贵兵力分给儿子们，虽然在一定程度上制衡了地方上的大家族，但同时也对防务造成了严重的负面影响。

当初，陆抗总结西陵之战的经验，发现晋国能非常轻松地在荆州方向出动八万以上的大军，这令他非常震撼，自己只有区区三万人马，虽然这次侥幸取胜，但下次怎么办呢？荆州虽然远离江东，却是东吴防御的重点，一旦被敌人突破，数千里的江防将土崩瓦解。陆抗对此忧虑万分，甚至在身患重病时还上书请求孙皓给他增兵至八万人，但孙皓未做任何回应。陆抗就这样带着无尽的遗憾去世了，他的担忧终于变成了现实。试想一下，如果孙皓能将这六万多人增援到荆州，东吴的处境又怎会如此窘迫呢？

所谓公孙，其实根本就不是指公孙氏家族。在古代，公侯王子之孙便可称为公孙，谶语中的"公孙"大概指的就是孙皓这些儿子们。孙皓本人虽然是一国之君，但其父孙和从未做过皇帝，孙和的孙子们被称为"公孙"一点问题也没有。这些"公孙"们虽坐拥六万多大军，但他们分处各地，根本无法形成有效统一的指挥，所以在亡国之际未能起到半点作用，反而浪费了宝贵的机动兵力，以致晋灭吴如摧枯拉朽。或许这才是"亡吴者公孙"的真正含义，可惜孙皓没能领会其中的奥妙。

兵法有言："无所不备，则无所不寡。"这就是说，处处防备的话，每个地方都会兵力不足。东吴的长江防线正是如此。以东吴的国力，除非将绝大多数的兵力部署在沿江防线上，方能在晋国发动总攻时有一战之力，但也非常勉强。可如今，东吴不仅有郭马之乱的牵制，又有诸王的六万大军无所事事，而且陆抗那样可以力挽狂澜的人物已驾鹤西去，这次东吴还能逃过一劫吗？

此时，西晋王朝的战争机器已经隆隆开动，割据江东八十多年的孙氏政权即将迎来它最终的命运。

20　土崩瓦解

王濬楼船下益州，金陵王气黯然收。

唐代诗人刘禹锡的这首《西塞山怀古》生动地描绘了晋灭吴之战中益州水军沿江东下，势如破竹的盛景。正所谓养兵千日，用在一时。战争虽然在数月之内便如摧枯拉朽般结束了，但为了这份旷世奇功，王濬足足准备了七年之久。

事情还得从凤皇二年（273年）说起。一天，东吴西部边境的建平郡发生了一件大事，当地驻军忽然发现上游的江水漂来大量的木屑。只见无数的碎木密密麻麻，如浮萍般遮蔽了江面，一眼望不到头，场景蔚为壮观。将士们不明所以，只好将这奇异的景象上报太守吾彦。收到报告后，吾彦大为震惊，他第一时间来到江边，顺手捞起一片随波漂流的碎木，眉头紧锁，陷入了深深的沉思。

这件事打破了长久的平静，一年多前的西陵之战中，西晋巴东监军徐胤曾率益州水师进攻建平，为营救被陆抗重重围困的步阐。作为西陵之战的亲历者，吾彦深知战况激烈的只有主战场，益州水师羸弱异常，根本没有对建平郡造成什么威胁。这让吾彦产生了一个错觉，晋国步骑虽强，却只能望江兴叹。当年，周瑜于赤壁之战前断言："舍鞍马，仗舟楫，与吴越争衡，本非中国所长。"他所说的就是这一情况的写照。

可眼前的现实令他如梦初醒，目前晋国明显正在大规模地打造战船，这满江的木屑就是明证。吾彦虽出身寒微，但文武双全，胆识过人。陆抗欣赏他的勇略，打算提拔重用，但顾忌众将不服，便将大家召集起来，暗中派人装疯突然拔刀跳起，其他人见状吓得四散奔逃，唯独吾彦不动声色，举起小桌挡住了他。这下众人都对吾彦佩服不已。但就是这样一位泰山崩于前而色不变的勇者也控制不住情绪了，可见事态的严重。

吾彦是江东吴郡人，他突然想到前些年开始家乡流传的一首童谣："阿童复阿童，衔刀浮渡江。不畏岸上兽，但畏水中龙。"这水中龙想必指的就是晋国舰队了。如果让他们练出一支精锐水师，足以和东吴在大江上争锋的话，那么东吴将失去最后一个优势，亡国之祸将扑面而来。想到这里，吾彦再也坐不住了，立刻命人带着碎木料前往建业，将情况汇报给孙皓，并建议朝廷立刻往建平郡增兵，因为只要建平在手，晋国水军就无法冲出三峡，难有用武之地。

吾彦的猜测一点不差，西陵之战失败后，晋国高层吸取了教训——如果无法以水师从长江上游取得突破的话，单凭荆州一个方向的进攻很难取得战果。于是，在羊祜的建议下，司马炎密令王濬为益州刺史，让王濬在巴蜀督造战舰。童谣中的阿童正是这位王濬的乳名。

然而，事态尽管已经紧急至斯，却丝毫没有引起孙皓的重视。他不仅并未意识到西陵之战的胜利没有完全缓解严峻的防御形势，反而继续沉溺于各种符瑞和吉兆中不可自拔，做着一统天下的春秋大梦。报告的石沉大海让吾彦甚是沮丧，手中的兵力顶多能守住秭归，阻挡晋军东下是万万做不到的。于是，他只好寻找江面狭窄处，在两岸之间连起铁索，对敌军的攻势稍做拖延。一年后，镇守荆州的国之柱石陆抗病危。作为吾彦的上司，他对即将到来的危险也有深刻的认识，但他请求增兵的提案依旧被搁置了。随着陆抗的郁郁而终，东吴最后的希望也烟消云散了。虽说因为晋国的内部因素，伐吴被拖延了许多时日，但该来的总会来。

经过多年的精心准备后，司马炎终于下定了伐吴的决心。随着吴军的注意力被牵制在交、广二州，天纪三年（279年），晋军大举出师，一场比十余年前伐蜀之役规模更大的灭吴之战拉开了序幕。

十一月，晋军正式出兵。此战晋军兵分多路。其中，徐州都督、琅琊王司马伷出涂中；扬州都督、安东将军王浑出江西；扬州刺史周浚向牛渚；豫州刺史、建威将军王戎出武昌；平南将军胡奋出夏口；荆州都督、镇南大将军杜预出江陵；益州刺史、龙骧将军王濬和巴东监军、鲁国人唐彬从益州顺江东下。晋军总兵力二十余万人。

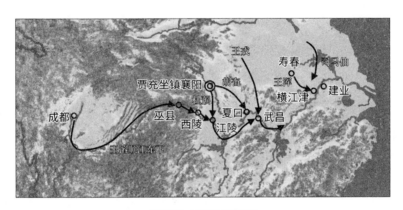

晋军进攻路线示意图

虽然总共有七支人马，但晋军总体上分为五个兵团，即司马伷的徐州兵团、王浑的扬州兵团、王戎的豫州兵团、杜预的荆州兵团和王濬的益州兵团。其中，扬州刺史周浚是王浑的手下，二者可归为一路部队。至于胡奋，据《晋书》记载，他早在泰始八年（272年）平定匈奴刘猛之乱后就被晋升为荆州都督了，这应该对应的是羊祜兵败被降职一事。后来，荆州都督由杜预担任，再结合伐吴之役中胡奋的进攻方向，可以断定这时他很可能由杜预指挥。以上五路人马齐头并进，东吴的江防即将承受巨大的压力。对其造成毁灭性打击的正是王濬历时七年之久而苦心打造的强大水师。这支水师将成为此战中晋军最大的一个胜负手。

天纪四年（280年）正月，王濬大军进入建平郡境内。见敌军来势汹汹，吾彦心中升起了一股决绝之情，他已经做好了以死殉国的打算。令吾彦意外的是，王濬对他占据的秭归只攻击了一次，没有得手后就撤去包围。随后晋军继续东进。结果直到战争结束，吾彦才被迫投降。

王濬此举全是因为兵贵神速，吾彦自保有余但威胁不足。在王濬看来，与其在建平郡浪费时间，还不如尽快进入荆州战场，毕竟各路人马争功心切，一天也拖延不得。于是，王濬一路东下，于二月初一攻克了秭归附近的一座要塞丹阳城，并生擒东吴丹阳监盛纪。这里要注意，此丹阳非彼丹阳。据《水经注》记载，此丹阳城是楚国故都，因位于丹山以南，故名丹阳，与扬州丹阳并非一处。

突破了这里后，王濬终于遇到了吾彦为他设置的障碍——铁索横江，不过他早有准备。当初吕蒙偷袭江陵之前，东吴的情报系统就将荆州渗透得无孔不入。半个多世纪过去，这次受害者轮到东吴了。羊祜坐镇荆州期间，无时无刻不在筹划伐吴，他不仅在后勤供应方面做了精心的准备，还在谍报方面颇有建树，东吴在荆州的一举一动都瞒不过他。王濬收到消息后，早就想好了破解之法。很快，王濬就用火攻战法烧断了横江铁索，晋军水师继续畅行无阻。

在接下来的战斗中，晋军进展神速。二月初三，王濬攻克西陵，西陵都督留宪及宜都太守虞忠以身殉国；两天后，又攻克荆门、夷道二城，陆抗长子、夷道监陆晏和次子、中夏督陆景先后战死沙场；等到二月初八，晋军已经攻克乐乡。

就在王濬的益州军进展顺利的同时，杜预的荆州军也不甘落后。陆抗病逝后，荆州的守备强度明显下降，江陵不再是那个可以依靠的坚城了。二月十七，杜预军攻克江陵，将东吴江陵督伍延斩首。见晋军势不可挡，东吴的地方政府纷纷吓破了胆，从荆南各郡县开始，纷纷向杜预奉送印绶以请降。至于交、广二州，本就因郭马之乱陷入混战，见如今东吴政权都快朝不保夕了，自然也纷纷归降。之后在王戎和胡奋两部的配合下，王濬连克夏口、武昌，东吴荆州守军根本不能有效抵抗。

随着邾县和蕲春的投降，蕲春郡及其以西部分基本落入敌手。如今，王濬大军已经逼近柴桑，东吴的核心区域江东即将暴露在晋军的兵锋之下。更让东吴上下感到恐慌的是，王浑和司马伷两路人马对东线的江防造成了巨大的压力。其中，威胁最大的就是王浑的扬州军。此时，东吴在江北的据点除了濡须水沿线外基本被晋军拔除，王浑军已经兵抵横江津，摆出渡江作战的架势。

面对晋军如泰山压顶一般的攻势，东吴朝野一片恐慌，孙皓为了缓解这种情绪，又给自己的十一个儿子封了王，只不过这次没办法赐予军队了。与此同时，孙皓还进行了一次大赦来收买人心。不过，他做这些已经太晚了。从孙皓执政中后期开始，他迷信符瑞、滥杀无辜，小过大罚又猜忌贤良，失去的人心怎么可能轻易被挽回呢？尤其是江东士族，这本来是孙皓最重要的一个基本盘，但他为了巩固皇权，矫枉过正，各种过于严苛并且无情无义的举动让士人们寒了心，众人早已离心离德。

此情此景和当年东吴抵御曹丕第一次南征时形成了鲜明的对比，同样是在数千里广阔的战场上发起的全面进攻，曹丕的军队也并不比这次少，但彼时吴军上下个个奋勇作战，挫败了曹丕的野心。这说到底还是孙皓自己的问题，他只学到了孙权的形，没有学到他的魂。

兵力不足是东吴溃败的另一大原因。孙皓不顾吾彦和陆抗的反复示警，始终拒绝增加荆州的守备兵力，给了晋军长驱直入的机会。虽说将中央军配属给地方将领确实有一定风险，但到了危急存亡的关头，孰轻孰重还是应该把握的，可孙皓宁愿将六万多宝贵的兵力闲置起来。再加上郭马之乱的牵制，长江守军自然是相当薄弱的。

尽管如此，目前孙皓手中仍有一定的机动兵力，这将成为东吴最后的一点筹码。灭亡前夕，东吴开始了最悲壮的抵抗。

21 张悌的抉择

天纪四年（280年）春，孙皓命丞相军师张悌、护军孙震、丹阳太守沈莹率兵三万渡江北上。面对晋军的攻势，这次东吴集中了为数不多的可用之兵，为国家的前途和命运最后一搏，准备与晋军王浑部展开决战。

濒临绝境的东吴竟然还能主动出击，此举倒是令晋军始料未及。当时吴军进兵迅速，已经通过牛渚矶渡江北上，抵达历阳附近的杨荷桥。晋军防备不足，成阳都尉张乔的麾下只有七千兵力，被吴军重重围困。杨荷桥一带并无可以依托的坚城，张乔所部被困在一座军寨中，根本无法坚持太多时日，最终被迫投降。

然而，在如何处理这七千降卒一事上，东吴内部发生了分歧。当时，副军师诸葛靓提议，应将降卒尽数坑杀。不过，这个比较残酷的方案被主帅张悌拒绝了，他给出的理由是如今大敌当前，不宜纠结这些小事，况且杀降不祥。诸葛靓一听就急了，这怎么能是小事呢？于是争辩道："张乔投降无非是自身兵力薄弱且求援无望，根本就是缓兵之计，不是真心降服。坑杀降卒可以壮我军声威，若是放过他们，将来必为后患。"

虽说古代战争对生命的尊重远无法与现代相比，但杀降不祥仍是全社会的一个共识，取胜后只要不是因缺粮等理由而别无选择，一般主帅都不会下这种惨无人道的命令。既然如此，诸葛靓为何还要坚持杀降呢？其实，他也有无奈之处。当时，东吴虽然初战告捷，但不过是打了晋军一个猝不及防，等王浑主力赶到后情况就没这么乐观了。以区区三万人马对抗晋国一个方面军，胜算并没有多大。此时，如果后方再有七千降卒的话，为了看管他们必然要分出一定的兵力，这就会导致前线的作战变得更加艰难。

而且，从诸葛靓个人的角度来看，他也有理由这么做。作为淮南三叛的主角诸葛诞之子，诸葛靓因为被送入东吴做人质而逃过一劫。后来，诸葛诞身死寿春，全族被司马昭屠杀殆尽，之后司马炎又篡位称帝，在国仇家恨的双重加成下，拼死为东吴效命就成了他唯一的选择。诸葛靓仕吴期间，东吴正处于政局激荡的时期，朝中先后发生皇帝孙亮被废和权臣孙綝被诛杀的事件，这让初来乍到的诸葛靓经受了一定的政治洗礼，也让他对东吴政治局势了解得更为透彻，为他后来在东吴的仕途打下了基础。

诸葛靓在东吴真正受到重用是在孙皓时期。《世说新语》记载了这样一个故事，有一次，孙皓在朝堂上问诸葛靓："你表字仲思，所思为何物呢？"诸葛靓回答："在家思孝，事君思忠，朋友思信，如斯而已。"这一无懈可击的回答坚定地表明了他立志为父报仇且对东吴忠心耿耿的立场，从而得到了孙皓的信任。

此后，诸葛靓的仕途愈发顺利，先是深度参与了平定施但之乱，之后又与丁奉一同北伐，逐步走进东吴高层。到东吴灭亡前夕，诸葛靓已经官至大司马。总之，此时诸葛靓的利益是和东吴高度绑定的。虽然他是江北降将，但他对东吴政权的依赖甚至要超过江东人，他是最不能接受东吴灭亡的人。所以，他才主张杀降，根本不给自己留后路，因为在他看来，自己和司马家早已不共戴天，如果陷于敌手，对方也绝不会放过自己。只不过，后来司马炎为了收买人心，还是宽恕了他，这是后话。

然而，张悌的想法全然不同，甚至可以说他是东吴上下少数比较清醒的人。诸葛靓所虑之事张悌并非不知，但同时他心里清楚，东吴其实已经没救了。十几年前魏军大举伐蜀，当时东吴上下大多认为司马氏弄权，曹魏政局不稳，若劳师远征，便如吴王夫差伐齐，即使能取胜，也会因内部生变而功亏一篑。张悌却从司马氏父子三人主持平定淮南三叛一事看出，司马家的统治已经日趋稳固，虽然叛乱的声势一次比一次浩大，但朝廷中枢所受的影响相当有限。后来曹髦当街遇刺一事更是让他震撼，出了如此大事竟然无人有异动，可见，那些认为曹魏会因权臣当政而内部生乱的人全是想当然。

再看蜀汉，内有权阉黄皓祸国，外有姜维穷兵黩武，看似屡屡出兵北伐，国势强盛，其实早已外强中干。即使魏军伐蜀不胜，亦无大忧，无非再战而已。等到魏胜蜀败之日，东吴的麻烦就来了。可惜，张悌这番颇有见识的言论没能得到广泛的认同，反而备受讥笑，直到蜀汉如其所言，亡于魏军铁蹄之下。

后来的东吴同样在走蜀汉的老路，政治日益黑暗，朝廷还在不断消耗着国力。而晋国虽有秦凉之变的掣肘，但毕竟未能伤筋动骨，朝廷中枢始终没有隐患，这和当年蜀汉灭亡前的情形有何分别呢？恐怕此时张悌的心已经死了，他清楚东吴的命运已无法挽救，自己除了尽人事，听天命外别无他法。

吴军渡江北上之前，沈莹对原定策略提出了异议，他认为晋军编练水师多年，此番顺江而下摧枯拉朽，吴军根本无法抵挡。若是渡江作战，即使能够取胜也会因为丢失制江权而被截断后路，导致先胜后败，若是战败则必然全军覆没。因此，不如在江南守株待兔，若能击败王濬，则江北王浑部自然知难而退，不必冒险渡江决战。

仅从军事角度来讲，沈莹的方案似乎合情合理，但此时东吴面临的问题并不只在战场上。在张悌看来，东吴灭亡已成定局，对此人人心中有数，而且这种情况不是一天两天了。这三万可战之兵是东吴最后的筹码，此时趁着士气尚存渡江决战，若能击败王浑，随后挟大胜余威准备迎击王濬，那还有些胜算。如果在牛渚矶固守，随着长江上游的败报不断传来，本就怀着恐慌情绪的军队还能保持多少战斗力呢？到时王濬大军压境，重压之下全军溃散也并非不可能。

对东吴如今的处境，张悌心中如明镜一般。当年蜀汉灭亡时，投降派并不是主流，蜀汉上下也进行了激烈的抵抗。尽管如此，蜀汉还是难逃覆亡的命运。如今，东吴的抵抗意志比起昔日的蜀汉只弱不强，如不置之死地而后生，绝无半点胜算。张悌此次是以自己的生命为赌注，赌那微乎其微的可能性，他早已将生死置之度外。沈莹的方案太过保守，对东吴这弱势一方来说，只不过是延缓灭亡，没有逆转取胜的可能。如今，早就没有后路了，张悌只能以破釜沉舟之势发起这次绝地反击。

然而，张悌不完全是一个压上最后筹码的赌徒，虽然他早已萌生死志，但也为善后做了准备，这就是后来他拒绝了诸葛靓杀降建议的原因。杀降虽免除了后顾之忧，可以毫无压力地与王浑决战，可一旦战败呢？届时，晋军杀入江东，必然会进行血腥的报复。忧国忧民的张悌不愿让江东生灵涂炭，故而做了两手准备——若自己全军覆没，在最坏的情况下，至少还能保全江东百姓；若能侥幸取胜，张乔又岂敢生出异心？

从吴军几位统帅的方案便可以看出亡国前夕的众生相——国家的处境大家都心知肚明，有人如诸葛靓一般不愿接受现实；也有人如沈莹一般选择听天由命；唯有张悌想到一切的可能，在舍命一战的同时也未曾忘记给国家留下一些希望。

决战之日终于来了，讨吴护军张翰、扬州刺史周浚率军赶到，晋吴两军展开对峙。此时，吴军利在速战。于是，沈莹率领精兵五千为先锋，对晋军发起冲击。这五千人是吴军的中坚力量，手持刀盾，都是来自丹阳的精兵，因头戴青巾，故称为青巾兵。当年东兴大捷时，便是他们在丁奉的带领下攻上东兴大堤的。可惜丹阳精兵也无法改变大势，吴军连续发动了三次猛攻，无奈晋军都稳住了阵脚。

一鼓作气，再而衰，三而竭。三战不胜后，吴军后继乏力，被迫撤退。此战吴军全凭一股气势撑着，一旦气泄则再无重整旗鼓的可能。趁吴军撤退中发生混乱时，晋军发起了反击，吴军终于崩溃了。之前假意投降的张乔闻讯立刻反叛，与淮南军前后夹击，吴军在版桥惨败，遭到毁灭性的打击，被斩七千余人，孙震和沈莹当场阵亡。

此时，吴军败兵正四散奔逃，再也形不成建制，诸葛靓带着手下仅剩的五六百人且战且退，乱军中正好遇到张悌，但张悌不愿和他一起撤退。诸葛靓问道："天下存亡已有定数，此事非你一人所知，何故求死呢？"张悌含泪答道："今日便是我的死期。当初我年少时，被先丞相（诸葛恪）赏识，才有今日。我常担心自己不能死得其所，辜负了先贤的厚望。如今能以身殉国，为什么要逃走呢？请不要再阻拦我了。"诸葛靓闻言甚为感动，只好含泪与他分别，结果他刚走出百余步，就看到张悌被晋军杀害了，而他的死也宣告着东吴最后的希望破灭了。

尾　声

随着张悌的战死和王濬的步步逼近，东吴上下开始感到末日临近的恐慌。为了让这股情绪有一个宣泄的途径，天纪四年（280年）三月初九，数百名大臣联名请求孙皓诛杀奸臣岑昏以谢天下。为稳定人心，孙皓只好答应这一请求。只不过，这并不能挽救他注定灭亡的命运。

两天后，之前受命前往广州讨伐郭马的陶濬回到建业。原来，由于王濬进兵的速度太快，他刚到武昌就无法继续前进了，只好原路返回。由于陶濬是少数目睹过晋军水师的人，孙皓紧急召见他，询问相关情况。陶濬答道："益州水师船小，不足为惧，请陛下给我两万精兵，乘大船出战足以破敌。"对敌情如此无知，自然吴军在战场上崩溃丝毫不意外。孙皓闻言大喜，立刻给他集结了两万水师。可惜的是，孙皓注定要失望了，这支部队还没出发就连夜逃散了。之后孙皓又东拼西凑了一万人，命游击将军张象率军迎战王濬，结果这支部队见王濬军容之盛便望旗而降了。

此时的孙皓惶惶不可终日，连续下了一些类似罪己诏的诏书，可见其既恐慌又悔恨的心境。但光禄勋薛莹和中书令胡冲等人的计策似乎又让他燃起了一丝希望。他们建议孙皓分别派遣使者向王濬、王浑和司马伷请降。这三人互不统属，必会为争夺头功发生冲突。当年钟、邓二士争功，前车之鉴犹在眼前。只不过，王濬的速度实在太快，三月十五，王濬水军已抵达建业。孙皓只好自缚双手，携棺木出城请降，割据江东半世纪之久的东吴政权就此灭亡，享国五十二年。经统计，东吴四州四十三郡三百一十三县的五十二万三千户共二百三十万人口尽数为晋国所有。自初平元年（190年）群雄讨董以来，近一个世纪的分裂局面宣告结束，华夏大地重归一统。

五月初一，孙皓一行终于来到了他心心念念的洛阳，只不过当年他万万想不到自己竟是以俘虏的身份实现了心愿。

孙皓入晋后被封为归命侯，并得到大量的赏赐。太子孙瑾拜为中郎，其他诸子为郎中，原来的东吴旧臣则量才录用。在战争中牺牲的将领家属被迁到寿阳，其余将吏愿渡江者免除十年徭役，百姓免除二十年。晋朝实行如此怀柔的政策，除了收买人心外，也是和张悌的努力分不开的。他的拼死力战为江东赢得了尊重，他的克制最终化解了干戈，可惜这一切他都看不到了。

三天后，司马炎大会文武官员和四方使者。为夸耀武功，他下令孙皓与东吴降人也要来参加。大会上，见孙皓上前叩头拜见，司马炎说道："朕设了这个座位等待你已经很久了。"不想孙皓针锋相对地回道："我在南方也设了相同的座位等待陛下。"

孙皓此语震惊四座。为打击一下这个亡国之君的气焰，司马炎的忠犬贾充问道："听说你在南方凿人眼、剥人面，这依据的是什么刑法？"只听孙皓毫不客气地回击道："为人臣者，弑君或奸邪不忠之人便依此法。"

当年贾充在众目睽睽之下唆使太子舍人成济弑杀魏帝曹髦，虽然在司马昭的保护下没有受到惩罚，但这是他一生难以洗刷的污名。贾充听到对方当众讥讽自己，顿时沉默不语，羞愤难当。而孙皓面无愧色。司马炎为显大度，最终没有处罚孙皓，孙皓成功保住了自己最后的尊严。这个东吴的亡国之君在洛阳度过了人生最后的时光。太康四年（283年）冬，孙皓在自己的宅邸中静静地离开了人世。

近百年风云激荡的东吴历史结束了，曾经的荣华如过眼云烟，昔时的盛景再也无法重现，但江东的辉煌不会就此停止。东吴虽亡，却为东晋和南朝打下了坚实的基础，江东的英杰们也必将再一次成为时代的弄潮儿，不过那就是下一个故事了。

后　记

　　《东吴100年》虽然结束了，但我在停笔时仍然意犹未尽，因为这本书对我来说是一个新的挑战，它和我以往的作品是有一些不同之处的。

　　之前我曾在网络上连载过两部长篇作品——《淮南三叛》和《建安的尾声》。这两部作品基本都是以时间线为脉络，记叙的历史也只有几年。这样的写法对于作者来说自然是更轻松一些的，因为不太需要人为地去梳理和修改故事的脉络，只需按照事件的先后顺序写明白即可。然而对于读者来说，这样可能并非最好的选择。

　　诚然，以时间先后为脉络可以让人一目了然，但那样会造成情节的零散化和碎片化，导致文章的故事性和可读性有一定程度的下降，这也是我在以往的创作过程中发现的最大的一个问题。

　　正因为如此，在开始创作本书后，我决心做一些改变。文章脉络虽仍以时间线为主，但不全拘泥于这一点，而是在小的板块中以事件和人物为核心来写。举个例子，比如写孙权晚期的四大案，我就尽量让其可以成为一个小的篇目合集。虽然从暨艳案到吕壹案的时间跨度很大，足足有十年之久，在此期间发生的其他大事如孙权称帝、报聘辽东等也不少，但若把这些事件插入四大案的部分中，难免显得文章支离破碎，因此简单按照时间线来写就不太理想了。

　　这一写法在最后的孙皓篇中得到了最多的体现。在他统治期间，我基本是按照孙皓登基后如何处理政治问题、在军事方面的建树、如何转变为昏暴之君的过程以及东吴最后的灭亡等四大部分来写的，以内容决定写作顺序，而不完全依照时间。

之所以有了改变写作方式的想法，一是源于对以往作品的总结和反思，二是从中国史书中得到了灵感。众所周知，中国的史书主要分为两大类，即编年体和纪传体。至于国别体和纪事本末体，并非主流，这里暂不做讨论。在先秦时代，史书主要为编年体，比如《春秋》和《左传》。但到了西汉时期，司马迁写成巨著《史记》，首创纪传体，这是中国历史学上一个里程碑式的事件。

相比于编年体，纪传体最大的好处就是可以让故事情节集中起来，让一个个鲜活的历史人物跃然纸上，通过阅读他的传记，了解他的一生，思考他在时代潮流中的意义和价值，这些是编年体史书无法给人带来的。在编年体史书中，我们看到的似乎只是一条条冷冰冰的时间和数据，一个个人物就类似游戏中的NPC（非玩家角色），难以给人代入感。

尽管唐代史学家刘知几认为纪传体史书也有它的短处，比如同为一事却分在数篇，前后反复出现，但我认为这正是纪传体史书的优势之处。同一事在不同人物的传记中同时出现，但写法不同，甚至可以保留源于不同史料的内容，这一点以《三国志》最为突出，即专美传主和为传主讳。这并不是作者不客观，因为客观的部分可以在其他人的传记中找到，只不过需要读者自行辨析。

这一点是编年体史书做不到的。在编年体史书中，同一事件只能记载一次，因此其中必定包含作者的主观认识。

以上便是我在阅读史料时的一些感受。虽然我这部《东吴100年》并非模仿古代纪传体史书，但在某些部分还是吸收了它们的一些优点。

从全局来看，这部作品可以类似于一部东吴历代帝王的本纪，但其中又穿插了东吴历史上的一些风云人物，比如周瑜、鲁肃、陆逊、全公主、诸葛恪等人的小传。比如，赤壁之战部分的主要人物就是周瑜，夷陵之战和石亭之战部分的主要人物就是陆逊等。以帝王为主线，其他主要人物为支线，这样有主有次，详略有别，我想应该比以往的写作方式让读者在感官上更容易接受。而关于同一事件

在不同人物的传记有不同记载这一特点，我用史料辨析的方式加以体现了。对于
这种情况，我一般都会根据合理的分析给出自己的推论，比如孙坚阵亡的时间和
孙策渡江的时间等。

也希望喜欢我作品的读者朋友们继续关注并支持我，我们下个系列再见。

握中悬璧

2023年1月于天津

参考文献

[1]陈寿.三国志（上下册）[M].裴松之，注.北京：中华书局，2011.

[2]司马迁.史记：点校本二十四史修订本[M].北京：中华书局，2014.

[3]班固.汉书[M].北京：中华书局，2012.

[4]范晔.后汉书[M].北京：中华书局，2012.

[5]许嘉璐.二十四史全译：晋书[M].上海：汉语大词典出版社，2004.

[6]沈约.宋书（修订本）[M].北京：中华书局，2018.

[7]孙武.孙子兵法[M].北京：中华书局，2011.

[8]卢弼.三国志集解[M].上海：上海古籍出版社，2012.

[9]司马光，胡三省.资治通鉴[M].北京：中华书局，2011.

[10]郦道元.水经注[M].北京：中华书局，2022.

[11]李昉等.太平御览[M].北京：中华书局，2000.

[12]顾祖禹.读史方舆纪要[M].北京：中华书局，2005.

[13]常璩.华阳国志校补图注[M].任乃强，校注.北京：中华书局，2012.

[14]郭允蹈.《蜀鉴》校注[M].赵炳清，校注.北京：国家图书馆出版社，2010.

[15]沈括.梦溪笔谈全译[M].金良年，胡小静，译.上海：上海古籍出版社，2013.

[16]袁宏.后汉纪[M].长春：吉林出版集团有限责任公司，2005.

[17]陈寅恪.魏晋南北朝史讲演录[M].万绳楠，整理.天津：天津人民出版社，2007.

[18]田余庆.秦汉魏晋史探微（重订本）[M].北京：中华书局，2011.

[19]王永平.孙吴政治与文化史论[M].上海：上海古籍出版社，2005.

[20]唐长孺.魏晋南北朝史论丛[M].北京：商务印书馆，2010.

[21]方北辰.魏晋南朝江东世家大族述论[M].北京：文津出版社有限公司，1991.

[22]张靖龙.赤壁之战研究[M].郑州：中州古籍出版社，2004.

[23]潘民中.孙坚"治兵鲁阳"与孙吴立国[J].许昌学院学报，2011（4）.

[24]张承宗.孙坚的崛起与战死考[J].南京理工大学学报（社会科学版），2008（4）.

[25]方诗铭."丹阳兵"与"东据吴会"——论丹阳郡在孙策平定江东战争中的地位[J].史林，1989（S1）.

[26]宋杰.孙策攻占江东的经过与方略[J].军事历史研究，2021（1）.

[27]宋杰.建安初期江东孙氏对曹操及汉廷的三次通使[J].许昌学院学报，2020（6）.

[28]吴从祥.论会稽士族与孙吴政权之关系[J].绍兴文理学院学报（哲学社会科学），2014（3）.

[29]梁中效.东吴鼎足江南最早的设计师——张纮[J].襄樊学院学报，2009（9）.

[30]要瑞芬.论孙策遗言和孙权经营江东的策略[J].民族史研究，1999（12）.

[31]周鹏飞.试论孙策[J].汉中师院学报（哲学社会科学版），1988（1）.

[32]徐嘉行，李传军.孙吴立国江东与张昭的思想困境[J].许昌学院学报，2021（4）.

[33]李文彬.东吴名臣张昭的"曲"与"直"[J].文史天地，2020（8）.

[34]何德章.三国孙吴兵制二题[J].魏晋南北朝隋唐史资料，2009（12）.

[35]沈华.论孙吴政权与江东世家大族关系之演变——兼析陆逊之死[J].苏州科技学院学报（社会科学版），2003（4）.

[36]徐澄.三国时女政治家吴夫人[J].电大教学，1994（4）.

[37]张竟成.试论孙权的用人之道[J].西北第二民族学院学报（哲学社会科学版），1990（1）.

[38]崔峰耀.论孙吴的"固守"——以其建国历程为中心的考察[J].湖北文理学院学报，2020（7）.

[39]夏日新.周瑜在荆州事迹考略[J].地域文化研究，2017（3）.

[40]郭秀琦.《三国志》郑宝史料辨析[J].阴山学刊，2006（6）.

[41]宋杰.三国的庐江战局与江北孤镇皖城[J].史学集刊，2020（5）.

[42]吴长生.孙权后期的宫廷权力之争[J].文史天地，2020（2）.

[43]王安泰."恢复"与"继承"：孙吴的天命正统与天下秩序[J].厦门大学学报（哲学社会科学版），2016（5）.

[44]胡阿祥.孙吴"限江自保"述论[J].金陵职业大学学报，2003（4）.

[45]李葵模，陈哲生.举贤任能 鼎峙江东——试论孙权的人才政策[J].云梦学刊，2000（4）.

[46]陈恩虎，王成胜.周瑜军事战略路线研究[J].巢湖学院学报，2014（1）.

[47]林榕杰.赤壁之战后的周瑜考论[J].江西教育学院学报，2011（4）.

[48]王宇.杰出的外交家、战略家——鲁肃评传[J].滁州学院学报，2011（1）.

[49]王鑫义.善"解大数"的东吴政治家鲁肃[J].襄樊学院学报，2010（10）.

[50]乔凤岐.鲁肃在孙刘联盟建立过程中的地位[J].兰台世界，2010（19）.

[51]王超.荆州之战中的情报活动[J].情报杂志，2011（S2）.

[52]李昊林.建安二十四年孙权攻合肥性质探讨[J].衡水学院学报，2016（3）.

[53]王前程.论陆逊在夷陵之战中的军事指挥艺术[J].西华师范大学学报（哲学社会科学版），2018（4）.

[54]宋杰.汉末三国的夏口与江夏战局[J].史学月刊，2017（3）.

[55]把梦阳.论"二宫并阙"与"举国中分"——对孙权二子夺嫡事件的再研究[J].史林，2013（4）.

[56]宋杰.孙吴武昌军镇的兴衰[J].军事历史研究，2015（1）.

[57]王前程.关于吴蜀夷陵之战主战场方位的考辨[J].湖北大学学报（哲学社会科学版），2011（1）.

[58]张全民，李俊强.全公主与孙吴政权[J].湘潭大学学报（哲学社会科学版），2005（5）.

[59]周莹.孙吴宗室孙静一支族人兴衰略考[J].湖北文理学院学报，2018（3）.

[60]程峰.关于孙登的几个问题[J].焦作师范高等专科学校学报,2012(1).

[61]朱子彦.孙吴的地域集团与立嗣之争[J].社会科学战线,2013(7).

[62]李晓梅.孙皓大杀大臣和宗室的原因及加强集权的措施[J].安徽文学(下半月),2008(1).

[63]陈金凤.孙吴建都与撤都武昌原因探析[J].河南科技大学学报(社会科学版),2003(4).

[64]林榕杰.身历家国巨变的诸葛靓考论——兼及诸葛靓式的孝道[J].山西高等学校社会科学学报,2014(11).

[65]宋杰.三国战争中的夷陵[J].史学集刊,2020(6).

[66]王素香.羊祜与灭吴大业[J].锦州师范学院学报(哲学社会科学版),1998(3).

[67]朱子彦.孙吴政权正统性观念的构建——兼论吴晋争夺天命[J].人文杂志,2021(2).

[68]钟盛.论三国后期吴、晋交州之争[J].魏晋南北朝隋唐史资料,2010(12).

[69]孙家洲,邱瑜.西陵之争与三国孙吴政权的存亡[J].河北学刊,2006(2).

[70]赵小勇,汪守林.东吴末年江防兵力考释[J].连云港师范高等专科学校学报,2005(1).

[71]黄兆宏.步阐叛乱探微[J].西北师大学报(社会科学版),2018(5).

[72]宋杰.孙吴的江防部署与作战方略[J].军事历史研究,2018(1).

[73]刘开美.夷陵古城变迁中的步阐垒考[J].三峡大学学报(人文社会科学版),2007(1).

[74]舒德进.试论孙权抗击曹丕南征[J].鄂州大学学报,2021(6).

[75]谌责义.建号帝王之后孙权心理变化之初探[J].黑河学刊,2017(6).

[76]舒德进.孙权武昌建都称帝探析[J].鄂州大学学报,2017(4).

[77]付开镜.孙权称帝迟于曹丕、刘备原因论[J].南京晓庄学院学报,2013(4).

[78]李烈辉.以死殉国的东吴末代宰相张悌[J].湖北档案,2001(12).

[79]王越.汉末袁术集团研究[D].济南:山东大学,2017.

[80]贾国栋.士族与孙吴统治者冲突研究[D].蚌埠：安徽财经大学，2014.

[81]翟清伟.孙吴君臣关系研究[D].合肥：安徽大学，2011.

[82]王令云.试论孙吴时期淮泗集团的兴衰[D].郑州：郑州大学，2006.

[83]邱宏亮.孙吴外交思想述论[D].重庆：重庆师范大学，2007.

[84]陈冬阳.孙权时期孙吴战略决策研究[D].广州：华南师范大学，2004.

[85]张洪玮.孙吴覆灭与孙皓形象研究[D].南京：南京大学，2020.

[86]周能俊.孙吴的荆州政策与社会控制[D].上海：上海师范大学，2010.

[87]周莹.孙权帝业研究[D].太原：山西大学，2017.